Culturas híbridas

Estrategias para entrar y salir de la modernidad

Néstor García Canclini

Culturas híbridas

Estrategias para entrar y salir de la modernidad

grijalbo

CULTURAS HÍBRIDAS
Estrategias para entrar y salir de la modernidad

© 1989, Néstor García Canclini

D. R. © 1990, por EDITORIAL GRIJALBO, S. A. de C. V.
    Av. Homero núm. 544
    Col. Chapultepec Morales, C. P. 11570
    Del. Miguel Hidalgo, México, D. F.

Este libro no puede ser reproducido,
total o parcialmente,
sin autorización escrita del editor.

ISBN 970-05-1300-9

IMPRESO EN MÉXICO

Para Teresa y Julián

La vida personal, la expresión, el conocimiento y la historia avanzan oblicuamente, y no directamente, hacia fines o hacia conceptos. Lo que se busca demasiado deliberadamente, no se consigue.

MAURICE MERLAU-PONTY

ÍNDICE

Introducción a la edición 2001

LAS CULTURAS HÍBRIDAS
EN TIEMPOS DE GLOBALIZACIÓN

¿Cómo saber cuándo cambia una disciplina o un campo del conocimiento? Una manera de responder es: cuando algunos conceptos irrumpen con fuerza, desplazan a otros o exigen reformularlos. Esto es lo que ha sucedido con el "diccionario" de los estudios culturales. Aquí me propongo discutir en qué sentido puede afirmarse que hibridación es uno de esos términos detonantes.

Voy a ocuparme de cómo los estudios sobre hibridación modificaron el modo de hablar sobre identidad, cultura, diferencia, desigualdad, multiculturalidad, y sobre parejas organizadoras de los conflictos en las ciencias sociales: tradición-modernidad, norte-sur, local-global. ¿Por qué la cuestión de lo híbrido adquiere últimamente tanto peso si es una característica antigua del desarrollo histórico? Podría decirse que existen antecedentes desde que comenzaron los intercambios entre sociedades; de hecho, Plinio el Viejo mencionó la palabra al referirse a los migrantes que llegaron a Roma en su época. Historiadores y antropólogos mostraron el papel clave del mestizaje en el Mediterráneo en tiempos de la Grecia clásica

I

(Laplantine-Nouss), en tanto otros estudiosos recurren específicamente al término hibridación para identificar lo que sucedió desde que Europa se expandió hacia América (Bernard; Gruzinski). Mijail Bajtin lo usó para caracterizar la coexistencia, desde el principio de la modernidad, de lenguajes cultos y populares.

Sin embargo, es en la década final del siglo XX cuando más se extiende el análisis de la hibridación a diversos procesos culturales. Pero también se discute el valor de ese concepto. Se lo usa para describir procesos interétnicos y de descolonización (Bhabha; Young); globalizadores (Hannerz); viajes y cruces de fronteras (Clifford); fusiones artísticas, literarias y comunicacionales (De la Campa; Hall; Martín Barbero; Papastergiadis; Werbner). No faltan estudios sobre cómo se hibridan gastronomías de distintos orígenes en la comida de un país (Archetti), ni de la asociación de instituciones públicas y corporaciones privadas, de la museografía occidental y las tradiciones periféricas en las exposiciones universales (Harvey). Esta nueva introducción tiene el propósito de valorar estos usos diseminados y las principales posiciones presentadas. En la medida en que, según escribió Jean Franco, "*Culturas híbridas* es un libro en búsqueda de un método" para "no encorsetarnos en falsas oposiciones, tales como alto y popular, urbano o rural, moderno o tradicional" (Franco, 1992), esa expansión de los estudios exige entrar en las nuevas avenidas del debate.

Asimismo, trataré algunas de las objeciones dirigidas por razones epistemológicas y políticas al concepto de hibridación. En cuanto al estatuto científico de esta noción, la deslindaré de su uso en biología con el fin de considerar específicamente las contribuciones y las dificultades que presenta en las ciencias sociales. Respecto de su aportación al pensamiento político, ampliaré el análisis ya realizado en el libro argumentando por qué la hibridación no es sinónimo de fusión sin contradicciones, sino que puede ayudar a dar cuenta de formas particulares de conflicto generadas en la interculturalidad reciente en medio de la decadencia de proyectos nacionales de modernización en América Latina. Tenemos que responder a la pregunta de si el acceso a mayor variedad de bienes, facilitado por los movimientos globalizadores, democratiza la capacidad de combinarlos y de desarrollar una multiculturalidad creativa.

Las identidades repensadas desde la hibridación

Hay que comenzar discutiendo si *híbrido* es una buena o una mala palabra. No basta que sea muy usada para que la consideremos respetable. Por el contrario, su profuso empleo favorece que se le asignen significados discordantes. Al trasladarla de la biología a los análisis socioculturales ganó campos de aplicación, pero perdió univocidad. De ahí que algunos prefieran seguir hablando de sincretismo en cuestiones religiosas, de mestizaje en historia y antropología, de fusión en música. ¿Cuál es la ventaja, para la investigación científica, de recurrir a un término cargado de equivocidad?

Encaremos, entonces, la discusión epistemológica. Quiero reconocer que ese aspecto fue insuficientemente tratado en mi libro *Culturas híbridas*. Los debates que hubo sobre esas páginas, y sobre los trabajos de otros autores, citados en este nuevo texto, me permiten ahora elaborar mejor la ubicación y el estatuto del concepto de hibridación en las ciencias sociales.

Parto de una primera definición: *entiendo por hibridación procesos socioculturales en los que estructuras o prácticas discretas, que existían en forma separada, se combinan para generar nuevas estructuras, objetos y prácticas*. Cabe aclarar que las estructuras llamadas discretas fueron resultado de hibridaciones, por lo cual no pueden ser consideradas fuentes puras. Un ejemplo: hoy se debate si el *spanglish*, nacido en las comunidades latinas de Estados Unidos y extendido por Internet a todo el mundo, debe ser aceptado, enseñado en cátedras universitarias —como ocurre en el Amherst College de Massachusetts— y objeto de diccionarios especializados (Stavans). Como si el español y el inglés fueran idiomas no endeudados con el latín, el árabe y las lenguas precolombinas. Si no reconociéramos la larga historia impura del castellano y extirpáramos los términos de raíz árabe, nos quedaríamos sin alcachofas, alcaldes, almohadas ni algarabía. Una manera de describir este tránsito de lo discreto a lo híbrido, y a nuevas formas discretas, es la fórmula "ciclos de hibridación" propuesta por Brian Stross, según la cual en la historia pasamos de formas más heterogéneas a otras más homogéneas, y luego a otras relativamente más heterogéneas, sin que ninguna sea "pura" o plenamente homogénea.

La multiplicación espectacular de hibridaciones durante el siglo XX no facilita precisar de qué se trata. ¿Se pueden colocar bajo un solo término hechos tan variados como los casamientos mestizos, la combinación de ancestros africanos, figuras indígenas y santos católicos en el umbanda brasileño, los *collages* publicitarios de monumentos históricos con bebidas y autos deportivos? Algo frecuente como la fusión de melodías étnicas con música clásica y contemporánea o con el jazz y la salsa puede ocurrir en fenómenos tan diversos como la chicha, mezcla de ritmos andinos y caribeños; la reinterpretación jazzística de Mozart, realizada por el grupo afrocubano Irakere; las reelaboraciones de melodías inglesas e hindúes efectuadas por los Beatles, Peter Gabriel y otros músicos. Los artistas que exacerban estos cruces y los convierten en ejes conceptuales de sus trabajos no lo hacen en condiciones ni con objetivos semejantes. Antoni Muntadas, por ejemplo, tituló *Híbridos* al conjunto de proyectos exhibidos en 1988 en el Centro de Arte Reina Sofía, de Madrid. En esa ocasión insinuó, mediante fotos, los desplazamientos ocurridos entre el antiguo uso de ese edificio como hospital y el destino artístico que luego se le dio. Otra vez, creó un sitio web, *hybridspaces*, en el que exploraba contaminaciones en imágenes arquitectónicas y mediáticas. Gran parte de su producción resulta del cruce multimedia y multicultural: la prensa y la publicidad callejera insertadas en la televisión, o los últimos diez minutos de la programación, de Argentina, Brasil y Estados Unidos vistos simultáneamente, seguidos de un plano-secuencia que contrasta la diversidad de la calle en esos países con la homogeneidad televisiva.

¿Cuál es la utilidad de unificar bajo un solo término experiencias y dispositivos tan heterogéneos? ¿Conviene designarlas con la palabra *híbrido*, cuyo origen biológico ha llevado a que algunos autores adviertan sobre el riesgo de traspasar a la sociedad y la cultura la esterilidad que suele asociarse a ese término? Quienes hacen esta crítica recuerdan el ejemplo infecundo de la mula (Cornejo Polar, 1997). Aun cuando se encuentra tal objeción en textos recientes, se trata de la prolongación de una creencia del siglo XIX, cuando la hibridación era considerada con desconfianza al suponer que perjudicaría el desarrollo social. Desde que en 1870 Mendel mostró el enriquecimiento producido por cruces genéticos en botánica abundan las hibridaciones fértiles para aprovechar características de células de plantas diferentes y mejorar su crecimiento, resistencia, calidad, así como el valor económico y nutritivo de alimentos derivados de ellas (Olby; Callender). La hibridación de café, flores, cereales y otros productos acrecienta la variedad genética de las especies y mejora su sobrevivencia ante cambios de hábitat o climáticos.

De todas maneras, uno no tiene por qué quedar cautivo en la dinámica biológica de la cual toma un concepto. Las ciencias sociales han importado muchas nociones de otras disciplinas, que no han sido invalidadas por sus condiciones de uso en la ciencia de origen. Conceptos biológicos como el de reproducción fueron reelaborados para hablar de reproducción social, económica y cultural: el debate efectuado desde Marx hasta nuestros días se establece en relación con la consistencia teórica y el poder explicativo de ese término, no por una dependencia fatal del sentido que le asignó otra ciencia. Del mismo modo, las polémicas sobre el empleo metafórico de conceptos económicos para examinar procesos simbólicos, como lo hace Pierre Bourdieu al referirse al *capital* cultural y los *mercados* lingüísticos, no tiene que centrarse en la migración de esos términos de una disciplina a otra, sino en las operaciones epistemológicas que sitúen su fecundidad explicativa y sus límites en el interior de los discursos culturales: ¿permiten o no entender mejor algo que permanecía inexplicado?

La construcción lingüística (Bajtin; Bhabha) y la social (Friedman; Hall; Papastergiadis) del concepto de hibridación han servido para salir de los discursos biologicistas y esencialistas de la identidad, la autenticidad y la pureza cultural. Contribuyen, por otro lado, a identificar y explicar múltiples alianzas fecundas: por ejemplo, el imaginario precolombino con el novohispano de los colonizadores y luego con el de las industrias culturales (Bernand; Gruzinski), la estética popular con la de los turistas (De Grandis), las culturas étnicas nacionales con las de las metrópolis (Bhabha) y con las instituciones globales (Harvey). Los pocos fragmentos escritos de una historia de las hibridaciones han puesto en evidencia la productividad y el poder innovador de muchas mezclas interculturales.

¿Cómo fusiona la hibridación estructuras o prácticas sociales discretas para generar nuevas estructuras y nuevas prácticas? A veces esto ocurre de modo no planeado o es resultado imprevisto de procesos migratorios, turísticos y de intercambio económico o comunicacional. Pero a menudo la hibridación surge de la creatividad individual y colectiva. No sólo en las artes, sino en la vida cotidiana y en el desarrollo tecnológico. Se busca *reconvertir* un patrimonio (una fábrica, una capacitación profesional, un conjunto de saberes y técnicas) para reinsertarlo en nuevas condiciones de producción y mercado.

Aclaremos el significado cultural de reconversión: se utiliza este término para explicar las estrategias mediante las cuales un pintor se convierte en diseñador, o las burguesías nacionales adquieren los idiomas y otras competencias necesarias para reinvertir sus capitales económicos y simbólicos en circuitos transnacionales (Bourdieu). También se encuentran estrategias de reconversión económica y simbólica en sectores populares: los migrantes campesinos que adaptan sus saberes para trabajar y consumir en la ciudad o que vinculan sus artesanías con usos modernos para interesar a compradores urbanos; los obreros que reformulan su cultura laboral ante las nuevas tecnologías productivas; los movimientos indígenas que reinsertan sus demandas en la política transnacional o en un discurso ecológico y aprenden a comunicarlas por radio, televisión e Internet. Por tales razones, sostengo que el objeto de estudio no es la hibridez, sino los procesos de hibridación. El análisis empírico de estos procesos, articulados con estrategias de reconversión, demuestra que la hibridación interesa tanto a los sectores hegemónicos como a los populares que quieren apropiarse los beneficios de la modernidad.

Estos procesos incesantes, variados, de hibridación llevan a relativizar la noción de identidad. Cuestionan, incluso, las tendencias antropológica y de un sector de los estudios culturales al considerar las identidades como objeto de investigación. El énfasis en la hibridación no sólo clausura la pretensión de establecer identidades "puras" o "auténticas". Además, pone en evidencia el riesgo de delimitar identidades locales autocontenidas o que intenten afirmarse como radicalmente opuestas a la sociedad nacional o la globalización. Cuando se define a una identidad mediante un proceso de abstracción de rasgos (lengua, tradiciones, conductas estereotipadas) a menudo se tiende a desprender esas prácticas de la historia de mezclas en que se formaron. Como consecuencia, se absolutiza un modo de entender la identidad y se rechazan maneras heterodoxas de hablar la lengua, hacer música o interpretar las tradiciones. Se acaba, en suma, obturando la posibilidad de modificar la cultura y la política.

Los estudios sobre narrativas identitarias con enfoques teóricos que toman en cuenta los procesos de hibridación (Hannerz; Hall) muestran que no es posible hablar de las identidades como si sólo se tratara de un conjunto de rasgos fijos, ni afirmarlas como la esencia de una etnia o una nación. La historia de los movimientos identitarios revela una serie de operaciones de selección de elementos de distintas épocas articulados por los grupos hegemónicos en un relato que les da coherencia, dramaticidad y elocuencia.

Por lo anterior, algunos proponemos desplazar el objeto de estudio *de la identidad a la heterogeneidad y la hibridación interculturales* (Goldberg). Ya no basta con decir que no hay identidades caracterizadas por esencias autocontenidas y ahistóricas, ni entenderlas como las maneras en que las comunidades se imaginan y construyen relatos sobre su origen y desarrollo. En un mundo tan fluidamente interconectado, las sedimentaciones identitarias organizadas en conjuntos históricos más o menos estables (etnias, naciones, clases) se reestructuran en medio de conjuntos interétnicos, transclasistas y transnacionales. Las diversas formas en que los miembros de cada grupo se apropian de los repertorios heterogéneos de bienes y mensajes disponibles en los circuitos trasnacionales generan nuevos modos de segmentación: dentro de una sociedad nacional, por ejemplo México, hay millones de indígenas mestizados con los colonizadores blancos, pero algunos se "chicanizaron" al viajar a Estados Unidos, otros remodelan sus hábitos en relación con las ofertas comunicacionales masivas, otros adquirieron alto nivel educativo y enriquecieron su patrimonio tradicional con saberes y recursos estéticos de varios países, otros se incorporan a empresas coreanas o japonesas y fusionan su capital étnico con los conocimientos y las disciplinas de esos sistemas productivos. Estudiar procesos culturales, por esto, más que llevarnos a afirmar identidades autosuficientes, sirve para conocer formas de situarse en medio de la heterogeneidad y entender cómo se producen las hibridaciones.

DE LA DESCRIPCIÓN A LA EXPLICACIÓN

Al reducir la jerarquía de los conceptos de identidad y heterogeneidad en beneficio de la hibridación, quitamos soporte a las políticas de homogeneización fundamentalista o simple reconocimiento (segregado) de "la pluralidad de culturas". Cabe preguntar, entonces, a dónde conduce la hibridación y si sirve para reformular la investigación intercultural y el diseño de políticas culturales transnacionales y transétnicas, quizá globales.

Una dificultad para cumplir estos propósitos es que los estudios sobre hibridación suelen limitarse a *describir* mezclas interculturales. Apenas comenzamos a avanzar, como parte de la reconstrucción sociocultural del concepto, para darle poder *explicativo*: estudiar los procesos de hibridación situándolos en relaciones estructurales de causalidad. Y darle capacidad *hermenéutica*: volverlo útil para interpretar las relaciones de sentido que se reconstruyen en las mezclas.

Si queremos ir más allá de liberar al análisis cultural de sus tropismos fundamentalistas identitarios, deberemos situar a la hibridación en otra red de conceptos: por ejemplo, contradicción, mestizaje, sincretismo, transculturación y creolización. Además, es necesario verlo en medio de las ambivalencias de la industrialización y la masificación globalizada de los procesos simbólicos y de los conflictos de poder que suscitan.

Otra de las objeciones planteadas al concepto de hibridación es que puede sugerir fácil integración y fusión de culturas, sin dar suficiente peso a las contradicciones y a lo que no se deja hibridar. La afortunada observación de Pnina Werbner de que el cosmopolitismo, al hibridarnos, nos forma como "*gourmets* multiculturales", tiene este riesgo. Antonio Cornejo Polar ha señalado en varios autores que nos ocupamos de este tema la "impresionante lista de productos híbridos fecundos" y "el tono celebrativo" con que hablamos de la hibridación como armonización de mundos "desgajados y beligerantes" (Cornejo Polar, 1997). También John Kraniauskas encontró que, como el concepto de reconversión indica la utilización productiva de recursos anteriores en nuevos contextos, la lista de ejemplos analizados en este libro configura una visión "optimista" de las hibridaciones.

Es factible que la polémica contra el purismo y el tradicionalismo folclóricos me haya llevado a preferir los casos prósperos e innovadores de hibridación. Sin embargo, hoy se ha vuelto más evidente el sentido contradictorio de las mezclas interculturales. Justamente al pasar del carácter descriptivo de la noción de hibridación —como fusión de estructuras discretas— a elaborarla como recurso de explicación, advertimos en qué casos las mezclas pueden ser productivas y cuándo generan conflictos debido a lo que permanece incompatible o inconciliable en las prácticas reunidas. El mismo Cornejo Polar ha contribuido a este avance cuando dice que, así como se "entra y sale de la modernidad", también se podrían entender de modo histórico las variaciones y los conflictos de la metáfora que nos ocupa si habláramos de "entrar y salir de la hibridez" (Cornejo Polar, 1997).

Agradezco a este autor la sugerencia de aplicar a la hibridación este movimiento de tránsito y provisionalidad que en el libro *Culturas híbridas* coloqué, desde el subtítulo, como necesario para entender las estrategias de entrada y salida de la modernidad. Si hablamos de la hibridación como un proceso al que es posible acceder y que se puede abandonar, del cual podemos ser excluidos o al que pueden subordinarnos, entenderemos las posiciones de los sujetos respecto de las relaciones interculturales. Así se trabajarían los procesos de hibridación en relación con la desigualdad entre las culturas, con las posibilidades de apropiarse de varias a la vez en clases y grupos diferentes y, por tanto, respecto de las asimetrías del poder y el prestigio. Cornejo Polar sólo insinuó esta dirección de análisis en el ensayo póstumo citado, pero encuentro un complemento para expandir tal intuición en un texto que él escribió poco antes: "Una heterogeneidad no dialéctica: sujeto y discurso migrantes en el Perú moderno".

En este artículo, ante la tendencia a celebrar las migraciones, recordó que el migrante no siempre "está especialmente dispuesto a sintetizar las distintas estancias de su itinerario, aunque —como es claro— le sea imposible mantenerlas encapsuladas y sin comunicación entre sí". Con ejemplos de José María Arguedas, Juan Biondi y Eduardo Zapata, demostró que la oscilación entre la identidad de origen y la de destino a veces lleva al migrante a hablar "con espontaneidad desde varios lugares", sin mezclarlos, como provinciano y como limeño, como hablante de quechua y de español. En ocasiones, decía, se pasan metonímica o metafóricamente elementos de un discurso a otro. En otros casos, el sujeto acepta descentrarse de su historia y desempeña varios papeles "incompatibles y contradictorios de un modo *no* dialéctico": "el allá y el aquí, que son también el ayer y el hoy, refuerzan su aptitud enunciativa y pueden tramar narrativas bifrontes y —hasta si se quiere, exagerando las cosas— esquizofrénicas" (Cornejo Polar, 1996: 841).

En las condiciones de globalización actuales encuentro cada vez más razones para emplear los conceptos de mestizaje e hibridación. Pero al intensificarse las interculturalidades migratoria, económica y mediática se ve, como explican Francois Laplantine y Alexis Nouss, que no hay sólo "la fusión, la cohesión, la ósmosis, sino la confrontación y el diálogo". En este tiempo, cuando "las decepciones de las promesas del universalismo abstracto han conducido a las crispaciones particularistas" (Laplantine-Nouss: 14), el pensamiento y las prácticas mestizas son recursos para reconocer lo distinto y elaborar las tensiones de las diferencias. La hibridación, como proceso de intersección y transacciones, es lo que hace posible que la *multiculturalidad* evite lo que tiene de segregación y se convierta en *interculturalidad*. Las políticas de hibridación servirían para trabajar democráticamente con las divergencias, para que la historia no se reduzca a guerras entre culturas, como imagina Samuel Huntington. Podemos elegir vivir en estado de guerra o en estado de hibridación.

Es útil advertir sobre las versiones demasiado amables del mestizaje. Por eso, conviene insistir en que el objeto de estudio no es la hibridez, sino los *procesos* de hibridación. Así es posible reconocer lo que contienen de desgarramiento y lo que no llega a fusionarse. Una teoría no ingenua de la hibridación es inseparable de una conciencia crítica de sus límites, de lo que no se deja o no quiere o no puede ser hibridado.

LA HIBRIDACIÓN Y SU FAMILIA DE CONCEPTOS

A esta altura hay que decir que el concepto de hibridación es útil en algunas investigaciones para abarcar conjuntamente contactos interculturales que suelen llevar nombres diferentes: las fusiones raciales o étnicas denominadas *mestizaje*, el *sincretismo* de creencias, y también otras mezclas modernas entre lo artesanal y lo industrial, lo culto y lo popular, lo escrito y lo visual en los mensajes mediáticos. Veamos por qué algunas de estas interrelaciones no pueden ser designadas con los nombres clásicos, como mestizas o sincréticas.

La mezcla de colonizadores españoles y portugueses, luego de ingleses y franceses, con indígenas americanos, a la cual se añadieron esclavos trasladados desde África, volvió al *mestizaje* un proceso fundacional en las sociedades del llamado Nuevo Mundo. En la actualidad menos de 10 por ciento de la población de América Latina es indígena. Son minorías también las comunidades de origen europeo que no se han mezclado con los nativos. Pero la importante historia de fusiones entre unos y otros requiere manejar la noción de mestizaje, tanto en el sentido biológico —producción de fenotipos a partir de cruzamientos genéticos— como cultural: mezcla de hábitos, creencias y formas de pensamiento europeos con los originarios de las sociedades americanas. No obstante, ese concepto es insuficiente para nombrar y explicar las formas más modernas de interculturalidad.

Durante mucho tiempo se estudiaron más los aspectos fisionómicos y cromáticos del mestizaje. El color de la piel y los rasgos físicos continúan pesando en la construcción ordinaria de la subordinación para discriminar a indios, negros o mujeres. Sin embargo, en las ciencias sociales y en el pensamiento político democrático el mestizaje se ubica actualmente en la dimensión cultural de las combinaciones identitarias. En la antropología, en los estudios culturales y en las políticas, la cuestión se plantea como el diseño de formas de convivencia multicultural moderna, aunque estén condicionadas por el mestizaje biológico.

Algo semejante ocurre con el pasaje de las mezclas religiosas a fusiones más complejas de creencias. Sin duda, corresponde hablar de *sincretismo* para referirse a la combinación de prácticas religiosas tradicionales. La intensificación de las migraciones, así como la difusión transcontinental de creencias y rituales en el siglo pasado acentuaron estas hibridaciones y, a veces, aumentaron la tolerancia hacia ellas, al punto de que en países como Brasil, Cuba, Haití y Estados Unidos se volvió frecuente la doble o triple pertenencia religiosa; por ejemplo, ser católico y participar en un culto afroamericano o en una ceremonia *new age*. Si consideramos el sincretismo, en sentido más amplio, como la adhesión simultánea a varios sistemas de creencias, no sólo religiosas, el fenómeno se expande notoriamente, sobre todo entre las multitudes que recurren para aliviar ciertas enfermedades a medicinas indígenas u orientales, y para otras a la medicina alopática, o a rituales católicos o pentecostales. El uso sincrético de tales recursos para la salud suele ir junto con fusiones musicales y de formas multiculturales de organización social, como ocurre en la santería cubana, el vudú haitiano y el candomblé brasileño (Rowe-Schelling, 1991).

La palabra *creolización* también ha servido para referirse a las mezclas interculturales. En sentido estricto, designa la lengua y la cultura creadas por variaciones a partir de la lengua básica y otros idiomas en el contexto del tráfico de esclavos. Se aplica a las mezclas que el francés ha tenido en América y el Caribe (Louisiane, Haití, Guadalupe, Martinica) y en el océano Índico (Reunión, la isla Mauricio), o el portugués en África (Guinea, Cabo Verde), en el Caribe (Curazao) y Asia (India, Sri Lanka). Dado que presenta tensiones paradigmáticas entre oralidad y escritura, entre sectores cultos y populares, en un *continuum* de diversidad, Ulf Hannerz sugiere extender su uso en el ámbito transnacional para denominar "procesos de confluencia cultural" caracterizados "por la desigualdad de poder, prestigio y recursos materiales" (Hannerz, 1997). Su énfasis en que los flujos crecientes entre centro y periferia deben ser examinados, junto con las asimetrías entre los mercados, los Estados y los niveles educativos, ayuda a evitar el riesgo de ver el mestizaje como simple homogeneización y reconciliación intercultural.

Estos términos —mestizaje, sincretismo, creolización— siguen manejándose en buena parte de la bibliografía antropológica y etnohistórica para especificar formas particulares de hibridación más o menos clásicas. Pero ¿cómo designar las fusiones entre culturas barriales y mediáticas, entre estilos de consumo de generaciones diferentes, entre músicas locales y transnacionales, que ocurren en las fronteras y en las grandes ciudades (no sólo allí)? La palabra hibridación aparece más dúctil para nombrar no sólo las combinaciones de elementos étnicos o religiosos, sino también la de productos de las tecnologías avanzadas y procesos sociales modernos o posmodernos.

Destaco las *fronteras* entre países y las grandes *ciudades* como contextos que condicionan los formatos, los estilos y las contradicciones específicos de la hibridación. Las fronteras rígidas establecidas por los Estados modernos se volvieron porosas. Pocas culturas pueden ser ahora descritas como unidades estables, con límites precisos basados en la ocupación de un territorio acotado. Pero esta multiplicación de oportunidades para hibridarse no implica indeterminación, ni libertad irrestricta. La hibridación ocurre en condiciones históricas y sociales específicas, en medio de sistemas de producción y consumo que a veces operan como coacciones, según se aprecia en la vida de muchos migrantes. Otra de las entidades sociales que auspician, pero también condicionan la hibridación son las ciudades. Las megalópolis multilingües y multiculturales, por ejemplo Londres, Berlín, Nueva York, Los Ángeles, Buenos Aires, Sao Paulo, México y Hong Kong, son estudiadas como centros donde la hibridación fomenta mayores conflictos y mayor creatividad cultural (Appadurai; Hannerz).

¿LAS NOCIONES MODERNAS SIRVEN PARA HABLAR DE GLOBALIZACIÓN?

Los términos empleados como antecedentes o equivalentes de hibridación, o sea mestizaje, sincretismo y creolización, se usan en general para referirse a procesos tradicionales, o a la sobrevivencia de costumbres y formas de pensamiento premodernos en los comienzos de la modernidad. Una de las tareas de este libro es construir la noción de hibridación para designar las mezclas interculturales propiamente modernas, entre otras las generadas por las integraciones de los Estados nacionales, los populismos políticos y las industrias culturales. Fue necesario, por eso, discutir los vínculos y desacuerdos entre modernidad, modernización y modernismo, así como las dudas de que América Latina sea o no un continente moderno.

En los años ochenta y principios de los noventa la modernidad era juzgada desde el pensamiento posmoderno. Escrito en medio de la hegemonía que entonces tenía esa tendencia, el libro apreció su antievolucionismo, su valoración de la heterogeneidad multicultural y transhistórica, y aprovechó la crítica a los metarrelatos para deslegitimar las pretensiones fundamentalistas de los tradicionalismos. Pero al mismo tiempo me resistí a considerar la posmodernidad como una etapa que reemplazaría a la época moderna. Preferí concebirla como un modo de problematizar las articulaciones que la modernidad estableció con las tradiciones que intentó excluir o superar. La *descolección* de los patrimonios étnicos y nacionales, así como la *desterritorialización* y la *reconversión* de saberes y costumbres fueron examinados como recursos para hibridarse.

Los años noventa redujeron el atractivo del pensamiento posmoderno y colocaron, en el centro de las ciencias sociales, la globalización. Así como hoy percibimos con más claridad que lo posmoderno no clausuró la modernidad, tampoco la problemática global permite desentenderse de ella. Algunos de los teóricos más destacables de la globalización, como Anthony Giddens y Ulrich Beck, la estudian como culminación de las tendencias y los conflictos modernos. En palabras de Beck, la globalización nos coloca ante el desafío de configurar una "segunda modernidad", más reflexiva, que no imponga su racionalidad secularizante, sino que acepte pluralmente tradiciones diversas.

Los procesos globalizadores acentúan la interculturalidad moderna cuando crean mercados mundiales de bienes materiales y dinero, mensajes y migrantes. Los flujos y las interacciones que ocurren en estos procesos han disminuido fronteras y aduanas, así como la autonomía de las tradiciones locales; propician más formas de hibridación productiva, comunicacional, y en los estilos de consumo que en el pasado. A las modalidades clásicas de fusión, derivadas de migraciones, intercambios comerciales y de las políticas de integración educativa impulsadas por Estados nacionales, se agregan las mezclas generadas por las industrias culturales. Si bien este libro no habla estrictamente de globalización, examina procesos de internacionalización y transnacionalización, pues se ocupa de las industrias culturales y las migraciones de América Latina a Estados Unidos. Aun las artesanías y músicas tradicionales analizadas en relación con los circuitos masivos transnacionales, donde los productos populares suelen ser "expropiados" por empresas turísticas y comunicacionales.

Al estudiar movimientos recientes de globalización advertimos que éstos no sólo integran y generan mestizajes; también segregan, producen nuevas desigualdades y estimulan reacciones diferencialistas (Appadurai, 1996; Beck, 1997; Hannerz; 1996). A veces se aprovecha la globalización empresarial y del consumo para afirmar y expandir particularidades étnicas o regiones culturales, como ocurre con la música latina en la actualidad (Ochoa; Yúdice). Algunos actores sociales encuentran, en estos procesos, recursos para resistir o modificar la globalización y replantear las condiciones de intercambio entre culturas. Pero el ejemplo de las hibridaciones musicales, entre otros, pone de manifiesto las diferencias y desigualdades que existen cuando se realizan en los países centrales o en las periferias: basta evocar la distancia entre las fusiones homogeneizadoras de lo latino, de los distintos modos de hacer música latina, en las discográficas de Miami, y la mayor diversidad reconocida por las productoras locales de Argentina, Brasil, Colombia o México.

Entonces, cabe agregar, a la tipología de hibridaciones tradicionales (mestizaje, sincretismo, creolización) las operaciones de construcción híbrida entre actores modernos, en condiciones avanzadas de globalización. Encontramos dos ejemplos en la formación multicultural de *lo latino*: a) la neohispanoamericanización de América Latina, y b) la fusión interamericana. Por *neohispanoamericanización* me refiero a la apropiación de editoriales, aerolíneas, bancos y telecomunicaciones por parte de empresas españolas en Argentina, Brasil, Colombia, Chile, México, Perú y Venezuela. En Brasil, los españoles ocuparon en 1999 el segundo lugar con 28 por ciento de las inversiones extranjeras; en Argentina pasaron al primer puesto, desplazando a Estados Unidos el mismo año. Por un lado, puede pensarse que conviene diversificar los intercambios con España y el resto de Europa para corregir la tendencia anterior a subordinarse sólo a capitales estadounidenses. Pero también en estos casos las condiciones asimétricas limitan la participación de artistas y medios de comunicación latinoamericanos.

Bajo el nombre de *fusión interamericana* abarco el conjunto de procesos de "norteamericanización" de los países latinoamericanos y "latinización" de Estados Unidos. Me inclino a llamar fusiones a estas hibridaciones, ya que esa palabra, usada preferentemente en música, emblematiza el papel prominente de los acuerdos entre industrias fonográficas transnacionales, el lugar de Miami como "capital de la cultura latinoamericana" (Yúdice, 1999) y la interacción de las Américas en el consumo intercultural. (Analicé más extensamente estas relaciones interamericanas y con Europa en mi libro *La globalización imaginada.*)

Hablar de fusiones no debe hacernos descuidar lo que resiste o se escinde. La teoría de la hibridación tiene que tomar en cuenta los movimientos que la rechazan. No provienen sólo de los fundamentalismos que se oponen al sincretismo religioso y el mestizaje intercultural. Existen resistencias a aceptar éstas y otras formas de hibridación, porque generan inseguridad en las culturas y conspiran contra su autoestima etnocéntrica. También es desafiante para el pensamiento moderno de tipo analítico, acostumbrado a separar binariamente lo civilizado de lo salvaje, lo nacional de lo extranjero, lo anglo de lo latino.

Asimismo, nos obligan a ser cuidadosos con las generalizaciones los procesos que llamaremos de *hibridación restringida*. La fluidez de las comunicaciones nos facilitan apropiarnos elementos de muchas culturas, pero esto no implica que las aceptemos indiscriminadamente; como decía Gustavo Lins Ribeiro, refiriéndose a la fascinación blanca por lo afroamericano, algunos piensan: "incorporo su música, pero que no se case con mi hija". De todas maneras, la intensificación de la interculturalidad favorece intercambios, mezclas mayores y más diversificadas que en otros tiempos; por ejemplo, gente que es brasileña por nacionalidad, portuguesa por la lengua, rusa o japonesa por el origen, y católica o afroamericana por la religión. Esta variabilidad de regímenes de pertenencias desafía una vez más al pensamiento binario, a cualquier intento de ordenar el mundo en identidades puras y oposiciones simples. Es necesario registrar aquello que, en los entrecruzamientos, permanece diferente. Como explica N. J. C. Vasantkumas del sincretismo, "es un proceso de mezcla de lo compatible y fijación de lo incompatible" (citado por Canevaci: 1996: 22).

QUÉ CAMBIÓ EN LA ÚLTIMA DÉCADA

América Latina se está quedando sin proyectos nacionales. La pérdida de control sobre las economías de cada país se manifiesta en la desaparición de la moneda propia (Ecuador, El Salvador), en sus devaluaciones frecuentes (Brasil, México, Perú, Venezuela) o en la fijación maníaca al dólar (Argentina). Las monedas llevan emblemas nacionales, pero ya representan poco la capacidad de las naciones de gestionar de manera soberana su presente. No son referencias de realidad, aunque en los intentos de revalorizar su moneda y devolverla del delirio hiperinflacionario a una relación verosímil con el país, Brasil la haya redesignado precisamente como *real*. Esta apuesta por confiar a un significante fuerte la vigorización del significado es tan inconsistente desde las teorías lingüísticas y de la representación como desde el punto de vista económico es hacer depender de la estabilidad de la moneda el reordenamiento y el control endógeno de la economía.

¿Por qué recurrir a doctrinas tan atrevidamente ingenuas para conseguir efectos estructurales? pregunta Renato Janine Ribeiro. Como demuestra este filósofo brasileño respecto de su país, el cambio de nombre de la moneda tuvo efectos temporales: hizo posible que un presidente de la República se eligiera dos veces, cimentó la alianza entre izquierda y derecha, ayudó a privatizar organismos estatales y calmó por unos años la tensión social. Seis años después, el valor caído del real y la mayor dependencia externa de las variables económicas nacionales muestran que iniciar una nueva historia, reconstituyendo el significado desde el significante, la economía desde las finanzas, fue sólo un modo temporal de ocultar los conflictos de la historia, una historia de oportunidades perdidas, elecciones desdichadas; en suma, descontrol de los procesos económicos y sociales que la moneda propia aspira a representar (Ribeiro, 2000).

De los años cuarenta a los setenta del siglo xx la creación de editoriales en Argentina, Brasil, México, Colombia, Chile, Perú, Uruguay y Venezuela produjo una "sustitución de importaciones" en el campo de la cultura letrada, tan significativo para la configuración de naciones democráticas modernas; a partir de mediados de los setenta, la mayoría de los editores quebró, o vendió sus catálogos a editoriales españolas, que luego fueron comprados por empresas francesas, italianas y alemanas.

La historia social de las culturas latinoamericanas que trazamos en este libro revela que un recurso clave para la modernización fue multiplicar al estudiantado universitario (de 250 mil en 1950 a 5 389,000 al finalizar la década de los setenta). Desde los ochenta, las universidades, envejecidas y económicamente asfixiadas, se han vuelto para los jóvenes, en opinión de Juan Villoro, "gigantescas salas de espera donde se les entretiene para que no se conviertan en factor de conflicto social".

Aunque muchos jóvenes se frustraban hace treinta, cuarenta o cincuenta años al salir de las universidades, y a veces los mejores investigadores migraban a Europa y Estados Unidos, la educación superior buscaba producir intelectuales para el desarrollo nacional; hoy sigue frustrando a la mayoría; peor aún, sólo le ofrece optar entre irse a trabajar a puestos secundarios en los servicios del primer mundo o volverse técnico en las transnacionales que controlan la producción y el comercio del propio país. Nada en la sociedad induce la tentación del voluntarismo político; muy pocos cargos públicos requieren alto nivel profesional, y la formación en la crítica intelectual más bien descalifica para ejercerlos a quienes sólo se pide que sean expertos. A los jóvenes de hace treinta años les preocupaba cómo acortar la distancia entre lo culto y lo popular; ahora, a los universitarios y profesionales jóvenes en América Latina les aflige cómo flotar en lo que queda del mundo culto y de la clase media; si son colombianos o ecuatorianos, las preguntas son cómo y a dónde irse.

Todas las tendencias de abdicación de lo público en lo privado, de lo nacional en lo transnacional, que registrábamos hace diez años se han acentuado. Dos procesos nuevos, incipientes entonces, colaboran en esta reorientación. Uno es la digitalización y mediatización de los procesos culturales en la producción, la circulación y el consumo, que transfiere la iniciativa y el control económico y cultural a empresas transnacionales. Otro abarca el crecimiento de los mercados informales, la precarización del trabajo y, en su modalidad más espectacular, el narcorreordenamiento de gran parte de la economía y la política, con la consiguiente destrucción violenta de los lazos sociales.

En la cultura, persisten pocas fundaciones y acciones mecenales en la cultura por parte de empresarios de algunos países latinoamericanos, pero en todas partes se cerraron instituciones auspiciadas por actores privados y públicos. El lugar de estos actores nacionales suele ser ocupado por inversionistas extranjeros en telecomunicaciones, distribuidoras y exhibidoras de cine y video, vendedores de productos y servicios informáticos. La innovación estética interesa cada vez menos en los museos, en las editoriales y en el cine; se ha desplazado a las tecnologías electrónicas, al entretenimiento musical y la moda. Donde había pintores o músicos, hay diseñadores y *discjockeys*. La hibridación en cierto modo se ha vuelto más fácil y se ha multiplicado cuando no depende de los tiempos largos, de la paciencia artesanal o erudita, sino de la habilidad para generar hipertextos y rápidas ediciones audiovisuales o electrónicas. Conocer las innovaciones de distintos países y la posibilidad de mezclarlas requería, hace diez años, viajes frecuentes, suscribirse a revistas extranjeras y pagar abultadas cuentas telefónicas; ahora se trata de renovar periódicamente el equipo de cómputo y tener un buen servicio de Internet.

Pese a que vivamos en un presente excitado consigo mismo, las historias del arte, de la literatura y de la cultura siguen apareciendo aquí y allá como recursos narrativos, metáforas y citas prestigiosas. Fragmentos de clásicos barrocos, románticos y del jazz son convocados en el rock y la música tecno. La iconografía del Renacimiento y de la experimentación vanguardista nutre la publicidad de las promesas tecnológicas. Los coroneles que no tenían quién les escribiera llegan con sus novelas al cine, la memoria de los oprimidos y desaparecidos mantiene su testimonio en desgarrados cantos rockeros y videoclips. Los dramas históricos se hibridan más en movimientos culturales que sociales o políticos con los discursos de hoy.

Entre tanto, los perfiles nacionales mantienen vigencia en algunas áreas del consumo, sobre todo en los campos donde cada sociedad dispone de ofertas propias. No es el caso del cine, porque las películas estadounidenses ocupan entre 80 y 90 por ciento del tiempo en pantalla en casi todo el mundo; al dominio de la producción y la distribución, ahora se agrega la apropiación transnacional de los circuitos de exhibición, con lo cual se consagra para un largo futuro la capacidad de marginar lo que queda de las cinematografías europeas, asiáticas y latinoamericanas. Es diferente lo que ocurre con la música: las *majors* (Sony, Warner, Emi y Universal) manejan 90 por ciento del mercado discográfico mundial, pero las encuestas de consumo dicen que en todos los países latinoamericanos más de la mitad de lo que se escucha está en español. Por eso, las megadisqueras y MTV conceden atención a nuestra música.

Las culturas populares no se extinguieron, pero hay que buscarlas en otros lugares o no lugares. La puesta en escena de lo popular sigue haciéndose en museos y exposiciones folclóricas, en escenarios políticos y comunicacionales, con estrategias semejantes a las que analicé en los capítulos V y VI, aunque la recomposición, revaloración y desvalorización de culturas locales en la globalización acentúan, y a veces cambian, algunos procesos de hibridación.

Es más claro que cuando escribí este libro que la interacción de los sectores populares con los hegemónicos, de lo local con lo transnacional, no se deja leer sólo en clave de antagonismo. Las *majors* de la industria musical, por ejemplo, son empresas que se deslizan con soltura entre lo global y lo nacional. Expertas en *glocalizar*, crean condiciones para que circulemos entre diversas escalas de la producción y el consumo.

En suma, en los procesos globalizadores se amplían las facultades combinatorias de los consumidores, pero casi nunca sucede así con la *hibridación endógena*, o sea en los circuitos de producción locales, cada vez más condicionados por una *hibridación heterónoma*, coercitiva, que concentra las iniciativas combinatorias en pocas sedes transnacionales de generación de mensajes y bienes, de edición y administración del sentido social.

POLÍTICAS DE HIBRIDACIÓN

¿Es posible democratizar no sólo el acceso a los bienes, sino también la capacidad de hibridarlos, de combinar los repertorios multiculturales que expande esta época global? La respuesta depende, ante todo, de acciones políticas y económicas. Entre ellas, quiero destacar la urgencia de que los acuerdos de libre comercio sean acompañados por reglas que ordenen y fortalezcan el espacio público transnacional. Uno de los requisitos para ello es que además globalicemos los derechos ciudadanos, que las hibridaciones multinacionales derivadas de migraciones masivas sean reconocidas en una concepción más abierta de la ciudadanía, capaz de abarcar múltiples pertenencias.

Quiero decir que reivindicar la heterogeneidad y la posibilidad de múltiples hibridaciones es un primer movimiento político para que el mundo no quede preso bajo la lógica homogeneizadora con que el capital financiero tiende a emparejar los mercados, a fin de facilitar las ganancias. Exigir que las finanzas sean vistas como parte de la economía, o sea de la producción de bienes y mensajes, y que la economía sea redefinida como escenario de disputas políticas y diferencias culturales es el paso siguiente para que la globalización, entendida como proceso de apertura de los mercados y los repertorios simbólicos nacionales, como intensificación de intercambios e hibridaciones, no se empobrezca como globalismo, dictadura homogeneizadora del mercado mundial.

A lo que están haciendo en esta dirección los movimientos de protesta contra el Banco Mundial, el FMI y la OECD (ecologistas, por derechos humanos, etc.), es necesario agregar un trabajo específicamente intercultural, de reconocimiento de la diversidad y afirmación de solidaridades. Mencioné antes las fronteras y las grandes ciudades como escenarios estratégicos. Para estas tareas conviene considerar también los exilios y las migraciones, condiciones propicias para las mezclas y la fecundación entre culturas.

Edward W. Said explica: "Considerar 'el mundo entero como una tierra extranjera' posibilita una originalidad en la visión. La mayoría de la gente es consciente sobre todo de una cultura, un ambiente, un hogar; los exiliados son conscientes de por lo menos dos, y esta pluralidad de visión da lugar a una consciencia (sic) que —para utilizar una expresión de la música— es contrapuntística... Para un exiliado, los hábitos de vida, expresión o actividad en el nuevo ambiente ocurren inevitablemente en contraste con un recuerdo de cosas en otro ambiente. De este modo, tanto el nuevo ambiente como el anterior son vívidos, reales, y se dan juntos en un contrapunto".

Al comentar este párrafo de Said, James Clifford sostiene que los discursos diaspóricos y de hibridación nos permiten pensar la vida contemporánea como "una modernidad de contrapunto" (Clifford: 313). Pero en otro lugar del mismo libro —*Itinerarios transculturales*— se pregunta si la noción de viaje es más adecuada que otras usadas en el pensamiento posmoderno: desplazamiento, nomadismo, peregrinaje. Además de señalar las limitaciones de estos últimos vocablos, propone *viaje* como "término de traducción" entre los demás, o sea "una palabra de aplicación aparentemente general, utilizada para la comparación de un modo estratégico y contingente". Todos los términos de traducción, aclara, "nos llevan durante un trecho y luego se desmoronan. *Traduttore, tradittore*. En el tipo de traducción que más me interesa uno aprende mucho sobre los pueblos, las culturas, las historias distintas a la propia, lo suficiente para empezar a percibir lo que uno se está perdiendo" (Clifford: 56).

Considero atractivo tratar la *hibridación* como un término de traducción entre mestizaje, sincretismo, fusión y los otros vocablos empleados para designar mezclas particulares. Tal vez la cuestión decisiva no sea convenir cuál de esos conceptos abarca más y es más fecundo, sino cómo seguir construyendo principios teóricos y procedimientos metodológicos que nos ayuden a volver este mundo más traducible, o sea convivible en medio de sus diferencias, y a aceptar lo que cada uno gana y está perdiendo al hibridarse. Encuentro en un poema de Ferreira Gullar, musicalizado por Raymundo Fagner en un disco donde canta algunas canciones en portugués y otras en español, y en el que alterna su voz y su lengua de origen con las de Mercedes Sosa y Joan Manuel Serrat, una manera excelente de expresar estos dilemas. El nombre del disco es, como el poema de Gullar, *Traduzirse*:

> Uma parte de mim é todo mundo
> Outra parte é ninguén, fundo sem fundo
>
> Uma parte de mim é multidão
> Outra parte estranheza é solidão

Uma parte de mim pesa, pondera
Outra parte delira

Uma parte de mim almoca e janta
Outra parte se espanta

Uma parte de mim é permanente
Outra parte se sabe de repente

Uma parte de mim é só vertigem
Outra parte linguagem

Traduzir uma parte na outra parte
Que é uma questao de vida e morte
Sera arte?

Vinculamos así la pregunta por lo que hoy pueden ser el arte y la cultura a las tareas de traducción de lo que dentro de nosotros y entre nosotros permanece desgajado, beligerante o incomprensible, o quizá llegue a hibridarse. Este camino tal vez libere a las prácticas musicales, literarias y mediáticas de la misión "folclórica" de representar una sola identidad. La estética se desentiende de los intentos de los siglos XIX y XX de convertirla en pedagogía patriótica.

Debo decir, a la luz de lo que desarrollé antes, que otra amenaza reemplaza en estos días a aquel destino folclorizante o nacionalista. Es la que trae la seducción del mercado globalista: reducir el arte a discurso de reconciliación planetaria. Las versiones estandarizadas de las películas y las músicas del mundo, del "estilo internacional" en las artes visuales y la literatura, suspenden a veces la tensión entre lo que se comunica y lo desgarrado, entre lo que se globaliza y lo que insiste en la diferencia, o es expulsado a los márgenes de la mundialización. Una visión simplificada de la hibridación, como la propiciada por la domesticación mercantil del arte, está facilitando vender más discos, películas y programas televisivos en otras regiones. Pero la ecualización de las diferencias, la simulación de que se desvanecen las asimetrías entre centros y periferias, hacen difícil que el arte y la cultura sean lugares donde también se nombre lo que no se puede o no se deja hibridar.

La primera condición para distinguir las oportunidades y los límites de la hibridación es no volver al arte y la cultura recursos para el realismo mágico de la comprensión universal. Se trata, más bien, de colocarlos en el campo inestable, conflictivo, de la traducción y la "traición". Las búsquedas artísticas son claves en esta tarea si logran a la vez ser lenguaje y ser vértigo.

ENTRADA

¿Cuáles son, en los años noventa, las estrategias para entrar y salir de la modernidad?

Colocamos la pregunta de este modo porque en América Latina, donde las tradiciones aún no se han ido y la modernidad no acaba de llegar, dudamos si modernizarnos debe ser el principal objetivo, según pregonan políticos, economistas y la publicidad de nuevas tecnologías. Otros sectores, al comprobar que los salarios regresan al poder que tenían hace dos décadas y el producto de los países más prósperos —Argentina, Brasil, México— permaneció estancado durante los años ochenta, se preguntan si la modernización no se vuelve inaccesible para la mayoría. Y también es posible pensar que perdió sentido ser moderno en este tiempo en que las filosofías de la posmodernidad descalifican a los movimientos culturales que prometen utopías y auspician el progreso.

No basta explicar estas discrepancias por las distintas concepciones de la modernidad en la economía, la política y la cultura. Junto a la cuestión teórica, están en juego dilemas políticos. ¿Vale la pena que se promuevan las artesanías, se restaure o reutilice el patrimonio histórico, que se siga aceptando ingresos masivos de estudiantes en carreras humanísticas

13

o ligadas a actividades en desuso del arte de élite o la cultura popular? ¿Tiene sentido —personal y colectivamente— invertir en largos estudios para acabar en puestos de bajo salario, repitiendo técnicas y conocimientos fatigados en vez de dedicarse a la microelectrónica o la telecomunicación?

Tampoco es suficiente para entender la diferencia entre las visiones de la modernidad recurrir a ese principio del pensamiento moderno según el cual las divergencias ideológicas se deberían al desigual acceso que logran a los bienes ciudadanos y políticos, trabajadores y empresarios, artesanos y artistas. La primera hipótesis de este libro es que la *incertidumbre* acerca del sentido y el valor de la modernidad deriva no sólo de lo que separa a naciones, etnias y clases, sino de los cruces socioculturales en que lo tradicional y lo moderno se mezclan.

¿Cómo entender el encuentro de artesanías indígenas con catálogos de arte de vanguardia sobre la mesa del televisor? ¿Qué buscan los pintores cuando citan en el mismo cuadro imágenes precolombinas, coloniales y de la industria cultural, cuando las reelaboran usando computadoras y láser? Los medios de comunicación electrónica, que parecían dedicados a sustituir el arte culto y el folclor, ahora los difunden masivamente. El rock y la música "erudita" se renuevan, aun en las metrópolis, con melodías populares asiáticas y afroamericanas.

No se trata sólo de estrategias de las instituciones y los sectores hegemónicos. Las hallamos también en la "reconversión" económica y simbólica con que los migrantes campesinos adaptan sus saberes para vivir en la ciudad, y sus artesanías para interesar a consumidores urbanos; cuando los obreros reformulan su cultura laboral ante las nuevas tecnologías productivas sin abandonar creencias antiguas, y los movimientos populares insertan sus demandas en radio y televisión. Cualquiera de nosotros tiene en su casa discos y casetes en que combina música clásica y jazz, folclor, tango y salsa, incluyendo a compositores como Piazzola, Caetano Veloso y Rubén Blades que fusionaron esos géneros cruzando en sus obras tradiciones cultas y populares.

Así como no funciona la oposición abrupta entre lo tradicional y lo moderno, tampoco lo culto, lo popular y lo masivo están donde nos habituamos a encontrarlos. Es necesario desconstruir esa división en tres pisos, esa concepción hojaldrada del mundo de la cultura, y averiguar si su *hibridación*[1]

---

[1] Se encontrarán ocasionales menciones de los términos *sincretismo*, *mestizaje* y

puede leerse con las herramientas de las disciplinas que los estudian por separado: la historia del arte y la literatura, que se ocupan de lo "culto"; el folclor y la antropología, consagrados a lo popular; los trabajos sobre comunicación, especializados en la cultura masiva. Necesitamos ciencias sociales nómadas, capaces de circular por las escaleras que comunican esos pisos. O mejor: que rediseñen los planos y comuniquen horizontalmente los niveles.

La segunda hipótesis es que el trabajo conjunto de estas disciplinas puede generar otro modo de concebir la modernización latinoamericana: más que como una fuerza ajena y dominante, que operaría por sustitución de lo tradicional y lo propio, como los intentos de renovación con que diversos sectores se hacen cargo de la *heterogeneidad multitemporal* de cada nación.

Una tercera línea de hipótesis sugiere que esta mirada transdisciplinaria sobre los circuitos híbridos tiene consecuencias que desbordan la investigación cultural. La explicación de por qué coexisten culturas étnicas y nuevas tecnologías, formas de producción artesanal e industrial, puede iluminar procesos políticos; por ejemplo, las razones por las que tanto las capas populares como las élites combinan la democracia moderna con relaciones arcaicas de poder. Encontramos en el estudio de la heterogeneidad cultural una de las vías para explicar los poderes oblicuos que entreveran instituciones liberales y hábitos autoritarios, movimientos sociales democráticos con regímenes paternalistas, y las transacciones de unos con otros.

Tenemos, entonces, tres cuestiones en debate. Cómo estudiar las culturas híbridas que constituyen la modernidad y le dan su perfil específico en América Latina. Luego, reunir los saberes parciales de las disciplinas que se ocupan de la cultura para ver si es posible elaborar una interpretación más plausible de las contradicciones y los fracasos de nuestra modernización. En tercer lugar, qué hacer —cuando la modernidad se ha vuelto un proyecto polémico o desconfiable— con esta mezcla de memoria heterogénea e innovaciones truncas.

---

otros empleados para designar procesos de *hibridación*. Prefiero este último porque abarca diversas mezclas interculturales —no sólo las raciales a las que suele limitarse "mestizaje"— y porque permite incluir las formas modernas de hibridación mejor que "sincretismo", fórmula referida casi siempre a fusiones religiosas o de movimientos simbólicos tradicionales.

NI CULTO, NI POPULAR, NI MASIVO

Para analizar las idas y venidas de la modernidad, los cruces de las herencias indígenas y coloniales con el arte contemporáneo y las culturas electrónicas, tal vez sería mejor no hacer un libro. Tampoco una película, ni una telenovela, nada que se entregue en capítulos y vaya desde un principio a un final. Quizá puede usarse este texto como una ciudad, a la que se ingresa por el camino de lo culto, el de lo popular o el de lo masivo. Adentro todo se mezcla, cada capítulo remite a los otros, y entonces ya no importa saber por qué acceso se llegó.

Pero ¿cómo hablar de la ciudad moderna, que a veces está dejando de ser moderna y de ser ciudad? Lo que era un conjunto de barrios se derrama más allá de lo que podemos relacionar, nadie abarca todos los itinerarios, ni todas las ofertas materiales y simbólicas deshilvanadas que se presentan. Los migrantes atraviesan la ciudad en muchas direcciones, e instalan, precisamente en los cruces, sus puestos barrocos de dulces regionales y radios de contrabando, hierbas curativas y videocasetes. ¿Cómo estudiar las astucias con que la ciudad intenta conciliar todo lo que llega y prolifera, y trata de contener el desorden: el trueque de lo campesino con lo transnacional, los embotellamientos de coches frente a las manifestaciones de protesta, la expansión del consumo junto a las demandas de los desocupados, los duelos entre mercancías y comportamientos venidos de todas partes?

Las ciencias sociales contribuyen a esta dificultad con sus diferentes escalas de observación. El antropólogo llega a la ciudad a pie, el sociólogo en auto y por la autopista principal, el comunicólogo en avión. Cada uno registra lo que puede, construye una visión distinta y, por lo tanto, parcial. Hay una cuarta perspectiva, la del historiador, que no se adquiere entrando sino saliendo de la ciudad, desde su centro antiguo hacia las orillas contemporáneas. Pero el centro de la ciudad actual ya no está en el pasado.

La historia del arte y la literatura, y el conocimiento científico, habían identificado repertorios de contenidos que debíamos manejar para ser *cultos* en el mundo moderno. Por otro lado, la antropología y el folclor, así como los populismos políticos, al reivindicar el saber y las prácticas tradicionales, constituyeron el universo de lo *popular*. Las industrias culturales engendraron un tercer sistema de mensajes *masivos* que

fue atendido por nuevos especialistas: comunicólogos y semiólogos.[2]

Tanto los tradicionalistas como los modernizadores quisie-
ron construir objetos puros. Los primeros imaginaron culturas nacionales y populares "auténticas"; buscaron preservar-
las de la industrialización, la masificación urbana y las
influencias extranjeras. Los modernizadores concibieron un
arte por el arte, un saber por el saber, sin fronteras territoriales, y confiaron a la experimentación y la innovación autónomas sus fantasías de progreso. Las diferencias entre esos campos sirvieron para organizar los bienes y las instituciones. Las
artesanías iban a ferias y concursos populares, las obras de
arte a los museos y las bienales.

Las ideologías modernizadoras, desde el liberalismo del siglo XIX hasta el desarrollismo, acentuaron esta compartimentación maniquea al imaginar que la modernización terminaría con
las formas de producción, las creencias y los bienes tradicionales. Los mitos serían sustituidos por el conocimiento científico, las artesanías por la expansión de la industria, los libros por los medios audiovisuales de comunicación.

Hoy existe una visión más compleja sobre las relaciones
entre tradición y modernidad. Lo culto tradicional no es bo-
rrado por la industrialización de los bienes simbólicos. Se
publican más libros y ediciones de mayor tiraje que en cualquier época anterior. Hay obras eruditas y a la vez masivas,
como *El nombre de la rosa,* tema de debates hermenéuticos en
simposios y también bestseller: había vendido a fines de 1986,
antes de exhibirse la película filmada sobre esa novela, cinco
millones de ejemplares en veinticinco lenguas. Los relatos de
García Márquez y Vargas Llosa alcanzan más público que las
películas filmadas sobre sus textos.

Del lado popular, hay que preocuparse menos por lo que se
extingue que por lo que se transforma. Nunca hubo tantos
artesanos, ni músicos populares, ni semejante difusión del
folclor, porque sus productos mantienen funciones tradiciona-

---

[2] Las nociones de *culto, popular y masivo* serán discutidas conceptual e históricamente en varios capítulos. La más incómoda es la primera: ¿es preferible hablar de
culto, elitista. erudito o hegemónico? Estas denominaciones se superponen parcialmente y ninguna es satisfactoria. Erudito resulta la más vulnerable, porque define
esta modalidad de organizar la cultura por la vastedad del saber reunido mientras
oculta que se trata de un tipo de saber: ¿no son eruditos también el curandero y el
artesano? Usaremos las nociones de élite y hegemonía para señalar la posición social
que confiere a lo culto sus privilegios, pero emplearemos más a menudo este último
nombre, porque es el más utilizado en español.

les (dar trabajo a indígenas y campesinos) y desarrollan otras modernas: atraen a turistas y consumidores urbanos que encuentran en los bienes folclóricos signos de distinción, referencias personalizadas que los bienes industriales no ofrecen.

La modernización disminuye el papel de lo culto y lo popular tradicionales en el conjunto del mercado simbólico, pero no los suprime. Reubica el arte y el folclor, el saber académico y la cultura industrializada, bajo condiciones relativamente semejantes. El trabajo del artista y el del artesano se aproximan cuando cada uno experimenta que el orden simbólico específico en que se nutría es redefinido por la lógica del mercado. Cada vez pueden sustraerse menos a la información y la iconografía modernas, al desencantamiento de sus mundos autocentrados y al reencantamiento que propicia la espectacularización de los medios. Lo que se desvanece no son tanto los bienes antes conocidos como cultos o populares, sino la pretensión de unos y otros de conformar universos autosuficientes y de que las obras producidas en cada campo sean únicamente "expresión" de sus creadores.

Es lógico que también confluyan las disciplinas que estudiaban esos universos. El historiador de arte que escribía el catálogo de una exposición situaba al artista o la tendencia en una sucesión articulada de búsquedas, un cierto "avance" respecto de lo que se había hecho en ese campo. El folclorista y el antropólogo referían las artesanías a una matriz mítica o un sistema sociocultural autónomos que daban a esos objetos sentidos precisos. Hoy esas operaciones se nos presentan casi siempre como construcciones culturales multicondicionadas por actores que trascienden lo artístico o simbólico.

Qué es el arte no es sólo una cuestión estética: hay que tomar en cuenta cómo se la va respondiendo en la intersección de lo que hacen los periodistas y críticos, historiadores y museógrafos, *marchands*, coleccionistas y especuladores. De modo semejante, lo popular no se define por una esencia a priori, sino por las estrategias inestables, diversas, con que construyen sus posiciones los propios sectores subalternos, y también por el modo en que el folclorista y el antropólogo ponen en escena la cultura popular para el museo o la academia, los sociólogos y los políticos para los partidos, los comunicólogos para los medios.

LA MODERNIDAD DESPUÉS DE LA POSMODERNIDAD

Estos cambios de los mercados simbólicos en parte radicalizan el proyecto moderno y en cierto modo llevan a una situación posmoderna, entendida como ruptura con lo anterior. La bibliografía reciente sobre este doble movimiento ayuda a repensar varios debates latinoamericanos. Ante todo, la tesis de que los desacuerdos entre el modernismo cultural y la modernización social nos volverían una versión deficiente de la modernidad canonizada por las metrópolis.[3] O la inversa: que por ser la patria del pastiche y el *bricolage*, donde se dan cita muchas épocas y estéticas, tendríamos el orgullo de ser posmodernos desde hace siglos y de un modo singular. Ni el "paradigma" de la imitación, ni el de la originalidad, ni la "teoría" que todo lo atribuye a la dependencia, ni la que perezosamente quiere explicarnos por "lo real maravilloso" o un surrealismo latinoamericano, logran dar cuenta de nuestras culturas híbridas.

Se trata de ver cómo, dentro de la crisis de la modernidad occidental —de la que América Latina es parte—, se transforman las relaciones entre tradición, modernismo cultural y modernización socioeconómica. Para eso hay que ir más allá de la especulación filosófica y el intuicionismo estético dominantes en la bibliografía posmoderna. La escasez de estudios empíricos sobre el lugar de la cultura en los procesos llamados posmodernos ha llevado a reincidir en distorsiones del pensamiento premoderno: construir posiciones ideales sin contrastación fáctica.

Una primera tarea es tener en cuenta las discrepantes concepciones de la modernidad. Mientras en el arte, la arquitectura y la filosofía las corrientes posmodernas son hegemónicas en muchos países, en la economía y la política latinoamericanas prevalecen los objetivos modernizadores. Las últimas campañas electorales, los mensajes políticos que acompañan los planes de ajuste y reconversión, juzgan prioritario que

---

[3] Adoptamos con cierta flexibilidad la distinción hecha por varios autores, desde Jürgen Habermas hasta Marshall Berman, entre la *modernidad* como etapa histórica, la *modernización* como proceso socioeconómico que trata de ir construyendo la modernidad, y los *modernismos*, o sea los proyectos culturales que renuevan las prácticas simbólicas con un sentido experimental o crítico (Jürgen Habermas, *El discurso filosófico de la modernidad*, Taurus, Madrid, 1989; Marshall Berman, *Todo lo sólido se desvanece en el aire. La experiencia de la modernidad*, Siglo XXI, Madrid, 1988).

nuestros países incorporen los avances tecnológicos, moderni-
cen la economía, superen en las estructuras de poder alianzas
informales, la corrupción y otros resabios premodernos.

El peso cotidiano de estas "deficiencias" hace que la actitud
más frecuente ante los debates posmodernos sea en América
Latina la subestimación irónica. ¿Para qué nos vamos a andar
preocupando por la posmodernidad si en nuestro continente
los avances modernos no han llegado del todo ni a todos? No
hemos tenido una industrialización sólida, ni una tecnificación
extendida de la producción agraria, ni un ordenamiento sociopolítico basado en la racionalidad formal y material que, según
leemos de Kant a Weber, se habría convertido en el sentido
común de Occidente, el modelo de espacio público donde los
ciudadanos convivirían democráticamente y participarían en
la evolución social. Ni el progresismo evolucionista, ni el
racionalismo democrático han sido entre nosotros causas populares.

"Cómo hablar de posmodernidad desde el país donde insur-
ge Sendero Luminoso, que tiene tanto de premoderno" —pre-
guntaba hace poco el sociólogo peruano y candidato
presidencial Henry Pease García.[4] Las contradicciones pueden
ser distintas en otros países, pero existe la opinión generalizada
de que, si bien el liberalismo y su régimen de representatividad
parlamentaria llegaron a las constituciones, carecemos de una
cohesión social y una cultura política modernas suficientemente asentadas para que nuestras sociedades sean gobernables.
Los caudillos siguen manejando las decisiones políticas sobre
la base de alianzas informales y relaciones silvestres de fuerza.
Los filósofos positivistas y luego los científicos sociales mo-
dernizaron la vida universitaria, dice Octavio Paz, pero el
caciquismo, la religiosidad y la manipulación comunicacional
conducen el pensamiento de las masas. Las élites cultivan la
poesía y el arte de vanguardia, mientras las mayorías son
analfabetas.[5]

La modernidad es vista entonces como una máscara. Un
simulacro urdido por las élites y los aparatos estatales, sobre
todo los que se ocupan del arte y la cultura, pero que por lo
mismo los vuelve irrepresentativos e inverosímiles. Las oligar-

---

[4] Henry Pease García, "La izquierda y la cultura de la posmodernidad", en
Proyectos de cambio. La izquierda democrática en América Latina, Editorial Nueva
Sociedad, Caracas, 1988, p. 166.

[5] Octavio Paz, *El ogro filantrópico*, Joaquín Mortiz, México, 1979, p. 64.

quías liberales de fines del siglo XIX y principios del XX habrían hecho como que constituían Estados, pero sólo ordenaron algunas áreas de la sociedad para promover un desarrollo subordinado e inconsistente; hicieron como que formaban culturas nacionales, y apenas construyeron culturas de élites dejando fuera a enormes poblaciones indígenas y campesinas que evidencian su exclusión en mil revueltas y en la migración que "trastorna" las ciudades. Los populismos hicieron como que incorporaban a esos sectores excluidos, pero su política distribucionista en la economía y la cultura, sin cambios estructurales, fue revertida en pocos años o se diluyó en clientelismos demagógicos .

¿Para qué seguir haciendo como que tenemos Estado, pregunta el escritor José Ignacio Cabrujas cuando lo consulta la Comisión Presidencial para la Reforma del Estado Venezolano, si el Estado "es un esquema de disimulos"? Venezuela, explica, se fue creando como un campamento, habitado primero por tribus errantes y luego por españoles que la usaron eomo sitio de paso en la búsqueda del oro prometido, hacia Potosí o El Dorado. Con el progreso lo que se hizo fue convertir el campamento en un gigantesco hotel, en el que los pobladores se sienten huéspedes y el Estado un gerente "en permanente fracaso a la hora de garantizar el confort de sus huéspedes".

> Vivir, es decir, asumir la vida, pretender que mis acciones se traducen en algo, moverme en un tiempo histórico hacia un objetivo, es algo que choca con el reglamento del hotel, puesto que cuando me alojo en un hotel no pretendo transformar sus instalaciones, ni mejorarlas, ni adaptarlas a mis deseos. Simplemente las uso.

En algún momento se pensó que era necesario un Estado capaz de administrarlo, un conjunto de instituciones y leyes para garantizar un mínimo de orden, "ciertos principios elegantes, apolíneos más que elegantes, mediante los cuales íbamos a pertenecer al mundo civilizado".

> Habría sido más justo inventar esos artículos que leemos siempre al ingresar en un cuarto de hotel, casi siempre ubicados en la puerta. "Cómo debe vivir usted aquí", "a qué hora debe marcharse", "favor, no comer en las habitaciones", "queda terminantemente prohibido el ingreso de perros en su cuarto", etc., etc., es decir, un reglamento pragmático y sin ningun melindre principista. Este

es su hotel, disfrútelo y trate de echar la menos vaina posible, podría ser la forma más sincera de redactar el primer párrafo de la Constitución Nacional.[6]

¿Se pueden superar estos desacuerdos entre los Estados latinoamericanos, las sociedades a las que corresponden y su cultura política? Antes de responder, tendremos que averiguar si la pregunta está bien planteada. Para estos autores, y para la mayor parte de la bibliografía latinoamericana, la modernidad seguiría teniendo conexiones necesarias —al modo en que lo pensó Max Weber— con el desencantamiento del mundo, con las ciencias experimentales y, sobre todo, con una organización racionalista de la sociedad que culminaría en empresas productivas eficientes y aparatos estatales bien organizados. Estos rasgos no son los únicos que definen la modernidad, ni en los autores posmodernos, como Lyotard o Deleuze, ni en las reinterpretaciones de quienes se siguen adhiriendo al proyecto moderno: entre otros, Habermas en el texto citado, Perry Anderson,[7] Frederic Jameson.[8] Nuestro libro busca conectar esta revisión de la teoría de la modernidad con las transformaciones ocurridas desde los ochenta en América Latina. Por ejemplo, los cambios en lo que se entendía por modernización económica y política. Ahora se menosprecian las propuestas de industrialización, la sustitución de importaciones y el fortalecimiento de Estados nacionales autónomos como ideas anticuadas, culpables de que las sociedades latinoamericanas hayan diferido su acceso a la modernidad. Si bien permanece como parte de una política moderna la exigencia de que la producción sea eficiente y los recursos se otorguen donde rindan más, ha pasado a ser una "ingenuidad premoderna" que un Estado proteja la producción del propio país o, peor, en función de intereses populares que suelen juzgarse contradictorios con el avance tecnológico. Por cierto, la polémica está abierta y tenemos razones para dudar de que la ineficiencia crónica de nuestros Estados, de sus políticas desarrollistas y proteccionistas, se resuelva libe-

---

[6] José Ignacio Cabrujas, "El Estado del disimulo", *Heterodoxia y Estado. 5 respuestas, Estado y Reforma*, Caracas, 1987.

[7] Perry Anderson, "Modernity and Revolution", *New Left Review*, 144, marzo-abril de 1984.

[8] Frederic Jameson, "Marxism and Posmodernism", *New Left Review*, 176, julio-agosto de 1989.

rando todo a la competencia internacional.[9]

También en la sociedad y la cultura cambió lo que se entendía por modernidad. Abandonamos el evolucionismo que esperaba la solución de los problemas sociales de la simple secularización de las prácticas: hay que pasar, se decía en los sesenta y setenta, de los comportamientos prescriptivos a los electivos, de la inercia de costumbres rurales o heredadas a conductas propias de sociedades urbanas, donde los objetivos y la organización colectiva se fijarían de acuerdo con la racionalidad científica y tecnológica. Hoy concebimos a América Latina como una articulación más compleja de tradiciones y modernidades (diversas, desiguales), un continente heterogéneo formado por países donde, en cada uno, coexisten múltiples lógicas de desarrollo. Para repensar esta heterogeneidad es útil la reflexión antievolucionista del posmodernismo, más radical que cualquier otra anterior. Su crítica a los relatos omnicomprensivos sobre la historia puede servir para detectar las pretensiones fundamentalistas del tradicionalismo, el etnicismo y el nacionalismo, para entender las derivaciones autoritarias del liberalismo y el socialismo.

En esta línea, concebimos la posmodernidad no como una etapa o tendencia que remplazaría el mundo moderno, sino como una manera de problematizar los vínculos equívocos que éste armó con las tradiciones que quiso excluir o superar para constituirse. La relativización posmoderna de todo fundamentalismo o evolucionismo facilita revisar la separación entre lo culto, lo popular y lo masivo sobre la que aún simula asentarse la modernidad, elaborar un pensamiento más abierto para abarcar las interacciones e integraciones entre los niveles, géneros y formas de la sensibilidad colectiva.

Para tratar estas cuestiones es inapropiada la forma del libro que progresa desde un principio a un final. Prefiero la ductilidad del ensayo, que permite moverse en varios niveles. Como escribió Clifford Geertz, el ensayo hace posible explorar en distintas direcciones, rectificar el itinerario si algo no marcha, sin la necesidad de "defenderse durante cien páginas de exposición previa, como en una monografía o un tratado".[10]

Pero el ensayo científico se diferencia del literario o filosófico

---

[9] Para un desarrollo de esta crítica, véase el texto de José I. Casar, "La modernización económica y el mercado", en R. Cordera Campos, R. Trejo Delarbre y Juan Enrique Vega (coords.), *México: el reclamo democrático*, Siglo XXI-ILET, México, 1988.

[10] Véase la argumentación en favor del ensayo para la exposición del conocimiento

al basarse, como en este caso, en investigaciones empíricas, al someter en lo posible las interpretaciones a un manejo controlado de los datos.

También quise evitar la simple acumulación de ensayos separados que reproduciría la compartimentación, el paralelismo, entre disciplinas y territorios. Al buscar, de todos modos, la estructura del libro intento re-trabajar la conceptualización de la modernidad en varias disciplinas a través de acercamientos multifocales y complementarios.

El primer capítulo y, en parte, los dos últimos retoman la reflexión sobre modernidad y posmodernidad en los países metropolitanos con el fin de examinar las contradicciones entre las utopías de creación autónoma en la cultura y la industrialización de los mercados simbólicos. En el segundo, se propone una reinterpretación de los vínculos entre modernismo y modernización a partir de investigaciones históricas y sociológicas recientes sobre las culturas latinoamericanas. El tercero analiza cómo se comportan los artistas, intermediarios y públicos ante dos opciones básicas de la modernidad: innovar o democratizar. En el cuarto, quinto y sexto se estudian algunas estrategias de instituciones y actores modernos al utilizar el patrimonio histórico y las tradiciones populares: cómo los ponen en escena los museos y las escuelas, los estudios folclóricos y antropológicos, la sociología de la cultura y los populismos políticos. Por último, examinamos las culturas híbridas generadas o promovidas por las nuevas tecnologías comunicacionales, por el reordenamiento de lo público y lo privado en el espacio urbano y por la desterritorialización de los procesos simbólicos.

Poner en relación espacios tan heterogéneos lleva a experimentar qué les puede ocurrir a las disciplinas que convencionalmente se ocupan de cada uno si aceptan los desafíos de los vecinos. ¿Es posible saber algo más o diferente sobre las estrategias de la cultura moderna, cuando la antropología estudia los rituales con que el arte se separa de otras prácticas y el análisis económico muestra los condicionamientos con que el mercado erosiona esa pretensión? El patrimonio histórico y las culturas tradicionales revelan sus funciones contemporáneas cuando, desde la sociología política, se indaga de qué modo un poder dudoso o herido teatraliza y celebra el pasado

---

social en Clifford Geertz, *Local Knowledge. Further Essays in Interpretative Anthropology*, Basic Books, Nueva York, 1983, Introducción.

para reafirmarse en el presente. La transnacionalización de la cultura efectuada por las tecnologías comunicacionales, su alcance y eficacia, se aprecian mejor como parte de la recomposición de las culturas urbanas, junto a las migraciones y el turismo de masas que ablandan las fronteras nacionales y redefinen los conceptos de nación, pueblo e identidad.

¿Es preciso aclarar que esta mirada que se multiplica en tantos fragmentos y cruces no persigue la trama de un orden único que las separaciones disciplinarias habrían encubierto? Convencidos de que las integraciones románticas de los nacionalismos son tan precarias y peligrosas como las integraciones neoclásicas del racionalismo hegeliano o de los marxismos compactos, nos negamos a admitir, sin embargo, que la preocupación por la totalidad social carezca de sentido. Uno puede olvidarse de la totalidad cuando sólo se interesa por las diferencias entre los hombres, no cuando se ocupa también de la desigualdad.

Tenemos presente que en este tiempo de diseminación posmoderna y descentralización democratizadora también crecen las formas más concentradas de acumulación de poder y centralización transnacional de la cultura que la humanidad ha conocido. El estudio de las bases culturales heterogéneas e híbridas de ese poder puede llevarnos a entender un poco más de los caminos oblicuos, llenos de transacciones, en que esas fuerzas actúan. Permite estudiar los diversos sentidos de la modernidad no sólo como simples divergencias entre corrientes; también como manifestación de conflictos irresueltos.

AGRADECIMIENTOS

Este intento de practicar estudios interculturales e interdisciplinarios necesitó nutrirse en varios países y en el trabajo con especialistas de diversos campos. El estímulo más constante fue la relación con los estudiantes y profesores del postgrado en la Escuela Nacional de Antropología e Historia (ENAH), de México, sobre todo con quienes compartí la dirección del Taller de Cultura e Ideología: Esteban Krotz y Patricia Safa. Al estudiar con Patricia el consumo cultural en la frontera de México con Estados Unidos, comprendí mejor las complejas relaciones de la familia y la escuela en la formación de hábitos culturales. Alejandro Ordorica, director del Programa Cultural de las Fronteras, y Luis Garza, como director de Promoción Cultural, apoyaron esa investigación con reflexiones sugerentes y recursos económicos.

Para interpretar esa cuestión vital en la comunicación de la cultura que es la divergencia entre lo ofrecido por las instituciones y la recepción de diversos públicos, fue valioso el trabajo en equipo con historiadores del Instituto Nacional de Bellas Artes, y con alumnos y profesores de la ENAH: Esther Cimet, Martha Dujovne, Julio Gullco, Cristina Mendoza, Eulalia Nieto, Francisco Reyes Palma, Graciela Schmilchuk,

Juan Luis Sariego y Guadalupe Soltero.

Situar estas cuestiones en el horizonte más amplio de la crisis de la modernidad requirió contrastar estos estudios con los de otros países. Una beca de la John Simon Guggenheim Memorial Foundation me permitió conocer en 1982 y 1985 innovaciones del arte, los museos y las políticas culturales en Europa, acercarme a los trabajos de sociólogos franceses —Pierre Bourdieu, Monique y Michel Pinçon— y de antropólogos italianos —Alberto M. Cirese, Amalia Signorelli, Pietro Clemente y Enzo Segre— que mantienen un diálogo muy abierto con lo que estamos haciendo en América Latina. Otra beca, del gobierno francés, y la invitación del Centro de Sociología Urbana de París para residir en 1988 como investigador visitante me dieron acceso a fuentes bibliográficas y documentales de difícil obtención desde las instituciones latinoamericanas. Tambien fue de gran ayuda consultar bibliotecas y discutir varios capítulos de este libro al dar seminarios en las Universidades de Austin y Londres (1989). Quiero mencionar a varios interlocutores: Henry Sealby, Richard Adams, Arturo Arias, Pablo Vila, Miguel Barahona, Mari-Carmen Ramírez, Héctor Olea, Patricia Oliart, José A. Llorens, William Rowe y John Kraniauskas.

En un continente donde la información cultural sobre otros países sigue obteniéndose principalmente mediante procedimientos tan poco modernos como las relaciones personales en los simposios, las citas a esas reuniones son un reconocimiento básico. Deseo destacar, ante todo, lo que significó poder regresar varias veces a la Argentina a partir de 1983, y participar en congresos y seminarios cargados siempre con las expectativas y frustraciones generadas por la reconstrucción cultural y la democratización política. Tuve ocasión de exponer fragmentos del presente texto en el simposio "Políticas culturales y función de la antropología" (1987) y en el seminario "Cultura popular: un balance interdisciplinario" (1988).

Recuerdo especialmente los comentarios de Martha Blache, Rita Ceballos, Aníbal Ford, Cecilia Hidalgo, Elizabeth Jelín, José A. Perez Gollán, Luis Alberto Romero y Beatriz Sarlo. Otros diálogos frecuentes con Rosana Guber, Carlos Herrán, Carlos López Iglesias, Mario Margulis y Juan Carlos Romero contribuyeron a documentar y elaborar mis referencias a la Argentina.

Una mención especial requieren las reuniones del Grupo deTrabajo sobre Políticas Culturales de CLACSO, donde estamos ensayando combinar perspectivas sociológicas, antropológicas y comunicacionales en una investigación comparativa del consumo cultural en varias ciudades latinoamericanas. Quiero decir cuánto me ha servido hablar con Sergio Miceli sobre los intelectuales y el Estado en Brasil; con Antonio Augusto Arantes de lo que representa para un antropólogo ocuparse del patrimonio histórico como secretario de Cultura de Campinas; confrontar el proceso de democratización mexicano con las interpretaciones de Oscar Landi, José Joaquín Brunner, Carlos Catalán y Giselle Munizaga sobre la Argentina y Chile; ver teatro con Luis Peirano en Lima, Buenos Aires y Bogotá; conocer cómo estaba estudiando Jesús Martín Barbero las telenovelas. Fernando Calderón y Mario dos Santos han sido acompañantes fecundos en ésta y otras experiencias de CLACSO.

Deseo señalar mi reconocimiento por haber leído partes de este libro o haberme ayudado a elaborar algunos problemas a Guillermo Bonfil, Rita Eder, María Teresa Ejea, Juan Flores, Jean Franco, Raymundo Mier, Françoise Perus, Mabel Piccini, Ana María Rosas y José Manuel Valenzuela; Rafael Roncagliolo y el trabajo conjunto que realizamos en el Instituto para América Latina; a Eduard Delgado y su Centro de Estudios y Recursos Culturales; a los autores y artistas citados a lo largo del texto y tantos otros que retengo para no convertir esta parte en un capítulo interminable.

Con José I. Casar pude aclarar algunas relaciones entre modernización económica y cultural. También facilitó que Blanca Salgado pasara en limpio este libro en el ILET, con una eficacia y paciencia muy valorables cuando uno llega al final de 400 páginas, con muchas correcciones, y no soporta ver más lo que escribió. Rogelio Carvajal, Ariel Rosales y Enrique Mercado me ayudaron a no agravar la oscuridad de ciertos problemas con la de mi escritura.

María Eugenia Módena es la acompañante más cercana en la tarea de juntar en la vida diaria y en el trabajo intelectual lo que significa pensar las experiencias de los exilios y los nuevos arraigos, los cruces interculturales que están en la base de estas reflexiones.

Si el libro está dedicado a Teresa y Julián es por esa capacidad de los hijos de mostrarnos que lo culto y lo popular pueden sintetizarse en la cultura masiva, en los placeres del consumo que ellos, sin culpas ni prevenciones, instalan en lo cotidiano como actividades plenamente justificadas. Nada

mejor para reconocerlo que evocar aquella navidad en que el
Instituto Nacional del Consumidor repetía obsesivamente:
"Regale afecto, no lo compre", en sus anuncios anticonsumis-
tas por radio y televisión; Teresa empleó la palabra "afecto"
por primera vez, en su lenguaje vacilante de los cuatro años.
"¿Sabes qué quiere decir?" "Sí —contestó rápido—, que no
tienes dinero."

Capítulo I

DE LAS UTOPÍAS AL MERCADO

¿Qué significa ser modernos? Es posible condensar las interpretaciones actuales diciendo que constituyen la modernidad cuatro movimientos básicos: un proyecto emancipador, un proyecto expansivo, un proyecto renovador y un proyecto democratizador.

Por proyecto *emancipador* entendemos la secularización de los campos culturales, la producción autoexpresiva y autorregulada de las prácticas simbólicas, su desenvolvimiento en mercados autónomos. Forman parte de este movimiento emancipador la racionalización de la vida social y el individualismo creciente, sobre todo en las grandes ciudades.

Denominamos proyecto *expansivo* a la tendencia de la modernidad que busca extender el conocimiento y la posesión de la naturaleza, la producción, la circulación y el consumo de los bienes. En el capitalismo, la expansión está motivada preferentemente por el incremento del lucro; pero en un sentido más amplio se manifiesta en la promoción de los descubrimientos científicos y el desarrollo industrial.

El proyecto *renovador* abarca dos aspectos, con frecuencia complementarios: por una parte, la persecución de un mejoramiento e innovación incesantes propios de una relación con

31

la naturaleza y la sociedad liberada de toda prescripción sagrada sobre cómo debe ser el mundo; por la otra, la necesidad de reformular una y otra vez los signos de distinción que el consumo masificado desgasta.

Llamamos proyecto *democratizador* al movimiento de la modernidad que confía en la educación, la difusión del arte y los saberes especializados, para lograr una evolución racional y moral. Se extiende desde la ilustración hasta la UNESCO, desde el positivismo hasta los programas educativos o de popularización de la ciencia y la cultura emprendidos por gobiernos liberales, socialistas y agrupaciones alternativas e independientes.

¿LA IMAGINACIÓN EMANCIPADA?

Estos cuatro proyectos, al desarrollarse, entran en conflicto. En un primer acceso a este desenvolvimiento contradictorio, analizaremos una de las utopías más enérgicas y constantes de la cultura moderna, desde Galileo a las universidades contemporáneas, de los artistas del renacimiento hasta las vanguardias: construir espacios en que el saber y la creación puedan desplegarse con autonomía. Sin embargo, la modernización económica, política y tecnológica —nacida como parte de ese proceso de secularización e independencia— fue configurando un tejido social envolvente, que subordina las fuerzas renovadoras y experimentales de la producción simbólica.

Para captar el sentido de esta contradicción, no veo lugar más propicio que el desencuentro ocurrido entre la estética moderna y la dinámica socioeconómica del desarrollo artístico. Mientras los teóricos e historiadores exaltan la autonomía del arte, las prácticas del mercado y de la comunicación masiva —incluidos a veces los museos— fomentan la dependencia de los bienes artísticos de procesos extraestéticos.

Partamos de tres autores, Jürgen Habermas, Pierre Bourdieu y Howard S. Becker, que estudiaron la autonomía cultural como componente definidor de la modernidad en sus sociedades: Alemania, Francia y los Estados Unidos. No obstante las diversas historias nacionales y sus diferencias teóricas, desarrollan análisis complementarios sobre el sentido secularizador que tiene la formación de los campos (Bourdieu) o mundos (Becker) del arte. Encuentran en la producción autoexpresiva y autorregulada de las prácticas simbólicas el indicador distintivo de su desenvolvimiento moderno.

Habermas retoma la afirmación de Max Weber de que lo moderno se constituye al independizarse la cultura de la razón sustantiva consagrada por la religión y la metafísica, y constituirse en tres esferas autónomas: la ciencia, la moralidad y el arte. Cada una se organiza en un régimen estructurado por sus cuestiones específicas —el conocimiento, la justicia, el gusto— y regido por instancias propias de valoración, o sea, la verdad, la rectitud normativa, la autenticidad y la belleza. La autonomía de cada dominio va institucionalizándose, genera profesionales especializados que se convierten en autoridades expertas de su área. Esta especialización acentúa la distancia entre la cultura profesional y la del público, entre los campos científicos o artísticos y la vida cotidiana. Sin embargo, los filósofos de la ilustración, protagonistas de esta empresa, se propusieron al mismo tiempo extender los saberes especializados para enriquecer la vida diaria y organizar racionalmente la sociedad. El crecimiento de la ciencia y el arte, liberados de la tutela religiosa, ayudaría a controlar las fuerzas naturales, ampliar la comprensión del mundo, progresar moralmente, volver más justas las instituciones y las relaciones sociales.

La extrema diferenciación contemporánea entre la moral, la ciencia y el arte hegemónicos, y la desconexión de los tres con la vida cotidiana, desacreditaron la utopía iluminista. No han faltado intentos de conectar el conocimiento científico con las prácticas ordinarias, el arte con la vida, las grandes doctrinas éticas con la conducta común, pero los resultados de estos movimientos han sido pobres, dice Habermas. ¿Es entonces la modernidad una causa perdida o un proyecto inconcluso? Respecto del arte, sostiene que debemos retomar y profundizar el proyecto moderno de experimentación autónoma a fin de que su poder renovador no se seque. A la vez, sugiere hallar otras vías de inserción de la cultura especializada en la praxis diaria para que ésta no se empobrezca en la repetición de tradiciones. Quizá pueda lograrse con nuevas políticas de recepción y apropiación de los saberes profesionales, democratizando la iniciativa social, de manera que la gente llegue "a ser capaz de desarrollar instituciones propias que pongan límites a la dinámica interna y los imperativos de un sistema económico casi autónomo y de sus complementos administrativos".[1]

[1] Jürgen Habermas, "La modernidad, un proyecto incompleto", en Hal Foster y otros, *La posmodernidad*, Kairós, Barcelona, 1985.

La defensa habermasiana del proyecto moderno ha recibido críticas, como la de Andreas Huyssen, quien le objeta purificar fácilmente a la modernidad de sus impulsos nihilistas y anarquistas. Atribuye ese recorte al propósito del filósofo de rescatar el potencial emancipatorio del iluminismo frente a la tendencia cínica que confunde razón y dominación en Francia y Alemania a principios de los años ochenta, cuando pronuncia la conferencia citada al recibir el Premio Adorno.[2] En ambos países los artistas abandonan los compromisos políticos de la década previa, reemplazan los experimentos documentales en narrativa y teatro por autobiografías, la teoría política y las ciencias sociales por revelaciones míticas y esotéricas. Mientras para los franceses la modernidad sería más que nada una cuestión estética, cuya fuente estaría en Nietzsche y Mallarmé, y para muchos jóvenes alemanes deshacerse del racionalismo equivaldría a liberarse de la dominación, Habermas intenta recuperar la versión liberadora del racionalismo que promovió la ilustración.

Su lectura iluminista de la modernidad pareciera estar condicionada, agregamos nosotros, por dos riesgos que Habermas detectó en las oscilaciones modernas. Al examinar a Marcuse y Benjamin, anotó que la superación de la autonomía del arte para cumplir funciones políticas podía ser nociva, como ocurrió en la crítica fascista al arte moderno y su reorganización al servicio de una estética de masas represora;[3] en la crítica reciente a los posmodernos, señala que el esteticismo en apariencia despolitizado de las últimas generaciones tiene alianzas tácitas, y a veces explícitas, con la regresión neoconservadora.[4] Para refutarlos, Habermas ahonda esa lectura selectiva de la modernidad que inició en *Conocimiento e interés* con el fin de restringir la herencia iluminista a su vocación emancipadora. Así, coloca fuera del proyecto moderno lo que tiene de opresor y vuelve difícil pensar qué

---

[2] Andreas Huyssen, "Guía del posmodernismo", *Punto de vista*, año X, núm. 29, abril-julio de 1987, separata, pp. XX-XXVII.

[3] Jürgen Habermas, "Walter Benjamin", en *Perfiles fisolófico-políticos*, Taurus, Madrid, 1975, pp. 302 ss.

[4] Jürgen Habermas, *El discurso filosófico de la modernidad*, citado. Véase también el prólogo de los traductores franceses de esta obra, Christian Bouchindhomme y Rainer Rochlitz, quienes señalan cómo se formó la obra habermasiana de la última década en polémica con los usos alemanes de las críticas al mundo moderno hechas por Derrida, Foucault y Bataille (*Le discourse philosophique de la modernité*, Gallimard, París, 1988).

significa que la modernidad traiga juntas la racionalidad y lo que la amenaza.

La trayectoria de Habermas ejemplifica cómo el pensamiento sobre la modernidad se construye en diálogo con autores premodernos y posmodernos, según la posiciones que los intérpretes adoptan en el campo artístico e intelectual. ¿No sería consecuente con el propio reconocimiento que Habermas hace de la inserción de la teoría en las *prácticas* sociales e intelectuales, continuar la reflexión filosófica con investigaciones empíricas?

Dos sociólogos, Bourdieu y Becker, revelan que la cultura moderna se diferencia de todo periodo anterior al constituirse en espacio autónomo dentro de la estructura social. Ninguno de los dos trata extensamente la cuestión de la modernidad, pero de hecho sus estudios buscan explicar la dinámica de la cultura en sociedades secularizadas donde existe una avanzada división técnica y social del trabajo, y las instituciones están organizadas según un modelo liberal.

Para Bourdieu, en los siglos XVI y XVII se inicia un periodo distinto en la historia de la cultura al integrarse con relativa independencia los campos artísticos y científicos. A medida que se crean museos y galerías, las obras de arte son valoradas sin las coacciones que les imponían el poder religioso al encargarlas para iglesias o el poder político para los palacios. En esas "instancias específicas de selección y consagración", los artistas ya no compiten por la aprobación teológica o la complicidad de los cortesanos, sino por "la legitimidad cultural".[5] Los salones literarios y las editoriales reordenarán en el mismo sentido, a partir del siglo XIX, la práctica literaria. Cada campo artístico —lo mismo que los científicos con el desarrollo de universidades laicas— se convierte en un espacio formado por capitales simbólicos intrínsecos.

La independencia conquistada por el campo artístico justifica la autonomía metodológica de su estudio. A diferencia de gran parte de la sociología del arte y la literatura, que deducen el sentido de las obras del modo de producción o de la

---

[5] Pierre Bourdieu, "Campo intelectual y proyecto creador", en Jean Pouillon, *Problemas del estructuralismo*, Siglo XXI, México, p. 135. Otros textos sobre la teoría bourdieana de los campos son *Le marché des biens symboliques*, Centre de Sociologie Européene, París, 1970, y "Quelques propriétés des champs", *Questions de sociologie*, Minuit, París, 1980. La versión española de este último libro, titulada *Sociología y cultura* (Grijalbo, México, 1990), incluye una introducción nuestra que amplía el análisis que hacemos aquí de Bourdieu.

extracción de clase del autor, Bourdieu considera que cada campo cultural se halla regido por leyes propias. Lo que el artista hace está condicionado, más que por la estructura global de la sociedad, por el sistema de relaciones que establecen los agentes vinculados con la producción y circulación de las obras. La investigación sociológica del arte debe examinar cómo se ha constituido el capital cultural del respectivo campo y cómo se lucha por su apropiación. Quienes detentan el capital y quienes aspiran a poseerlo despliegan batallas que son esenciales para entender el significado de lo que se produce; pero esa competencia tiene mucho de complicidad, y a través de ella también se afirma la creencia en la autonomía del campo. Cuando en las sociedades modernas algún poder extraño al campo —la iglesia o el gobierno— quiere intervenir en la dinámica interna del trabajo artístico mediante la censura, los artistas suspenden sus enfrentamientos para aliarse en la defensa de "la libertad expresiva".

¿Cómo se concilia la tendencia capitalista a expandir el mercado, mediante el aumento de consumidores, con esta tendencia a formar públicos especializados en ámbitos restringidos? ¿No es contradictoria la multiplicación de productos para el incremento de las ganancias con la promoción de obras únicas en las estéticas modernas? Bourdieu da una respuesta parcial a esta cuestión. Observa que la formación de campos específicos del gusto y del saber, donde ciertos bienes son valorados por su escasez y limitados a consumos exclusivos, sirve para construir y renovar la distinción de las élites. En sociedades modernas y democráticas, donde no hay superioridad de sangre ni títulos de nobleza, el consumo se vuelve un área fundamental para instaurar y comunicar las diferencias. Ante la relativa democratización producida al masificarse el acceso a los productos, la burguesía necesita ámbitos separados de las urgencias de la vida práctica, donde los objetos se ordenen —como en los museos— por sus afinidades estilísticas y no por su utilidad.

Para apreciar una obra de arte moderna hay que conocer la historia del campo de producción de la obra, tener la competencia suficiente para distinguir, por sus rasgos formales, un paisaje renacentista de otro impresionista o hiperrealista. Esa "disposición estética", que se adquiere por la pertenencia a una clase social, o sea por poseer recursos económicos y educativos que también son escasos, aparece como un "don", no como algo que se tiene sino que se es. De manera que la separación del campo del arte sirve a la burguesía para simular que sus privilegios se justifican por algo más que la acumulación económica. La diferencia entre forma y función, indispensable para que el arte moderno haya podido avanzar en la experimentación del lenguaje y la renovación del gusto, se duplica en la vida social en una diferencia entre los bienes (eficaces para la reproducción material) y los signos (útiles para organizar la distinción simbólica). Las sociedades modernas 'necesitan a la vez la *divulgación* —ampliar el mercado y el consumo de los bienes para acrecentar la tasa de ganancia— y la *distinción* —que, para enfrentar los efectos masificadores de la divulgación, recrea los signos que diferencian a los sectores hegemónicos.

La obra de Bourdieu, poco atraída por las industrias culturales, no nos ayuda a entender qué pasa cuando hasta los signos y espacios de las élites se masifican y se mezclan con los populares. Tendremos que partir de Bourdieu, pero ir más allá de él para explicar cómo se reorganiza la dialéctica entre divulgación y distinción cuando los museos reciben a millones de visitantes, y las obras literarias clásicas o de vanguardia se venden en supermercados, o se convierten en videos.

Pero antes completemos el análisis de la autonomía del campo artístico con Howard S. Becker. Por ser músico, además de científico social, es particularmente sensible al carácter colectivo y cooperativo de la producción artística. A eso se debe que su sociología del arte combine la afirmación de la autonomía creadora con un sutil reconocimiento de los lazos sociales que la condicionan. A diferencia de la literatura y las artes plásticas, en las que fue más fácil construir la ilusión del creador solitario, genial, cuya obra no debería nada a nadie más que a sí mismo, la realización de un concierto por una orquesta requiere la colaboración de un grupo numeroso. Implica también que los instrumentos hayan sido fabricados y conservados, que los músicos los aprendieran a tocar en escuelas, que se haga publicidad al concierto, que haya públicos formados a través de una historia musical, con disponibilidad para asistir y entender. En verdad, todo arte supone la confección de los artefactos físicos necesarios, la creación de un lenguaje convencional compartido, el entrenamiento de especialistas y espectadores en el uso de ese lenguaje, y la creación, experimentación o mezcla de esos elementos para construir obras particulares.

Podría argumentarse que en esta constelación de tareas hay algunas excepcionales, sólo realizables por individuos peculiarmente dotados. Pero la historia del arte está repleta de ejemplos en los que es difícil establecer tal demarcación: los escultores y muralistas que encargan parte del trabajo a alumnos o ayudantes; casi todo el jazz en el que la composición es menos importante que la interpretación y la improvisación; obras como las de John Cage y Stockhausen, que dejan partes para que el ejecutante las construya; Duchamp cuando le pone bigotes a la *Mona Lisa* y convierte a Leonardo en "personal de apoyo". Desde que tecnologías más avanzadas intervienen creativamente en el registro y reproducción del arte, la frontera entre productores y colaboradores se vuelve más incierta: un ingeniero de sonido efectúa montajes de instrumentos grabados en lugares separados, manipula y jerarquiza electrónicamente sonidos producidos por músicos de diversa calidad. Si bien Becker sostiene que puede definirse al artista como "la persona que desempeña la actividad central sin la cual el trabajo no sería arte",[6] dedica el mayor espacio de su obra a examinar cómo el sentido de los hechos artísticos se construye en un "mundo de arte" relativamente autónomo, pero no por la singularidad de creadores excepcionales sino por los acuerdos generados entre muchos participantes.

A veces, los "grupos de apoyo" (intérpretes, actores, editores, camarógrafos) desenvuelven sus propios intereses y patrones de gusto, de modo que adquieren lugares protagónicos en la realización y transmisión de las obras. De ahí que lo que sucede en el mundo del arte sea producto de la cooperación pero también de la competencia. La competencia suele tener condicionamientos económicos, pero se organiza principalmente dentro del "mundo del arte", según el grado de adhesión o transgresión a las convenciones que reglan una práctica. Estas *convenciones* (por ejemplo, el número de sonidos que deben utilizarse como recursos tonales, los instrumentos adecuados para tocarlos y las maneras en que se pueden combinar) son homologables a lo que la sociología y la antropología han estudiado como normas o costumbres, y se aproximan a lo que Bourdieu llama capital cultural.

Compartidas y respetadas por los músicos, las convenciones hacen posible que una orquesta funcione con coherencia y se comunique con el público. El sistema socioestético que rige el mundo artístico impone fuertes restricciones a los "creadores"

---

[6] Howard S. Becker, *Art Worlds*, Universidad de California Press, Berkeley-Los Ángeles-Londres, 1982, cap. 1, pp. 24-25.

y reduce a un mínimo las pretensiones de ser un individuo sin dependencias. No obstante, existen dos rasgos que diferencian a este condicionamiento en las sociedades modernas. Por una parte, son restricciones convenidas dentro del mundo artístico, no resultantes de prescripciones teológicas o políticas. En segundo lugar, en los últimos siglos se abrieron cada vez más las posibilidades de elegir vías no convencionales de producción, interpretación y comunicación del arte, por lo' cual encontramos mayor diversidad de tendencias que en el pasado.

Esta apertura y pluralidad es propia de la época moderna, en que las libertades económicas y políticas, la mayor difusión de las técnicas artísticas, dice Becker, permiten que muchas personas actúen, juntas o separadas, para producir una variedad de hechos de manera recurrente. La organización social liberal (aunque Becker no la llama así) dio al mundo artístico su autonomía, está en la base de la manera moderna de hacer arte: con una autonomía condicionada. Y a la vez el mundo artístico sigue teniendo una relación interdependiente con la sociedad, como se ve cuando la modificación de las convenciones artísticas repercute en la organización social. Cambiar las reglas del arte no es sólo un problema estético: cuestiona las estructuras con que los miembros del mundo artístico están habituados a relacionarse, y también las costumbres y creencias de los receptores. Un escultor que decide hacer obras con tierra, al aire libre, no coleccionables, está desafiando a quienes trabajan en los museos, a los artistas que aspiran a exponer en ellos y a los espectadores que ven en esas instituciones recintos supremos del espíritu.

Las convenciones que hacen posible que el arte sea un hecho social, en tanto establecen formas compartidas de cooperación y comprensión, también diferencian a los que se instalan en modos ya consagrados de hacer arte de quienes encuentran lo artístico en la ruptura de lo convenido. En las sociedades modernas, esta divergencia produce dos maneras de integración y discriminación respecto del público. Por una parte, el trabajo artístico forma un "mundo" propio en torno de conocimientos y convenciones fijados por oposición al saber común, al que se juzga indigno para servir de base a una obra de arte. La mayor o menor competencia en la aprehensión de esos sentidos especializados distingue al público "asiduo y advertido" del "ocasional", por lo tanto al que puede "colaborar plenamente" o no con los artistas en la empresa común de puesta en escena y recepción que da vida a una obra.[7]

Por otro lado, los innovadores erosionan esta complicidad entre cierto desarrollo del arte y ciertos públicos: a veces, para crear convenciones inesperadas que ahondan la distancia con los sectores no entrenados; en otros casos —Becker da muchos ejemplos, desde Rabelais a Phil Glass—, incorporando al lenguaje convencional del mundo artístico las maneras vulgares de representar lo real. En medio de estas tensiones se constituyen las relaciones complejas, nada esquemáticas, entre lo hegemónico y lo subalterno, lo incluido y lo excluido. Ésta es una de las causas por las que la modernidad implica tanto procesos de segregación como de hibridación entre los diversos sectores sociales y sus sistemas simbólicos.

La perspectiva antropológica y relativista de Becker, que define lo artístico no según valores estéticos a priori sino identificando grupos de personas que cooperan en la producción de bienes que al menos ellos llaman arte, abre el camino para análisis no etnocéntricos ni sociocéntricos de los campos en que se practican esas actividades. Su dedicación, más que a las obras, a los procesos de trabajo y agrupamiento, desplaza la cuestión de las definiciones estéticas, que nunca se ponen de acuerdo sobre el repertorio de objetos que merece el nombre de arte, a la caracterización social de los modos de producción e interacción de los grupos artísticos. También permite relacionarlos comparativamente entre sí y con otras clases de productores. Como Becker dice, en la modernidad los mundos del arte son múltiples, no se separan tajantemente entre ellos, ni del resto de la vida social; cada uno comparte con otros campos el suministro de personal, de recursos económicos e intelectuales, mecanismos de distribución de los bienes y los públicos.

Es curioso que su examen de las estructuras *internas* del mundo artístico revele conexiones centrífugas con la sociedad, poco atendidas por el análisis sociológico, *externo*, de Bourdieu sobre la autonomía de los campos culturales. A la inversa, la obra de Becker es menos sólida cuando se ocupa de los conflictos entre los integrantes del mundo del arte y entre distintos mundos, ya que para él las disputas —entre artistas y personal de apoyo, por ejemplo— se resuelven fácilmente mediante la cooperación y el deseo de culminar el trabajo

---

[7] Idem, p. 71.

artístico en la obra, o quedan como una tensión secundaria respecto de los mecanismos de colaboración que solidarizan a los integrantes del mundo artístico. Para Bourdieu, cada campo cultural es esencialmente un espacio de lucha por la apropiación del capital simbólico, y en función de las posiciones que se tienen respecto de ese capital —posesores o pretendientes— se organizan las tendencias —conservadoras o heréticas. El lugar que ocupan en Bourdieu el capital cultural y la competencia por su apropiación lo desempeñan en Becker las convenciones y los acuerdos que permiten que los contendientes sigan su trabajo: "Las convenciones representan el ajuste continuo de las partes que cooperan respecto de las condiciones cambiantes en las que ellas practican."[8]

La ubicación de las prácticas artísticas en los procesos de producción y reproducción social, de legitimación y distinción, dio a Bourdieu la posibilidad de interpretar las diversas prácticas como parte de la lucha simbólica entre las clases y fracciones de clase. También estudió las manifestaciones artísticas que Becker llama "ingenuas" y "populares", como expresión de los sectores medios y dominados con menor integración a la cultura "legítima", autónoma, de las élites.

Al hablar de los sectores populares sostiene que se guían por "una estética pragmática y funcionalista", impuesta "por una necesidad económica que condena a las gentes 'simples' y 'modestas' a gustos 'simples' y 'modestos'";[9] el gusto popular se opondría al burgués y moderno por ser incapaz de independizar ciertas actividades de su sentido práctico y darles otro sentido estético autónomo. Por eso, las prácticas populares son definidas, y desvalorizadas, aun por los mismos sectores subalternos, al referirlas todo el tiempo a la estética dominante, la de quienes sí sabrían cuál es el verdadero arte, el que se puede admirar de acuerdo con la libertad y el desinterés de "los gustos sublimes".

Bourdieu relaciona las diversas estéticas y prácticas artísticas en un esquema estratificado por las desiguales apropiaciones del capital cultural. Si bien esto le da un poder explicativo en relación con la sociedad global que Becker no alcanza, cabe preguntarse si los hechos suceden hoy de este modo. Bourdieu desconoce el desarrollo propio del arte popular, su capacidad de desplegar formas autónomas, no utilitarias, de belleza,

[8] Idem, p. 58.
[9] Pierre Bourdieu, *La distinction*, p. 441.

como veremos en un capítulo posterior al analizar las artesanías y fiestas populares. Tampoco examina la reestructuración de las formas clásicas de lo culto (las bellas artes) y de los bienes populares al ser reubicados dentro de la lógica comunicacional establecida por las industrias culturales.

ACABARON LAS VANGUARDIAS ARTÍSTICAS, QUEDAN LOS RITUALES DE INNOVACIÓN

Las vanguardias extremaron la búsqueda de autonomía en el arte, y a veces intentaron combinarla con otros movimientos de la modernidad —especialmente la renovación y la democratización. Sus desgarramientos, sus conflictivas relaciones con movimientos sociales y políticos, sus fracasos colectivos y personales, pueden ser leídos como manifestaciones exasperadas de las contradicciones entre los proyectos modernos.

Aunque hoy son vistas como la forma paradigmática de la modernidad, algunas vanguardias nacieron como intentos por dejar de ser cultos y ser modernos. Varios artistas y escritores de los siglos XIX y XX rechazaron el patrimonio cultural de Occidente y lo que la modernidad iba haciendo con él. Les interesaban poco los avances de la racionalidad y el bienestar burgueses; el desarrollo industrial y urbano les parecía deshumanizante. Los más radicales convirtieron este rechazo en exilio. Rimbaud se fue al África, Gauguin a Tahití para escapar de su sociedad "criminal", "gobernada por el oro"; Nolde a los mares del sur y a Japón; Segall a Brasil. Quienes se quedaron, como Baudelaire, impugnaban la "degradación mecánica" de la vida urbana.

Hubo, por supuesto, quienes disfrutaron de la autonomía del arte y se entusiasmaron con la libertad individual y experimental. El descompromiso con lo social se volvió para algunos síntomas de una vida estética. Téophile Gautier decía que "todo artista que se propone otra cosa que no sea lo bello no es, a nuestros ojos, un artista"... "Nada es más bello que lo que no sirve para nada."

Pero en varias tendencias la libertad estética se une a la responsabilidad ética. Más allá del nihilismo dadaísta, surge la esperanza del surrealismo por unir la revolución artística con la social. La Bauhaus quiso volcar la experimentación formal en un nuevo diseño industrial y urbano, y los avances de las vanguardias en la cultura cotidiana; buscó crear una "comunidad de artífices sin la diferenciación de clases que levanta una barrera arrogante entre el artesano y el artista", donde se trascendiera también la oposición entre el racionalismo frío del desarrollo tecnológico y la creatividad del arte. Los constructivistas persiguieron todo eso, pero con mejores oportunidades para insertarse en las transformaciones de la Rusia posrevolucionaria: a Tatlin y Malevitch les encargaron que aplicaran sus innovaciones en monumentos, .carteles y otras formas de arte público; Arvatov, Rodchenko y muchos artistas fueron a las industrias para reformular el diseño, promovieron cambios sustanciales en las escuelas de arte a fin de desarrollar en los alumnos "una actitud industrial hacia la forma" y hacerlos "ingenieros diseñadores", útiles en la planificación socialista.[10] Todos pensaron que era posible profundizar la autonomía del arte y a la vez reinscribirlo en la vida, generalizar las experiencias cultas y convertirlas en hechos colectivos.

Conocemos los desenlaces. El surrealismo se dispersó y diluyó en el vértigo de las luchas internas y las excomuniones. La Bauhaus fue reprimida por el nazismo, pero antes de la catástrofe ya empezaba a notarse su ingenua fusión entre el racionalismo tecnológico y la intuición artística, las dificultades estructurales que había para insertar su renovación funcional de la producción urbana en medio de las relaciones de propiedad capitalista y de la especulación inmobiliaria que la República de Weimar dejaba intactas. El constructivismo logró influir en la modernización y socialización promovidas en la primera década revolucionaria soviética, pero finalmente cayó bajo la burocratización represiva del estalinismo y fue reemplazado por los pintores realistas que restauraban las tradiciones iconográficas de la Rusia premoderna, adaptadas al retratismo oficial.

La frustración de estas vanguardias se produjo, en parte, por el derrumbe de las condiciones sociales que alentaron su nacimiento. Sabemos también que sus experiencias se prolongaron en la historia del arte y en la historia social como reserva utópica, en la que movimientos posteriores, sobre todo en la década de los sesenta, encontraron estímulo para retomar los proyectos emancipadores, renovadores y democráticos de la modernidad. Pero la situación actual del arte y su inserción social exhibe una herencia lánguida de aquellos intentos de los

---

[10] Boris Arvatov, *Arte y producción*. Alberto Corazón, Madrid, 1973.

años veinte y sesenta por convertir las innovaciones de las vanguardias en fuente de creatividad colectiva.

Una bibliografía incontable viene examinando las razones sociales y estéticas de esta frustración insistente. Queremos proponer aquí una vía antropológica, construida a partir del saber que esta disciplina desarrolló sobre el ritual, para repensar —desde el fracaso del arte de vanguardia— la declinación del proyecto moderno.

Hay un momento en que los *gestos* de ruptura de los artistas, que no logran convertirse en *actos* (intervenciones eficaces en procesos sociales), se vuelven *ritos*. El impulso originario de las vanguardias llevó a asociarlas con el proyecto secularizador de la modernidad: sus irrupciones buscaban desencantar el mundo y desacralizar los modos convencionales, bellos, complacientes, con que la cultura burguesa lo representaba. Pero la incorporación progresiva de las insolencias a los museos, su digestión razonada en los catálogos y en la enseñanza oficial del arte, hicieron de las rupturas una convención. Establecieron, dice Octavio Paz, "la tradición de la ruptura".[11] No es extraño, entonces, que la producción artística de las vanguardias sea sometida a las formas más frívolas de la ritualidad: los *vernissages*, las entregas de premios y las consagraciones académicas.

Pero el arte de vanguardia se convirtió en ritual también en otro sentido. Para explicarlo, debemos introducir un cambio en la teoría generalizada sobre los ritos. Suele estudiárselos como prácticas de reproducción social. Se supone que son lugares donde la sociedad reafirma lo que es, defiende su orden y su homogeneidad. En parte, es cierto. Pero los rituales pueden ser también movimientos hacia un orden distinto, que la sociedad aún resiste o proscribe. Hay rituales para confirmar las relaciones sociales y darles continuidad (las fiestas ligadas a los hechos "naturales": nacimiento, matrimonio, muerte), y existen otros destinados a efectuar en escenarios simbólicos, ocasionales, transgresiones impracticables en forma real o permanente.

Bourdieu anota en sus estudios antropológicos sobre los kabyla que muchos ritos no tienen por función únicamente establecer las maneras correctas de actuación, y por tanto separar lo permitido de lo prohibido, sino también incorporar ciertas transgresiones limitándolas. El rito, "acto cultural por

---

[11] Octavio Paz, *Los hijos del limo*, Joaquín Mortiz, México, p. 19.

excelencia", que busca poner orden en el mundo, fija en qué condiciones son lícitas "transgresiones necesarias e inevitables de los límites". Los cambios históricos que amenazan el orden natural y social generan oposiciones, enfrentamientos, que pueden disolver a una comunidad. El rito es capaz de operar entonces no como simple reacción conservadora y autoritaria de defensa del orden viejo, según se verá más adelante a propósito de la ceremonialidad tradicionalista, sino como movimiento a través del cual la sociedad controla el riesgo del cambio. Las acciones rituales básicas son, de hecho, *transgresiones denegadas*. El rito debe resolver, mediante una operación socialmente aprobada y colectivamente asumida, "la contradicción que se establece" al construir "como separados y antagonistas principios que deben ser reunidos para asegurar la reproducción del grupo".[12]

A la luz de este análisis podemos interrogar el tipo peculiar de rituales que las vanguardias instauran. La literatura sobre ritualidad se ocupa preferentemente de los *rituales de ingreso o de pasaje*: quién puede entrar, y con qué requisitos, a una casa o una iglesia; qué pasos deben cumplirse para pasar de un estado civil a otro, asumir un cargo o un honor. Los aportes antropológicos sobre estos procesos se han usado para entender las operaciones discriminatorias en las instituciones culturales. Se describe la ritualización que la arquitectura de los museos impone al público: itinerarios rígidos, códigos de acción para ser representados y actuados estrictamente. Son como templos laicos que, igual que los religiosos, convierten a los objetos de la historia y del arte en monumentos ceremoniales.

Cuando Carol Duncan y Alan Wallach estudian el Museo del Louvre, observan que el edificio majestuoso, los pasillos y escaleras monumentales, la ornamentación de los techos, la acumulación de obras de diversas épocas y culturas, subordinadas a la historia de Francia, componen un programa iconográfico que dramatiza ritualmente el triunfo de la civilización francesa, la consagra como heredera de los valores de la humanidad. En cambio, el Museo de Arte Moderno de Nueva York se aloja en un edificio frío, de hierro y vidrio, con pocas ventanas, como si la desconexión del mundo exterior y la pluralidad de recorridos dieran la sensación de poder ir a

---

12 Pierre Bourdieu, *Le sens pratique*, Minuit, París, 1980, p. 381.

donde se quiere, de libre opción individual. Como si el visitante pudiera homologar la libertad creadora que distingue a los artistas contemporáneos: "Se está en 'ninguna parte', en una nada original, una matriz, una tumba, blanca pero sin sol, que parece situada fuera del tiempo y de la historia." A medida que se avanza del cubismo al surrealismo, al expresionismo abstracto, las formas cada vez más desmaterializadas, "así como el acento sobre temas tales como la luz y el aire, proclaman la superioridad de lo espiritual y lo trascendente" sobre las necesidades cotidianas y terrestres.[13] En suma, la ritualidad del museo histórico de una forma, la del museo de arte moderno de otra, al sacralizar el espacio y los objetos, e imponer un orden de comprensión, organizan también las diferencias entre los grupos sociales: los que entran y los que quedan fuera; los que son capaces de entender la ceremonia y los que no pueden llegar a actuar significativamente.

Las tendencias posmodernas de las artes plásticas, del *happening* a los *performances* y el arte corporal, como también en el teatro y la danza, acentúan este sentido ritual y hermético. Reducen lo que consideran comunicación racional (verbalizaciones, referencias visuales precisas) y persiguen formas subjetivas inéditas para expresar emociones primarias ahogadas por las convenciones dominantes (fuerza, erotismo, asombro). Cortan las alusiones codificadas al mundo diario en busca de la manifestación original de cada sujeto y de reencuentros mágicos con energías perdidas. La forma *cool* de esta comunicación autocentrada que propone el arte, al reinstalar el rito como núcleo de la experiencia estética, son los *performances* mostrados en video: al ensimismamiento en la ceremonia con el propio cuerpo, con el código íntimo, se agrega la relación semihipnótica y pasiva con la pantalla. La contemplación regresa y sugiere que la máxima emancipación del lenguaje artístico sea el éxtasis inmóvil. Emancipación antimoderna, puesto que elimina la secularización de la práctica y de la imagen.

Una de las crisis más severas de lo moderno se produce por esta restitución del rito sin mitos. Germano Celant comenta un "acontecimiento" que presentó John Cage, junto con

---

[13] Cf. los artículos de Carol Duncan y Alan Wallach, "The Universal Survey Museum", *Art History*, vol. 3, núm. 4, diciembre de 1980, y "Le musée d'art moderne de New York: un rite du capitalism tardif", *Histoire et critique des arts*, núm. 7-8, diciembre de 1978.

Rauschenberg, Tudor, Richards y Olsen, en el Black Mountain College:

> ...puesto que no existe idea matriz de la acción, esta acumulación de materiales tiende a liberar los diferentes lenguajes de su condición recíproca de dependencia, y tiende también a mostrar un "diálogo" posible entre ellos como entidades autónomas y autosignificantes.[14]

Al carecer de relatos totalizadores que organicen la historia, la sucesión de cuerpos, acciones, gestos se vuelve una ritualidad distinta de la de cualquier comunidad antigua o sociedad moderna. Este nuevo tipo de ceremonialidad no representa un mito que integre a una colectividad, ni la narración autónoma de la historia del arte. No representa nada, salvo el "narcisismo orgánico" de cada participante.

"Nosotros estamos en tren de vivir cada momento por su calidad única. La improvisación no es histórica", declara Paxton, uno de los mayores practicantes de *performances*. Pero ¿cómo pasar entonces de cada explosión íntima e instantánea al espectáculo, que supone algún tipo de duración ordenada de las imágenes y diálogo con los receptores? ¿Cómo ir de los enunciados sueltos al discurso, de los enunciados solitarios a la comunicación? Desde la perspectiva del artista, los *performances* disuelven la búsqueda de autonomía del campo artístico en la búsqueda de emancipación expresiva de los sujetos, y, como generalmente los sujetos quieren compartir sus experiencias, oscilan entre la creación para sí mismos y el espectáculo: a menudo, esa tensión es la base de la seducción estética.

Esta exacerbación narcisista de la discontinuidad genera un nuevo tipo de ritual, que en verdad es una consecuencia extrema de lo que venían haciendo las vanguardias. Los llamaremos *ritos de egreso*. Dado que el máximo valor estético es la renovación incesante, para pertenecer al mundo del arte no se puede repetir lo ya hecho, lo legítimo, lo compartido. Hay que iniciar formas de representación no codificadas (desde el impresionismo al surrealismo), inventar estructuras imprevisibles (desde el arte fantástico al geométrico), relacionar imágenes que en la realidad pertenecen a cadenas semán-

---

[14] Germano Celant, intervención en "El arte de la performance", *Teoría y crítica*, 2, Asociación Internacional de Críticos de Arte, Buenos Aires, diciembre de 1979, p. 32.

ticas diversas y nadie había asociado (desde los *collages* a los *performances*). No hay peor acusación contra un artista moderno que señalar repeticiones en su obra. Según este sentido de fuga permanente, para estar en la historia del arte hay que estar saliendo constantemente de ella.

En este punto, veo una continuidad *sociológica* entre las vanguardias modernas y el arte posmoderno que las rechaza. Aunque los posmodernos abandonen la noción de ruptura —clave en las estéticas modernas— y usen en su discurso artístico imágenes de otras épocas, su modo de fragmentarlas y dislocarlas, las lecturas desplazadas o paródicas de las tradiciones, restablecen el carácter insular y autorreferido del mundo del arte. La cultura moderna se realizó negando las tradiciones y los territorios. Todavía su impulso rige en los museos que buscan nuevos públicos, en las experiencias itinerantes, en los artistas que usan espacios urbanos no connotados culturalmente, producen fuera de sus países y descontextualizan los objetos. El arte posmoderno sigue practicando esas operaciones sin la pretensión de ofrecer algo radicalmente innovador, incorporando el pasado, pero de un modo no convencional, con lo cual renueva la capacidad del campo artístico de representar la última diferencia "legítima".

Tales experimentaciones transculturales engendraron renovaciones en el lenguaje, el diseño, las formas de urbanidad y las prácticas juveniles. Pero el destino principal de los gestos heroicos de las vanguardias y de los ritos desencantados de los posmodernos ha sido la ritualización de los museos y del mercado. Pese a la desacralización del arte y del mundo artístico, a los nuevos canales abiertos hacia otros públicos, los experimentalistas acentúan su insularidad. El primado de la forma sobre la función, de la forma de decir sobre lo que se dice, exige del espectador una disposición cada vez más cultivada para comprender el sentido. Los artistas que inscriben en la obra misma la interrogación sobre lo que la obra debe ser, que no sólo eliminan la ilusión naturalista de lo real y el hedonismo perceptivo, sino que hacen de la destrucción de las convenciones, aun las del año pasado, su modo de enunciación plástica, se aseguran por una parte, dice Bourdieu, el dominio de su campo, pero, por otra, excluyen al espectador que no se disponga a hacer de su participación en el arte una experiencia igualmente innovadora. Las artes modernas y posmodernas proponen una "lectura paradojal", pues suponen "el dominio del código de una comunicación que tiende a cuestionar el código de la comunicación".[15]

¿Realmente se aseguran los artistas el dominio de su campo? ¿Quién queda como propietario de sus transgresiones? Al haber aceptado el mercado artístico y los museos los ritos de egreso, la fuga incesante como la manera moderna de hacer arte legítimo, ¿no someten los cambios a un encuadre que los limita y controla? ¿Cuál es entonces la función social de las prácticas artísticas? ¿No se les ha asignado —con éxito— la tarea de representar las transformaciones sociales, ser el escenario simbólico en que se cumplen las transgresiones, pero dentro de instituciones que demarcan su acción y eficacia para que no perturben el orden general de la sociedad?

Hay que repensar la eficacia de las innovaciones y las irreverencias artísticas, los límites de sus sacrilegios rituales. Los intentos de quebrar la ilusión en la superioridad y lo sublime del arte (insolencias, autodestrucciones de obras, la mierda del artista dentro del museo) son al fin de cuentas, según Bourdieu, desacralizaciones sacralizantes "que no escandalizan nunca más que a los creyentes". Nada exhibe mejor la tendencia al funcionamiento ensimismado del campo artístico que el destino de estas tentativas de subversión, en apariencia radicales, que "los guardianes más heterodoxos de la ortodoxia artística" finalmente devoran.[16]

¿Es posible seguir afirmando con Habermas que la modernidad es un proyecto inconcluso pero realizable, o debemos admitir —con los artistas y teóricos desencantados— que la experimentación autónoma y la inserción democratizadora en el tejido social son tareas inconciliables?

Si queremos entender las contradicciones entre estos proyectos modernos, hay que analizar cómo se reformulan los vínculos entre autonomía y dependencia del arte en las condiciones actuales de producción y circulación cultural. Tomaremos cuatro interacciones de las prácticas cultas modernas y "autónomas" con esferas "ajenas", como son el arte premoderno, el arte ingenuo y/o popular, el mercado internacional del arte y las industrias culturales.

---

[15] Pierre Bourdieu, "Disposition esthétique et compétence artistique", *Les Temps Modernes*, núm. 295, febrero de 1971, p. 1352.

[16] Pierre Bourdieu, "La production de la croyance: contribution a una économie des biens symboliques", *Actes de la Recherche en Sciencies Sociales*, 13, febrero de 1977, p. 8.

Fascinados con lo primitivo y lo popular

¿Por qué los promotores de la modernidad, que la anuncian como superación de lo antiguo y lo tradicional, sienten cada vez más atracción por referencias del pasado? No es posible dar la respuesta sólo en este capítulo. Habrá que explorar las necesidades *culturales* de conferir un significado más denso al presente y las necesidades *políticas* de legitimar mediante el prestigio del patrimonio histórico la hegemonía actual. Tendremos que indagar, por ejemplo, por qué el folclor encuentra eco en los gustos musicales de los jóvenes y en los medios electrónicos.

Aquí nos ocuparemos de la importancia ascendente que los críticos y museógrafos contemporáneos dan al arte premoderno y al popular. El auge que los pintores latinoamericanos hallan a fines de los ochenta y principios de los noventa en los museos y mercados de Estados Unidos y Europa, no se entiende sino como parte de la apertura a lo no moderno iniciada algunos años antes.[17]

---

[17] Varios críticos atribuyen esta efervescencia del arte latinoamericano también a la expansión de la clientela "hispana" en los Estados Unidos, a la mayor disponibilidad de inversiones en el mercado artístico y la proximidad del V Centenario. Cf. Edward Sullivan, "Mito y realidad. Arte latinoamericano en Estados Unidos", y Shifra Goldman, "El espíritu latinoamericano. La perspectiva desde los Estados Unidos", *Arte en Colombia*, 41, septiembre de 1989.

"PRIMITIVISM" IN 20TH CENTURY ART
THE MUSEUM OF MODERN ART, NEW YORK

Un modo de averiguar qué buscan los protagonistas del arte contemporáneo en lo primitivo y lo popular, es examinar cómo lo ponen en escena los museos y qué dicen para justificarlo en los catálogos. Una exposición sintomática fue la realizada en 1984 por el Museo de Arte Moderno de Nueva York sobre *El primitivismo en el arte del siglo XX*. La institución que en las dos últimas décadas fue la instancia máxima de legitimación

y consagración de las nuevas tendencias, propuso una lectura de los artistas de la modernidad que marcaba, en vez de la autonomía y la innovación, las semejanzas formales de sus obras con piezas antiguas. Una mujer de Picasso encontraba su espejo en una máscara kwakiutl; las figuras alargadas de Giacometti en otras de Tanzania; la *Máscara del temor* de Klee, en un dios guerrero de los zuni; una cabeza de pájaro de Max Ernst, en una máscara tusyan. La exhibición revelaba que las dependencias de los modernos hacia lo arcaico abarcan desde los fauves hasta los expresionistas, desde Brancusi hasta los artistas de la tierra y los que desarrollan *performances* inspirados en rituales "primitivos".

Es de lamentar que las preocupaciones explicativas del libro-catálogo se hayan concentrado en interpretaciones detectivescas: establecer si Picasso compró máscaras del Congo en el mercado de pulgas de París, o si Klee visitaba los museos etnológicos de Berlín y Basilea. El descentramiento del arte occidental y moderno queda a mitad de camino al preocuparse sólo por reconstruir los procedimientos a través de los cuales objetos de África, Asia y Oceanía llegaron a Europa y los Estados Unidos, y de qué modo los asumieron artistas occidentales, sin comparar los usos y significados originarios con los que les dio la modernidad. Pero nos interesa, sobre todo, registrar que este tipo de muestras de gran resonancia relativizan la autonomía del campo cultural de la modernidad.

Otro caso destacable fue la exposición de 1978 en el Museo de Arte Moderno de París que reunió a artistas llamados ingenuos o populares. Paisajistas, constructores de capillas y castillos personales, decoradores barrocos de sus cuartos cotidianos, pintores y escultores autodidactas, fabricantes de muñecos insólitos y máquinas inútiles. Algunos, como Ferdinand Cheval, eran conocidos por la difusión de historiadores y artistas que supieron valorar obras extrañas al mundo del arte. Pero la mayor parte carecía de toda formación y reconocimiento institucional. Produjeron sin preocupaciones publicitarias, lucrativas o estéticas —en el sentido de las bellas artes o las vanguardias— trabajos en los que aparecen una originalidad o una novedad. Dieron tratamientos no convencionales a materiales, formas y colores, que los especialistas organizadores de esta exposición juzgaron presentables en un museo. El libro-catálogo preparado para la muestra tiene cinco prólogos, como si el Museo hubiera sentido mayor necesidad que en otras exhibiciones de explicar y prevenir. Cuatro de ellos, en vez de buscar lo específico de los artistas expuestos, quieren entenderlos relacionándolos con tendencias del arte moderno. A Michael Ragon le recuerdan a los expresionistas y surrealistas por su "imaginación delirante", a Van Gogh por su "anormalidad", y los declara artistas porque son "individuos solitarios e inadaptados", "dos características de todo artista verdadero".[18] El prólogo más sabroso es el de la directora del Museo, Suzanne Page, quien explica haber denominado la exposición *Les singuliers de l'art* porque los participantes son "individuos libremente propietarios de sus deseos, de sus extravagancias, que imponen sobre el mundo el sello vital de su irreductible unicidad". Asegura que el Museo no hace esta muestra por buscar una alternativa a "una vanguardia fatigada", sino para "renovar la mirada y reencontrar lo que hay de salvaje en este arte cultural".

¿A qué se debe esta insistencia en la unicidad, lo puro, lo inocente, lo salvaje, al mismo tiempo que reconocen que estos hombres y mujeres producen mezclando lo que aprendieron en las páginas rosas del *Petit Larousse*, *Paris Match*, *La Tour Eiffel*, la iconografía religiosa, los diarios y revistas de su época? ¿Por qué el museo que intenta deshacerse de las parcialidades ya insostenibles de "lo moderno" necesita clasificar lo que se le escapa, no sólo en relación con las tendencias legitimadas del arte sino con los casilleros creados para nombrar lo heterodoxo? El prólogo de Raymonde Moulin da varias claves. Después de señalar que desde el comienzo del siglo XX la definición social del arte se extiende en forma incesante y que la incertidumbre así generada llevó a etiquetar también incesantemente las manifestaciones extrañas, propone considerar a estas obras "inclasificables", y se pregunta por las razones por las que fueron elegidas. Ante todo, porque para la mirada culta estos artistas ingenuos "logran su salvación artística" en tanto "transgreden parcialmente las normas de su clase"; luego, porque

...redescubren en el uso creador del tiempo libre —el del ocio, o, más a menudo, de la jubilación— el saber perdido del trabajo indiviso. Aislados, protegidos de todo contacto y de todo compromiso con los circuitos culturales o comerciales, no son sospechosos de haber obedecido a otra necesidad que la interior: ni magníficos, ni malditos, sino inocentes [...]. En sus obras, la mirada cultivada de una sociedad desencantada cree percibir la reconciliación del principio de placer y del principio de realidad.

[18] Michael Ragon, "L'art en pluriel", *Les singuliers de l'art*, Museo de Arte Moderno, París, 1978.

EL ARTE CULTO YA NO ES UN COMERCIO MINORISTA

La autonomía del campo artístico, basada en criterios estéticos fijados por artistas y críticos, es disminuida por las nuevas determinaciones que el arte sufre de un mercado en rápida expansión, donde son decisivas fuerzas extraculturales. Si bien la influencia en el juicio estético de demandas ajenas al campo es visible a lo largo de la modernidad, desde mediados de este siglo los agentes encargados de administrar la calificación de lo que es artístico —museos, bienales, revistas, grandes premios internacionales— se reorganizan en relación con las nuevas tecnologías de promoción mercantil y consumo.

La extensión del mercado artístico de un pequeño círculo de "amateurs" y coleccionistas a un público amplio, a menudo más interesado en el valor económico de la inversión que en los valores estéticos, altera las formas de estimar el arte. Las revistas que indican las cotizaciones de las obras presentan su información junto a la publicidad de compañías de aviación, autos, antigüedades, inmuebles y productos de lujo. Una investigación de Annie Verger sobre los cambios de los procedimientos de consagración artística, siguiendo los índices publicados por *Connaissance des arts*,[19] observa que para el primero de ellos, difundido en 1955, la revista consultó a un centenar de personalidades, seleccionadas entre artistas, críticos, historiadores de arte, directores de galerías y conservadores de museos. Para las listas siguientes, que se hacen cada cinco años, cambia el grupo de informantes: incluye a no franceses (asumiendo la creciente internacionalización del juicio estético) y van desapareciendo los artistas (de 25 por ciento en 1955 a 9.25 por ciento en 1961, y ninguno en 1971). Son incorporados más coleccionistas, conservadores de museos tradicionales y *marchands*. Los cambios en la nómina de consultados, que expresan las modificaciones en la lucha por la consagración artística, generan otros criterios de selección. Se reduce el porcentaje de artistas de vanguardia y resurgen los "grandes ancestros", puesto que la modernidad y la innovación dejan de ser los valores supremos.

[19] Annie Verger, "L'art d'estimer l'art. Comment classer l'incomparable?", *Actes de la Recherche en Sciences Sociales*, 66/67, marzo de 1987, pp. 105-121.

¿Fin de la separación entre lo culto y lo masivo? Picasso y Umberto Eco, temas de
portadas en semanarios internacionales. El artista que lleva a rebasar una y otra vez

los récords en las subastas de arte, y el *scholar* que logra vender más de cinco millones de ejemplares de su novela "semiótica" en 25 lenguas. ¿Destrucción de los códigos del saber culto o estetización del mercado?

Las manifestaciones más agresivas de estos condicionamientos extraestéticos sobre el campo artístico se hallan en Alemania, los Estados Unidos y Japón. Willi Bongard, periodista de una revista financiera, publicó en 1967 la obra *Kunst and Kommerz*, donde critica las tácticas de "comercio minorista mal administrado" de las galerías que carecen de vitrinas, se ubican en un piso alto y buscan relaciones confidenciales con su clientela, muestran los productos sólo dos o tres semanas y consideran la publicidad un lujo. Él aconseja usar técnicas avanzadas de distribución y comercialización, que de hecho adoptó a partir de 1970 estableciendo nóminas de los artistas más prestigiosos en la revista económica *Kapital*, y publicando una revista propia, *Art aktuel*, que comunica las últimas tendencias del mercado artístico y sugiere la mejor manera de administrar la propia colección.

"Tanto [por el] gusto", dice la empresa o el inculto millonario ansioso de prestigio. "El gusto es mío", responde el crítico o el conservador del museo. ¿Es así la conversación? "Decididamente no", concluye el historiador Juan Antonio Ramírez al comprobar que los precios más elevados que se pagan en las subastas no corresponden a las obras que los expertos juzgan mejores o más significativas.[20] En ningún país es tan evidente la fuerza de los empresarios, y por tanto de los "administradores del arte", como en los Estados Unidos, donde ésta es una próspera carrera que puede estudiarse en varias universidades. Sus egresados, instruidos en arte y en estrategias de inversión, ocupan puestos especiales, junto al director artístico, en los grandes museos norteamericanos. Cuando planifican su programación anual, hacen presente que el tipo de arte que se promueve influye en las políticas de financiamiento y en el número de empleos, no sólo de las instituciones culturales sino en el comercio, los hoteles y los restaurantes. Esta repercusión múltiple de las exposiciones atrae a corporaciones, interesadas en financiar las muestras prestigiosas y usarlas como publicidad. Sometido el campo artístico a estos juegos entre el comercio, la publicidad y el turismo, ¿a dónde fue a parar su autonomía, la renovación intrínseca de las búsquedas estéticas, la comunicación "espiritual" con el público? Si el autorretrato *Yo, Picasso*, como le ocurrió a Wendell Cherry, presidente de Humana Inc., que lo

20 Juan Antonio Ramírez, "Una relación impúdica", *Lápiz*, núm. 57, Madrid, marzo de 1989.

compró en 5.83 millones de dólares en 1981 y lo vendió en 1989 en 47.85, puede dar una ganancia de 19.6 por ciento anual, el arte se vuelve, antes que nada, un área privilegiada de inversiones. O como dice Robert Hughes, en el artículo donde da este dato, "a full-management art industry".[21]

En una sociedad como la norteamericana, donde la evasión de impuestos y la publicidad se eufemizan como parte de las tradiciones nacionales de filantropía y caridad, sigue siendo posible que las donaciones a los museos "preserven" la espiritualidad del arte.[22] Pero hasta esos simulacros comienzan a caer: en 1986 el gobierno de Reagan modificó la legislación que permitía deducir impuestos con donaciones, recurso clave para el crecimiento espectacular de los museos de ese país. Si obras de Picasso y Van Gogh llegan a 40 o 50 millones de dólares, como se vendieron en Sotheby a fines de 1989, los museos norteamericanos —cuyos presupuestos más altos oscilan entre dos y cinco millones anuales— deben ceder las piezas más cotizadas a coleccionistas privados. Como este disparo de los precios eleva los seguros, al punto de que una exposición de Van Gogh, planeada por el Metropolitan Museum en 1981, costaría ahora 5 mil millones de dólares, sólo para asegurar las obras, ni ese Museo puede lograr que los cuadros pasen de las colecciones íntimas al conocimiento público. Unas cuantas utopías de la modernidad, que estuvieron en el fundamento de estas instituciones —expandir y democratizar las grandes creaciones culturales, valoradas como propiedad común de la humanidad—, pasan a ser, en el sentido más maligno, piezas de museo.

Si esta es la situación en las metrópolis, ¿qué queda del arte y sus utopías modernas en América Latina? Mari-Carmen Ramírez, curadora de arte latinoamericano de la Galería Huntington, en la Universidad de Texas, me explica lo difícil que es para los museos estadunidenses ampliar sus colecciones incorporando obras clásicas y nuevas tendencias de América Latina[23] cuando los cuadros de Tarsila, Botero y Tamayo valen

[21] Robert Hughes, "Art and money", *Time,* 27 de noviembre de 1999, pp. 60-68.
[22] Es comprensible que los 80 mil millones de dólares anuales "donados" por los estadunidenses a actividades religiosas (47.2%), educativas (13.8%), artes y humanidades (6.4%) ayuden a creer que el desinterés y la gratuidad siguen siendo núcleos ideológicos orientadores del arte (cf. el excelente número 116 de *Daedalus,* dedicado a "Philantropy, patronage, politics" especialmente los textos de Stephen R. Graubard y Alan Pifer, que ofrecen estos datos).
[23] Entrevista realizada en Austin en noviembre de 1989.

entre 300 000 y 750 000 dólares.[24] Mucho más lejano, obviamente, es cualquier programa de actualización en los museos de los países latinoamericanos desamparados por presupuestos oficiales "austeros" y burguesías poco habituadas a las donaciones artísticas. La consecuencia es que en los próximos años lo mejor, o al menos lo más cotizado del arte latinoamericano, no se verá en nuestros países; los museos se volverán más pobres y rutinarios, porque no tendrán con qué pagar ni el seguro para que los coleccionistas privados les presten las obras de los mayores artistas del propio país.

Annie Verger habla de una reorganización del campo artístico y de los patrones de legitimación y consagración, debido al avance de nuevos agentes en la competencia por el monopolio de la estimación estética. A nuestro modo de ver, estamos también ante un nuevo sistema de vínculos entre las instituciones culturales y las estrategias de inversión y valoración del mundo comercial y financiero. La evidencia más rotunda es el modo en que en los ochenta perdieron importancia los museos, los críticos, las bienales y aun las ferias internacionales de arte como gestores universales de las innovaciones artísticas para convertirse en seguidores de las galerías líderes de Estados Unidos, Alemania, Japón y Francia, unificadas en una red comercial "que presenta, en el conjunto de los países occidentales y en el mismo orden de aparición, los mismos movimientos artísticos", usando a la vez los recursos de legitimación simbólica de esas instituciones culturales y las técnicas de *marketing* y publicidad masiva.[25] La internacionalización del mercado artístico está cada vez más asociada a la transnacionalización y concentración general del capital. La autonomía de los campos culturales no se disuelve en las leyes globales del capitalismo, pero sí se subordina a ellas con lazos inéditos.

Al centrar nuestro análisis en la cultura visual, especialmente en las artes plásticas, estamos queriendo demostrar la pérdida de autonomía simbólica de las élites en un campo que, junto con la literatura, constituye el núcleo más resistente a las transformaciones contemporáneas. Pero lo culto moderno incluye, desde el comienzo de este siglo, buena parte de los productos que circulan por las industrias culturales, así como

---

[24] Para más datos, véase el artículo de Helen-Louise Seggerman, "Latin American Art", *Art and Auction*, septiembre de 1989, pp. 164-165.

[25] Raymonde Moulin, "Le marché et le musée. La constitution des valeurs artistiques contemporaines", *Revue Française de Sociologie*, XXVII, 1985, p. 315.

la difusión masiva y la reelaboración que los nuevos medios hacen de obras literarias, musicales y plásticas que antes eran patrimonio distintivo de las élites. La interacción de lo culto con los gustos populares, con la estructura industrial de la producción y circulación de casi todos los bienes simbólicos, con los patrones empresariales de costos y eficacia, está cambiando velozmente los dispositivos organizadores de lo que ahora se entiende por "ser culto" en la modernidad.

En el cine, los discos, la radio, la televisión y el video las relaciones entre artistas, intermediarios y público implican una estética lejana de la que sostuvo a las bellas artes: los artistas no conocen al público, ni pueden recibir directamente sus juicios sobre las obras; los empresarios adquieren un papel más decisivo que cualquier otro mediador estéticamente especializado (crítico, historiador del arte) y toman decisiones claves sobre lo que debe o no debe producirse y comunicarse; las posiciones de estos intermediarios privilegiados se adoptan dando el mayor peso al beneficio económico y subordinando los valores estéticos a lo que ellos interpretan como tendencias del mercado; la información para tomar estas decisiones se obtiene cada vez menos a través de relaciones personalizadas (del tipo del galerista con sus clientes) y más por los procedimientos electrónicos de sondeo de mercado y contabilización del *rating*; la "*estandarización*" de los formatos y los cambios permitidos se hacen de acuerdo con la dinámica mercantil del sistema, con lo que a éste le resulta manejable o redituable y no por elecciones independientes de los artistas.

Uno puede preguntarse qué harían hoy dentro de este sistema Leonardo, Mozart o Baudelaire. La respuesta es la que daba un crítico: "Nada, a menos que se hubieran adaptado a las reglas."[26]

La estética moderna como ideología para consumidores

Como estos cambios todavía son poco conocidos o asumidos por los públicos mayoritarios, la ideología de lo culto moderno —autonomía y desinterés práctico del arte, creatividad singular y atormentada de individuos aislados— subsiste más en las

---

[26] C. Ratcliff, "Could Leonardo da Vinci make it in New York today? Not, unless he played by the rules", *New York Magazine*, noviembre de 1978.

audiencias masivas que en las élites que originaron estas creencias.

Paradójica situación: en el momento en que los artistas y los espectadores "cultos" abandonan la estética de las bellas artes y de las vanguardias porque saben que la realidad funciona de otro modo, las industrias culturales, las mismas que clausuraron esas ilusiones en la producción artística, las rehabilitan en un sistema paralelo de publicidad y difusión. A través de entrevistas biográficas a artistas, invenciones sobre su vida personal o sobre el "angustioso" trabajo de preparación de una película o una obra teatral, mantienen vigentes los argumentos románticos del artista solo e incomprendido, de la obra que exalta los valores del espíritu en oposición al materialismo generalizado. De manera que el discurso estético ha dejado de ser la representación del proceso creador para convertirse en un recurso complementario destinado a "garantizar" la verosimilitud de la experiencia artística en el momento del consumo.

El recorrido hecho en este capítulo muestra otro desencuentro paradójico, el que se da entre la sociología de la cultura moderna y las prácticas artísticas de los últimos veinte años. Mientras filósofos y sociólogos como Habermas, Bourdieu y Becker ven en el desarrollo autónomo de los campos artísticos y científicos la clave explicativa de su estructura contemporánea, e influyen en la investigación con esta pista metodológica, los practicantes del arte basan la reflexión sobre su trabajo en el descentramiento de los campos, en las dependencias inesquivables del mercado y las industrias culturales. Así aparece no sólo en las obras, sino en el trabajo de museógrafos, organizadores de exposiciones internacionales y bienales, directores de revistas, que hallan en las interacciones de lo artístico con lo extra-artístico un núcleo fundamental de lo que hay que pensar y exhibir.

¿A qué se debe esta discrepancia? Además de las obvias diferencias de enfoque entre una disciplina y otra, vemos una clave en la disminución de la creatividad y la fuerza innovadora del arte de fin de siglo. Que las obras plásticas, teatrales y cinematográficas sean cada vez más collages de citas de obras pasadas no se explica sólo por ciertos principios posmodernos. Si los directores de museos hacen de las retrospectivas un recurso frecuente para armar exposiciones, si los museos buscan seducir al público a través de la renovación arquitectónica y los artificios escenográficos, es —también— porque las artes contemporáneas ya no generan tendencias, grandes figuras ni sorpresas estilísticas como en la primera mitad del siglo. No queremos dejar esta observación con el simple sabor crítico que así tiene. Pensamos que el impulso innovador y expansivo de la modernidad está tocando su techo, pero tal vez esto permite pensar en otros modos de innovación que no sean la evolución incesante hacia lo desconocido. Coincidimos con Huyssen cuando afirma que la cultura que viene desde los setenta es "más amorfa y difusa, más rica en diversidad y variedad que la de los 60, en la que las tendencias y los movimientos evolucionaron con una secuencia más o menos ordenada".[27]

Por último, debemos decir que las cuatro aperturas del campo artístico culto descritas muestran cómo relativizan su autonomía, su confianza en el evolucionismo cultural, los agentes de la modernidad. Pero hay que distinguir entre las formas en que las artes modernas interactúan con lo ajeno en los dos primeros casos y en los dos últimos.

Respecto del arte antiguo o primitivo, y respecto del arte ingenuo o popular, cuando el historiador o el museo se apoderan de ellos, el sujeto de la enunciación y la apropiación es un sujeto culto y moderno. William Rubin, director de la exhibición sobre El primitivismo en el arte del siglo XX, dice en su extensa introducción a la muestra que no le preocupa entender la función y el significado originarios de cada uno de los objetos tribales o étnicos, sino "en términos del contexto occidental en el cual los artistas 'modernos' los descubrieron".[28] Vimos en la muestra Les singuliers de l'art la misma dificultad de historiadores y críticos para dejar de hablar en forma elitista de la cultura moderna cuando topan con la diferencia de lo ingenuo o lo popular.

En cambio, el arte de Occidente, confrontado con las fuerzas del mercado y de la industria cultural, no logra sostener su independencia. Lo otro del mismo sistema es más poderoso que la otredad de culturas lejanas, ya sometidas económica y políticamente, y también más fuerte que la diferencia de los subalternos o marginales en la propia sociedad.

[27] Andreas Huyssen, "En busca de la tradición: vanguardia y posmodernismo en los años 70", en Josep Picó, *Modernidad y posmodernidad*, Alianza, Madrid, 1988, p. 154.
[28] William Rubin (ed.), *"Primitivism" in 20th. Century Art*, Museo de Arte Moderno, Nueva York, 1984, vol. I, pp. 1-79

Capítulo II

CONTRADICCIONES LATINOAMERICANAS: ¿MODERNISMO SIN MODERNIZACIÓN?

La hipótesis más reiterada en la literatura sobre la modernidad latinoamericana puede resumirse así: hemos tenido un modernismo exuberante con una modernización deficiente. Ya vimos esa posición en las citas de Paz y Cabrujas. Circula en otros ensayos, en investigaciones históricas y sociológicas. Puesto que fuimos colonizados por las naciones europeas más atrasadas, sometidos a la contrarreforma y otros movimientos antimodernos, sólo con la independencia pudimos iniciar la actualización de nuestros países. Desde entonces, hubo olas de modernización.

A fines del xix y principios del xx, impulsadas por la oligarquía progresista, la alfabetización y los intelectuales europeizados; entre los años veinte y treinta de este siglo por la expansión del capitalismo, el ascenso democratizador de sectores medios y liberales, el aporte de migrantes y la difusión masiva de la escuela, la prensa y la radio; desde los cuarenta, por la industrialización, el crecimiento urbano, el mayor acceso a la educación media y superior, las nuevas industrias culturales.

Pero estos movimientos no pudieron cumplir las operaciones de la modernidad europea. No formaron mercados autónomos

65

para cada campo artístico, ni consiguieron una profesionalización extensa de artistas y escritores, ni el desarrollo económico capaz de sustentar los esfuerzos de renovación experimental y democratización cultural.

Algunas comparaciones son rotundas. En Francia, el índice de alfabetización, que era de 30 por ciento en el Antiguo Régimen, sube a 90 por ciento en 1890. Los 500 periódicos publicados en París en 1860 se convierten en 2000 para 1890. Inglaterra, a principios del siglo XX, tenía 97 por ciento de alfabetizados; el *Daily Telegraph* duplicó sus ejemplares entre 1860 y 1890, llegando a 300 000; *Alicia en el país de las maravillas* vendió 150 000 copias entre 1865 y 1898. Se crea, de este modo, un doble espacio cultural. Por una parte, el de circulación restringida, con ocasionales ventas numerosas, como la novela de Lewis Caroll, en el que se desarrollan la literatura y las artes; por otro lado, el circuito de amplia difusión, protagonizado en las primeras décadas del siglo XX por los diarios, que inician la formación de públicos masivos para el consumo de textos.

Es muy distinto el caso del Brasil, señala Renato Ortiz.[1] ¿Cómo podían tener los escritores y artistas un público específico si en 1890 había 84 por ciento de analfabetos, en 1920 un 75, y aún en 1940, 57 por ciento? El tiraje medio de una novela era hasta el año 1930 de mil ejemplares. Durante varias décadas más los escritores no pueden vivir de la literatura, deben trabajar como docentes, funcionarios públicos o periodistas, lo cual crea al desarrollo literario relaciones de dependencia respecto de la burocracia estatal y el mercado informacional de masas. Por eso, concluye, en el Brasil no se produce una distinción clara, como en las sociedades europeas, entre la cultura artística y el mercado masivo, ni sus contradicciones adoptan una forma tan antagónica.[2]

Trabajos sobre otros países latinoamericanos muestran un cuadro semejante o peor. Como la modernización y democratización abarcan a una pequeña minoría, es imposible formar mercados simbólicos donde puedan crecer campos culturales autónomos. Si ser culto en el sentido moderno es, ante todo, ser letrado, en nuestro continente eso era imposible para más de la mitad de la población en 1920. Esa restricción se

---

[1] Renato Ortiz, *A moderna tradiçao brasileira*, Brasiliense, Sao Paulo, 1988, pp. 23-28. En este libro figuran las cifras recién citadas.

[2] *Idem*, p. 29.

acentuaba en las instancias superiores del sistema educativo, las que verdaderamente dan acceso a lo culto moderno. En los años treinta no llegaban al 10 por ciento los matriculados en la enseñanza secundaria que eran admitidos en la universidad. Una "constelación tradicional de élites", dice Brunner, refiriéndose al Chile de esa época, exige pertenecer a la clase dirigente para participar en los salones literarios, escribir en las revistas culturales y en los diarios. La hegemonía oligárquica se asienta en divisiones de la sociedad que limitan su expansión moderna, "opone al desarrollo orgánico del Estado sus propias limitaciones constitutivas (la estrechez del mercado simbólico y el fraccionamiento hobbesiano de la clase dirigente)".[3]

Modernización con expansión restringida del mercado, democratización para minorías, renovación de las ideas pero con baja eficacia en los procesos sociales. Los desajustes entre modernismo y modernización son útiles a las clases dominantes para preservar su hegemonía, y a veces no tener que preocuparse por justificarla, para ser simplemente clases dominantes. En la cultura escrita, lo consiguieron limitando la escolarización y el consumo de libros y revistas. En la cultura visual, mediante tres operaciones que hicieron posible a las élites restablecer una y otra vez, ante cada cambio modernizador, su concepción aristocrática: a) espiritualizar la producción cultural bajo el aspecto de "creación" artística, con la consecuente división entre arte y artesanías; b) congelar la circulación de los bienes simbólicos en colecciones, concentrándolos en museos, palacios y otros centros exclusivos; c) proponer como única forma legítima de consumo de estos bienes esa modalidad también espiritualizada, hierática, de recepción que consiste en contemplarlos.

Si ésta era la cultura visual que reproducían las escuelas y los museos, ¿qué podían hacer las vanguardias? ¿Cómo representar de otro modo —en el doble sentido de convertir la realidad en imágenes y ser representativos de ella— a sociedades heterogéneas, con tradiciones culturales que conviven y se contradicen todo el tiempo, con racionalidades distintas, asumidas desigualmente por diferentes sectores? ¿Es posible impulsar la modernidad cultural cuando la modernización socioeconómica es tan desigual Algunos historiadores del arte conclu-

---

[3] José Joaquín Brunner, "Cultura y crisis de hegemonías", en J. J. Brunner y G. Catalán, *Cinco estudios sobre cultura y sociedad*, FLACSO, Santiago de Chile, 1985, p. 32.

yen que los movimientos innovadores fueron "trasplantes",
"injertos", desconectados de nuestra realidad. En Europa

> ...el cubismo y el futurismo corresponden al entusiasmo admirativo de
> la primera vanguardia ante las transformaciones físicas y mentales
> provocadas por el primer auge maquinista; el surrealismo es una rebelión
> contra las alienaciones de la era tecnológica; el movimiento concreto
> surge junto con la arquitectura funcional y el diseño industrial con
> intenciones de crear programada e integralmente un nuevo hábitat
> humano; el informalismo es otra reacción contra el rigor racionalista,
> el ascetismo y la producción en serie de la era funcional, corresponde a
> una aguda crisis de valores, al vacío existencial provocado por la segunda
> guerra mundial [...]. Nosotros hemos practicado todas estas tendencias
> en la misma sucesión que en Europa, sin haber entrado casi al "reino
> mecánico" de los futuristas, sin haber llegado a ningún apogeo indus-
> trial, sin haber ingresado plenamente en la sociedad de consumo, sin
> estar invadidos por la producción en serie ni coartados por un exceso
> de funcionalismo; hemos tenido angustia existencial sin Varsovia ni
> Hiroshima.[4]

Antes de cuestionar esta comparación, quiero decir que yo
también la cité —y extendí— en un libro publicado en 1977.[5]
Entre otros desacuerdos que ahora tengo con ese texto, por
los cuales ya no se reedita, están los surgidos de una visión
más compleja sobre la modernidad latinoamericana.

   ¿Por qué nuestros países cumplen mal y tarde con el modelo
metropolitano de modernización? ¿Sólo por la dependencia
estructural a que nos condena el deterioro de los términos del
intercambio económico, por los intereses mezquinos de clases
dirigentes que resisten la modernización social y se visten con
el modernismo para dar elegancia a sus privilegios? En parte el error de estas interpretaciones surge de medir nuestra
modernidad con imágenes optimizadas de cómo sucedió ese
proceso en los países centrales. Hay que revisar, primero, si
existen tantas diferencias entre la modernización europea y la
nuestra. Luego, vamos a averiguar si la visión de una modernidad latinoamericana reprimida y postergada, cumplida con
dependencia mecánica de las metrópolis, es tan cierta y tan

---

[4] Saúl Yurkievich, "El arte de una sociedad en transformación", en Damián
Bayón (relator), *América Latina en sus artes*, UNESCO-Siglo XXI, México, 1984, 5a.
ed. p. 179.
   [5] Néstor García Canclini, *Arte popular y sociedad en América Latina*, Grijalbo,
México, 1977.

disfuncional como los estudios sobre nuestro "atraso" acostumbran declarar.

Cómo interpretar una historia híbrida

Un buen camino para repensar estas cuestiones pasa por un artículo de Perry Anderson que, sin embargo, al hablar de América Latina, reitera la tendencia a ver nuestra modernidad como un eco diferido y deficiente de los países centrales.[6] Sostiene que el modernismo literario y artístico europeo tuvo su momento alto en las tres primeras décadas del siglo xx, y luego persistió como "culto" de esa ideología estética, sin obras ni artistas del mismo vigor. La transferencia posterior de la vitalidad creativa a nuestro continente se explicaría porque

...en el tercer mundo, de modo general, existe hoy una especie de configuración que, como una sombra, reproduce algo de lo que antes prevalecía en el primer mundo. Oligarquías precapitalistas de los más variados tipos, sobre todo las de carácter fundiario, son allí abundantes; en esas regiones, donde existe desarrollo capitalista, es, de modo típico, mucho más rápido y dinámico que en las zonas metropolitanas, pero por otro lado está infinitamente menos estabilizado o consolidado; la revolución socialista ronda esas sociedades como permanente posibilidad, ya de hecho realizada en países vecinos —Cuba o Nicaragua, Angola o Vietnam. Fueron estas condiciones las que produjeron las verdaderas obras maestras de los años recientes que se adecuan a las categorías de Berman: novelas como *Cien años de soledad,* de Gabriel García Márquez, o *Midnight's Children,* de Salman Rushdie, en Colombia o la India, o películas como *Yol,* de Yilmiz Güney, en Turquía.

Es útil esta larga cita porque exhibe la mezcla de observaciones acertadas con distorsiones mecánicas y presurosas desde las que a menudo se nos interpreta en las metrópolis, y que demasiadas veces repetimos como sombras. No obstante, el análisis de Anderson sobre las relaciones entre modernismo y modernidad es tan estimulante que lo que menos nos interesa es criticarlo.

Hay que cuestionar, ante todo, esa manía casi en desuso en los países del tercer mundo: la de hablar del tercer mundo y envolver en el mismo paquete a Colombia, la India y Turquía. La segunda molestia reside en que se atribuya a *Cien años de*

[6] Perry Anderson, "Modernity and Revolution", citado.

soledad —coquetería deslumbrante con nuestro supuesto realismo maravilloso— ser el síntoma de nuestro modernismo. La tercera es reencontrar en el texto de Anderson, uno de los más inteligentes que ha dado el debate sobre la modernidad, el rústico determinismo según el cual ciertas condiciones socioeconómicas "produjeron" las obras maestras del arte y la literatura.

Aunque este residuo contamina varios tramos del artículo de Anderson, hay en él exégesis más sutiles. Una es que el modernismo cultural no expresa la modernización económica, como lo demuestra que su propio país, la Inglaterra precursora de la industrializacion capitalista, que dominó el mercado mundial durante cien años, "no produjo ningún movimiento nativo de tipo modernista virtualmente significativo en las primeras décadas de este siglo". Los movimientos modernistas surgen en la Europa continental, no donde ocurren cambios modernizadores *estructurales,* dice Anderson, sino donde existen coyunturas complejas, "la intersección de diferentes temporalidades históricas". Ese tipo de coyuntura se presentó en Europa "como un campo cultural de fuerza triangulado por tres coordenadas decisivas: *a*) la codificación de un academicismo altamente formatizado en las artes visuales y en las otras, institucionalizado por Estados y sociedades en los que dominaban clases aristocráticas o terratenientes superadas por el desarrollo económico pero que aún daban el tono político y cultural antes de la primera guerra mundial; *b*) la emergencia en esas mismas sociedades de tecnologías generadas por la segunda revolución industrial (teléfono, radio, automóvil, etcétera); *c*) la proximidad imaginativa de la revolución social, que comenzaba a manifestarse en la revolución rusa y en otros movimientos sociales de Europa occidental.

> La persistencia de los *anciens régimes* y del academicismo que los acompañaba proporcionó un conjunto crítico de valores culturales contra los cuales podían medirse las fuerzas insurgentes del arte, pero también en términos de los cuales ellas podían articularse parcialmente a sí mismas.

El antiguo orden, precisamente con lo que aún tenía de aristocrático, ofrecía un conjunto de códigos y recursos a partir de los cuales intelectuales y artistas, aun los innovadores veían posible resistir las devastaciones del mercado como principio organizador de la cultura y la sociedad.

Si bien las energías del maquinismo fueron un potente estímulo para la imaginación del cubismo parisiense y el futurismo italiano, estas corrientes neutralizaron el sentido material de la modernización tecnológica al abstraer las técnicas y los artefactos de las relaciones sociales de producción. Cuando se observa el conjunto del modernismo europeo, dice Anderson, se advierte que éste floreció en las primeras décadas del siglo XX en un espacio donde se combinaban "un pasado clásico aún utilizable, un presente técnico aún indeterminado y un futuro político aún imprevisible [...]. Surgió en la intersección de un orden dominante, aristocrático, una economía capitalista semiindustrializada y un movimiento obrero semiemergente o semiinsurgente".

Si el modernismo no es la expresión de la modernización socioeconómica sino *el modo en que las élites se hacen cargo de la intersección de diferentes temporalidades históricas y tratan de elaborar con ellas un proyecto global,* ¿cuáles son esas temporalidades en América Latina y qué contradicciones genera su cruce? ¿En qué sentido estas contradicciones entorpecieron la realizacion de los proyectos emancipador, expansivo, renovador y democratizador de la modernidad?

Los países latinoamericanos son actualmente resultado de la sedimentación, yuxtaposición y entrecruzamiento de tradiciones indígenas (sobre todo en las áreas mesoamericana y andina), del hispanismo colonial católico y de las acciones políticas, educativas y comunicacionales modernas. Pese a los intentos de dar a la cultura de élite un perfil moderno, recluyendo lo indígena y lo colonial en sectores populares, un mestizaje interclasista ha generado formaciones híbridas en todos los estratos sociales. Los impulsos secularizadores y renovadores de la modernidad fueron más eficaces en los grupos "cultos", pero ciertas élites preservan su arraigo en las tradiciones hispánico-catolicas, y en zonas agrarias tambien en tradiciones indígenas, como recursos para justificar privilegios del orden antiguo desafiados por la expansión de la cultura masiva.

En casas de la burguesía y de sectores medios con alto nivel educativo de Santiago de Chile, Lima, Bogotá, Mexico y muchas otras ciudades coexisten bibliotecas multilingües y artesanías indígenas, cablevisión y antenas parabólicas con mobiliario colonial, las revistas que informan cómo realizar mejor especulación financiera esta semana con ritos familiares y religiosos centenarios. Ser culto, e incluso ser culto moderno, implica no tanto vincularse con un repertorio de objetos y mensajes exclusivamente modernos, sino saber incorporar el arte y la literatura de vanguardia, así como los avances tecnológicos, a matrices tradicionales de privilegio social y distinción simbólica.

Esta *heterogeneidad multitemporal* de la cultura moderna es consecuencia de una historia en la que la modernización operó pocas veces mediante la sustitución de lo tradicional y lo antiguo. Hubo rupturas provocadas por el desarrollo industrial y la urbanización que, si bien ocurrieron después que en Europa, fueron más aceleradas. Se creó un mercado artístico y literario a través de la expansión educativa, que permitió la profesionalización de algunos artistas y escritores. Las luchas de los liberales de fines del siglo XIX y los positivistas de principios del XX, —que culminaron en la reforma universitaria de 1918, iniciada en la Argentina y extendida pronto a otros países— lograron una universidad laica y organizada democráticamente antes que en muchas sociedades europeas. Pero la constitución de esos campos científicos y humanísticos autónomos se enfrentaba con el analfabetismo de la mitad de la población, y con estructuras económicas y hábitos políticos premodernos.

Estas contradicciones entre lo culto y lo popular han recibido más importancia en las obras que en las historias del arte y la literatura, casi siempre limitadas a registrar lo que esas obras significan para las élites. La explicación de los desajustes entre modernismo cultural y modernización social, tomando en cuenta sólo la dependencia de los intelectuales hacia las metrópolis, descuida las fuertes preocupaciones de escritores y artistas por los conflictos internos de sus sociedades y por las trabas para comunicarse con sus pueblos.

Desde Sarmiento a Sábato y Piglia, desde Vasconcelos a Fuentes y Monsiváis, las preguntas por lo que significa hacer literatura en sociedades donde no hay un mercado con suficiente desarrollo como para que exista un campo cultural autónomo condicionan las prácticas literarias. En los diálogos de muchas obras, o de un modo más indirecto en la preocupación por cómo narrar, se indaga sobre el sentido del trabajo literario en países con un precario desarrollo de la democracia liberal, con escasa inversión estatal en la producción cultural y científica, donde la formación de naciones modernas no supera las divisiones étnicas, ni la desigual apropiación del patrimonio aparentemente común. Estas cuestiones no sólo aparecen en los ensayos, en las polémicas entre "formalistas" y "populistas", y si aparecen es porque son constitutivas de las obras que diferencian a Borges de Arlt, a Paz de García Márquez. Es una hipótesis plausible para la sociología de la lectura que algún día se hará en América Latina pensar que esas preguntas contribuyen a organizar las relaciones de estos escritores con sus públicos.

IMPORTAR, TRADUCIR, CONSTRUIR LO PROPIO

Para analizar cómo esas contradicciones entre modernismo y modernización condicionan las obras y la función sociocultural de los artistas, se precisa una teoría liberada de la ideología del reflejo y de cualquier suposición acerca de correspondencias mecánicas directas entre base material y representaciones simbólicas. Veo un texto inaugural para esa ruptura en el que Roberto Schwarz escribió como introducción a su libro sobre Machado de Assis, *Ao Vencedor as Batatas,* el espléndido artículo "As idéias fora do lugar".[7]

¿Cómo fue posible que la Declaración de los Derechos del Hombre se transcribiera en parte en la Constitución Brasileña de 1824, mientras seguía existiendo la esclavitud? La dependencia que la economía agraria latifundista tenía del mercado externo hizo llegar a Brasil la racionalidad económica burguesa con su exigencia de hacer el trabajo en un mínimo de tiempo, pero la clase dirigente —que basaba su dominación en el disciplinamiento integral de la vida de los esclavos— prefería extender el trabajo a un máximo de tiempo, y así controlar todo el día de los sometidos. Si deseamos entender por qué esas contradicciones eran "inesenciales" y podían convivir con una exitosa difusión intelectual del liberalismo, dice Schwarz, hay que tomar en cuenta la institucionalización del *favor*.

La colonización produjo tres sectores sociales: el latifundista, el esclavo y el "hombre libre". Entre los dos primeros, la relación era clara. Pero la multitud de los terceros, ni propietarios ni proletarios, dependía materialmente del favor de un poderoso. A través de ese mecanismo se reproduce un amplio sector de hombres libres; además, el favor se prolonga en otras áreas de la vida social e involucra a los otros dos grupos en la

---

[7] Roberto Schwarz, *Ao Vencedor as Batatas*, Duas Cidades, Sao Paulo, 1977, pp. 13-25.

administración y la política, el comercio y la industria. Hasta las profesiones liberales, como la medicina, que en la acepción europea no debían nada a nadie, en Brasil eran gobernadas por este procedimiento que se constituye "en nuestra mediación casi universal".

El favor es tan antimoderno como la esclavitud, pero "más simpático" y susceptible de unirse al liberalismo por su ingrediente de arbitrio, por el juego fluido de estima y autoestima al que somete el interés material. Es verdad que, mientras la modernización europea se basa en la autonomía de la persona, la universalidad de la ley, la cultura desinteresada, la remuneración objetiva y su ética del trabajo, el favor practica la dependencia de la persona, la excepción a la regla, la cultura interesada y la remuneración a servicios personales. Pero dadas las dificultades para sobrevivir, "nadie en el Brasil tendría la idea o principalmente la fuerza de ser, digamos, un Kant del favor", batiéndose ante las contradicciones que implicaba.

Lo mismo pasaba, agrega Schwarz, cuando se quería crear un Estado burgués moderno sin romper con las relaciones clientelistas; cuando se pegaban papeles decorativos europeos o se pintaban motivos arquitectónicos grecorromanos en paredes de barro; y hasta en la letra del himno de la república, escrita en 1890, plena de emociones progresistas pero despreocupada de su correspondencia con la realidad: "*Nos nem creemos que escravos outrora/Tenha havido en tao nobre país*" (*outrora* era dos años antes, ya que la abolición ocurrió en 1888).

Avanzamos poco si acusamos a las ideas liberales de falsas. ¿Acaso se podía descartarlas? Más interesante es acompañar su juego simultáneo con la verdad y la falsedad. A los principios liberales no se les pide que describan la realidad, sino que den justificaciones prestigiosas para el arbitrio ejercido en los intercambios de favores y para la "coexistencia estabilizada" que permite. Puede parecer disonante que se llame "independencia a la dependencia, utilidad al capricho, universalidad a las excepciones, mérito al parentesco, igualdad al privilegio" para quien cree que la ideología liberal tiene un valor cognoscitivo, pero no para quienes viven constantemente momentos de "prestación y contraprestación —particularmente en el instante clave del reconocimiento recíproco—", porque ninguna de las dos partes está dispuesta a denunciar a la otra, aunque tenga todos los elementos para hacerlo, en nombre de principios abstractos.

Ese modo de adoptar ideas extrañas con un sentido impropio está en la base de gran parte de nuestra literatura y nuestro arte, en el Machado de Assis analizado por Schwarz; en Arlt y Borges, según lo revela Piglia en su examen que luego citaremos; en el teatro de Cabrujas, por ejemplo *El día que me quieras*, cuando hace dialogar en una casa caraqueña de los años treinta a una pareja fanatizada por irse a vivir a un koljós soviético frente a un visitante tan admirado como la revolución rusa: Carlos Gardel.

¿Son estas relaciones contradictorias de la cultura de élite con su sociedad un simple resultado de su dependencia de las metrópolis? En rigor, dice Schwarz, este liberalismo dislocado y desafinado es "un elemento interno y activo de la cultura" nacional, un modo de experiencia intelectual destinado a asumir conjuntamente la estructura conflictiva de la propia sociedad, su dependencia de modelos extranjeros y los proyectos de cambiarla. Lo que las obras artísticas hacen con ese triple condicionamiento —conflictos internos, dependencia exterior y utopías transformadoras—, utilizando procedimientos materiales y simbólicos específicos, no se deja explicar mediante las interpretaciones irracionalistas del arte y la literatura. Lejos de cualquier "realismo maravilloso" que imagina en la base de la producción simbólica una materia informe y desconcertante, el estudio socioantropológico muestra que las obras pueden ser comprendidas si abarcamos a la vez la explicación de los procesos sociales en que se nutren y de los procedimientos con que los artistas los retrabajan.

Si pasamos a las artes plásticas encontramos evidencias de que esta inadecuación entre principios concebidos en las metrópolis y la realidad local no siempre es un recurso ornamental de la explotación. La primera fase del modernismo latinoamericano fue promovida por artistas y escritores que regresaban a sus países luego de una temporada en Europa. No fue tanto la influencia directa, trasplantada, de las vanguardias europeas lo que suscitó la veta modernizadora en la plástica del continente, sino las preguntas de los propios latinoamericanos acerca de cómo volver compatibles su experiencia internacional con las tareas que les presentaban sociedades en desarrollo, y en un caso, el mexicano, en plena revolución.

Aracy Amaral hace notar que el pintor ruso Lazar Segall no encuentra eco en el mundo artístico demasiado provinciano de Sao Paulo cuando llega en 1913, pero Oswald de Andrade tuvo gran repercusión al regresar ese mismo año de Europa con el manifiesto futurista de Marinetti y confrontarse con la industrialización que despega, con los migrantes italianos que se instalan en Sao Paulo. Junto con Mario de Andrade, Anita Malfatti, que vuelve *fauvista* luego de su estadía en Berlín, y otros escritores y artistas, organizan en 1922 la Semana de Arte Moderno, el mismo año en que se celebraba el centenario de la independencia.

Coincidencia sugerente: para ser culto ya no es indispensable imitar, como en el siglo XIX, los comportamientos europeos y rechazar "acomplejadamente nuestras características propias", dice Amaral;[8] lo moderno se conjuga con el interés por conocer y definir lo brasileño. Los modernistas bebieron en fuentes dobles y enfrentadas: por una parte, la información internacional, sobre todo francesa; por otra, "un nativismo que se evidenciaría en la inspiración y búsqueda de nuestras raíces (también en los años veinte comienzan las investigaciones de nuestro folclor)". Esa confluencia se observa en las *Muchachas de Guarantinguetá*, de Di Cavalcanti, donde el cubismo da el vocabulario para pintar mulatas; también en las obras de Tarsila, que modifican lo que aprendió de Lhote y Léger, imprimiendo a la estética constructiva un color y una atmósfera representativas del Brasil.

En el Perú, la ruptura con el academicismo la hacen en 1929 artistas jóvenes preocupados tanto por la libertad formal como por comentar plásticamente las cuestiones nacionales del momento y pintar tipos humanos que correspondieran al "hombre andino". Por eso los llamaron "indigenistas", aunque iban más allá de la identificación con el folclor. Querían instaurar un nuevo arte, representar lo nacional ubicándolo en el desarrollo estético moderno.[9]

Es significativa la coincidencia de historiadores sociales del arte cuando relatan el surgimiento de la modernización cultural en varios países latinoamericanos. No se trata de un trasplante, sobre todo en los principales plásticos y escritores, sino de reelaboraciones deseosas de contribuir al cambio social. Sus esfuerzos por edificar campos artísticos autónomos, secula-

[8] Aracy A. Amaral, "Brasil: del modernismo a la abstracción, 1910-1950", en Damián Bayón (ed.), *Arte moderno en América Latina*, Taurus, Madrid, 1985, pp. 270-281.

[9] Mirko Lauer, *Introducción a la pintura peruana del siglo XX*, Mosca Azul, Lima, 1976.

rizar la imagen y profesionalizar su trabajo no implica encapsularse en un mundo esteticista, como hicieron algunas vanguardias europeas enemigas de la modernización social. Pero en todas las historias los proyectos creadores individuales tropiezan con el anquilosamiento de la burguesía, la falta de un mercado artístico independiente, el provincianismo (aun en ciudades de punta, Buenos Aires, Sao Paulo, Lima, México), la ardua competencia con academicistas, los resabios coloniales, el indianismo y el regionalismo ingenuos. Ante las dificultades para asumir a la vez las tradiciones indígenas, las coloniales y las nuevas tendencias, muchos sienten lo que Mario de Andrade sintetiza al concluir la década de los veinte: decía que los modernistas eran un grupo "aislado y escudado en su propia convicción"

> ...el único sector de la nación que hace del problema artístico nacional un caso de preocupación casi exclusiva. A pesar de esto, no representa nada de la realidad brasileña. Está fuera de nuestro ritmo social, fuera de nuestra inconstancia económica, fuera de la preocupación brasileña. Si esta minoría está aclimatada dentro de la realidad brasileña y vive en intimidad con el Brasil, la realidad brasileña, en cambio, no se acostumbró a vivir en intimidad con ella.[10]

Informaciones complementarias nos permiten hoy ser menos duros en la evaluación de esas vanguardias. Aun en países donde la historia étnica y gran parte de las tradiciones fueron arrasadas, como en la Argentina, los artistas "adictos" a modelos europeos no son meros imitadores de estéticas importadas, ni pueden ser acusados de desnacionalizar la propia cultura. Ni a la larga resultan siempre las minorías insignificantes que ellos supusieron en sus textos. Un movimiento tan cosmopolita como el de la revista *Martín Fierro* en Buenos Aires, nutrido por el ultraísmo español y las vanguardias francesas e italianas, redefine esas influencias en medio de los conflictos sociales y culturales de su país: la emigración y la urbanización (tan presentes en el primer Borges), la polémica con las autoridades literarias previas (Lugones y la tradición criollista), el realismo social del grupo *Boedo*. Si se pretende seguir empleando

---

[10] Citado por A. A. Amaral en el artículo mencionado, p. 274.

...la metáfora de la traducción como imagen de la operación intelectual típica de las élites literarias de países capitalistas periféricos respecto de los centros culturales, dicen Altamirano y Sarlo, es necesario observar que suele ser *todo* el campo el que opera como matriz de traducción.[11]

Por precaria que sea la existencia de este campo, funciona como escena de reelaboración y estructura reordenadora de los modelos externos.

En varios casos, el modernismo cultural, en vez de ser desnacionalizador, ha dado el impulso y el repertorio de símbolos para la construcción de la identidad nacional. La preocupación más intensa por la "brasileñidad" comienza con las vanguardias de los años veinte. "Sólo seremos modernos si somos nacionales", parece su consigna, dice Renato Ortiz. De Oswald de Andrade a la construcción de Brasilia, la lucha por la modernización fue un movimiento por levantar crítica- mente una nación opuesta a lo que querían las fuerzas oligár- quicas o conservadoras y los dominadores externos. "El modernismo es una idea fuera de lugar que se expresa como proyecto."[12]

Después de la revolución mexicana, varios movimientos culturales cumplen simultáneamente una labor modernizadora y de desarrollo nacional autónomo. Retoman el proyecto ateneísta, iniciado durante el porfirismo, con pretensiones a veces desencajadas, por ejemplo cuando Vasconcelos quiere usar la divulgación de la cultura clásica para "redimir a los indios" y liberarlos de su "atraso". Pero el enfrentamiento con la Academia de San Carlos y la inserción en los cambios posrevolucionarios tiene el propósito para muchos artistas de replantear divisiones claves del desarrollo desigual y depen- diente: las que oponen el arte culto y el popular, la cultura y el trabajo, la experimentación de vanguardia y la conciencia social. El intento de superar esas divisiones críticas de la modernización capitalista estuvo ligado en México a la forma- ción de la sociedad nacional. Junto a la difusión educativa y cultural de los saberes occidentales en las clases populares, se quiso incorporar el arte y las artesanías mexicanas a un patrimonio que se deseaba común. Rivera, Siqueiros y Orozco propusieron síntesis iconográficas de la identidad nacional inspiradas a la vez en las obras de mayas y aztecas, los retablos

[11] Carlos Altamirano y Beatriz Sarlo, *Literatura/Sociedad*, Buenos Aires, Ha- chette, 1983, pp. 88-89.

[12] Renato Ortiz, *op. cit.*, pp. 34-36.

de iglesias, las decoraciones de pulquerías, los diseños y colores de la alfarería poblana, las lacas de Michoacán y los avances experimentales de vanguardias europeas.

Esta reorganización híbrida del lenguaje plástico fue apoyada por cambios en las relaciones profesionales entre los artistas, el Estado y las clases populares. Los murales en edificios públicos, los calendarios, carteles y revistas de gran difusión, fueron resultado de una poderosa afirmación de las nuevas tendencias estéticas dentro del incipiente campo cultural, y de los vínculos novedosos que los artistas fueron creando con los administradores de la educación oficial, con sindicatos y movimientos de base.

La historia cultural mexicana de los años treinta a cincuenta muestra la fragilidad de esa utopía y el desgaste que fue sufriendo a causa de condiciones intra-artísticas y sociopolíticas. El campo plástico, hegemonizado por el realismo dogmático, el contenidismo y la subordinación del arte a la política, pierde su vitalidad previa y consiente pocas innovaciones. Además, era difícil potenciar la acción social del arte cuando el impulso revolucionario se había "institucionalizado" o sobrevivía escuetamente en movimientos marginales de oposición.

Pese a la singular formación de los campos culturales modernos en México y las oportunidades excepcionales de acompañar con obras monumentales y masivas el proceso transformador, cuando la nueva fase modernizadora irrumpe en los años cincuenta y sesenta, la situación cultural mexicana no era radicalmente distinta de la de otros países de América Latina. Permanece el legado del realismo nacionalista, aunque ya casi no produce obras importantes. Un Estado más rico y estable que el promedio del continente sigue teniendo recursos para construir museos y centros culturales, dar becas y subsidios a intelectuales, escritores y artistas. Pero esos apoyos van diversificándose para fomentar tendencias inéditas. Las principales polémicas se organizan en torno de ejes semejantes a los de otras sociedades latinoamericanas: cómo articular lo local y lo cosmopolita, las promesas de la modernidad y la inercia de las tradiciones; cómo pueden alcanzar los campos culturales mayor autonomía y a la vez volver esa voluntad de independencia compatible con el desarrollo precario del mercado artístico y literario; de qué modo el reordenamiento industrial de la cultura recrea las desigualdades.

Debemos concluir que en ninguna de estas sociedades el

modernismo ha sido la adopción mimética de modelos importados, ni la búsqueda de soluciones meramente formales.
Hasta los nombres de los movimientos, observa Jean Franco,
muestran que las vanguardias tuvieron un arraigo social:
mientras en Europa los renovadores elegían denominaciones
que indicaban su ruptura con la historia del arte —impresionismo, simbolismo, cubismo—, en América Latina prefieren
llamarse con palabras que sugieren respuestas ·a factores
externos al arte: modernismo, nuevomundismo, indigenismo.[13]

Es verdad que esos proyectos de inserción social se diluyeron
parcialmente en academicismos, variantes de la cultura oficial
o juegos del mercado, como ocurrió en distintas cuotas con el
indigenismo peruano, el muralismo mexicano, y Portinari en
Brasil. Pero sus frustraciones no se deben a un destino fatal
del arte, ni al desajuste con la modernización socioeconómica.
Sus contradicciones y discrepancias internas expresan la heterogeneidad sociocultural, la dificultad de realizarse en medio
de los conflictos entre diferentes temporalidades históricas que
conviven en un mismo presente. Pareciera entonces que, a
diferencia de las lecturas empecinadas en tomar partido por
la cultura tradicional o las vanguardias, habría que entender la
sinuosa modernidad latinoamericana repensando los modernismos como intentos de intervenir en el cruce de un orden
dominante semioligárquico, una economía capitalista semin-
dustrializada y movimientos sociales semitransformadores. El
problema no reside en que nuestros países hayan cumplido mal
y tarde un modelo de modernización que en Europa se habría
realizado impecable, ni consiste tampoco en buscar reactivamente cómo inventar algún paradigma alternativo e independiente, con tradiciones que ya han sido transformadas por
la expansión mundial del capitalismo. Sobre todo en el periodo
más reciente, cuando la transnacionalización de la economía
y de la cultura nos vuelve "contemporáneos de todos los
hombres" (Paz), y sin embargo no elimina las tradiciones
nacionales, optar en forma excluyente entre dependencia o
nacionalismo, entre modernización o tradicionalidad local, es
una simplificación insostenible.

[13] Jean Franco, *La cultura moderna en América Latina*, Grijalbo, México, 1986,
p. 15.

EXPANSIÓN DEL CONSUMO Y VOLUNTARISMO CULTURAL

Desde los años treinta comienza a organizarse en los países latinoamericanos un sistema más autónomo de producción cultural. Las capas medias surgidas en México a partir de la revolución, las que acceden a la expresión política con el radicalismo argentino, o en procesos sociales semejantes en Brasil y Chile, constituyen un mercado cultural con dinámica propia. Sergio Miceli, que estudió el proceso brasileño, habla del inicio de "la sustitución de importaciones",[14] en el sector editorial. En todos estos países, migrantes con experiencia en el área y productores nacionales emergentes van generando una industria de la cultura con redes de comercialización en los centros urbanos. Junto con la ampliación de los circuitos culturales que produce la alfabetización creciente, escritores, empresarios y partidos políticos estimulan una importante producción nacional.

En la Argentina, las bibliotecas obreras, los centros y ateneos populares de estudio, iniciados por anarquistas y socialistas desde principios del siglo XX, se expanden en las décadas de los veinte y treinta. La editorial Claridad, que publica ediciones de 10 000 a 25 000 ejemplares en esos años, responde a un público en rápido crecimiento y contribuye a la formación de una cultura política, lo mismo que los diarios y revistas que elaboran intelectualmente los procesos nacionales en relación con las tendencias renovadoras del pensamiento internacional.[15]

Pero es al comenzar la segunda mitad del siglo XX que las élites de las ciencias sociales, el arte y la literatura encuentran signos de firme modernización socioeconómica en América Latina. Entre los años cincuenta y setenta al menos cinco clases de hechos indican cambios estructurales:

a) El despegue de un desarrollo económico más sostenido y diversificado, que tiene su base en el crecimiento de industrias con tecnología avanzada, en el aumento de importaciones industriales y de empleo de asalariados;

b) La consolidación y expansión del crecimiento urbano iniciado en la década de los cuarenta;

[14] Sergio Miceli, *Intelectuais e classe dirigente no Brasil (1920-1945)*, Difel, Sao Paulo-Río de Janeiro, 1979, p. 72.
[15] Luis Alberto Romero, *Libros baratos y cultura de los sectores populares*, CISEA, Buenos Aires, 1986; Emilio J. Corbiere, *Centros de cultura populares*, Centro de Estudios de América Latina, Buenos Aires, 1982.

c) La ampliación del mercado de bienes culturales, en parte
por las mayores concentraciones urbanas, pero sobre todo por
el rápido incremento de la matrícula escolar en todos los
niveles: el analfabetismo se reduce al 10 o 15 por ciento en la
mayoría de los países, la población universitaria sube en la
región de 250 000 estudiantes en 1950 a 5 380 000 al finalizar
la década de los setenta;

d) La introducción de nuevas tecnologías comunicacionales,
especialmente la televisión, que contribuyen a la masificación
e internacionalización de las relaciones culturales y apoyan la
vertiginosa venta de los productos "modernos", ahora fabricados en América Latina: autos, aparatos electrodomésticos,
etcétera;

e) El avance de movimientos políticos radicales, que confían
en que la modernización pueda incluir cambios profundos en
las relaciones sociales y una distribución más justa de los
bienes básicos.

Aunque la articulación de estos cinco procesos no fue fácil,
como sabemos, hoy resulta evidente que transformaron las
relaciones entre modernismo cultural y modernización social,
la autonomía y dependencias de las prácticas simbólicas. Hubo
una secularización, perceptible en la cultura cotidiana y la
cultura política; se crearon carreras de ciencias sociales que
sustituyen las interpretaciones ensayísticas, a menudo irracionalistas, por investigaciones empíricas y explicaciones más
consistentes de las sociedades latinoamericanas. La sociología,
la psicología y los estudios sobre medios masivos contribuyeron a modernizar las relaciones sociales y la planificación.
Aliadas a las empresas industriales, y a los nuevos movimientos sociales, convirtieron en núcleo del sentido común culto la
versión estructural-funcionalista de la oposición entre tradiciones y modernidad. Frente a las sociedades rurales regidas
por economías de subsistencia y valores arcaicos, predicaban
los beneficios de las relaciones urbanas, competitivas, donde
prosperaba la libre elección individual. La política desarrollista impulsó este giro ideológico y científico, lo usó para ir
creando en las nuevas generaciones de políticos, profesionales
y estudiantes el consenso para su proyecto modernizador.

El crecimiento de la educación superior y del mercado
artístico y literario contribuyó a profesionalizar las funciones
culturales. Aun los escritores y artistas que no llegan a vivir
de sus libros y sus cuadros, o sea la mayoría, se van insertando
en la docencia o en actividades periodísticas especializadas en

las que se reconoce la autonomía de su oficio. En varias capitales se crean los primeros museos de arte moderno y múltiples galerías que establecen ámbitos específicos para la selección y valoración de los bienes simbólicos. En 1948 nacen los museos de arte moderno de Sao Paulo y Río de Janeiro, en 1956 el de Buenos Aires, en 1962 el de Bogotá y en 1964 el de México.

La ampliación del mercado cultural favorece la especialización, el cultivo experimental de lenguajes artísticos y una mayor sincronía con las vanguardias internacionales. Al ensimismarse el arte culto en búsquedas formales, se produce una separación más brusca entre los gustos de las élites y los de las clases populares y medias controlados por la industria cultural. Si bien ésta es la dinámica de la expansión y segmentación del mercado, los movimientos culturales y políticos de izquierda generan acciones opuestas destinadas a socializar el arte, comunicar las innovaciones del pensamiento a públicos mayoritarios y hacerlos participar de algún modo en la cultura hegemónica.

Se da un enfrentamiento entre la lógica socioeconómica del crecimiento del mercado y la lógica voluntarista del culturalismo político, que fue particularmente dramática cuando se produjo en el interior de un mismo movimiento y hasta de las mismas personas. Quienes estaban realizando la racionalidad expansiva y renovadora del sistema sociocultural eran los mismos que querían democratizar la producción artística. Al tiempo que extremaban las prácticas de diferenciación simbólica —la experimentación formal, la ruptura con saberes comunes—, buscaban fusionarse con las masas. A la noche los artistas iban a los *vernissages* de las galerías de vanguardia en Sao Paulo y Río de Janeiro, a los *happenings* del Instituto di Tella en Buenos Aires; a la mañana siguiente, participaban en las acciones difusoras y "concientizadoras" de los Centros Populares de Cultura o de los sindicatos combativos. Ésta fue una de las escisiones de los años sesenta. La otra, complementaria, fue la creciente oposición entre lo público y lo privado, con la consiguiente necesidad de muchos artistas de dividir su lealtad entre el Estado y las empresas, o entre las empresas y los movimientos sociales.

La frustración del voluntarismo político ha sido examinada en muchos trabajos, pero no sucedió lo mismo con el voluntarismo cultural. Se atribuye su declinación al sofocamiento o a la crisis de las fuerzas insurgentes en que se insertaba, lo cual es parte de la verdad, pero falta analizar las causas culturales del fracaso de este nuevo intento de articular el modernismo con la modernización.

Una primera clave es la sobreestimación de los movimientos transformadores sin considerar la lógica de desarrollo de los campos culturales. Casi la única dinámica social que se intenta entender en la literatura crítica sobre el arte y la cultura de los años sesenta y principios de los setenta, es la de la dependencia. Se descuida la reorganización que se estaba produciendo desde dos o tres décadas antes en los campos culturales, y en sus relaciones con la sociedad. Esta falla se hace patente al releer ahora los manifiestos, los análisis políticos y estéticos, las polémicas de aquella época.

La nueva mirada sobre la comunicación de la cultura que se construye en los últimos años parte de dos tendencias básicas de la lógica social: por una parte, la especialización y estratificación de las producciones culturales; por otra, la reorganización de las relaciones entre lo público y lo privado, en beneficio de las grandes empresas y fundaciones privadas.

Veo el síntoma inicial de la primera línea en los cambios de la política cultural mexicana durante la década de los cuarenta. El Estado que había promovido una integración de lo tradicional y lo moderno, lo popular y lo culto, impulsa a partir del alemanismo un proyecto en el cual la utopía popular cede a la modernización, la utopía revolucionaria a la planificación del desarrollo industrial. En este periodo, el Estado diferencia sus políticas culturales en relación con las clases sociales: se crea el Instituto Nacional de Bellas Artes (INBA), dedicado a la cultura "erudita", y se fundan, casi en los mismos años, el Museo Nacional de Artes e Industrias Populares y el Instituto Nacional Indigenista. La organización separada de los aparatos burocráticos expresa institucionalmente un cambio de rumbo. Por más que el INBA haya tenido periodos en que buscó deselitizar el arte culto, y algunos organismos dedicados a culturas populares reactivan a veces la ideología revolucionaria de integración policlasista, la estructura escindida de las políticas culturales revela cómo concibe el Estado la reproducción social y la renovación diferencial del consenso.

En otros países la política estatal colaboró del mismo modo con la segmentación de los universos simbólicos. Pero fue el incremento de inversiones diferenciadas en los mercados de élite y de masas lo que más acentuó el alejamiento entre ambos. Aunada a la creciente especialización de los productores y de los públicos, esta bifurcación cambió el sentido de la grieta entre lo culto y lo popular. Ya no se basaba, como hasta la primera mitad del siglo XX, en la separación entre clases, entre élites instruidas y mayorías analfabetas o semianalfabetas. Lo culto pasó a ser un área cultivada por fracciones de la burguesía y de los sectores medios, mientras la mayor parte de las clases altas y medias, y la casi totalidad de las clases populares, iba siendo adscrita a la programación masiva de la industria cultural.

Las industrias culturales proporcionan a la plástica, la literatura y la música una repercusión más extensa que la lograda por las más exitosas campañas de divulgación popular orginadas en la buena voluntad de los artistas. La multiplicación de conciertos en peñas folclóricas y actos políticos alcanza un público mínimo en comparación con lo que ofrecen a los mismos músicos los discos, los casetes y la televisión. Los fascículos culturales y las revistas de moda o decoración vendidas en puestos de periódicos y supermercados llevan las innovaciones literarias, plásticas y arquitectónicas a quienes nunca visitan las librerías ni los museos.

Junto con este cambio en las relaciones de la "alta" cultura con el consumo masivo, se modifica el acceso de las diversas clases a las innovaciones de las metrópolis. No es indispensable pertenecer a los clanes familiares de la burguesía o recibir una beca del extranjero para estar enterado de las variaciones del gusto artístico o político. El cosmopolitismo se democratiza. En una cultura industrializada, que necesita expandir constantemente el consumo, es menor la posibilidad de reservar repertorios exclusivos para minorías.[16] No obstante, se renuevan los mecanismos diferenciales cuando diversos sujetos se apropian de las novedades.

EL ESTADO CUIDA EL PATRIMONIO, LAS EMPRESAS LO MODERNIZAN

Los procedimientos de distinción simbólica pasan a operar de otro modo. Mediante una doble separación: por una parte, entre lo tradicional administrado por el Estado y lo moderno auspiciado por empresas privadas; por otra, la división entre lo culto moderno o experimental para élites promovido por un

---

[16] Sobre estas transformaciones casi todo está por ser investigado. Menciono un texto precursor: José Carlos Durand, *Arte, privilégio e distinçao*, Sao Paulo, Perspectiva, 1989.

tipo de empresas y lo masivo organizado por otro tipo de empresas. La tendencia general es que la modernización de la cultura para élites y para masas va quedando en manos de la iniciativa privada.

Mientras el patrimonio tradicional sigue siendo responsabilidad de los Estados, la promoción de la cultura moderna es cada vez más tarea de empresas y organismos privados. De esta diferencia derivan dos estilos de acción cultural. En tanto los gobiernos entienden su política en términos de protección y preservación del patrimonio histórico, las iniciativas innovadoras quedan en manos de la sociedad civil, especialmente de quienes disponen de poder económico para financiar arriesgando. Unos y otros buscan en el arte dos tipos de rédito simbólico: los Estados, legitimidad y consenso al aparecer como representantes de la historia nacional; las empresas, obtener lucro y construir a través de la cultura de punta, renovadora, una imagen "no interesada" de su expansión económica.

Tal como lo analizamos en el capítulo anterior respecto de las metrópolis, la modernización de la cultura visual, que los historiadores del arte latinoamericano suelen concebir sólo como efecto de la experimentación de los artistas, tiene desde hace treinta años una alta dependencia de grandes empresas. Sobre todo por el papel de éstas como mecenas de los productores en el campo artístico o transmisores de esas innovaciones a circuitos masivos a través del diseño industrial y gráfico. Una historia de las contradicciones de la modernidad cultural en América Latina tendría que mostrar en qué medida fue obra de esa política con tantos rasgos premodernos, que es el mecenazgo. Habría que partir de las subvenciones con que la oligarquía de fines del siglo XIX y de la primera mitad del XX apoyó a artistas y escritores, ateneos, salones literarios y plásticos, conciertos y asociaciones musicales. Pero el periodo decisivo es el de los años sesenta. La burguesía industrial acompaña la modernización productiva y la introducción de nuevos hábitos en el consumo que ella misma impulsa, con fundaciones y centros experimentales destinados a conquistar para la iniciativa privada el papel protagónico en el reordenamiento del mercado cultural. Algunas de estas acciones fueron promovidas por empresas transnacionales y llegaron como exportación de corrientes estéticas de la posguerra, nacidas en las metrópolis, sobre todo en los Estados Unidos. Se justifican por eso, las críticas a nuestra dependencia multiplicadas en los sesenta, entre las que sobresalen los estudios de Shifra Goldman. Documentada en las fuentes norteamericanas, supo ver cómo se articularon los grandes consorcios (Esso, Standard Oil, Shell, General Motors) con museos, revistas, artistas, críticos norteamericanos y latinoamericanos, para difundir en nuestro continente una experimentación formal "despolitizada" que reemplazara al realismo social.[17] Pero las interpretaciones de la historia que ponen todo el peso en las intenciones conspirativas y las alianzas maquiavélicas de los dominadores empobrecen la complejidad y los conflictos de la modernización.

En esos años estaba ocurriendo en los países latinoamericanos la transformación radical de la sociedad, la educación y la cultura que resumimos en las páginas precedentes. La adopción en la producción artística de nuevos materiales (acrílico, plástico, poliéster) y procedimientos constructivos (técnicas lumínicas y electrónicas, multiplicación seriada de las obras) no era simple imitación del arte de las metrópolis, pues tales materiales y tecnologías estaban siendo incorporados a la producción industrial, y por tanto a la vida y el gusto cotidianos en los países latinoamericanos. Lo mismo podemos decir de los nuevos iconos de la plástica de vanguardias: televisores, ropa de moda, personajes de la comunicación masiva.

Estos cambios materiales, formales e iconográficos se consolidaron con la aparición de nuevos espacios de exhibición y valoración de la producción simbólica. En la Argentina y el Brasil eran desplazadas las instituciones representativas de la oligarquía agroexportadora —las academias, las revistas y los diarios tradicionales— y ganaban espacio el Instituto di Tella, la Fundación Matarazzo, semanarios sofisticados como *Primera Plana*. Se constituía un nuevo sistema de circulación y valoración que, a la vez que proclamaba más autonomía para la experimentación artística, la mostraba como parte del proceso general de modernización industrial, tecnológica y del entorno cotidiano, conducido por los empresarios que manejaban esos institutos y fundaciones.[18]

En México la acción cultural de la burguesía modernizadora

---

[17] Shifra M. Goldman, *Contemporary Mexican Painting in a Time of Change*, Universidad de Texas, Austin y Londres, 1977, especialmente los caps. 2 y 3.

[18] Estudiamos extensamente este proceso en la Argentina en *La producción simbólica*, Siglo XXI, 4a. ed., México, 1988, especialmente el capítulo "Estrategias simbólicas del desarrollismo económico"

y de los artistas de vanguardia no surge en oposición a la oligarquía tradicional, marginada al comienzo del siglo XX por la revolución, sino contradiciendo el nacionalismo realista de la escuela mexicana auspiciado por el Estado posrevolucionario. La polémica fue aspera y larga entre quienes detentaban la hegemonía del campo plástico y los nuevos pintores (Tamayo, Cuevas, Gironella, Vlady), empeñados en renovar la figuración.[19] Pero la calidad de los últimos y el anquilosamiento de los primeros consiguieron que las nuevas corrientes fueran reconocidas en galerías, espacios culturales privados y por el propio aparato estatal que comenzó a incluirlas en su política. A la creación del Museo de Arte Moderno en 1964, se agregaron otras instancias oficiales de consagración: las vanguardias fueron recibiendo premios, exhibiciones nacionales y extranjeras promovidas por el gobierno y encargos de obras públicas.

Hasta mediados de la década de los setenta, en México el patrocinio estatal y el privado del arte estuvieron equilibrados. Pese a la insuficiencia de ambos auspicios en relación con las demandas de los productores, ese equilibrio da al campo artístico un perfil menos dependiente del mercado que en países como Colombia, Venezuela, Brasil o la Argentina. A fines de los setenta, pero especialmente a partir de la crisis económica de 1982, las tendencias neoconservadoras que adelgazan el Estado y clausuran las políticas desarrollistas de modernización aproximan a México a la situación del resto del continente. Así como se transfiere a las empresas privadas amplios sectores de la producción, hasta entonces bajo control del poder público, se sustituye un tipo de hegemonía, basado en la subordinación de las diferentes clases a la unificación nacionalista del Estado por otro en el que las empresas privadas aparecen como promotoras de la cultura de todos los sectores.

La competencia cultural de la iniciativa privada con el Estado se concentra en un gran complejo empresarial: Televisa. Esta empresa maneja cuatro canales de televisión nacionales con múltiples repetidoras en México y los Estados Unidos, productoras y distribuidoras de video, editoriales, radios, museos en los que se exhibe arte culto y popular: hasta 1986

---

[19] Destacamos en la bibliografía sobre este periodo la documentacion y el análisis presentados en el libro de Rita Eder, *Gironella*, UNAM, México, 1981, especialmente los caps. 1 y 2.

el Museo de Arte Contemporáneo Rufino Tamayo y ahora el Centro Cultural de Arte Contemporáneo. Esta acción tan diversificada, pero bajo una administración monopólica, estructura las relaciones entre los mercados culturales. Dijimos que, de los años cincuenta a los setenta, la fractura entre la cultura de élites y la de masas había sido ahondada por las inversiones de distintos tipos de capital y la creciente especialización de los productores y los públicos. En los ochenta, las macroempresas se apropian a la vez de la programación cultural para élites y para el mercado masivo. Algo semejante ha ocurrido en Brasil con la Rede Globo, dueña de circuitos televisivos, radios, telenovelas nacionales y para exportación, y creadora de una nueva mentalidad empresarial hacia la cultura, que establece relaciones altamente profesionalizadas entre artistas, técnicos, productores y público.

La posesión simultánea por parte de estas empresas de grandes salas de exposición, espacios publicitarios y críticos en cadenas de TV y radio, en revistas y otras instituciones, les permite programar acciones culturales de vasta repercusión y alto costo, controlar los circuitos por los que serán comunicadas, las críticas, y hasta cierto punto la descodificación que harán los distintos públicos.

¿Qué significa este cambio para la cultura de élite? Si la cultura moderna se realiza al autonomizar el campo formado por los agentes específicos de cada práctica —en el arte: los artistas, las galerías, los museos, los críticos y el público—, las fundaciones mecenales omnicomprensivas atacan algo central de ese proyecto. Al subordinar la interacción entre los agentes del campo artístico a una sola voluntad empresarial, tienden a neutralizar el desarrollo autónomo del campo. En cuanto a la cuestión de la dependencia cultural, si bien la influencia imperial de las empresas metropolitanas no desaparece, el enorme poder de Televisa, Rede Globo y otros organismos latinoamericanos está cambiando la estructura de nuestros mercados simbólicos y su interacción con los de los países centrales.

Un caso notable de esta evolución de monopolios mecenales lo constituye la institución casi unipersonal dirigida por Jorge Glusberg, el Centro de Arte y Comunicación de Buenos Aires. Dueño de una de las mayores empresas de artefactos lumínicos en la Argentina, Modulor, dispone de recursos para financiar las actividades del Centro, de los artistas que reúne (el Grupo de los Trece al principio, Grupo CAYC después) y de otros que exponen en esta institución o son llevados por ella al extranjero. Glusberg paga los catálogos, la propaganda, los fletes de las obras y a veces los materiales, si los artistas carecen de medios. Establece así una tupida red de lealtades profesionales y paraprofesionales con artistas, arquitectos, urbanistas y críticos.

Además, el CAYC actúa como centro interdisciplinario que combina a estos especialistas con comunicadores, semiólogos, sociólogos, tecnólogos y políticos, lo cual le da gran versatilidad para insertarse en distintos campos de la producción cultural y científica argentina, así como para vincularse con institutos de avanzada internacional (sus catálogos suelen publicarse en español e inglés). Desde hace dos décadas viene organizando en Europa y los Estados Unidos muestras anuales de artistas argentinos. También hace exhibiciones de artistas extranjeros y coloquios en Buenos Aires, en los que participan críticos resonantes (Umberto Eco, Giulio Carlo Argan, Pierre Restany, etcétera). Al mismo tiempo, Glusberg ha desplegado una acción crítica múltiple, que abarca casi todos los catálogos del CAYC, la dirección de páginas de arte y arquitectura en los principales diarios (*La Opinión*, luego *Clarín*) y artículos en revistas internacionales de ambas especialidades, donde publicita la labor del Centro y sugiere lecturas del arte solidarias con las propuestas de las exposiciones. Un recurso clave para mantener esta acción multimedia ha sido el control permanente que Glusberg ha tenido como presidente de la Asociación Argentina de Críticos de Arte, y como vicepresidente de la Asociación Internacional de Críticos.

Mediante este manejo de varios campos culturales (arte, arquitectura, prensa, instituciones asociativas), y sus vínculos con fuerzas económicas y políticas, el CAYC logró durante veinte años una asombrosa continuidad en un país donde un solo gobierno constitucional pudo terminar su mandato en las últimas cuatro décadas. También parece consecuencia de su control sobre tantas instancias de la producción y la circulación artística que dicho Centro no haya recibido más que críticas confidenciales, ninguna que lo cuestione seriamente al punto de disminuir su reconocimiento en el país, pese a haber pasado al menos por tres etapas contradictorias.

En la primera, de 1971 a 1974, desplegó una acción plural con artistas y críticos de diversas orientaciones. Su trabajo contribuyó a la innovación estética autónoma al auspiciar experiencias que aún carecían de valor en el mercado artístico, como las conceptualistas. En algunos casos buscó a un público amplio, por ejemplo con las exposiciones planeadas en plazas de Buenos Aires, de las cuales sólo se cumplió una en 1972, que fue reprimida por la policía. A partir de 1976, Glusberg cambió su línea de trabajo. Tuvo excelentes relaciones con el gobierno militar establecido desde ese año hasta 1983, como se comprueba, por ejemplo, en la promoción oficial que recibían sus exhibiciones, y el telegrama del presidente, el general Videla, que lo felicitaba por haber ganado en 1977 el premio de la XIV Bienal de Sao Paulo, al que contestó comprometiéndose ante él a "representar el humanismo del arte argentino en el exterior". La tercera etapa se abre en diciembre de 1983, a la semana siguiente de acabar la dictadura y asumir el gobierno Alfonsín, cuando Glusberg organizó en el CAYC y otras galerías de Buenos Aires las Jornadas por la Democracia.[20]

En la década de los sesenta, la creciente importancia de los galeristas y *marchands* llevó a hablar en la Argentina de "un arte de difusores" para aludir a la intervención de estos agentes en el proceso social en que se constituyen los significados estéticos.[21] Las fundaciones recientes abarcan mucho más, pues no actúan sólo en la circulación de las obras, sino que reformulan las relaciones entre artistas, intermediarios y público. Para conseguirlo, subordinan a una o pocas figuras poderosas las interacciones y los conflictos entre los agentes que ocupan diversas posiciones en el campo cultural. Se pasa así de una estructura en la que los vínculos horizontales, las luchas por la legitimidad y la renovación, se efectuaban con criterios predominantemente artísticos y constituían la dinámica autónoma de los campos culturales, a un sistema piramidal en el que las líneas de fuerza se ven obligadas a converger bajo la voluntad de mecenas o empresarios privados. La innovación estética se convierte en un juego dentro del mercado simbólico internacional, donde se diluyen, tanto como en las artes más dependientes de las tecnologías avanzadas y "universales" (cine, televisión, video), los perfiles nacionales

[20] Los juicios sobre el CAYC y sobre Glusberg están divididos entre los artistas y críticos, según se aprecia en la investigación de Luz M. García, M. Elena Crespo y M. Cristina López, CAYC, realizada en la Escuela de Bellas Artes, Facultad de Humanidades y Arte de la Universidad Nacional de Rosario, 1987.

[21] Marta F. de Slemenson y Germán Kratochwill, "Un arte de difusores. Apuntes para la comprensión de un movimiento plástico de vanguardia en Buenos Aires, de sus creadores, sus difusores y su público", en J. F. Marsal y otros, *El intelectual latinoamericano*, Edit. del Instituto, Buenos Aires, 1970.

que fueron preocupación de algunas vanguardias hasta mediados del siglo xx. Si bien la tendencia internacionalizante ha sido propia de las vanguardias, mencionamos que algunas unieron su búsqueda experimental en los materiales y lenguajes con el interés por redefinir críticamente las tradiciones culturales desde las cuales se expresaban. Este interés decae ahora por una relación más mimética con las tendencias hegemónicas en el mercado internacional.

En una serie de entrevistas que realizamos con plásticos argentinos y mexicanos acerca de lo que debe hacer un artista para vender y ser reconocido, aparecieron, ante todo, insistentes referencias a la depresion del mercado latinoamericano de los años ochenta y a la "inestabilidad" a que están sometidos los artistas, tanto por la obsolescencia continua de las corrientes estéticas como por la variabilidad económica de la demanda. En esas condiciones, es muy fuerte la presión para sintonizar con el estilo acrítico y lúdico, sin preocupaciones sociales ni audacias estéticas, "sin demasiadas estridencias, elegante, no muy apasionado" del arte de este fin de siglo. Los más exitosos señalan que una obra de repercusión debe basarse tanto en hallazgos o aciertos plásticos como en recursos periodísticos, publicitarios, indumentarias, viajes, abultadas cuentas telefónicas, seguimiento de revistas y catálogos internacionales. Hay quienes se resisten a que las implicaciones extraestéticas ocupen el lugar principal, pero aún así dicen que esos recursos complementarios son indispensables.

Ser artista o escritor, producir obras significativas en medio de esta reorganización de la sociedad global y de los mercados simbólicos, comunicarse con públicos amplios, se ha vuelto mucho más complicado. Del mismo modo que los artesanos o productores populares de cultura, según veremos luego, no pueden ya referirse sólo a su universo tradicional, los artistas tampoco logran realizar proyectos reconocidos socialmente si se encierran en su campo. Lo popular y lo culto, mediados por una reorganización industrial, mercantil y espectacular de los procesos simbólicos, requieren nuevas estrategias.

Al llegar a la década de los noventa, es ianegable que América Latina se ha modernizado. Como sociedad y como cultura: el modernismo simbólico y la modernización socioeconómica no están ya tan divorciados. El problema reside en que la modernización se produjo de un modo distinto al que esperáramos en decenios anteriores. En la segunda mitad del siglo xx la modernización no la hicieron tanto los Estados sino la iniciativa privada. La "socialización" o democratización de la cultura ha sido lograda por las industrias culturales —en manos casi siempre de empresas privadas— más que por la buena voluntad cultural o política de los productores. Sigue habiendo desigualdad en la apropiación de los bienes simbólicos y en el acceso a la innovación cultural, pero esa desigualdad ya no tiene la forma simple y polar que creímos encontrarle cuando dividíamos cada país en dominantes y dominados, o el mundo en imperios y naciones dependientes. Después de este seguimiento de los cambios estructurales, hay que averiguar cómo reubican sus prácticas diversos actores culturales —productores, intermediarios y públicos— ante tales contradicciones de la modernidad, o cómo imaginan que podrían hacerlo.

Capítulo III

ARTISTAS, INTERMEDIARIOS Y PÚBLICO: ¿INNOVAR O DEMOCRATIZAR?

No es fácil examinar la reorientación de los principales actores ante los cambios de los mercados simbólicos. Son escasos en América Latina los estudios empíricos destinados a conocer cómo buscan los artistas a sus receptores y clientes, cómo operan los intermediarios y responden los públicos. También porque los discursos en que unos y otros juzgan las transformaciones de la modernidad no siempre coinciden con las adaptaciones o resistencias perceptibles en sus prácticas. Tomaremos algunos ejemplos que tal vez sean representativos de la crisis no sólo personal de intelectuales y artistas, sino de su papel como mediadores e intérpretes del cambio social.

Primero elegimos a dos escritores, Jorge Luis Borges y Octavio Paz, cuyos logros innovadores, a la vez que afianzaron la autonomía del campo literario, los volvieron protagonistas de la comunicación masiva. Luego, seguiremos algunos movimientos en las artes plásticas que buscan unir la experimentación con la herencia premoderna y con la simbólica popular. Analizar las dificultades encontradas al querer arraigar el arte contemporáneo en estas dos tradiciones lleva a repensar los debates acerca de la comunicación y la democratización de las innovaciones simbólicas, el papel de críticos y funcionarios de las instituciones culturales, pero nos interesa sobre todo conocer qué le sucede a los receptores, qué significa, desde la perspectiva de los visitantes de museos, desde los lectores o espectadores, ser público de la modernidad.

DE PAZ A BORGES: COMPORTAMIENTOS ANTE EL TELEVISOR

Los artistas y escritores que más contribuyeron a la independencia y profesionalización del campo cultural, han hecho de la crítica al Estado y al mercado ejes de su argumentación. Pero por diversas razones el rechazo al poder estatal suele ser más virulento y consecuente que el que dirigen al mercado. El texto de Cabrujas que citamos en la "Entrada" de este libro exacerba una de las tesis más escuchadas: a los Estados latinoamericanos no se les puede tomar en cuenta porque no se les puede tomar en serio; pero este dramaturgo, que produjo obras para el teatro culto, y a la vez es el más exitoso guionista de telenovelas venezolanas, no formula una reflexión igualmente crítica respecto de las industrias culturales. La explicación de por qué hace novelas de doscientas horas, adaptando su trabajo dramático a las exigencias de la producción televisiva, es una explicación premoderna: quiere que los latinoamericanos "se identifiquen con mitos grandiosos de sí mismos", "se reconozcan como mitos hermosos y sublimes".[1]

Nos detendremos en la posición de Octavio Paz, más elaborada e influyente. Desde sus textos tempranos afirma que la libertad que el artista necesita se obtiene alejándose del "príncipe" y del mercado. Pero de hecho en su obra ha ido creciendo la indignación frente al poder estatal, mientras en sus vínculos con el mercado busca una relación productiva, recurre a los medios masivos para expandir su discurso. El énfasis antiestatista de Paz va unido a la defensa de una concepción a la vez tradicional y moderna, ambivalente, sobre la autonomía del campo artístico.

Paz es un prototipo del escritor culto. No sólo por las exigencias que su experimentación formal coloca al lector, los saberes implícitos que densifican su poesía y sus ensayos, la complicidad con quien comparte sus mismas fuentes literarias y estéticas. También porque en sus interpretaciones de la

---

[1] Iván Gabaldón y Elizabeth Fuentes, "Receta para un mito", magazine de *El Nacional*, Caracas, 24 de abril de 1988, p. 8.

cultura, la historia y la política le interesan principalmente las élites y las ideas. En ocasiones, menciona movimientos sociales, cambios tecnológicos, las peripecias materiales del capitalismo y el socialismo, pero nunca examina sistemáticamente uno sólo de esos procesos; sus referencias a la estructura socioeconómica son señales escenográficas que en seguida desatiende para ir a lo que en serio le preocupa: los movimientos artísticos, literarios y sobre todo los creadores individuales, sus reacciones ante las "amenazas" de la técnica y de las burocracias estatales.

Es un ejemplo magnífico de cómo pueden combinarse la adhesión militante al modernismo estético con un rechazo enérgico de la modernización socioeconómica. El aspecto material de la modernidad. cuya expresión burocrática y perversa serían los Estados, ahoga con "geometrías racionales" la realidad viva, los mitos y los ritos que la preservan. La misión paradójica de los intelectuales y artistas sería la de iluminar, con el resplandor de las innovaciones estéticas, los valores tradicionales descuidados: en la URSS, el primitivismo del pueblo ruso; en Europa occidental, las múltiples tradiciones poéticas que se disgregan después del romanticismo, pero de las que Paz quisiera recuperar el impulso común siguiendo a autores tan dispares como Baudelaire y Mallarmé, Eliot, Pound y los surrealistas; en México, una mezcla de la herencia cultural precolombina, la colonial novohispana y un zapatismo interpretado como utopía premoderna.[2]

El historiador Aguilar Camín señala la inconsistencia de estas regresiones. ¿Cómo puede el impugnador del sistema concentracionario estalinista celebrar la magnificencia arquitectónica y la estabilidad política de los siglos XVI y XVII en la Nueva España, construidas con el rigor de las espadas y el exterminio de dos terceras partes de los indígenas? La reivindicación del zapatismo como núcleo genuino de la revolución mexicana, que otros autores basan en la lucha radical e intransigente de ese movimiento por la repartición de la tierra, le importa a Paz como "tentativa de regresar a los orígenes", a "una comunidad en la cual las jerarquías no fuesen de orden socioeconómico sino tradicional o espiritual".[3] Así desmaterializado, el zapatismo

---

[2] Estas posiciones de Paz aparecen en varios de sus libros. Seguimos aquí especialmente *El ogro filantrópico*, cit., y *Los hijos del limo*, Seix Barral, México, 3a. reimpresión, 1987, caps. III al VI.

[3] O. Paz, *El ogro filantrópico*, p. 27.

...deja de ser una lucha social para volverse la conciencia de una secta mágica subordinada al mito del regreso de la edad de oro; su lucha por la supervivencia es una "revelación", no una lucha; su religiosidad es un baluarte contra la burocracia eclesiástica, no una expresión del dominio y la penetración coloniales de esa burocracia y esa iglesia; su falta de percepción y sentido nacional (en *un país vecino* de Estados Unidos) es un valor rescatable para el futuro y no la limitación profunda de su movimiento, el secreto de su derrota —como la de tantos otros movimientos campesinos— a manos de facciones para las que "las abstracciones crueles" del Estado y la Nación eran el horizonte político concreto —y ahí están todavía— que era necesario manejar y construir.[4]

Queremos entender por qué a uno de los promotores más sutiles de la modernidad en la literatura y el arte latinoamericanos le fascina retornar a lo premoderno. Vemos un síntoma en la interpretación de la utopía zapatista como la vuelta "a una comunidad en la cual las jerarquías no fuesen de orden económico sino tradicional o espiritual". ¿Quiénes podrían representar hoy esas jerarquías espirituales? No serán los sacerdotes, puesto que la secularización achicó su influencia y el propio Paz abomina de la burocracia eclesiástica tanto como de la estatal. Quedan, entonces, los escritores y los artistas. Así, la exaltación simultánea del modernismo estético y la premodernidad social se muestran compatibles: los sacerdotes del mundo moderno del arte, sintiendo frágil su autonomía y su poder simbólico por el avance de los poderes estatales, la industrialización de la creatividad y la masificación de los públicos, ven como alternativa refugiarse en una antigüedad idealizada.

¿Es posible encarar desde este simultáneo repudio a la modernización y exaltación del modernismo las contradicciones entre nuestra modernidad cultural y social, la reorganización de lo culto en sociedades donde hasta los santuarios tradicionales de élite, por ejemplo los museos, son colocados bajo las leyes industriales de la comunicación? Hay un texto de Paz que escenifica estas contradicciones: el que escribió para el catálogo de la exposición de Picasso hecha por el Museo Tamayo de la ciudad de México.

Si a fines de 1982 había algún espectador que todavía no había hecho una tesis sobre Picasso, ni siquiera leído un artículo sobre él, ni visto reproducciones, la empresa Televisa, que en esa época adquirió el Museo, le mostraba diariamente

---

[4] Héctor Aguilar Camín, *Saldos de la revolución. Cultura y política de México, 1910-1980*, Nueva Imagen, México, 1982, pp. 226-227.

por sus canales cuadros de distintas épocas, contaba no sólo cuánto le costó al artista hacer su obra sino los esfuerzos de quienes la llevaron al Museo Tamayo. Para el medio millón de personas que visitó la muestra, se volvía evidente que cada vez era más difícil encontrar un acontecimiento no convertido en noticia, un placer sin publicidad previa. El arte del último siglo quiso ser el refugio de lo imprevisto, del goce efímero e incipiente, estar siempre en un lugar distinto de aquél en que uno va a buscarlo. Sin embargo, los museos ordenan esas búsquedas y transgresiones, los medios masivos nos preparan para llegar a ellas sin sorpresas, las ubican dentro de un sistema clasificatorio que es también una interpretación, una digestión.

Precisamente por haber participado en casi todas las irreverencias e inauguraciones del siglo xx, Picasso se ha vuelto un autor difícil de ver originalmente, poco capaz de proponer encuentros inesperados. La televisión le organizó visitas masivas, aunque el Museo Tamayo quiso mantener las reglas contemplativas del arte de élites: sólo permitía la entrada de 25 personas cada vez. Con lo cual agigantaba las colas. La televisión las filmaba, las mostraba como propaganda y así promovía que otros se sumaran a ellas. Gracias a este vaivén pudimos disfrutar en México, ademas de la obra de Picasso, uno de esos juegos seductores de contradicción y complicidad entre arte para élites y arte para masas, habituales en instituciones como el Centro Pompidou o el Metropolitan Museum.

Luego de escuchar en la publicidad casi todo lo que hay que saber sobre los sacrificios creativos del artista y los de quienes consiguieron traer la exhibición, puede parecer normal que haya que recorrer fatigantes colas para llegar al santuario donde se muestra el resultado: la cola del museo como procesión. Sin embargo, del mismo modo que en muchas fiestas religiosas indígenas, la del Museo Tamayo se convertía en feria. Puestos de *hot dogs* y refrescos, *posters* y ropa informal como *souvenirs,* banderas con la firma del artista, acompañaban el ritual.

El catálogo contrarrestaba esa imagen masificada de Picasso al presentarlo como individuo excepcional. "Individualista salvaje y artista rebelde", dice Octavio Paz en su texto. Y el espectador puede asemejarse a él si adopta una actitud contemplativa adecuada, si sabe abandonarse con "ojos inocentes" al mensaje liberador de la obra y comparte su fuerza innovadora. Pero el visitante descubría que su innovación estaba prohibida. No era posible volver a cuadros de una sala anterior, construir el propio itinerario. Los guardias impedían que uno quebrara la serie, el orden impuesto por los museógrafos. La cola seguía adentro, más que como procesión, como penitencia.

¿Qué es Picasso, finalmente: arte para élites o arte para masas? Los Picassos mostrados por Televisa revelan cómo ciertos "opuestos" pueden complementarse, interpenetrarse, confundirse. El conductor del noticiero televisivo de mayor repercusión dedicó más de diez minutos a difundir la inauguración de los Picassos y recomendó el último número de *Vuelta* con el artículo de Octavio Paz sobre ese pintor. La gran pintura, la gran literatura, una revista que las comunica a las minorías, también pueden ser espectáculos de la televisión. Y a la inversa, Televisa se presenta en el Museo: financiando, poniendo su marca en la entrada de la exposición, sugiriendo al público una manera de ver. Las diferencias entre culturas y entre clases se "concilian" en el encuentro del arte culto con los espectadores populares. Pero este simulacro de democratización necesita una operación neutralizadora: el prólogo del Escritor, el discurso que despolitiza a uno de los artistas más críticos del siglo, disuelve su adhesión revolucionaria en rebeldía, la política en moral, la moral en Arte.

La grandeza de Picasso, afirma Paz, reside en que "en medio del barullo anónimo de la publicidad, se preservó". "Sobre todo ahora que vemos a tantos artistas y escritores correr con la lengua de fuera tras la fama, el éxito y el dinero", justamente cuando la industria cultural lo trae a México y lo explica, es necesario decir que Picasso no tiene nada que ver con ese barullo. El texto de Paz reconoce al comienzo el esfuerzo del Museo, personalizado en sus fundadores, Rufino y Olga Tamayo: una institución consagrada a la Cultura no es anónima como la publicidad, tiene en su origen a personas, a artistas. De la participación de Televisa no dice nada, y cuando analiza la rebeldía de Picasso contra el anonimato social se refiere al partido, al bestsellerismo y las galerías. Se acuerda de que Picasso "escogió adherirse al Partido Comunista precisamente en el momento del apogeo de Stalin", pero deja la pregunta con unos puntos suspensivos. Ninguna explicación de ese hecho, de la relación con su trabajo en la resistencia antinazi y con otras luchas políticas que impedirían reducir su obra a una "estética de la ruptura" con la sociedad.

El texto sugiere que el autoritarismo político y el mercado

fueron conjuntamente sus enemigos, que ambas amenazas son equiparables, por lo menos para el artista. De quienes verdaderamente trajeron a Picasso, de quienes enseñan a verlo publicitariamente, ni una frase. ¿Ayuda a entender las complejas —y contradictorias— relaciones de Picasso con el mercado de arte, y con el partido, hablar en abstracto de ellas?

Pero más que detenernos en esa historia de conflictos lejanos interesa hoy preguntarse qué les pasa a la literatura y el arte modernos, hechos casi siempre para las relaciones íntimas con sus receptores, cuando su difusión masiva nos lleva a ellos entre mensajes televisivos, hot dogs, bebidas refrescantes, y, para los más exigentes, "sandwiches Tamayo" (*sic*) en la planta baja del Museo. La pregunta de fondo, que excede esta exposición, es cómo se reconvierte ese conjunto de tradiciones simbólicas, procedimientos formales y mecanismos de distinción que se llama arte culto cuando interactúa con las mayorías bajo las reglas de quienes suelen ser sus más eficaces comunicadores: las industrias culturales.

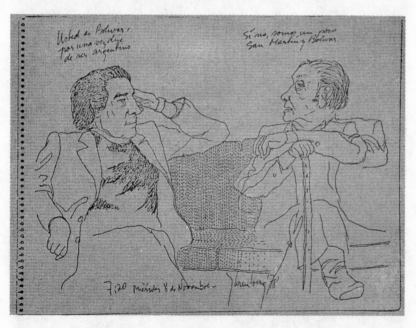

Cuando Borges llegó a México en noviembre de 1978, invitado por el Canal 13 para realizar varios diálogos por televisión con Juan José Arreola, Octavio Paz lo visitó en el hotel Camino Real. Como Paz estaba contratado por Televisa, ni ésta ni el Canal 13 —oficial— aceptaron que la reunión fuera filmada. Pero se permitió a Felipe Ehrenberg dibujar los encuentros.

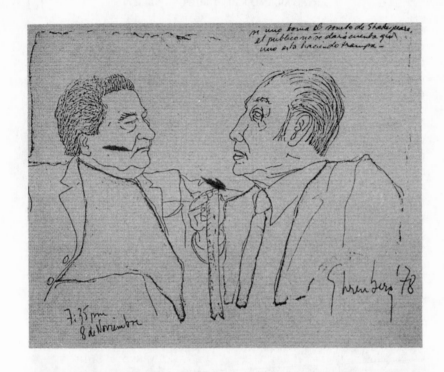

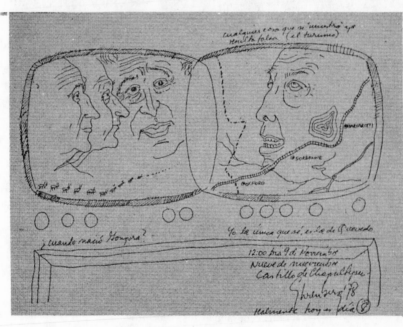

Es aquí donde puede ser útil la confrontación con Borges. Como Paz, él también opuso el escritor al político, el escritor como expresión máxima de lo individual y el político como manifestación de amenazas colectivizantes. Se conocen sus declaraciones anarquistas, su deseo de que haya "un mínimo de gobierno" y que el Estado no se note, como en Suiza, "donde no se sabe cómo se llama el presidente" (posición practicada con vaivenes cuando su admiración por los conservadores lo llevó a elogiar gobiernos autoritarios).

Él también supo la incomodidad de ser Borges, los sobresaltos que hay que pasar para sostener un proyecto artístico culto en medio de la masificación cultural. En sus últimos años, Borges fue, más que una obra que se lee, una biografía que se divulga. Sus paradójicas declaraciones políticas, la relación con su madre, su casamiento con María Kodama y las noticias referidas a su muerte mostraron hasta la exasperación una tendencia de la cultura masiva al tratar con el arte culto: sustituir la obra por anécdotas, inducir un goce que consiste menos en la fruición de los textos que en el consumo de la imagen pública.

Lo que vuelve instructivo el caso borgeano es que en las últimas décadas él convirtió esa interacción obligada con la comunicación masiva en una fuente de elaboración crítica, un lugar donde el representante de la literatura de élite ensaya qué se puede hacer con el desafío de los medios.

La primera reacción es que el artista culto no puede evitar intervenir en el mercado simbólico de masas, y al mismo tiempo sentir eso intolerable. Oigámoslo evocar su pertenencia al grupo de la revista *Martín Fierro*, muchos años después: dijo que le disgustaba haber estado en él porque representaba la idea francesa de que la literatura se renueva incesantemente. "Como París tenía cenáculos que se revolcaban en la publicidad y la discusión ociosa, nosotros debíamos adecuarnos a los tiempos y hacer lo mismo."

Una de las discusiones más ociosas ante la divulgación masiva es la que se desarrolla en torno a esa idea nuclear de lo culto moderno que es la originalidad. Ser un escritor célebre equivale a tener que padecer imitadores. Y los imitadores, dice Borges,

...son siempre superiores a los maestros. Lo hacen mejor, de un modo más inteligente, con más tranquilidad. Tanto que yo, ahora, cuando escribo, trato de no parecerme a Borges, porque ya hay mucha gente que lo hace mejor que yo.

La imitación es sólo una de las tácticas para ser competente en el mercado literario. ¿Qué puede hacer el escritor famoso ante las carreras de prestigio en que lo involucran los editores?

> Me dicen que en Italia los libros de Sábato se venden con una faja que dice: "Sábato, el rival de Borges". Es extraño, pues los míos no llevan una faja que diga: "Borges, el rival de Sábato".

Frente a las imitaciones y competencias, al lector le queda el ritual de las dedicatorias y las firmas que dan "autenticidad" al libro. En medio de la venta proliferante que vuelve anónimo a cualquier lector, esa relación "personal" con el escritor simula restaurar la originalidad y la irrepetibilidad de la obra y del lector culto. Borges descubre: "He firmado tantos ejemplares de mis libros que el día que me muera va a tener gran valor uno que no la lleve. Estoy convencido de que algunos la borrarán para que el libro no se venda tan barato." En una librería de Buenos Aires, donde se hacía la ceremonia de firmas con motivo de un nuevo título suyo, un lector le aclara, sabiendo que es ciego, que lo que pone ante su mano es la traducción al alemán. El escritor le pregunta: "¿Tengo que firmar en gótico?"

Hay que tomar en serio estas entrevistas y declaraciones ocasionales de Borges[5] que, de un modo oblicuo, son parte de su obra. Así como él fue sensible desde sus primeros años, que también eran los primeros de la industria cultural, a las matrices narrativas y las tácticas de reelaboración semántica del cine (recordemos sus artículos sobre el *western* y las películas policiales, su deslumbramiento ante Hollywood), entendió que la fortuna crítica, la red de lecturas que se hacen de un escritor, se construye tanto en relación con la obra como en esas otras relaciones públicas que propician los medios masivos. Entonces, incorpora a su actuación como escritor un género específico de ese espacio en apariencia extraliterario: las declaraciones a los periodistas.

Para defenderse del avasallamiento publicitario, de las divulgaciones perversas que subordinan a una textualidad masiva la autonomía trabajada por el escritor, hay que llevar "hasta sus últimas posibilidades la producción del discurso como espec-

---

[5] Hasta donde sabemos, el primero que lo hizo fue Blas Matamoro al componer un *Diccionario de Jorge Luis Borges* (Altalena, Madrid, 1979), en el que reúne aforismos y textos breves entresacados de ensayos, prólogos, críticas de cine y entrevistas periodísticas del escritor. De allí tomamos algunos de los citados.

táculo", anota José Sazbón.[6] Borges parodia los procedimientos de la comunicación masiva, pero también los hábitos de consumo que contagian a las universidades y abarcan a los especialistas de la literatura:

En las universidades de EU se obliga a los estudiantes a aprender trivialidades de memoria y a no leer en sus casas. Se lee en las bibliotecas y sólo los libros indicados por el profesor. Le hablé a un estudiante de *The Arabian Nights* (título inglés de *Las mil y una noches*) y me dijo que no lo conocía pues no había seguido el curso de árabe. "Yo tampoco", le dije. "Lo leí en el curso de noches."

Le daba placer poner en evidencia las operaciones básicas en la construcción del discurso masivo: la conversión de la historia inmediata en espectáculo, la textualización de la vida social, el grado cero donde los medios convierten toda afirmación en "show del enunciado", dice Sazbón. Pero también transgrede y erosiona esos procedimientos al cambiar incesantemente sus declaraciones y el lugar desde el que habla: "Me aburro de repetirme, por eso digo cada vez otra y otra cosa."

Estas declaraciones continúan su obra porque las hizo un género más, y también porque su estética es coherente con la de su narrativa y su poesía. Literatura autónoma e innovadora, pero a la vez capaz de admitir sus dependencias, la de Borges incorporó a los textos las citas y las traducciones como constancias de que escribir, sobre todo en países periféricos, es ocupar un espacio ya habitado. Muchos críticos leyeron en esta erudición cosmopolita la prueba de lo que significa ser culto en una sociedad dependiente, y por eso fue un lugar común atacar a Borges como escritor europeo, irrepresentativo de nuestra realidad. La acusación se cae en cuanto advertimos que no existe ningún escritor europeo como Borges. Hay muchos escritores franceses, ingleses, irlandeses y alemanes que Borges ha leído, citado, estudiado y traducido, pero ninguno de ellos conocería a todos los otros porque pertenecen a tradiciones provincianas que se ignoran entre sí. Es propio de un escritor dependiente, formado en la convicción de que la gran literatura está en otros países, la ansiedad por conocer —además de la suya— tantas otras; sólo un escritor que cree que todo ya fue escrito consagra su obra a reflexionar sobre citas ajenas, sobre la lectura, la traducción y el plagio, crea

---

[6] José Sazbón, "Borges declara", *Espacios*, 6, Buenos Aires, octubre-noviembre de 1987, p. 24.

personajes cuya vida se agota en descifrar textos lejanos que le revelen su sentido.

Es cierto que busca justificar sus cuentos recurriendo a modelos de la historia universal, pero como explica Ricardo Piglia gran parte de su juego literario consiste en falsear los datos, mezclar lo real con lo apócrifo, parodiar a los otros y a sí mismo. Borges ríe de quienes creen que la cultura de segunda mano es la cultura, pero no porque lamente no ser nativo de alguna de las grandes culturas "verdaderas" o crea que debamos fundar una propia. Así como en sus fraguados textos enciclopédicos burla las pretensiones universalistas de las literaturas centrales, en los que retoma la temática gauchesca y popular urbana de la Argentina ironiza la ilusión de encontrar esencias de "color local".[7]

Todos los soportes del arte moderno —la novedad, la celebridad individual, las firmas que parecen conferirle autenticidad, el cosmopolitismo y el nacionalismo— son ficciones frágiles. Según Borges mejor que indignarse por la irrespetuosa demolición que les inflige "la sociedad de masas", es asumir, mediante este trabajo escéptico, la imposible autonomía y originalidad de la literatura. Quizá la tarea del escritor, en un tiempo en que lo literario se forma en la interacción de diversas sociedades, distintas clases y tradiciones, sea reflexionar sobre esta situación póstuma de la modernidad. Las paradojas de la narrativa y de las declaraciones borgeanas lo colocan en el centro del escenario posmoderno, en este vértigo que generan los ritos de culturas que pierden sus fronteras, en este simulacro perpetuo que es el mundo.

EL LABORATORIO IRÓNICO

El comportamiento de Borges ante la industria cultural es una propuesta sobre las funciones que deberían abandonar y que podrían tener las artes cultas, o lo que queda de ellas. No la

---

[7] Piglia recoge sus tesis sobre Borges, expuestas en cursos y conferencias, a través de Renzi, un personaje de su novela *Respiración artificial* (Sudamericana, Buenos Aires, 1988, pp. 162-175), y en entrevistas publicadas en el volumen *Crítica y ficción* (Universidad Nacional del Litoral, Santa Fe, 1986). En este libro dice que en la novela sus interpretaciones de Borges están "exasperadas" para provocar un efecto "ficcional", pero no las desmiente. Tal vez Piglia sea, después de Borges, quien mejor ejerce en las entrevistas la tarea de ficcionalizar las afirmaciones personales, confundir la diferencia entre discurso crítico y ficción.

competencia con los medios, como si fuera posible pelearles de igual a igual, ni el voluntarismo mesiánico de quienes aspiran a rescatar al pueblo de la manipulación masiva. Tampoco la queja melancólica, apocalíptica, porque los proyectos autónomos e innovadores se habrían vuelto tareas sin esperanza.

Si aceptamos como tendencias irreversibles la masificación de la sociedad, la expansión urbana y de la industria cultural, si las vemos —aun en sus contradicciones— con humor, es posible pensar de otro modo la función de los artistas. Paz examina la ironía, junto con la analogía, como los dos ingredientes claves de la literatura moderna. En las hermosas páginas que les dedica en *Los hijos del limo,* entiende por analogía la visión neoplatónica, recogida por los románticos, que imagina al universo como un sistema de correspondencias, y piensa el lenguaje como el doble del universo. Pero en el mundo moderno, que perdió la creencia en el tiempo lineal y en los mitos que respondían las contradicciones, que vive la historia como cambio y suma de excepciones, la ironía acompaña a la analogía. Todo intento de buscar el manantial originario, la fuente de las correspondencias, está erosionado por los cambios sin reglas fijas de la modernidad. La secularizacion conduce a la desdicha de la conciencia, dice Paz, a lo grotesco, lo bizarro, la destrucción del orden. El pensamiento irónico que relativiza la analogía sólo envía a la tragedia: su última estación no puede ser sino la muerte.[8]

Borges, en cambio, ejerce la ironía con humor, esa sabia distancia que permite salirse de los recorridos habituales, ser capaz de pensar y decir "cada vez otra y otra cosa". Desplazamiento incesante, voluntad continua de experimentar: pese a la crisis teórica y práctica de la originalidad, la innovación no ha cesado. Aunque a menudo responda a exigencias del mercado, o éste la exproprie, hay quienes se inconforman con lo sabido y lo existente mediante las astucias de la burla.

El campo cultural puede ser todavía un laboratorio. Lugar donde se juega y se ensaya. Frente a la "eficiencia" productivista, reivindica lo lúdico; ante la obsesión lucrativa, la libertad de retrabajar las herencias sin réditos que permanecen en la memoria, las experiencias no capitalizables que pueden librarnos de la monotonía y la inercia. A veces esta concepción del arte como laboratorio es compatible con la eficacia socialmente

[8] Octavio Paz, *Los hijos del limo,* cap. VI.

reconocida. Así como la historia conoce hallazgos científicos que se convierten en soluciones tecnológicas, también hay experimentos artísticos que desembocan en renovaciones del diseño industrial y los medios masivos (citamos a la Bauhaus y el constructivismo; hay que añadir el op y el pop, el expresionismo y el hiperrealismo, una lista larga de aplicaciones inesperadas en el comienzo de las búsquedas).

Pero puede hacerse otra lista de las experiencias artísticas sin eficacia material. De los juegos que no ofrecen más que placer y a veces sólo para minorías. Esta tendencia ya casi no tiene que luchar contra su reverso: el puritanismo moderno que quería valorar todas las innovaciones por su aplicabilidad masiva. La estética contemporánea aprendió de la antropología y la historia que en todas las sociedades hubo prácticas "gratuitas" e "ineficaces", como pintarse el cuerpo o realizar fiestas en las que una comunidad gasta el excedente de todo un año y mucho tiempo de trabajo para preparar ornamentos que se destruirán en un día. Siempre los hombres hicimos arte preocupándonos por algo más que su valor pragmático; por ejemplo, por el placer que nos da, porque seduce o comunica algo de nosotros. Si muchas prácticas populares carecen de "utilidad", buscan sólo la expresión afectiva y la renovación ritual de la identidad, ¿por qué reprochar al arte culto que sea pura experimentación sensible y formal?

Si dejamos de lado las exigencias puritanas o productivas, surge la pregunta por la eficacia simbólica. Ante las modalidades triunfantes en la organización de la cultura —*el mercado*, los medios—, la burla de Borges parece fecunda. No es la única respuesta posible. Pero en todo laboratorio mantener vivas ciertas preguntas, o experimentar formas distintas de hacerlas, puede tener al menos el valor de sostener esas preguntas. Porque no alcanzan repercusiones espectaculares e inmediatas, porque a veces ni tienen repercusión, la ironía y la autoironía están en el núcleo de esas experiencias.

Ironía, distancia crítica, reelaboración lúdica son tres rasgos fecundos de las prácticas culturales modernas en relación con los desafíos premodernos y con la industrialización de los campos simbólicos. Nos interesa particularmente cómo se elabora esta cuestión en algunos artistas plásticos. Para organizar la exposición, la presentaremos como respuesta a tres preguntas: ¿qué hacer con nuestros orígenes? ¿Cómo seguir pintando en la época de la industrialización y mercantilización radicales de la cultura visual? ¿Cuáles serían los caminos para generar un arte latinoamericano contemporáneo? Colocamos la interrogación en plural porque no hay rutas únicas, ni alguna que predomine nítidamente. También está claro que los ejemplos son sólo eso, y que podrían multiplicarse.

¿Qué podemos hacer con nuestros orígenes? La época eufórica de la modernidad había subestimado la pregunta. Para muchas vanguardias sólo valía el futuro y la única tarea posible con el pasado era deshacerse de él. De todos modos, la expansión mercantil y política ha seguido utilizando la historia. Lo prueban los grandes museos, los circuitos de antigüedades y *souvenirs*, las modas *retro* en los medios, en el diseño industrial y gráfico. El pasado no ha dejado de erosionar las pretensiones de ruptura absoluta de la modernidad.

Algunos artistas ofrecen formas más discretas de hablar sobre los orígenes o sobre la historia. No conozco ninguna tan pudorosa como la de los pintores y escultores geométricos. Es una línea que se inicia con Torres García, pero nos detendremos en el geometrismo que se desenvuelve desde los sesenta. Es curioso que sean los plásticos que prefirieron las estructuras funcionales, ascéticas, que adecuaron el arte a las exigencias constructivas del desarrollo tecnológico, quienes evocan de un modo tan denso el pasado americano.

¿Por qué un pintor preocupado en los años sesenta por la expresividad pura de la materia, César Paternosto, y en los setenta por el despojamiento de la superficie hasta dejarla enteramente blanca y pintar sólo los bordes, se dedica ahora a reelaborar diseños precolombinos?

Pregunta Paternosto: ¿acaso no estaban tales preocupaciones constructivas en las búsquedas formales de los incas cuando labraban y pulían la piedra? Por eso, visitaron el Perú y México grandes escultores modernos, desde Josef Albers a Henry Moore. Paternosto incorpora a su trabajo geométrico texturas en movimiento, vibraciones que parafrasean los *t'oqapus* (bordados), signos quechuas de forma piramidal. No hay referencias literales a las pirámides; sus formas triangulares, sus líneas escalonadas, son aludidas con un tratamiento discreto. Lejos de cualquier nostalgia o mimetismo fácil, su obra surge de una reflexión comparativa sobre los recursos con que distintas épocas trataron las relaciones entre escultura y arquitectura, la ubicación del arte en la escala de la naturaleza, los modos de significar y ritualizar lo que construimos.[9]

9 Paternosto ha reunido sus iluminadores análisis del arte precolombino y de sus

Del mismo modo que Paternosto, otro argentino que retoma la herencia prehispánica de un modo ni repetitivo ni folclorizante, Alejandro Puente, hizo su aproximación inicial al arte incaico al vivir en Nueva York. El descubrimiento de su distancia respecto de la cultura anglosajona y la dificultad de integración lo llevan a investigar los hallazgos abstractos, la elaboración de superficies planas, las líneas fracturadas de la plástica precolombina, con los cuales un arte geométrico puede hablar de cuestiones contemporáneas. A diferencia de los renacentistas que establecieron como núcleo de la visión moderna una organización centrípeta del espacio, el pasado incaico proporciona —más que un repertorio de signos para usar emblemáticamente al modo de los "realismos telúricos"— "una concepción abierta de la visión".[10] El retorno a los orígenes premodernos como recurso para descentrar, diseminar, la mirada actual.

Quien conoce la trayectoria de estos pintores y escultores descarta de su devoción por el pasado remoto cualquier sospecha de anacronismo. No se fugan de un presente inhóspito; quieren incorporar la densidad de la historia a la mirada moderna. Como los productivistas que trabajaron después de la revolución rusa, como los bauhasianos que acompañaron la República de Weimar, en nuestro continente el impulso constructivo estuvo asociado a la emergencia de transformaciones sociales. Se anticipa en el geometrismo americanista ya citado de Torres García, en la Agrupación Arte Concreto-Invención y el Movimiento Madí en la Argentina de los cuarenta, en los cinéticos argentinos y venezolanos de los sesenta y setenta (Le Parc, Sobrino, Soto, Cruz Diez). También en Oscar Niemeyer y Lúcio Costa, cuya arquitectura entera, no únicamente Brasilia, enlaza el racionalismo funcionalista con la sensualidad cultural de su pueblo y con la proyección al futuro de la nación.

Si el constructivismo plástico y arquitectónico se manifestó en estos países aun antes de que fuera parte del desarrollo productivo, fue porque esa tendencia, más que reflejo del auge tecnológico, buscó dar el impulso modernizador. Tenemos una vocación constructiva, dice Federico Morais, exagerando un poco, porque habitamos un espacio no codificado, donde todo está por hacerse. Es "una geometría que va más allá de la

---

correspondencias con el arte de nuestro siglo en el libro *Piedra abstracta. La escultura inca: una visión contemporánea*. Fondo de Cultura Económica, Buenos Aires, 1989.

[10] Entrevista con Alejandro Puente, en Buenos Aires, el 14 de marzo de 1988.

geometría", adopta formas orgánicas, se vuelve lírica, "calien-te", según la llamó Tores Agüero, participativa como en Le Parc. Morais ve un paralelismo (no causal, por cierto) entre la expansión de las ideas constructivas, el desarrollo urbano-industrial, y los esfuerzos de unificación económica y política de los países latinoamericanos.[11] Más que manifestación de sociedades avanzadas, la utopía constructiva es síntoma del despegue en Brasil y Venezuela; en México, lucha contra la visión ortopédica del campo del arte y el lenguaje cansado del muralismo. Esta "geometría sensible" de la que habla Roberto Pontual, es un "saludable correctivo" a nuestros excesos místicos e irracionales, afirma Juan Acha.[12] Ni trasplante enajenado, ni desajuste con la propia realidad: intentos de ordenar el mundo moderno sin abdicar de la historia.

La voluntad utópica del constructivismo culmina en el Espacio Escultórico, construido en la Ciudad Universitaria de la capital mexicana. Es una superficie circular de 120 metros de diáme-tro, negra, de lava volcánica, demarcada por un círculo de 64 módulos poliédricos, cada uno de 3 por 9 metros de base y 4 de alto. Al haberse limpiado de vegetación la piedra de lava, sus olas inmóviles concentran la admiración. Pero esa fuerza seca irrumpe gracias a la estructura modular que la corona. El estilo de la construcción y su monumentalidad evocan las formas piramidales precolombinas. A su vez, son coherentes con la obra previa del equipo de escultores que la concibió: Helen Escobedo, Manuel Felguérez, Mathías Goeritz, Hersúa, Sebastián y Federico Silva. Pero aunque nació como elabora-ción grupal no se parece al estilo de ninguno de los seis artistas.

Fue un trabajo interdisciplinario, que incluyó a ingenieros, calculistas, botánicos y químicos. Es usado como escenario para obras teatrales, de danza, conciertos y *performances*. La estricta ritualización de la piedra desnuda genera una obra abierta, lugar de fusión de ciencias y artes, de la historia con el presente. Se dijo en la ceremonia de inauguración, coinci-dente con el cincuentenario de la Universidad, que esta obra agudiza el sentido comunitario y desinteresado del arte moder-no, "no puede ser convertida en objeto de lucro personal, ni

[11] Federico Morais, *Artes plásticas na América Latina: do transe ao transitorio*, Civilizaçao Brasileira, Río de Janeiro, 1979, pp. 78-94.

[12] Juan Acha, "El geometrismo reciente y Latinoamérica", en Jorge Alberto Manrique y otros, *El geometrismo mexicano*, Instituto de Investigaciones Estéticas, UNAM, México, 1977, pp. 29-49.

César Paternosto, *Paqcha*, 1987.

César Paternosto, *Tawantin*, 1987.

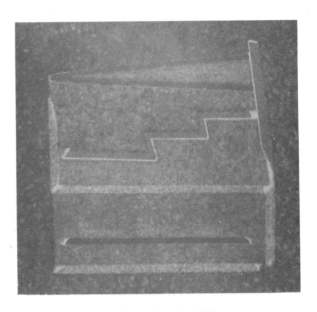

Alejandro Puente, *Acallaguasi*, acrílico sobre tela, 1987.

Alejandro Puente, sin título, plumas sobre arpillera, 1986.

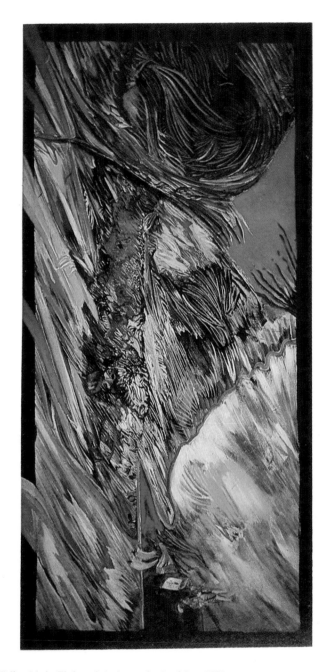

Luis Felipe Noé, *El descubrimiento de América*, 1975.

Luis Felipe Noé, *Estructura para un paisaje*, 1982.

Luis Felipe Noé, *Huir como Gauguin o soñar como Rousseau*, 1985.

Rubens Gerchman, *Verão/Verão Boca Mole*, 1986/1988.

Rubens Gerchman, *A Vamp e a Punk*, 1985.

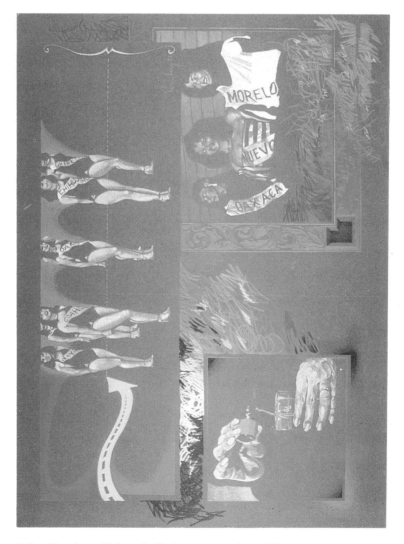

Felipe Ehrenberg, De la serie *Umbras y penumbras*, 1983.

Felipe Ehrenberg, *From tropi-bang*, 1988.

escondida para beneficio de unos ₊ocos privilegiados", "nace bajo el signo de la unidad de los opuestos, del amor a una transformación, que, precisamente por serlo, se nutre de las mejores tradiciones".

Después de este trabajo, los artistas, con el auspicio de la Universidad, siguieron haciendo obras individuales, de menor interés, en terrenos cercanos al Espacio Escultórico. Salvo Goeritz, Escobedo y otros pocos escultores con gran obra pública, como González Gortázar, en la plástica mexicana el objetivo prevaleciente del movimiento geométrico ha sido reemplazar al muralismo, con parecidas pretensiones de dominar el campo artístico y caídas semejantes en el decorativismo retórico. Algo equivalente ocurrió con los cinéticos venezolanos, que trabaron el surgimiento de otras líneas estéticas en su país. Absorbido por el mercado, con menos apoyo para producir obras de repercusión colectiva, hoy el geometrismo parece compartir con otras corrientes desanimadas la duda de que sea posible construir algo con el arte.

Una vía en cierto modo opuesta es la explorada en la Argentina por artistas como Luis Felipe Noé y en Brasil por Rubens Gerchman. Para ellos lo propio de una visualidad latinoamericana sería desplegar el brutalismo expresionista de la naturaleza, exasperar el color, hacer estallar en la tela o en instalaciones o en *performances* imágenes equivalentes a las escenas históricas de América.

Noé dice que los artistas latinoamericanos, más que dedicarse a la nostálgica "búsqueda de una tradición inexistente", deben adoptar el tipo de percepción que engendra "un espacio atiborrado, un colorido vibrante". Quizá la importancia del barroquismo en nuestra historia y en pintores contemporáneos resulte de "una incapacidad de hacer síntesis frente al exceso de objetos".[13] Su fuerza expresionista deriva, según dice, de sentirse como un primitivo frente al mundo, pero excedido no tanto por la naturaleza sino por la variedad y dispersión de las culturas. Lo expresa en pinturas que se escapan del cuadro, continúan por el techo y el piso, en paisajes tempestuosos que "redescubren" el Amazonas, las batallas históricas, la mirada del primer conquistador. En este diálogo de la naturaleza con

[13]Luis Felipe Noé, "La nostalgia de la historia en el proceso de imaginación plástica de América Latina", Foro de Arte Contemporáneo, Encuentro *Artes visuales e identidad en América Latina,* México, 1982, pp. 46-51. Véase también de L. F. Noé, *El color y las artes plásticas,* S.A. Alba, Buenos Aires, 1988.

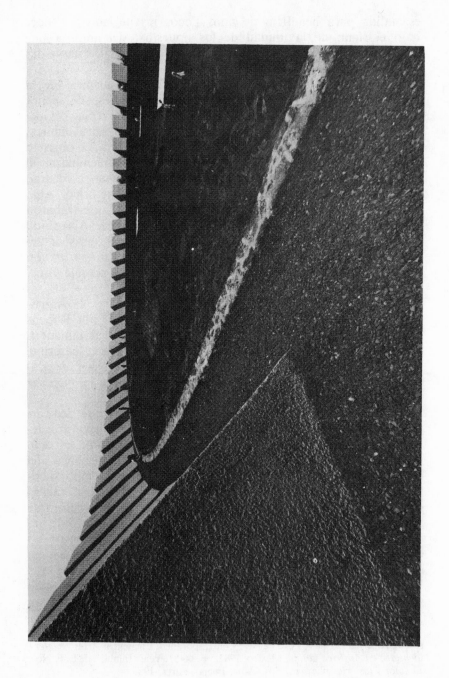

los mitos, el pintor no parte de cero. De ahí que una de sus obras se titule *Huir como Gauguin o soñar como Rousseau*.

El expresionismo de Gerchman, como el neopop conceptual de Felipe Ehrenberg —del que hablaré en seguida—, brota también de la aglomeración, pero del universo urbano. La pintura no quiere ser arte, en el sentido de representación estetizada; compite con las noticias de los periódicos, las historietas, los paisajes de la ciudad, aplica la ironía a su "mal gusto" tanto como al gusto consagrado en el mercado del arte. Tiene relación con esto su vocación por el estereotipo: *misses* posando en fila, jugadores de futbol, aglomeraciones en los autobuses, series de fotos de identificación policial. El crítico Wilson Coutinho ha señalado qué aleja a Gerchman del muralismo mexicano —admirado, sin embargo, por el pintor— y de otros movimientos utópicos de la modernidad: *a*) "no hay una ideología de lo nacional... sino la inmersión en una semiidentidad nacional, fuerte y transparente por un lado, y, por otro, opaca, irrealizable, fugaz e inconstante" *b*) Gerchman busca lo que es "idéntico en una polifonía bárbara"; *c*) muestra a "gente aislada", "personas anónimas de la calle".[14]

¿Cómo seguir pintando en la época de la industrialización y mercantilización radicales de la cultura visual? Le pregunto a Ehrenberg: ¿qué rituales debe cumplir un artista para trabajar en artes impuras, mezclando imágenes de la historia del arte, la cultura popular y los medios masivos, y ser admitido en las galerías?

La primera condición es la ubicuidad. Usar las imágenes como abecedario, conjunto de signos que en una obra dicen una cosa, y en otra algo distinto. Titulé un artículo mío "La desobediencia como método de trabajo". Por eso corro el riesgo de que se me tache de difuso, disperso. El rito que más me reta es el de crear el contexto para que se entienda el lenguaje que se está creando.[15]

En México, agrega, hay una fuerte historia de interacciones entre la cultura visual de élite y la popular.

Covarrubias investigaba el folclor al mismo tiempo que retrabajaba las imágenes del folclor en la pintura y el dibujo; Diego Rivera pintaba

---

[14] Wilson Coutinho, "Esse teu olhar quando encontra o meu", *Gerchman*, Salamandra, Río de Janeiro, 1989.

[15] Entrevista realizada en la ciudad de México el 6 de junio de 1988.

escenas populares de distintas etnias, coleccionaba sus objetos y era
capaz de distinguir a sus representantes en la calle: "Este es mazateco,
aquél mazahua."

Pero hoy es más difícil trabajar en medio de las interacciones
que se han multiplicado y las certezas ideológicas que han
disminuido.

No es fácil abrir la obra en tantas direcciones: hacia los medios masivos,
hacia las tecnologías blandas (el mimeógrafo, la fotocopiadora), usar
multimedios para crear el contexto, y por otro lado hacia el mundo de
los amates y el arte popular. Por eso encuentro resistencias del campo
artístico mexicano. A veces se puede ser más artista mexicano en los
Estados Unidos que en México.

La obra de Ehrenberg es precursora, junto a la de Toledo
—que prefiere arraigarse en la visualidad y los mitos indígenas—, de una relación muy fluida entre lo mexicano y lo
cosmopolita, los rituales tradicionales y el actual gusto popular, que se ha vuelto frecuente entre los jóvenes pintores: por
ejemplo, Arturo Guerrero, Marisa Lara, Eloy Tarcisio y
Nahúm Zenil. Lejos de la preocupación por adoctrinar, por
definir *un* universo simbólico, que hubo en generaciones
previas, se vinculan más libremente con las ambigüedades del
pasado y de la vida inmediata. Aceptan con naturalidad la
coexistencia de la Virgen de Guadalupe con el televisor, la proliferación de artefactos y *gadgets* modernos junto a lo "rascuache", el gusto atropellado, brillante, estrepitoso, de los sectores
populares, lo cual los acerca a la estética chicana. No hacen
del nacionalismo una religión laica, ni tienen nostalgia de lo
primitivo, observa Monsiváis; su mexicanismo declarado y
defendido no se basa en la definición dogmática de un repertorio exclusivo, sino en el "uso malicioso de la ingenuidad",
en experiencias fragmentarias de la cultura que les llega de
todas partes, unificada —sin pretensiones de construir totali-
dades compactas— por la asimilación irónica y sensual de lo
cotidiano.[16]
Pero ¿cómo lograr que estas obras reciban reconocimiento
en el mercado? Ehrenberg afirma elaborar sus plantillas para
murales como cualquier artesano, como un tallador o un
joyero, pero para producir una obra que tiene pretensiones de

---

[16] Carlos Monsiváis, "De las finuras del arte rascuache", *Graffiti*, núm. 2, Jalapa,
Veracruz, julio-agosto de 1989.

entrar al *"mainstream-art,* o sea transgredir sin divorciarse completamente". ¿Qué hay que hacer para diferenciarse de lo simplemente artesanal?

> Hay distintos recursos. Por ejemplo, dejar un bordecito blanco en una hoja de papel, no como el póster que se sangra hasta el borde. O la tactilidad de la superficie: si lo hiciera totalmente plano, se posterizaría demasiado, y no podría tratarlo dentro del discurso del arte. No hay por qué olvidarse de todos los recursos acumulados por la historia del arte. Pero también me apropio de procedimientos de los pintores de amate, por ejemplo las lecturas de derecha a izquierda, los itinerarios de caracol en la presentación de las figuras.

¿Cuáles serían, entonces, los caminos actuales para generar un arte latinoamericano? Las respuestas pueden ser, simultáneamente, las que acabamos de dar: reelaborar con una mirada geométrica, constructiva, expresionista, multimedia, paródica, nuestros orígenes y nuestro presente híbrido. Por eso, son artistas liminales, que viven en el límite o en la intersección de varias tendencias, artistas de la ubicuidad. Toman imágenes de las bellas artes, de la historia latinoamericana, de la artesanía, de los medios electrónicos, del abigarramiento cromático de la ciudad. No se privan de nada: quieren ser populares, masivos, entrar en el *mainstream* del arte, estar en el propio país y en los otros. Es el momento de decir que logran muy poco de todo eso.

Por lo mismo, aquí la estructura de nuestro libro queda desbalanceada. En el capítulo anterior, examinamos cómo el arte moderno y posmoderno de las metrópolis desemboca en la imposibilidad de cultivar la autonomía absoluta y con qué estrategias —de los museos, del mercado, de la interacción con las industrias culturales— se reinserta en movimientos sociales más amplios. Al buscar equivalentes de este proceso en América Latina, describimos obras, proyectos personales, soluciones estilísticas. Estos experimentos y reflexiones sobre cómo articular el arte contemporáneo con la historia, la cultura popular, las preocupaciones constructivas y las utopías de masas, son bien valorados por la crítica, pero los artistas citados apenas venden para sobrevivir y no llegan a configurar alternativas culturales, proyectos colectivos apropiados en forma duradera por sus sociedades. Ocasionalmente, les piden una escultura pública, un mural, y en algún caso extraordinario les financian una obra de gran repercusión como el Espacio Escultórico.

TODAY, ART IS A PRISON.
OGGI, L'ARTE E' UN CARCERE.
HOY, EL ARTE ES UNA CARCEL.

I am preparing a book on this theme, if you would li... ...la...
rate please send your reply on this page. Thanks.
Horacio Zabala

name: PAWEL PETASZ   date: 14.II.75
                                  (.II.75)

TODAY, ART IS A PRISON.
OGGI, L'ARTE E' UN CARCERE.
HOY, EL ARTE ES UNA CARCEL.

I am preparing a book on this theme, if you would like to collabo-
rate please send your reply on this page. Thanks.
Horacio Zabala

name: HERNAN CASTELLANO GIRON (CHILENO)   date: JUNIO 1977

A esto se debe que gran parte de estas experiencias desemboque en una reflexión trágica. El impulso constructivo y democratizador lleva tanto al Espacio Escultórico, a la celebración de los signos históricos, a la parodia festiva de los medios como a las ironías dolorosas del arquitecto y artista argentino Horacio Zabala. En 1976, envió a doscientos poetas, artistas plásticos, críticos, fotógrafos, teóricos y diseñadores una hoja en papel milimetrado con el pedido de que comentaran esta frase: "Hoy el arte es una cárcel." En el texto de presentación de las respuestas, Zabala afirma, con Foucault, que la cárcel es una "invención", una técnica de identificación y encuadramiento de los individuos, de sus gestos, su actividad y su energía. "Es el lugar de la intolerable acumulación del tiempo, es el lugar de los recorridos inútiles y circulares." Por eso asocia el arte con ella más que con el cementerio. Así como la muerte de Dios no acaba con las iglesias, la probable muerte del arte no genera "la muerte del mundo del arte". Como la cárcel, ese mundo es "un sistema cerrado, aislado y separado", una totalidad que limita la libertad excluyendo y negando, donde todo sofoca, de la cual sólo es posible sustraerse mediante "la propia imaginación forzada".

Recuerda que al principio de la década del setenta formó parte del grupo del CAYC, con la intención de reconsiderar el arte en relación con los estudios sobre comunicación y lenguaje. Advirtió entonces que el mundo del arte hace nacer cualquier renovación con la exigencia de su muerte inmediata, con una obsolescencia programada. Realizó una muestra en el CAYC, en 1973, para exhibir proyectos arquitectónicos de cárceles como metáfora de la situación de los artistas. También buscó la materia prima de su obra en esa encuesta, un juego irónico de preguntas respondidas por integrantes del campo. Ya se ve qué le queda al artista: "animación, participación, difusión, simulación, reproducción, exposición, imitación". Hoy el arte es una cárcel: al elegir, más que una definición, un *slogan*, parte del supuesto de que lo que los artistas pueden hacer es "introducirse en cualquier proceso continuo interrumpiéndolo por un instante".[17]

Ante la imposibilidad de construir actos, para evitar caer en ritos, el arte elige ser gesto.

---

[17] Horacio Zabala, "Oggi, l'arte é una carcere", en Luigi Russo (ed.), *Oggi l'arte é una carcere?*, II Mulino, Boloña, 1982, pp. 95-103.

LA MODERNIDAD DE LOS RECEPTORES

La cárcel como último laboratorio. ¿No hay otras salidas que la sumisión al mercado, la ironía transgresora, la búsqueda marginal de obras solitarias y la recreación del pasado? En los sesenta, el auge de movimientos democratizadores generó la expectativa de un arte que superaría su aislamiento e ineficacia vinculándose de otro modo con los receptores individuales y aun con movimientos populares. El balance poco alentador de esos intentos lleva a ir más allá de una simple evaluación de sus logros. Queremos averiguar si los fines buscados tenían sentido. Una pregunta práctica: ¿es posible abolir la distancia entre los artistas y los espectadores? Y otra estética: ¿tienen valor los intentos de reconvertir los mensajes artísticos en función de públicos masivos?

Contamos con más propuestas políticas y ensayos voluntaristas que con elaboraciones teóricas y estéticas sobre estas cuestiones. Una primera línea de esas respuestas pragmáticas es la *contextualización pedagógica*. Se trata de acabar con el monopolio del saber por los especialistas, dando a los neófitos, en tratamientos acelerados, lo que les falta para ser artistas o estar tan informados como ellos. Los museos se llenaron de carteles instructivos, señales de tráfico, visitas guiadas en varios idiomas. Basados en la muy atendible tesis de que todo producto artístico está condicionado por un tejido de relaciones sociales, la museografía, los catálogos, la crítica y los audiovisuales que acompañan las exposiciones deben situar los cuadros y las esculturas en medio de referencias contextuales que ayudarían a entenderlos.

Ante esta reformulación comunicacional, hay dos tipos de críticas, una que podemos llamar "culta" y otra democrática. Según la primera, contextualizar las obras perjudica la contemplación desinteresada que debiera caracterizar toda relación con el arte. Los esfuerzos didácticos reducirían la obra al contexto, lo formal a lo funcional, la relación empática con una cultura incorporada en la familia y la escuela a la relación explicada con informaciones aprendidas en museos desencantados. Tanta pedagogía elimina la complicidad de los "educados" con su propio capital cultural, la seducción teatral y hasta la posibilidad física de ver las obras tapadas por multitudes. Se ha desacralizado el santuario, dice Gombrich, se sustituye la peregrinación por la excursión turística, el objeto por el *souvenir*, la exposición por el *show*.

> Tengo siniestras visiones de un futuro museo en el que el contenido de
> la cueva de Aladino habrá sido trasladado al almacén y en el que todo
> lo que quede sea una lámpara auténtica del periodo de *Las mil y una*
> *noches* con un amplio diagrama al lado, explicando cómo funcionaban
> las lámparas de aceite, dónde se insertaba la mecha y cuál era el tiempo
> de combustión. Concedo que las lámparas de aceite son, al fin y al cabo,
> artefactos humanos y nos cuentan más sobre las vidas de las gentes
> corrientes que el precioso oropel de la cueva de Aladino, pero ¿debo
> recibir esta provechosa lección mientras me apoyo sobre mis cansados
> pies, en vez de estar cómodamente sentado en una butaca y leyendo la
> historia de la iluminación doméstica?[18]

Aunque no falta sensatez a estas objeciones, Gombrich deja
fuera el problema central de cómo pueden coexistir las instituciones cultas con las tendencias masificadoras. Me parecen
más radicales los intentos de democratización que aceptan el
riesgo de abrir los recintos exclusivos, o suponen que el cruza-
miento sea inexorable, y tratan de averiguar si la divulgación
logra los objetivos que anuncia. Los estudios sobre públicos
europeos y latinoamericanos permiten concluir que la contextualización de las obras artísticas aumenta su legibilidad, pero
consigue poco en cuanto a la atracción de más espectadores y
la incorporación de nuevos patrones perceptivos. Los espectadores no entrenados sienten que los resúmenes de la historia
del arte que les suministran en una exposición no anulan la
distancia entre todo lo que las obras modernas llevan como
conocimiento implícito y lo que puede digerirse en el rato de
la visita. Lo más frecuente es que el público desplace su
concentración de la obra a la biografía del artista y sustituya
la lucha con las formas por la anécdota histórica.[19]

Una segunda vía consiste en *arrancar las obras de los museos*
y galerías para llevarlas a espacios desacralizados: plazas,
fábricas, sindicatos. Los artistas se fatigan de tener que
turnarse en las inauguraciones para ser su único público.
Varios lo ironizaron en las obras, como Hervé Fischer cuando
hizo en 1971 una "exposición higiénica", en la que la galería
estaba vacía y los muros cubiertos de espejos. ¿Qué se resuelve
con los esfuerzos misioneros de llevar el arte a los lugares

---

[18] E. H. Gombrich, *Ideales e ídolos*, Gustavo Gili, Barcelona, 1981, p. 243.
[19] Véase, por ejemplo, Pierre Bourdieu y Alan Darbel, *L'amour de l'art. Les*
musées européennes et leur public, Minuit, París, 1969; Rita Eder, "El público de
arte en México: los espectadores de la exposición Hammer", *Plural*, vol. IV núm.
70, julio de 1977.

profanos? A veces sirve. Pero artistas y sociólogos hemos descubierto que las obras concebidas teniendo en cuenta la autonomía moderna de las búsquedas formales, hechas para espacios donde esos lenguajes insulares puedan hablar sin interferencias, suelen volverse mudas cuando son vistas en medio del ruido urbano por espectadores que no andaban por la calle ni llevaron a sus hijos al parque dispuestos a tener experiencias estéticas. Los artistas notaron que, si quieren comunicarse con públicos masivos en las ciudades contemporáneas, saturadas de mensajes de tránsito, publicitarios y políticos, es mejor actuar como diseñadores gráficos.

Algunos han producido valiosas experiencias no utilitarias de resignificación del entorno (arte ecológico, *performances*, instalaciones públicas, etcétera). Pero los practicantes del arte sociológico, que extremaron estas experiencias, supieron también medir sus límites. Sensibilizaron a zonas rurales ante la contaminación organizando con los pobladores comidas coloreadas con plomo, plantaron árboles simbólicos en estacionamientos, publicaron páginas de información local francesa en diarios alemanes, y a la inversa, para que grupos nacionales enfrentados se comprendan a partir de vivencias cotidianas. Al trazar el balance, Hervé Fischer dice que hubo algo desesperado en estos esfuerzos de los artistas por competir con la comunicación masiva y el ordenamiento del espacio urbano, por lo cual están "condenados al fracaso o a simulacros decepcionantes". Sirven más como "interrogación polémica" dentro del campo artístico, para "obligar al arte a decir la verdad sobre el arte", que para cambiar la sociedad o la relación del arte con ella.[20]

La tercera ruptura, que se creyó la más radical respecto de la autonomía y el aristocratismo del campo artístico, sería promover *talleres de creatividad popular*. Se trataba de "devolver la acción al pueblo", no popularizar sólo el producto sino los medios de producción. Todos llegarían a ser pintores, actores, cineastas. Al ver murales de las brigadas chilenas, obras teatrales de participación dirigidas por Boal en Brasil y la Argentina, por Alicia Martínez en el Teatro Campesino de Tabasco, en México, los trabajos de los colombianos Santiago García con La Candelaria y Enrique Buenaventura con el Teatro Experimental de Cali, las películas de Sanjinés y Vallejo, comprobamos que aficionados pueden producir obras

[20] Hervé Fischer, *L'histoire de l'art est terminé*; Balland, 1982, pp. 8 y 101-102.

valiosas sin atravesar por diez años de escolaridad artística. Pero después de haber padecido también tanto terrorismo estético involuntario de quienes creen que el mejor método creativo es la buena voluntad participativa, que la calidad se mide por la nitidez ideológica y esa nitidez por la adhesión acrítica a una ideología, me pregunto si no ha jugado un papel central en las experiencias felices la intervención de profesionales talentosos como los nombrados. No estoy exaltando nada que se parezca al genio, sino sólo la capacidad de artistas bien formados en su oficio, en las reglas autónomas que hacen funcionar el campo plástico, teatral o cinematográfico, dúctiles para imaginar procedimientos de apertura de los códigos autónomos, para volverlos verosímiles a artistas y públicos no especializados.

Es sintomático que después de la proliferación de estas experiencias durante dos decenios —los sesenta y setenta—, se hayan empobrecido en número y calidad, sin producir en ningún país la disolución del campo artístico en una creatividad generalizada, desprofesionalizada, que borre la distancia entre creadores y receptores. En los ochenta, casi todos los grupos se disolvieron y se tiende a restaurar la autonomía del campo, la profesionalización y revaloración del trabajo individual (no necesariamente individualista). Como esto ha ocurrido también en Cuba y Nicaragua, no es posible culpar a las "condiciones objetivas hostiles del desarrollo capitalista" o a las "contradicciones burguesas de los artistas" de la declinación de la utopía. Más bien habría que pensar si la socialización practicable no sería, en vez de la abolición del campo artístico y la transferencia de la iniciativa creadora a un "todos" indiscriminado, la democratización de las experiencias junto con una especialización profesional más accesible a todas las clases.

Percibir las limitaciones de estos movimientos sirvió para que se deje de tratar a los espectadores como artistas reprimidos o discriminados. Para no interpretar el hecho de que los espectadores no fuesen artistas como una carencia, resoluble mediante una pedagogía generosa o la transferencia abnegada de los medios de producción cultural. Si enlazamos esta conclusión con lo que las teorías de la recepción literaria proponen sobre la lectura como *un acto de producción de sentido* y a la vez *asimétrico* con el de la escritura, es posible llegar a una visión más atractiva sobre lo que pasa en las relaciones entre producción y recepción del arte.

Un cambio metodológico puede abrirnos otra perspectiva. Hasta aquí indagamos el destino de la modernidad desde los lugares de quienes la emiten, la comunican y reelaboran. Hay que mirar cómo se desenvuelve desde el lado de los receptores. Un camino para averiguarlo es la investigación sobre el consumo cultural. El otro es el estudio y el debate sobre la situación de las culturas populares. Esta segunda vía en parte se superpone con la anterior, aunque no enteramente: porque los únicos receptores de la cultura no son las clases populares y porque desde el punto de vista teórico y metodológico ambas estrategias de investigación han seguido rumbos separados. Trataremos las relaciones entre modernidad y culturas populares en un capítulo posterior. Aquí vamos a analizar el ámbito de la recepción.

Para no limitar la cuestión del consumo cultural al registro empirista de los gustos y opiniones del público, hay que analizarla en relación con un problema central de la modernidad: el de la hegemonía. ¿Cómo construir sociedades unificadas y coherentes donde la continuidad y los cambios no sean impuestos, sino producto del consenso? En la perspectiva de este libro, quiere decir: cómo combinar los movimientos constitutivos de la modernidad —la reorganización secular de la sociedad, la renovación de las vanguardias y la expansión económica y cultural— con la democratización de las relaciones sociales.

Es difícil saber qué utilidad presta la cultura a la hegemonía por la escasa información disponible en los países latinoamericanos sobre consumo cultural. Conocemos las intenciones de las políticas modernizadoras, pero hay poquísimos estudios acerca de su recepción. Existen estadísticas de asistencia a algunas instituciones y sondeos de mercado de los medios masivos. Ni las instituciones ni los medios suelen averiguar desde qué patrones de percepción y comprensión se relacionan sus públicos con los bienes culturales; menos aún, qué efecto generan en su conducta cotidiana y su cultura política.

Evaluar la eficacia de los intentos democratizadores requiere investigar cualitativamente el consumo cultural. ¿En qué medida las campañas educativas, la difusión del arte y la ciencia, han permeado a la sociedad? ¿Cómo interpreta y usa cada sector lo que la escuela, los museos y la comunicación masiva quieren hacer con ellos? Vamos a buscar respuestas a estas preguntas a través de un estudio sobre el público de museos.

Puede objetarse que usemos los museos como ejemplo, dado

su deficiente desarrollo en América Latina. No los escogemos porque en las metrópolis desempeñaron un papel notable en la construcción de la modernidad cultural. Nos interesa la casi ausencia de museos en nuestros países, hasta hace tres o cuatro décadas, como síntoma de nuestra relación con el pasado y del contexto en el que se realizan los intentos modernizadores. Revela, por supuesto, el descuido por la memoria. Pero también la falta de otra función más sutil de los museos: construir una relación de continuidad jerarquizada con los antecedentes de la propia sociedad. La agrupación de objetos e imágenes por salas, una para cada siglo o periodo, reconstruye visualmente los escenarios históricos, los vuelve casi simultáneos. Una museografía rigurosa destaca las etapas decisivas en la fundación o el cambio de una sociedad, propone explicaciones y claves interpretativas para el presente.

Los museos colocan no sólo a la sociedad en relación con su origen, sino que crean en la producción cultural relaciones de filiación y de réplica con las prácticas y las imágenes anteriores. La operación de ruptura que fue construir la modernidad artística europea se forjó reflexionando sobre las fuentes. Si el modernismo pictórico se inicia en las obras que hace Manet en 1860, su novedad no se desentiende de la lógica plástica previa. *Olympia*, por ejemplo, es una modificación de la *Venus de Urbino* de Tiziano. Foucault dice, por eso, que esa obra y *Dejeuner sur l'herbe* fueron las primeras pinturas de museo, en el sentido de que respondían a lo acumulado por Giorgione, Rafael y Velázquez, se hacían reconocibles y legibles porque hablaban de un imaginario compartido y guardado. Como Flaubert con la biblioteca, Manet pinta desde la historia en la que se asume. Ambos "erigen su arte con el archivo", agrega Foucault, renuevan los procedimientos de representación en el mismo acto en que afirman la continuidad con un campo cultural que consagran como autónomo sin eliminar su raíz social y su carácter de testimonio histórico.[21] Algo semejante a lo que leímos en Perry Anderson cuando dice que las fuerzas renovadoras del arte se articulan entre sí en relación con un conjunto de valores previos que usan como marco y critican al mismo tiempo.

[21] Michael Foucault, "Fantasía on the Library", *Language, Cointer-Memory Practice*, Cornwell University Press, Ithaca, citado por Douglas Grimpen, "Sobre las ruinas del museo", H. Foster y otros, *La posmodernidad*, Kairós, Barcelona, 1985, pp. 80-81.

El débil arraigo en la propia historia acentúa en América Latina la impresión de que la modernización sería una exigencia importada y una inauguración absoluta. Tanto en política como en arte, nuestra modernidad ha sido la insistente persecución de una novedad que podía imaginarse sin condicionamientos al desentenderse de la memoria. Esta relación de extrañeza con el pasado es más visible en los países donde el proyecto social fue autonegador de la historia, por ejemplo en Argentina y Uruguay. En ellos, la pregunta por la eficacia del museo puede hacer poco más que constatar la casi falta de ese sistema de referencias visuales sobre el pasado en la formación de la cultura moderna. Dos hipótesis podrían servir para explorar las causas de esta carencia y sus efectos sobre la población. La primera es el individualismo prevaleciente en las concepciones de la cultura y de la política cultural. En varios países latinoamericanos, ser culto fue entendido por las élites liberales gobernantes como una tarea individual. Existieron campañas masivas de alfabetización y educación popular, pero las obras de los artistas y escritores no se inscribían fácilmente en el patrimonio colectivo, porque se formaron a menudo en oposición a las culturas populares.

La otra pista que debiéramos trabajar es la del predominio de la cultura escrita sobre la visual en los países que llegaron primero a una tasa discreta de alfabetización, o donde la formación de la modernidad estuvo en manos de élites que sobreestimaron la escritura. En la Argentina, Brasil, Chile y Uruguay, la documentación inicial de las tradiciones culturales fue realizada más por escritores —narradores y ensayistas— que por investigadores de la cultura visual. Ricardo Rojas y Martínez Estrada, Oswaldo y Mario de Andrade, abrieron el estudio del patrimonio folclórico e histórico, o lo valorizaron y concibieron por primera vez dentro de la historia nacional. Esa mirada literaria sobre el patrimonio, incluso sobre la cultura visual, contribuyó al divorcio entre las élites y los pueblos. En sociedades con alto índice de analfabetismo, documentar y organizar la cultura preferentemente por medios escritos es una manera de reservar para minorías la memoria y el uso de los bienes simbólicos. Aun en los países que incorporaron desde la primera mitad del siglo XX a amplios sectores a la educación formal, como los que nombramos, el predominio de la escritura implica un modo más intelectualizado de circulación y apropiación de los bienes culturales, ajeno a las clases subalternas, habituadas a la elaboración y comunicación visual de sus experiencias. Es fácil comprender lo que esto significa en un continente donde aún hoy apenas el 53 por ciento de los niños llega al cuarto grado de la escuela primaria, mínimo necesario para alcanzar una alfabetización duradera.

Ser culto ha implicado reprimir la dimensión visual en nuestra relación perceptiva con el mundo e inscribir su elaboración simbólica en un registro escrito. Tenemos en América Latina más historias de la literatura que de las artes visuales y musicales; y, por supuesto, más sobre literatura de las élites que sobre manifestaciones equivalentes de las capas populares.

En México, los artistas han contribuido más que en otras sociedades a configurar la visualidad colectiva y pública. Incluso las instituciones especializadas en "encerrar" al arte, como los museos, dan a la producción plástica un espacio social equivalente al de Europa. Equivalente, no idéntico. Su influencia es más tardía, ya que empiezan a multiplicarse en los años cuarenta del siglo xx, cuando la cultura visual llevaba dos décadas bajo la influencia del cine y cuatro siglos siendo modelada por la iconografía católica y el espacio urbano colonial. También difieren, según veremos, en su relación con el público.

En todo caso, fue la convicción del importante papel que cumplen los museos como mediadores culturales lo que nos impulsó a investigar a los espectadores de cuatro grandes exposiciones efectuadas en la ciudad de México en 1982 y 1983. Elegimos la de Rodin presentada en el Palacio de Bellas Artes, las de Henry Moore y Tapio Wirkkala en el Museo de Arte Moderno, y una conjunta de Frida Kahlo y Tina Modotti en el Museo Nacional de Arte. Daré los datos básicos para poder plantear algunas hipótesis sobre las relaciones entre modernización y modernismo, y discutir el valor de la consigna democratizadora de que la cultura debe ser para todos. Nos interesa especialmente entender cómo se produce el sentido desde los receptores y cómo elaboran su relación asimétrica con la visualidad hegemónica.[22]

---

[22] La investigación a la que me refiero es la que realizamos E. Cimet, M. Dujovne, N. García Canclini, J. Gullco, C. Mendoza. F. Reyes Palma y G. Soltero, *El público como propuesta. Cuatro estudios sociológicos en museos de arte,* INBA, México, 1987. Tuve la oportunidad de elaborar algunos de los problemas que discutiré al final de este capítulo con los demás miembros del equipo, a los que debo agregar los nombres de Eulalia Nieto, que colaboró en un periodo del trabajo, y Juan Luis Sariego, quien intervino en el diseño de la encuesta y el procesamiento de los datos.

Pese a que la asistencia a los principales museos mexicanos es masiva, las encuestas demuestran que la enorme mayoría proviene de sectores medios y altos de la población. Predominan los que realizaron o están cumpliendo estudios universitarios (61 por ciento); la proporción decrece violentamente al pasar a los de instrucción secundaria (13 por ciento) y los que cursaron completa la escuela primaria (7.5 por ciento). La información ocupacional confirma este cuadro: 40 por ciento es estudiante, 26 profesionista, 9 empleado administrativo, 6 se dedica a labores del hogar, 3 por ciento dijo ser técnico y obrero especializado.

¿Será por el uso intensivo de los medios masivos, especialmente la televisión en la publicidad de las exposiciones que creció en la última década el público de museos? Las encuestas revelan que tienen un papel significativo en el aumento de visitantes, pero no tan omnipotente como suele pensarse. Los asistentes que dijeron haberse informado de las exposiciones por la televisión, la radio y la prensa sumaron 52 por ciento; la otra mitad, se enteró por la recomendación de amigos, los avisos colocados por los museos en la calle y por las escuelas que los llevaron o los enviaron a las muestras para realizar tareas. O sea que la influencia de los medios masivos es porcentualmente casi idéntica a la de las formas microsociales o interpersonales de comunicación.

Además, si tomamos en cuenta que en todas las exposiciones la asistencia de personas que sólo tenían educación primaria fue muy baja, y que el 48 por ciento de los visitantes dijo ir por primera vez al museo (especialmente los de menor escolaridad), es evidente que el impacto de los medios tiene un éxito limitado en la difusión del arte. La comunicación masiva difunde extensamente la noticia, puede sugerir la importancia de asistir y lograr que un cierto número lo haga una vez, pero su acción ocasional tiene poca capacidad de crear hábitos culturales duraderos.

La alta proporción de público con formación universitaria indica que el interés por los museos de arte moderno crece a medida que aumenta el nivel económico, el educativo y la familiarización prolongada con la cultura de élite. En este punto, nuestro estudio coincide con el efectuado por Pierre

---

En la medida en que hago ahora una nueva lectura de esos materiales, con problemas que sólo en parte estuvieron presentes en el momento de la investigación, es obvio que los demás participantes no son responsables de las conclusiones aquí sugeridas.

Bourdieu y Alan Darbel en museos europeos: la relación con
el arte se fomenta poco a través de estímulos puntuales, como
los de la comunicación masiva. Los medios sirven para atraer
a personas predispuestas al goce de los bienes cultos por la
acción más sistemática de la escuela y la familia.

Ya mencionamos que en México la constitución de la modernidad, y dentro de ella la formación de un campo culto autónomo, se realizó en parte a través de la acción estatal. También
dijimos que la separación entre lo culto y lo popular fue
subordinada, en el periodo posrevolucionario, a la organización
de una cultura nacional que dio a las tradiciones populares
más espacio para desarrollarse y más integración con la
hegemónica que en otras sociedades latinoamericanas. Por
eso, nuestros resultados no coinciden con los obtenidos en
investigaciones de las metrópolis y de otros países del continente en cuanto a la correspondencia de la concepción del arte
expuesta en los museos con la del público que asiste.

Bourdieu atribuye la mayor afinidad de las clases dominantes con la ideología de los museos a su mayor disposición para
diferenciar en los bienes artísticos los valores formales que el
arte moderno independizó. En los museos de arte mexicanos
los criterios de exhibición reproducen casi siempre esa concepción moderna de la autonomía del objeto artístico. Fue particularmente notable en la exposición de Moore y motivó
reclamos del público en las contestaciones a la encuesta. En
las de Rodin, Wirkkala y Kahlo-Modotti se dieron algunas
explicaciones históricas y contextuales, pero la estrategia museográfica (disposición de las obras, cédulas, catálogos) señalaba que el valor de lo expuesto residía principalmente en
hallazgos formales.

La descodificación del público seguía otra lógica. Aun la
mayoría con formación universitaria no estaba habituada a
diferenciar lo formal y lo funcional, lo bello y lo útil. En vez
de basar sus juicios en los valores estéticos intrínsecos de las
obras, trataba de relacionarlas con la biografía de cada artista
o con hechos del conocimiento cotidiano. En ninguna exposición superó el 10 por ciento el sector que aludió a la estructura
interna de las obras, o que usó un lenguaje específicamente
formal para comentarlas.

Las opiniones y los comportamientos de los receptores los
mostraron más cerca de la estética que hegemonizó la plástica
mexicana durante la primera mitad del siglo XX. Sus criterios
proceden del nacionalismo de la escuela muralista, las artesa-

nías, los objetos arqueológicos e históricos, y la iconografía religiosa. Armadas con ingredientes de varias tradiciones, las respuestas del público componen un discurso mixto en el que también figuran principios de lo que podemos llamar humanismo moderno. Pese al escaso eco que el público da a la autonomía de las obras artísticas, otros aspectos del pensamiento visual moderno se hallan muy extendidos: el "realismo", el lugar central del cuerpo humano en la representación artística, la valoración positiva de la relación del arte con la historia, de la destreza técnica de los creadores y del uso de esa destreza para expresar sentimientos nobles. Estos elementos son articulados con una sintaxis perceptiva y valorativa propia por diversos sectores.

Veamos tres ejemplos de esa apropiación heterodoxa de principios modernos: la relación entre afectividad e independencia creativa, la valoración de las obras más por el significado de los materiales que del tratamiento formal, y la combinación de lo artístico con lo decorativo y lo útil.

a) La mayoría del público se adhiere a la corriente romántica de la modernidad al conceder mayor legitimidad y valor al arte en la medida en que pueda ver en él una prolongación ampliada de su afectividad cotidiana. Al preguntar a los visitantes de Rodin si preferían una obra que expresase una emoción personal, como *El beso*, o las referidas a personajes o hechos históricos, como *Los burgueses de Calais* o *Balzac*, la mayoría optó por la primera. Esto no sería sorprendente en tanto las últimas piezas aluden a una historia ajena. Lo que llama la atención es el argumento de que las obras que manifiestan lo subjetivo estarían hechas por un acto libre del artista, tendrían una "pureza" ausente en las históricas, realizadas por encargo. Más allá de la inexactitud de estos juicios (*El Beso* fue hecho por encargo con base en un financiamiento gubernamental, y el éxito económico de Rodin provino de las piezas con temática amorosa), es destacable que atribuyan más valor a la creación artística si está liberada de determinaciones económicas o autoridades extrañas al arte, y que exalten al artista como héroe representativo de las grandes emociones.[23]

b) En todas las exposiciones analizadas una parte de las obras no llegó a los receptores, por lo menos en el sentido propuesto por la museografía, el catálogo y la crítica. La de

---

[23] Esther Cimet S. y Julio Gullco, "El público de Rodin en el Palacio de Bellas Artes", en varios, *El público como propuesta*, pp. 83-86.

Henry Moore presentó las mayores dificultades, aunque tuvo gran afluencia de visitantes —180 000— y fue una de las más publicitadas por la calidad de lo exhibido y el tamaño de la muestra. El público no compartió los elogios de la propaganda y la crítica, sobre lo que los historiadores del arte consideran de más valor en la producción de Moore: sus esculturas. "Se repiten mucho", "se debe haber aburrido haciendo todas estas obras porque todas se parecen", escuchamos una y otra vez. "Las deformaciones llegan a ser grotescas", "no entiendo el arte moderno", "es demasiado abstracto", fueron las conclusiones más frecuentes. Sin embargo, era notable el contraste entre el rechazo con que los visitantes recibían los juegos formales de Moore y la riqueza de sus opiniones al interrogarlos sobre los materiales de las esculturas que preferían. Quienes optaron por el bronce, los más numerosos, argumentaron que "la textura es más apreciable", destacaron que era "suave", "cálido", "pulido", "emana brillantez", "invita a uno a tocarlo", "proyecta tranquilidad y pasividad", transmite fuerza, es grandioso, delicado, sublime, sugiere "elegancia, señorío". A algunos visitantes los diferentes tratamientos del bronce les generaron emociones diversas, "tratando de sentir el proceso de cómo las hicieron y cómo quedaron".[24] Todas las referencias a los materiales mostraron más soltura para expresar reacciones sensuales, afectivas, sensaciones táctiles o térmicas. Para un amplio sector la posibilidad de desarrollar o movilizar su sensibilidad está vinculada a la presencia material de las obras más que al tratamiento formal o al sentido conceptual contenido en ellas. El privilegio concedido a esta aproximación es coherente con las preferencias realistas, con la manera "empirista", inmediata, de percibir el arte, pero la variedad y sutileza de muchas respuestas hacen pensar que el acceso a las obras a través de los materiales no es nada superficial.

c) La exposición del artista y diseñador finlandés Tapio Wirkkala, que ocupaba una tercera parte del espacio con esculturas y el resto con objetos de diseño industrial, fue la que suscitó una reacción más positiva del público. Esto se debió principalmente a la convergencia entre los bellos objetos utilitarios y los hábitos perceptivos del público. Las esculturas y tallas tuvieron muy poco lugar en las preferencias, y casi

---

[24] Néstor García Canclini, "Henry Moore o las barreras del arte contemporáneo", en varios, *El público como propuesta*, pp. 106-109.

nadie habló de los méritos formales —por ejemplo, el uso de la nervadura y la espiral en la madera, el acentuamiento ocasional del color—, de los cuales daban información las cédulas y las visitas guiadas. Tampoco en las opiniones sobre las vajillas, la cerámica y la cristalería hubo muchas menciones a las búsquedas formales de Wirkkala; encontramos, sin embargo, frecuentes juicios específicamente estéticos referidos a los materiales, una valoración atenta a los efectos sensibles y afectivos logrados por la destreza técnica, por "la unión de la sencillez con el refinamiento". Al pedir al público que clasificara qué objetos consideraba *artísticos*, cuáles *decorativos* y cuáles *útiles*, observamos que la frontera entre las dos primeras categorías resultaba borrosa: juzgaron a muchas piezas a la vez artísticas y decorativas. Respecto de la exhibición de objetos prácticos en el museo, sólo el 4 por ciento se opuso: el resto aprobó, a veces con énfasis, que los museos no se dediquen exclusivamente a lo que sólo tiene valor estético: "no necesariamente las exposiciones tienen que ser de pintura"; "es necesario asociar todas las manifestaciones artísticas y decorativas"; también el diseño de objetos útiles "despierta en uno el sentido de la belleza".

Ante preguntas sobre las piezas que quisieran poseer y qué uso le darían, hubo una clara separación entre el museo y la casa, entre el uso simbólico —o para distinción— y el utilitario, entre lo estético y lo cotidiano. Pero también reclamaron que el museo sea menos extraño a la vida diaria, que vincule lo artístico con lo decorativo y lo útil. El reconocimiento de los "valores modernos" fue mayor que en las exposiciones donde únicamente se presentaron obras artísticas. La unión de las búsquedas estéticas con el diseño industrial mostró el valor del museo para llegar a ser "creativo", "enriquecer la capacidad expresiva" y "conocer cosas que en la casa no se pueden tener".[25]

¿CULTURA PARA TODOS?

El estudio del consumo artístico en México revela enormes diferencias entre la oferta de los museos y los códigos de

---

[25] Néstor García Canclini, "Tapio Wirkkala: lo artístico, lo decorativo y lo útil", en varios, *El público como propuesta*, pp. 139-157.

recepción del público. A partir de ese material es posible
repensar varios problemas abiertos en el capítulo anterior y en
éste: los desencuentros entre modernización social y modernismo cultural, entre política de élite y consumo masivo, entre
innovaciones experimentales y democratización cultural.

Una primera conclusión es que estos desencuentros entre
emisores y receptores del arte no deben ser vistos como desviaciones o incomprensiones de los segundos respecto de un supuesto sentido verdadero de las obras. Si el sentido de los bienes
culturales es una construcción del campo, o sea de las interacciones entre los artistas, el mercado, los museos y los críticos,
las obras no contienen significados fijos, establecidos de una
vez y para siempre. Diferentes estructuras del campo artístico,
y a veces de sus vínculos con la sociedad, engendran interpretaciones diversas de las mismas obras. El carácter abierto de
las piezas artísticas y los textos literarios modernos los vuelve
particularmente disponibles a que en el proceso de comunicación los vacíos, los lugares virtuales, se ocupen con elementos
imprevistos. Pero ésta es una propiedad de todas las manifestaciones culturales, sólo más evidente en las denominadas
artísticas. También ocurre que objetos a los que únicamente
se atribuía valor histórico o antropológico puedan ser leídos
estéticamente, y obras juzgadas artísticas pierdan ese reconocimiento por una reorganización del campo.

Del mismo modo, la noción de público es peligrosa si la
tomamos como un conjunto homogéneo y de comportamientos
constantes. Lo que se denomina público en rigor es una suma
de sectores que pertenecen a estratos económicos y educativos
diversos, con hábitos de consumo cultural y disponibilidad
diferentes para relacionarse con los bienes ofrecidos en el
mercado. Sobre todo en las sociedades complejas, donde la oferta
cultural es muy heterogénea, coexisten varios estilos de recepción
y comprensión, formados en relaciones dispares con bienes
procedentes de tradiciones cultas, populares y masivas. Esta
heterogeneidad se acentúa en las sociedades latinoamericanas
por la convivencia de temporalidades históricas distintas.

Sobre estas bases, la estética de la recepción cuestiona que
existan interpretaciones únicas o correctas, como tampoco
falsas de los textos literarios. Toda escritura, todo mensaje,
están plagados de espacios en blanco, silencios, intersticios,
en los que se espera que el lector produzca sentidos inéditos.
Las obras, según Eco, son "mecanismos perezosos" que exigen

la cooperación del lector, del espectador, para completarlas.[26] Por supuesto, las obras suelen incluir instrucciones más o menos veladas, dispositivos retóricos, para inducir lecturas y delimitar la actividad productiva del receptor. Una visión más sociológica, en general ausente en la estética de la recepción, incluirá en estas estrategias de condicionamiento las operaciones editoriales y museográficas, la publicidad y la crítica. Pero lo fundamental es que se reconozca la asimetría entre emisión y recepción, y se vea en esta asimetría la posibilidad misma de leer y mirar el arte. No habría propiamente literatura ni arte si sólo existieran conjuntos de textos y obras repitiéndose en un monólogo interminable.

Hay un cambio de objeto de estudio en la estética contemporánea. Analizar el arte ya no es analizar sólo obras, sino las condiciones textuales y extratextuales, estéticas y sociales, en que la interacción entre los miembros del campo engendra y renueva el sentido. Si bien la estética de la recepción trabaja con textos literarios, su giro paradigmático es aplicable a otros campos artísticos. En las artes plásticas, los historiadores que analizan "la fortuna crítica", o sea las reelaboraciones experimentadas por una obra o un estilo, también ven al arte "como una relación: la relación entre un objeto y todas las miradas que han sido echadas sobre él en la historia" y que lo han "transformado incesantemente". Así lo plantea Nicos Hadjinicolaou en el libro en que demuestra que *La libertad guiando al pueblo* no es portadora sólo de una significación intrínseca, la que quiso imprimirle Delacroix, sino de las que fueron acumulándose en los usos de esa obra hechos por los manuales escolares, la publicidad, otros artistas contemporáneos, las lecturas de historiadores de diversas épocas e ideologías, los carteles que la reprodujeron con finalidades políticas dispares.[27]

Al registrar esta variedad de interpretaciones, con frecuencia enfrentadas, no parece posible concebir los vínculos entre los integrantes del campo artístico como una mera "cooperación interpretativa"[28] según la definen los especialistas en estética

[26] Umberto Eco, *Lector in fabula*, Lumen, Barcelona, 1981, p. 76. Cf. también Hans Robert Jauss, *Pour une esthétique de la reception*, Gallimard, París, 1978, y Wolfang Iser, *The Act of Reading: a Theory of Aesthetic Response,* Routledge & Kegan y The John Hopkins University Press, Londres, 1978.

[27] Nicos Hadjinicolaou, *La producción artística frente a sus significados*, Siglo XXI, México, 1981.

[28] Véase especialmente U. Eco, *op. cit.*, caps. 3 y 4.

de la recepción. Se nos presenta un problema equivalente al que hallamos cuando Becker habla de cooperación entre los miembros del mundo del arte. ¿Podemos eliminar el dilema de decidir entre el grado de corrección y el grado de aberración en las lecturas? ¿Se puede hacer decir cualquier cosa a un texto, o existen maneras de arbitrar entre las múltiples interpretaciones? Y aunque sea difícil pasar de las relaciones culturales a la base social: ¿cómo se relacionan las operaciones de definición y control de las interpretaciones con las posiciones y estrategias sociales de los agentes?

La asimetría que casi todos los autores de la estética de la recepción examinan como si sólo ocurriera entre el texto y el lector, es una asimetría también entre los miembros del campo artístico. Más aún: entre los poderes desiguales de artistas, difusores y público que dan a cada uno capacidades diferentes de configurar las interpretaciones que serán juzgadas más legítimas. El conflicto por la consagración de la lectura legítima debe ser incluido en el análisis. De ahí la importancia de estudiar, como algunos especialistas del campo literario, los "pactos de lectura" que se establecen entre productores, instituciones, mercado y público para hacer posible el funcionamiento de la literatura. En la medida en que se logran estos pactos se reduce la arbitrariedad de las interpretaciones, los desencuentros entre la oferta y la recepción. Se definen acuerdos acerca de lo que podemos llamar *la comunidad hermenéutica posible* en una sociedad y un tiempo dados, que permiten a los artistas y escritores saber qué grados de variabilidad e innovación pueden manejar para relacionarse con qué públicos, a las instituciones definir políticas de comunicación, y a los receptores entender mejor en qué puede consistir su actividad productora de sentido.

Es evidente que estas cuestiones se relacionan con el debate acerca de cómo articular las innovaciones y la democratización de la cultura. ¿Cómo podría reformularse dicho debate en medio de las condiciones limitadas de desarrollo de los campos culturales autónomos y de su democratización en América Latina?

En México los encuentros y desencuentros entre la política cultural hegemónica y la recepción, se explican por la historia de las transformaciones y los pactos culturales. La asistencia masiva a los museos es resultado de los programas de difusión cultural emprendidos a lo largo de décadas, en tanto las dificultades para apropiarse del arte contemporáneo internacional derivan de que esa difusión no resolvió sino parcialmente la desigualdad. El gusto ecléctico del público, que mezcla los principios de las tradiciones plásticas mexicanas con una concepción idealista y romántica del arte, puede correlacionarse con las oscilaciones del Estado entre la promoción de una cultura nacional-popular, no mercantil, y, por otra parte, la concepción del sistema de museos y la educación artística como escenarios de consagración individual de acuerdo con la estética de las bellas artes.

Lugar de sedimentación y cruce de corrientes culturales diversas, fusión no resuelta, el consumo artístico testimonia las contradicciones de la historia social. En vez de ver en el consumo el eco dócil de lo que la política cultural o alguna manipulación perversa quiere hacer con el público, hay que analizar cómo su propia dinámica conflictiva acompaña y remeda las oscilaciones del poder. ¿No está hecha la hegemonía de este tipo de coincidencias y complicidades entre sociedad y Estado, más que de las imposiciones de éste hacia aquélla? ¿No es esta complicidad, lograda desde posiciones relativamente diferentes, la clave de que ambos se reconozcan, se sientan mutuamente representados? ¿No sería esta complicidad, que reaparecerá en los capítulos siguientes sobre usos sociales del patrimonio histórico y de la cultura popular, uno de los secretos culturales de la estabilidad del régimen político?

Ya estamos aclarando que este replanteo sobre las relaciones entre política cultural y consumo, en oposición al modelo deductivista que analiza las políticas como acciones impuestas por el Estado a la sociedad civil, no conduce a imaginar una especie de armonía entre ambos. Reconocer el papel relativamente independiente de los consumidores y, por tanto, su especificidad como objeto de estudio, no implica olvidar su posición subordinada. Afirmar que la cultura de los receptores tiene una historia diferente, paralela a las estrategias de los emisores hegemónicos, no quiere decir que la política cultural no haya sido en México un proyecto deliberado de los gobernantes, ejercido a través de conflictos y luchas, de transacciones y pactos socioculturales.

En estas vacilaciones y contradicciones irresueltas del consumo se manifiestan las ambigüedades de la modernización, la coexistencia de tradiciones culturales diversas y la desigual apropiación del patrimonio. En las opiniones y los gustos del público aparecen el éxito —relativo— y el fracaso —relativo— de la modernización social y el modernismo cultural. ¿Cuál es entonces la eficacia del proyecto innovador y democratizador? Tal vez México sea el país latinoamericano donde la respuesta a esta pregunta resulta más compleja y más densa, porque tuvo la experiencia más *temprana* de revolución moderna en una sociedad que no quiso renunciar a sus tradiciones precolombinas y coloniales, una experiencia que pudo ser más *radical y prolongada* porque desplegó una política continua destinada a popularizar la cultura y desarrollar fuentes simbólicas propias, con cambios de rumbo pero sin las alteraciones bruscas de los golpes de Estado sufridos en otros países. La conclusión es que la cultura moderna ha sido compartida por una minoría (mucho más amplia, es evidente, que si no hubiera habido revolución) y que las culturas étnicas o locales no se fusionaron plenamente en un sistema simbólico nacional, aunque tampoco ya pueden ser ajenas a él. Ni el proyecto modernizador ni el unificador triunfaron totalmente. Pero su éxito relativo tampoco autoriza utopías tradicionalistas. Dicho de otro modo: no llegamos a *una* modernidad, sino a varios procesos desiguales y combinados de modernización. Por eso hoy el rasgo más definido, el adjetivo menos indeciso en el discurso de los funcionarios culturales, no es el de nacionalista o indigenista moderno, sino el que designa a la sociedad como "pluralista". Pero ¿qué puede significar hoy esta palabra?

Cuando entrevistamos a esos vastos públicos que iban por primera vez a un museo, hallamos respuestas muy diversas. En las exposiciones más afines a su sensibilidad, la de Rodin la de Kahlo-Modotti, la mayoría expresaba el goce estético que las obras le despertaban. Pero el desconcierto frente a Moore, las frases lacónicas con que respondían a nuestras preguntas y el paso rápido para atravesar la exposición, eran formas de decir que a veces no sabían para qué los habían hecho ir a ver las obras la radio, la televisión o la escuela. Al ver que en todas las exposiciones analizadas alrededor de la mitad de los visitantes iba por primera vez al museo, inferimos que una alta proporción de quienes asisten no regresan, o al menos no adquieren el hábito de ir con frecuencia En vista de estas reacciones, ¿es deseable que *todos* asistan a las exposiciones de arte?

¿Para qué sirve una política que trata de abolir la heterogeneidad cultural? Para suprimir algunas diferencias y marcar otras. Divulgar masivamente lo que algunos entendemos por "cultura" no siempre es la mejor manera de fomentar la participación democrática y la sensibilización artística. Porque la divulgación masiva del arte "selecto", al mismo tiempo que una acción socializadora, es un procedimiento para afianzar la distinción de quienes lo conocen, los que son capaces de separar forma y función, los que saben usar el museo. Los mecanismos de reforzamiento de la distinción suelen ser recursos para reproducir la hegemonía.

La utopía de socializar la cultura moderna, intentada por las revoluciones latinoamericanas, desde la mexicana a la nicaragüense, y por regímenes populistas, ha reducido la desigualdad en la apropiación de algunos bienes considerados de interés común. Pero esos movimientos han llegado a topes bastante lejanos del humanismo moderno que veía como una prolongación de la lucha contra la injusticia económica el abolir las divisiones entre científicos y trabajadores, artistas y pueblo, creadores y consumidores. Si revisamos los discursos de esos movimientos de democratización radical, aparece en muchos una concepción homogeneizante de la igualdad que se parece a los proyectos de expansión ilimitada del mercado comunicacional. No ignoramos las diferencias éticas y políticas entre la acción de los promotores culturales y la proliferación mercantil de las comunicaciones masivas. Lo que queremos problematizar es el supuesto de que los museos y otras instituciones culturales cumplirían mejor su función cuanto más público reciban, y que la televisión y la radio son exitosas porque alcanzan audiencias millonarias. (Una prueba de que este supuesto es común a ambos lo encontramos en el hecho de que el museo y los medios, el Estado y las empresas privadas, evalúan sus resultados mediante la cuantificación de sus públicos y casi nunca realizan estudios cualitativos sobre el modo en que sus mensajes son recibidos y procesados.)

Iré todavía más lejos. Se advierte a veces una complicidad entre las evaluaciones cuantitativas del consumo, la desatención a las necesidades cualitativas —y diversas— de sectores diferentes y un cierto autoritarismo. La democratización de la cultura es pensada como si se tratara de anular la distancia y la diferencia entre artistas y público. ¿Por qué perseguir una correspondencia entre artistas y receptores? Es base de una sociedad democrática crear las condiciones para que todos tengan acceso a los bienes culturales, no sólo materialmente sino disponiendo de los recursos previos —educación, formación especializada en el campo— para entender el significado concebido por el escritor o el pintor. Pero hay un componente autoritario cuando se quiere que las interpretaciones de los receptores coincidan enteramente con el sentido propuesto por el emisor. Democracia es pluralidad cultural, polisemia interpretativa. Una hermenéutica o una política que cierra la relación de sentido entre artistas y público es empíricamente irrealizable y conceptualmente dogmática.

Tampoco se trata sólo de buscar una comunidad cultural cooperativa y plural. Las diferencias basadas en desigualdades no se arreglan con democracia formal. No basta dar iguales oportunidades a todos si cada sector llega al consumo, entra al museo o a la librería, con capitales culturales y *habitus* dispares. Si bien el relativismo cultural, que admite la legitimidad de las diferencias, es una conquista de la modernidad, no podemos compartir la conclusión que algunos sacan de que la democratización modernizadora no debe manejar valores ni jerarquizarlos.

Podemos concluir que una política democratizadora es no sólo la que socializa los bienes "legítimos", sino la que problematiza lo que debe entenderse por cultura y cuáles son los derechos de lo heterogéneo. Por eso, lo primero que hay que cuestionar es el valor de aquello que la cultura hegemónica excluyó o subestimó para constituirse. Hay que preguntarse si las culturas predominantes —la occidental o la nacional, la estatal o la privada— son capaces únicamente de reproducirse, o también puede crear las condiciones para que sus formas marginales, heterodoxas, de arte y cultura se manifiesten y se comuniquen.

En esta línea, el estudio del consumo, que proponemos como referente para evaluar las políticas culturales, no puede quedarse en conocer los efectos de las acciones hegemónicas. Debe problematizar los principios que organizan esa hegemonía, que consagran la legitimidad de un tipo de bienes simbólicos y un modo de apropiarlos. Una política es democrática tanto por construir espacios para el reconocimiento y el desarrollo colectivos como por suscitar las condiciones reflexivas, críticas, sensibles para que sea pensado lo que obstaculiza ese reconocimiento. Quizá el tema central de las políticas culturales sea hoy cómo construir sociedades con proyectos democráticos compartidos por todos sin que igualen a todos, donde la disgregación se eleve a diversidad y las desigualdades (entre clases, etnias o grupos) se reduzcan a diferencias.

Capítulo IV

EL PORVENIR DEL PASADO

El mundo moderno no se hace sólo con quienes tienen proyectos modernizadores. Cuando los científicos, los tecnólogos y los empresarios buscan a sus clientes deben ocuparse también de lo que resiste a la modernidad. No sólo por el interés de expandir el mercado, sino para legitimar su hegemonía los modernizadores necesitan persuadir a sus destinatarios que —al mismo tiempo que renuevan la sociedad— prolongan tradiciones compartidas. Puesto que pretenden abarcar a todos los sectores, los proyectos modernos se apropian de los bienes históricos y las tradiciones populares.

La necesidad que tienen tradicionalistas y renovadores de apoyarse unos en otros lleva a alianzas frecuentes de grupos culturales y religiosos fundamentalistas con grupos económicos y tecnocráticos modernizadores. En la medida en que sus posiciones son, en ciertos puntos, objetivamente contradictorias, esas alianzas a menudo se quiebran o alojan tensiones explosivas. Para entender el ambivalente desarrollo de la modernidad, es preciso analizar la estructura sociocultural de

149

esas contradicciones.

Sin embargo, en los estudios y debates sobre la modernidad latinoamericana la cuestión de los usos sociales del patrimonio sigue ausente. Pareciera que el patrimonio histórico fuese competencia exclusiva de restauradores, arqueólogos y museólogos: los especialistas en el pasado. En este capítulo indagaré cómo interviene el sentido histórico en la constitución de agentes centrales para la constitución de identidades modernas, como son las escuelas y los museos, cuál es el papel de los ritos y las conmemoraciones en la renovación de la hegemonía política. Hay que analizar las funciones del patrimonio histórico para explicar por qué los fundamentalismos —o sea la idealización dogmática de esos referentes en apariencia extraños a la modernidad— se reactivan en los últimos años.

Precisamente porque el patrimonio cultura! se presenta como ajeno a los debates sobre la modernidad constituye el recurso menos sospechoso para garantizar la complicidad social. Ese conjunto de bienes y prácticas tradicionales que nos identifican como nación o como pueblo es apreciado como un don, algo que recibimos del pasado con tal prestigio simbólico que no cabe discutirlo. Las únicas operaciones posibles —preservarlo, restaurarlo, difundirlo— son la base más secreta de la simulación social que nos mantiene juntos. Ante la magnificencia de una pirámide maya o inca, de palacios coloniales, cerámicas indígenas de hace tres siglos o la obra de un pintor nacional reconocido internacionalmente, a casi nadie se le ocurre pensar en las contradicciones sociales que expresan. La perennidad de esos bienes hace imaginar que su valor es incuestionable y los vuelve fuente del consenso colectivo, más allá de las divisiones entre clases, etnias y grupos que fracturan a la sociedad y diferencian los modos de apropiarse del patrimonio.

Por eso mismo, el patrimonio es el lugar donde mejor sobrevive hoy la ideología de los sectores oligárquicos, es decir, el tradicionalismo sustancialista. Fueron esos grupos —hegemónicos en América Latina desde las independencias nacionales hasta los años treinta de este siglo, dueños "naturales" de la tierra y la fuerza de trabajo de las otras clases— los que fijaron el alto valor de ciertos bienes culturales: los centros históricos de las grandes ciudades, la música clásica, el saber humanístico. Incorporaron también algunos bienes populares bajo el nombre de "folclor", marca que señalaba tanto sus diferencias respecto del arte como la sutileza de la mirada culta, capaz de reconocer hasta en los objetos de los "otros" el valor de lo genéricamente humano.

La confrontación de esta ideología con el desarrollo moderno —desde la industrialización y la masificación de las sociedades europeas en los siglos XVIII y XIX— generó reactivamente una visión metafísica, ahistórica, del "ser nacional", cuyas manifestaciones superiores, procedentes de un origen mítico, sólo existirían hoy en los objetos que lo rememoran. La conservación de esos bienes arcaicos tendría poco que ver con su utilidad actual. Preservar un sitio histórico, ciertos muebles y costumbres, es una tarea sin otro fin que el de guardar modelos estéticos y simbólicos. Su conservación inalterada atestiguaría que la esencia de ese pasado glorioso sobrevive a los cambios.

El interés contemporáneo del patrimonio tradicional residiría en beneficios "espirituales" difíciles de ponderar, pero de cuya permanencia dependería la salud presente de los pueblos. Frente a las "catástrofes" de la modernización, de las nuevas tecnologías y de las ciudades anónimas, el campo y sus tradiciones representarán la última esperanza de "redención". ¿Qué es la provincia para usted?, preguntaron al folclorista argentino Félix Coluccio a fines de 1987; él contestó:

> Es el alma del país. Cuando pienso en una salvación posible, veo que sólo podría llegar desde allá. En el interior están más seguros la permanencia de los valores culturales, el respeto a la tradición, y, sobre todo, el hecho de que las comunidades hacen algo trascendente por ellos respetando su identidad.[1]

LA TEATRALIZACIÓN DEL PODER

Entender las relaciones indispensables de la modernidad con el pasado requiere examinar las operaciones de ritualización cultural. Para que las tradiciones sirvan hoy de legitimación a quienes las construyeron o las apropiaron, es necesario ponerlas en escena. El patrimonio existe como fuerza política en la medida en que es teatralizado: en conmemoraciones, monumentos y museos. En nuestra América, donde el analfabetismo comenzó a ser minoritario hace pocos años y no en todos los países, no es extraño que la cultura haya sido

[1] Carlos Ulanovsky, "El alma del país está en el interior. Conversación con Félix Coluccio", *Clarín*, Buenos Aires, 22 de noviembre de 1987, p. 18.

predominantemente visual. Ser culto, entonces, es aprehender un conjunto de conocimientos, en gran medida icónicos, sobre la propia historia, y también participar en los escenarios donde los grupos hegemónicos hacen que la sociedad se dé a sí misma el espectáculo de su origen. A diferencia de los análisis habituales sobre ideología, que explican la organización del sentido social a través de la producción y circulación de ideas, me detendré principalmente en la construcción visual y escénica de la significación.

La teatralización de la vida cotidiana y del poder comenzó a ser estudiada hace pocos años por interaccionistas simbólicos y estructuralistas, pero antes había sido reconocida por escritores y filósofos que vieron en ella un ingrediente clave en la constitución de la burguesía, de la cultura del burgo, de la ciudad. Hay antecedentes de la concepción de la vida como teatro en las *Leyes* de Platón o en el *Satiricón* de Petronio, pero aquí lo que interesa es el sentido moderno de la escenificación que unos hombres hacemos no ante la divinidad sino ante otros hombres, al modo en que empezaron a observarlo Diderot, Rousseau y Balzac: la actuación social como puesta en escena, simulacro, espejo de espejos, sin modelo original. En medio de la secularización, que hizo descender las normas sociales del cielo a la tierra, de los ritos sagrados al debate cotidiano, pareciera que el patrimonio cultural es el lugar más resistente a este proceso.

La teatralización del patrimonio es el esfuerzo por simular que hay un origen, una sustancia fundante, en relación con la cual deberíamos actuar hoy. Ésta es la base de las políticas culturales autoritarias. El mundo es un escenario, pero lo que hay que actuar ya está prescrito. Las prácticas y los objetos valiosos se hallan catalogados en un repertorio fijo. Ser culto implica conocer ese repertorio de bienes simbólicos e intervenir correctamente en los rituales que lo reproducen. Por eso las nociones de colección y ritual son claves para desconstruir los vínculos entre cultura y poder.

El fundamento "filosófico" del tradicionalismo se resume en la certidumbre de que hay una coincidencia ontológica entre realidad y representación, entre la sociedad y las colecciones de símbolos que la representan. Lo que se define como patrimonio e identidad pretende ser el reflejo fiel de la esencia nacional. De ahí que su principal actuación dramática sea la conmemoración masiva: fiestas cívicas y religiosas, aniversarios patrióticos, y, en las sociedades dictatoriales, sobre todo restauraciones. Se celebra el patrimonio histórico constituido por los acontecimientos fundadores, los héroes que los protagonizaron y los objetos fetichizados que los evocan. Los ritos legítimos son los que escenifican el deseo de repetición y perpetuación del orden.

La política autoritaria es un teatro monótono. Las relaciones entre gobierno y pueblo consisten en la puesta en escena de lo que se supone es el patrimonio definitivo de la nación. Sitios históricos y plazas, palacios e iglesias, sirven de escenario para representar el destino nacional, trazado desde el origen de los tiempos. Los políticos y sacerdortes son los actores vicarios de este drama.

Bertolt Brecht, que aplicó su saber profesional a develar la manera en que actores no profesionales utilizan las técnicas teatrales, observó cómo construía Hitler sus papeles en situaciones diversas: el amante de la música, el soldado desconocido en la segunda guerra mundial, el alegre y dadivoso camarada del pueblo, el afligido amigo de la familia. Hitler hacía todo con gran énfasis, especialmente cuando representaba personajes heroicos, extendía la pierna y apoyaba íntegramente la planta del pie para volver su paso majestuoso. Pero no basta con que el protagonista aprenda dicción y movimientos espectaculares, como Hitler los adquirió tomando clases con el actor Basil en Munich y políticos más recientes en Hollywood. Hoy sabemos que toda política está hecha, en parte, con recursos teatrales: las inauguraciones de lo que no se sabe si va a tener presupuesto para funcionar, las promesas de lo que no puede cumplirse, el reconocimiento público de los derechos que se negarán en privado.

No logro decirlo con la elocuencia de Brecht.

Los mensajes de los hombres de Estado, escribía hace medio siglo, no son arranques impulsivos y espontáneos. Son elaborados y reelaborados desde muchos puntos de vista y se fija una fecha para su lectura.

Aun así, se corre la voz entre el público —"porque el pueblo se transforma en público"— de que nadie sospecha lo que el estadista va a decir. Llegado el momento, sin embargo, no habla como alguien extraordinario sino como un hombre de la calle. Busca que quienes lo escuchan se identifiquen con él. Entonces

...entabla un duelo personal con otros individuos, con ministros extranjeros o con políticos. Lanza furibundas imprecaciones al estilo de los héroes homéricos, pregona su indignación, da a entender que está haciendo un gran esfuerzo para no saltarle al cuello al adversario: lo desafía llamándolo por su nombre, se burla de él.[2]

La contención y el suspenso, lo que no se nombra, son tan importantes como lo que se dice. El sentido dramático de la conmemoración se acentúa con los silencios, mientras se ofrece el escenario ritual para que todos compartan un saber que es un conjunto de sobreentendidos. Es cierto, no obstante, que una situación así puede tener un valor positivo. Todo grupo que quiere diferenciarse y afirmar su identidad hace uso tácito o hermético de códigos de identificación fundamentales para la cohesión interna y para protegerse frente a extraños. En los regímenes conservadores, cuya política cultural suele reducirse a la administración del patrimonio preexistente y a la reiteración de interpretaciones establecidas, las ceremonias son acontecimientos que, a fin de cuentas, sólo celebran la redundancia. Buscan la mayor identificación del público-pueblo con el capital cultural acumulado, con su distribución y usos vigentes. Nada mejor que los antiguos edificios y su estilo, la historia de uso escolar y las imágenes convencionales para representarla. Para el conservadurismo patrimonialista, el fin último de la cultura es convertirse en naturaleza. Ser natural como un don.

La escuela es un escenario clave para la teatralización del patrimonio. Transmite en cursos sistemáticos el saber sobre los bienes que constituyen el acervo natural e histórico. Al enseñar geografía se dice qué es y dónde termina el territorio de la nación; en el estudio de la historia se relatan los acontecimientos en que se logró fijar esos límites en lucha contra adversarios externos e internos. Pocos lo han formulado con la claridad de Domingo F. Sarmiento, fundador del sistema escolar laico en la Argentina ("padre del aula" dice el himno que cantan los alumnos) y uno de los organizadores de la sociedad moderna en ese país. Su lema "civilización o barbarie" diferencia el polo indígena-mestizo, inculto, del desarrollo progresista y educado, definido por los grupos criollos, que hizo posible la existencia de la nación. La educación liberal que él fundó, con el mérito de liberarla de

---

[2] Bertolt Brecht, *Escritos sobre teatro*, tomo 2, Nueva Visión, Buenos Aires, 1973, p. 163.

la tutela religiosa, separa sin embargo un patrimonio legítimo —sagrado desde cierto punto de vista—, en el que podrían reconocerse los "mejores" habitantes del país, y excluye
a los pobladores originarios del territorio. El programa escolar separa con ese corte fundador los hechos históricos que
fueron estableciendo las maneras correctas de ocupar el espacio nacional: "El pasaje del inculto y rudo nómada al colono
trabajador, del vago al campesino".[3]

Estos significados no se "inculcan" sólo a través de los contenidos conceptuales de la enseñanza. Son motivo de celebraciones, festejos, exposiciones y visitas a los lugares míticos,
todo un sistema de rituales en el que se ordena, rememora y
afianza periodicamente la "naturalidad" de la demarcación que
fija el patrimonio originario y "legítimo". Batallán y Díaz
demuestran que la ritualidad cotidiana, la disciplina escolar
y su peculiar lenguaje colaboran en esta tarea: cuando se
transgrede el orden, los maestros acostumbran decir que en
la escuela "no hay que comportarse como salvajes"; para pasar
del patio del recreo al aula se aduce que "se acabó la hora de
los indios".[4]

A esta altura cabe aclarar que no se niega aquí la necesidad
de las ceremonias conmemorativas de acontecimientos fundadores, indispensable en todo grupo para dar densidad y
arraigo histórico a su experiencia contemporánea. Tampoco
pretende ignorarse el valor de los rituales escolares, reconocido por estudios etnográficos, para organizar los vínculos entre maestros y alumnos, formar consenso sobre las actividades a desarrollar y realizar los aprendizajes que requieren de
"mecanizaciones". Pero, como señalan tales estudios, la excesiva ritualización —con un solo paradigma, usado dogmáticamente— condiciona a sus practicantes para que se comporten
de manera uniforme en contextos idénticos, e incapacita para
actuar cuando las preguntas son diferentes y los elementos de
la acción están articulados de otra manera.

En los procesos sociales, las relaciones altamenie ritualizadas
con un único y excluyente patrimonio histórico —nacional

---

[3] Graciela Batallán y Raúl Díaz, *Salvajes, bárbaros y niños. La definición del
patrimonio en la escuela primaria,* mimeo.

[4] Elsie Rockwell, "De huellas, bandas y veredas: una hisioria cotidiana en la
escuela", en E. Roekwell y Ruth Mercado, *La escuela, lugar del trabajo docente.* Departamento de Investigaciones Educativas, IPN, México, 1986, pp. 21-22. Cf. también de Patricia Safa, *Socialización infantil e identidad popular,* tesis de Maestría en
Antropología Social, Escuela Nacional de Antropología e Historia, México, 1986.

o regional—, dificultan el desempeño en situaciones cambiantes, los aprendizajes autónomos y la producción de innovaciones. En otras palabras, el tradicionalismo sustancialista inhabilita para vivir en el mundo contemporáneo, que se caracteriza, como luego tendremos ocasión de analizar, por su heterogeneidad, movilidad y desterritorialización.

No obstante, el tradicionalismo aparece muchas veces como recurso para sobrellevar las contradicciones contemporáneas. En esta época en que dudamos de los beneficios de la modernidad, se multiplican las tentaciones de retornar a algún pasado que imaginamos más tolerable. Ante la impotencia para enfrentar los desórdenes sociales, el empobrecimiento económico y los desafíos tecnológicos, ante la dificultad para entenderlos, la evocación de tiempos remotos reinstala en la vida contemporánea arcaísmos que la modernidad había desplazado. La conmemoración se vuelve una práctica compensatoria: si no podemos competir con las tecnologías avanzadas, celebremos nuestras artesanías y técnicas antiguas; si los paradigmas ideológicos modernos parecen inútiles para dar cuenta del presente y no surgen nuevos, re-consagremos los dogmas religiosos o los cultos esotéricos que fundamentaron la vida antes de la modernidad.

La exhumación de lo premoderno no se queda en fugas individuales. Las últimas dictaduras latinoamericanas acompañaron la restauración del orden social intensificando la celebración de los acontecimientos y símbolos que los representan: la conmemoración del pasado "legítimo", el que corresponde a la "esencia nacional", a la moral, la religión y la familia, pasa a ser la actividad cultural preponderante. Participar en la vida social es cumplir con un sistema de prácticas ritualizadas que dejan fuera "lo extranjero", lo que desafía el orden consagrado o promueve el escepticismo. Para que los golpes de Estado fuesen innecesarios en el futuro, los militares argentinos recomendaban volver a la época de grandeza original de la Nación, interrumpida a fines del siglo XIX por la "conjunción del racionalismo científico, el maquinismo, el romanticismo y la democracia".[5] Es obvio que para regresar tan atrás hay que vaciar el presente de muchos productos

---

[5] La fórmula aparece en un discurso del secretario de Cultura, Raúl Casa, pero fue constante en el discurso oficial de esa época. Véase el estudio y la recopilación documental de Andrés Avellaneda, *Censura, autoritarismo y cultura. Argentina 1960-1983*, tomos 1 y 2, Centro Editor de América Latina, Buenos Aires, 1986.

culturales, como se vio en la Argentina de la última dictadura, cuando fueron prohibidos libros y exposiciones de pintura, películas y programas de televisión, música foránea y hasta canciones folclóricas y tangos irreverentes.

Aun después de que la Argentina recuperó la democracia, movimientos fundamentalistas siguen agrediendo a la modernidad, el liberalismo político y sexual, la experimentación artística y científica. Atacan la puesta en escena de *Galileo Galilei* y otras obras de Brecht, las de Darío Fo que ironizan el fanatismo religioso. La iglesia amenazó con la excomunión a los diputados que discutían —¡en 1986!— la legalización del divorcio, el pluralismo en la educación pública y la creación cultural.

En México, grupos de fanáticos católicos irrumpieron en museos de arte en enero de 1988, para impedir la exhibición de pinturas con el motivo de la Virgen de Guadalupe, que alteraban la imagen ortodoxa. Pidieron la expulsión del país del director del Museo de Arte Moderno y la reclusión psiquiátrica de los artistas que representaron a la virgen con el rostro de Marilyn Monroe, a Cristo con el de Pedro Infante y guantes de boxeador. Los espacios públicos en los que desde el siglo XIX fue prohibida por ley toda ceremonia religiosa, eran emblemáticamente reconquistados por quienes, con celebraciones de la Virgen en el museo, y con la restauración de la iconografía tradicional, imaginan conjurar las contradicciones del presente. Parecen desconocer que las imágenes canónicas son producto de convenciones figurativas relativamente arbitrarias: los rostros de muchas vírgenes admitidas por la iglesia han sido modelados a partir de amantes de reyes, papas y de los propios artistas; en cuanto a la Virgen de Guadalupe, la morfología renacentista de su rostro, el color moreno de la piel que favoreció su identificación con los indígenas y los múltiples cambios a los que fue sometida a lo largo de su historia, desde las representaciones cinematográficas hasta las pop y kitsch del arte chicano,[6] vuelven extravagante la pretension de adjudicar su *rating* a un modelo puro. Más bien sugieren que la extensión del fervor se basa en la fusión de lo hispánico y lo indio, en la diversidad de contextos interculturales posteriores en que fue insertada y en la versatilidad siempre híbrida de sus reinterpretaciones.

---

[6] Teresa del Conde, "Censura" y "La Virgen, una madona del Apocalipsis", *La Jornada, 28 y 29* de enero de 1988, p. 18.

La conmemoración tradicionalista se asienta a menudo sobre el desconocimiento del pasado. Dado que esta versión de lo culto es sostenida por grupos oligárquicos, puede suponerse que su "ignorancia" se debe al interés por preservar los privilegios que conquistaron en el periodo idealizado. Pero ¿cómo explicar que esta necesidad de negar la complejidad del pasado, las impurezas del mestizaje y las innovaciones con que la cultura acompaña los cambios sociales reciba adhesiones fogosas de sectores populares? Volveremos sobre esta pregunta en el capítulo dedicado a lo popular. Adelantamos por ahora que el fin último de la celebración autoritaria parece ir más allá de los intereses de la clase hegemónica que la auspicia. Lo que pretenden grupos tan diversos al espiritualizar la producción y el consumo de cultura, al desligarla de lo social y lo económico, al eliminar toda experimentación y reducir la vida simbólica de la sociedad a la ritualización de un orden nacional o cósmico afirmado dogmáticamente, es, en el fondo, neutralizar la inestabilidad de lo social.

¿SON POSIBLES LOS MUSEOS NACIONALES DESPUÉS DE LA CRISIS DEL NACIONALISMO?

Si el patrimonio es interpretado como repertorio fijo de tradiciones, condensadas en objetos, precisa de un escenario-depósito que lo contenga y proteja, un escenario-vitrina para exhibirlo. El museo es la sede ceremonial del patrimonio, el lugar en que se le guarda y celebra, donde se reproduce el régimen semiótico con que los grupos hegemónicos lo organizaron. Entrar a un museo no es simplemente ingresar a un edificio y mirar obras, sino a un sistema ritualizado de acción social.

Durante mucho tiempo, los museos fueron vistos como espacios fúnebres donde la cultura tradicional se conservaría solemne y aburrida, replegada sobre sí misma. "Los museos son el último recurso de un domingo de lluvia", dijo Heinrich Böll. Desde los años sesenta un intenso debate sobre su estructura y función, con renovaciones audaces, ha cambiado su sentido. Ya no son sólo instituciones para la conservación y exhibición de objetos, ni tampoco fatales refugios de minorías.

Los visitantes a los museos norteamericanos, que en 1962 alcanzaban los 50 millones, superaron en 1980 la población total de ese país. En Francia, los museos reciben más de 20 millones de personas por año, y sólo el Centro Pompidou supera los 8 millones, como evidencia del atractivo que puede suscitar un nuevo tipo de institución: además del Museo de Arte Moderno, ofrece exposiciones temporales de ciencia y tecnología, libros, revistas y discos para usar en autoservicio, en fin, la atmósfera estimulante de un centro cultural polivalente. Las estadísticas europeas indican que la asistencia a museos aumenta, mientras decrece en los últimos años el número de espectadores de teatro y cine.[7] Los museos, como medios masivos de comunicación, pueden desempeñar un papel significativo en la democratización de la cultura y en el cambio del concepto de cultura.

Otros signos de vitalidad se hallan en la renovación arquitectónica y museográfica que ha refrescado a museos tradicionales (el Louvre, el Whitney de Nueva York, la National Gallery de Washington) y convertido a algunos en testimonios sobresalientes de la innovación estética (el Guggenheim, el Pompidou, la Neue Staatsgalerie de Stuttgart). "Se acabaron las peregrinaciones de rodillas" a "museos sin luz, con baños inencontrables y cafeterías inexistentes", donde el arte era objeto de trabajo y no de placer, exclamaba Marta Traba al descubrir los nuevos museos norteamericanos. Reemplazan a veces a la plaza pública, decía, porque son lugares de encuentro donde podemos pasar el día, comer y disfrutar.[8]

Los cambios en la concepción del museo —inserción en centros culturales, creación de ecomuseos, museos comunitarios, escolares, de sitio— y varias innovaciones escénicas y comunicacionales (ambientaciones, servicios educativos, introducción de video) impiden seguir hablando de estas instituciones como simples almacenes del pasado. Muchos museos retoman el papel que se les dio desde el siglo XIX, cuando fueron abiertos al público, complementando a la escuela, para definir, clasificar y conservar el patrimonio histórico, vincular las expresiones simbólicas capaces de unificar las regiones y las clases de una nación, ordenar la continuidad entre el pasado y el presente, entre lo propio y lo extranjero. Hoy debemos reconocer que las alianzas, involuntarias o deliberadas, de los museos con los medios masivos y el turismo, han sido más eficaces para la difusión cultural que los intentos de los artistas por sacar el arte a la calle.

---

[7] *Políticas culturales en Europa*, Ministerio de Cultura de España, p. 43.

[8] Marta Traba, "Preferimos los museos", *Sábado*, suplemento de *Unomásuno*, 247, México, 31 de julio de 1982, p. 15.

La crisis del museo no se ha cerrado. Una caudalosa bibliografía sigue interrogándose acerca del obstinado anacronismo de muchos de ellos, y de la violencia que ejercen sobre los bienes culturales al arrancarlos de su contexto originario y reordenarlos bajo una visión espectacular de la vida. Se debaten los cambios que necesita una institución marcada desde su origen por las estrategias más elitistas para reubicarse en la industrialización y la democratización de la cultura.[9]

Es innegable, de todas maneras, que muchos museos de Estados Unidos, Europa y Japón, son hoy para esos países instrumentos claves en la renovación de su hegemonía cultural doméstica e internacional, y para reconstruir las relaciones rituales con el saber y el arte. No es ésta la situación en América Latina. Por eso, la reflexión sobre el lugar de los museos en la política patrimonial puede servirnos para encontrar explicaciones a nuestro deficiente desarrollo cultural y nuestra peculiar inscripción en la modernidad occidental.

¿Por qué los museos son tan malos en América Latina? No todos, por supuesto. Algunos son citados como ejemplos por la bibliografía especializada: de México, el Museo Nacional de Antropología y el de Culturas Populares; El Museo del Oro en Bogotá; el de los Niños en Caracas, y también varios de arte en estos y otros países. Frente a esas excepciones hay centenares de museos con aspecto improvisado pero que siempre fueron así, donde persiste la concepción precontemporánea de amontonar las piezas en vitrinas que llegan hasta el techo de edificios monumentales.

En Perú, uno de los países con mayor riqueza arqueológica e histórica del continente, gran parte del patrimonio ha sido saqueado por nacionales y extranjeros. Sólo el 25 por ciento de los sesenta museos de ese país tiene programas de adquisición de obras, apenas cuatro cuentan con museógrafos y seis ofrecen visitas guiadas cada día. Únicamente siete museos han asegurado sus colecciones y uno tiene control de humedad en sus depósitos. La falta de disposición de los organismos

---

[9] Selecciono unos pocos títulos: Kenneth Hudson, *Museums for the 1980's*, MacMillan/UNESCO, Londres-París, 1975; Aurora León, *El museo. Teoría, praxis y utopía*, Cátedra, Madrid, 1978; L. Binni y G. Pinna, *Museo*, Garzanti, Milán, 1980; Dominique Poulot, "L'avenir du passé. Les musées en mouvement", *Le débat*, núm. 12, París, mayo de 1981. Y por supuesto la colección de la revista *Museum*, editada por la UNESCO. La mejor antología en español se halla en el libro compilado por Graciela Schmilchuk, *Museos: comunicación y educación*, Instituto Nacional de Bellas Artes, México, 1987.

gubernamentales para corregir esta situación, o al menos tomar conciencia de su gravedad, puede medirse por el hecho de que cuando Alfonso Castrillón reunió estos datos en la primera encuesta sobre museos peruanos, aplicada en 1982, no pudo conseguir financiamiento para su estudio y el Instituto Nacional de Cultura se negó a responderla porque la juzgó "indiscreta".[10]

Las tardías acciones en favor del patrimonio suelen ser obra de la sociedad civil, de empresas privadas o grupos comunitarios. En algunos países que alcanzaron a construir buenos museos de historia y arte —Brasil, Colombia, Venezuela—, gran parte de ellos pertence a bancos, fundaciones y asociaciones no estatales. Se concentran en las grandes ciudades, actúan desconectados entre sí y con el sistema educativo, en parte porque dependen de organismos particulares, y también por la falta de una política cultural orgánica a nivel nacional. Sirven más como conservadores de una pequeña porción del patrimonio, recurso de promoción turística y publicidad de empresas privadas, que como formadores de una cultura visual colectiva.

Es lógico que, entre los países latinoamericanos, sea México, por la orientación nacionalista de su política posrevolucionaria, el que más se ha ocupado de expandir la cultura visual, preservar su patrimonio e integrarlo en un sistema de museos, centros arqueológicos e históricos. En la primera mitad del siglo XX, la documentación y difusión del patrimonio se hizo a través de exposiciones temporales e itinerantes, las misiones culturales y el muralismo. Hubo estudios sobre las tradiciones y se formaron colecciones de objetos, pero sin el ademán consagratorio de larga duración que implica la exhibición en museos de una cultura nacional definitivamente establecida. La política educativa primaba sobre la de conservación, la resonancia pública y masiva sobre la concentración de bienes en edificios.

A partir de los años cincuenta, cuando se institucionalizó la revolución y las corrientes modernizadoras se impusieron en la política gubernamental, se ordena el patrimonio en museos diferenciados. El desarrollo industrial y turístico, la mayor profesionalización de artistas y científicos sociales, contribuyeron a separar lo histórico de lo artístico, lo tradicional de

---

[10] Alfonso Castrillón, "Encuesta: pobres y tristes museos del Perú", *Utópicos*, núms. 2-3, Lima, enero de 1983, pp. 7-9.

lo moderno, lo culto de lo popular. A fin de crear espacios propios de exhibición y consagración para cada sector surgió una compleja red de museos, que se multiplican cada sexenio y constituyen, junto con la escuela y los medios masivos, los escenarios para la clasificación y valoración de los bienes culturales. Aunque México tiene una potente literatura, su perfil cultural no fue erigido principlamente por escritores: desde los códices al muralismo, desde las calaveras de José Guadalupe Posada a las pinturas e historietas, desde los mercados artesanales al público masivo de los museos, la conservación y celebración del patrimonio, su conocimiento y uso, es básicamente una operación visual.

Los grandes museos mexicanos invalidan varios estereotipos con que suele descalificarse a estas instituciones. Muestran que el problema principal de los museos no es hoy su decadencia. Existen muchos ensimismados, que simplemente aglomeran objetos, pero también hay notables experiencias de renovación arquitectónica, museográfica y educativa. Otro lugar común, el que atribuye la expansión del público al incremento del turismo, es desmentido por las cifras. Sólo los museos mexicanos de Antropología e Historia (sin contar los de arte) recibieron en 1988 a 6 916 339 personas, de las cuales los extranjeros no superan el 20 por ciento.[11]

1. A fin de entender las estrategias con que los particulares y el Estado ponen en escena el patrimonio cultural, analizaremos dos casos representativos de las políticas museográficas desplegadas en México. Las elegimos también porque coinciden con las ensayadas en otros países latinoamericanos para insertar lo culto tradicional en la modernidad. La primera estrategia es la *espiritualización esteticista* del patrimonio. La segunda es la *ritualización histórica y antropológica*. Analizaremos ambas políticas con la intención de averiguar si sus modos de consagrar la cultura nacional pueden sostenerse en esta época de crisis radical de los nacionalismos

La estetización del patrimonio se aprecia ejemplarmente en el Museo de Arte Prehispánico Rufino Tamayo, de Oaxaca, creado por el pintor para exhibir su colección, con la ayuda de Fernando Gamboa. Sigue, en parte, las pautas de exhibición de los museos clásicos europeos, por ejemplo el Británico y el Louvre, que aún persisten en instituciones pretendidamente de avanzada, como ocurre en la colección de arte indígena del

---

[11] Información proporcionada por el Instituto Nacional de Antropología e Historia.

Museo Menil de Houston. Los objetos antiguos son separados de las relaciones sociales para las que fueron producidos; se impone a culturas que integraban el arte con la religión, la política y la economía, los criterios de autonomización de las esculturas y los cuadros inaugurados por la estética moderna; los objetos se convierten en *obras,* y su valor se reduce al juego formal que establecen por la vecindad con otros en ese espacio neutro, aparentemente fuera de la historia, que es el museo. Desprendidas de las referencias semánticas y pragmáticas, esas piezas son vistas según el sentido que les fijan las relaciones estéticas que establece entre ellas la sintaxis arbitraria del programa de exhibición.

Quienes organizaron el Museo Tamayo piensan que el valor artístico de los objetos es la mayor justificación para que sean expuestos. Escribieron a la entrada que

> ...si los autores anónimos de las obras aquí exhibidas no hubieran sido artistas, si sus manos no hubieran sido guiadas por un espíritu creador, estas obras estarían hoy olvidadas; habrían desaparecido en el momento en que desapareció el fin al que servían.

No niegan que el material presentado posea "una inmensa importancia como documento arqueológico, histórico y cultural, pero, ante todo y sobre todo, hoy existe como valor artístico independiente, accesible a cualquier sensibilidad despierta". El Museo se enorgullece de ser el primero del país

> ...que exhibe obras del pasado indígena mexicano como arte sin más, como fenómeno artístico. Por esta razón se ha renunciado en este Museo a ordenar las colecciones atendiendo a las diferentes culturas. Para presentarlas se ha adoptado el criterio de su secuencia cronológica, pero sin rigidez.

Por eso falta también información contextual. Con el pretexto de exaltar el arte antiguo de México, se le despoja de una de las claves de su valor: la función cotidiana o ceremonial por la cual los usuarios originales lo hicieron.

La museografía esteticista no expulsa la ceremonialidad del museo. Crea otro tipo de ritual, no el que daba sentido social a esas piezas, sino el de estos templos laicos fundados para celebrar la supremacía de la mirada culta. La solemnidad de los edificios, la complejidad de los mensajes que transmiten, las dificultades para entenderlos, obligan a actuar en ellos como quien representa dócilmente un texto dramático que prescribe la manera en que el visitante debe desplazarse, hablar, y sobre todo callar, si quiere que su acción tenga sentido.

Es innegable que esta clase de museos ha contribuido a acercar a las culturas, hacerlas conocerse entre sí y darnos pruebas visuales de una historia universal común. Al hacer patente que nuestro pueblo y nuestros antiguos artistas tienen una historia creativa, pero a la vez no son los únicos que crean, les debemos el haber hecho tambalear las mezquinas certezas del etnocentrismo mucho antes que los medios de comunicación masiva. Pero su uso de la estética de las bellas artes para juntar en el Louvre, el British Museum y el Metropolitan de Nueva York estatuas egipcias, templos persas y máscaras africanas, o unificar en el Museo Tamayo de Oaxaca los productos de diversas etnias anteriores a la integración nacional mexicana, refuerza las malas costumbres del expansionismo político e intelectual. Si bien contribuyen a concebir una belleza solidaria por encima de las diferencias geográficas y de cultura, también engendran una uniformidad que esconde las contradicciones sociales presentes en el nacimiento de esas obras. Las estatuas ya no se invocan, y en esos museos es imposible saber cómo y para qué las invocaban. Parece que las ollas nunca hubieran servido para cocinar ni las máscaras para la danza. Toda está allí para ser mirado.

La fascinación ante la belleza anula el asombro ante lo distinto. Se pide la contemplación, no el esfuerzo que debe hacer quien llega a otra sociedad y necesita aprender su lengua, sus maneras de cocinar y de comer, de trabajar y alegrarse. Estos museos sirven poco para relativizar los propios hábitos porque no se parecen al antropólogo que al ir a otro grupo se descentra de su universo, sino más bien a la computadora o al video que traen la información a nuestra casa y la adaptan a los esquemas conocidos. Entregan a los familiarizados con la estética culta una visión doméstica de la cultura universal.

2. El Museo Nacional de Antropología escenifica de otro modo el patrimonio mexicano. Sin descuidar la veneración estética, recurre a la *monumentalización* y la *ritualización nacionalista* de la cultura. Su origen se halla en el Museo Nacional, fundado en 1825, pero cambió varias veces de nombre, sede y funciones. La última etapa, que generó su fama internacional, comienza el 17 de septiembre de 1964, al inaugurarse en el Bosque de Chapultepec un moderno edificio de 45 000 metros cuadrados, con veinticinco salas de exhibición, amplios talleres, laboratorios, almacenes, cubículos para in-

vestigadores, una biblioteca de 250 000 volúmenes, teatro, auditorio, restaurante y librería.

En México existen varios museos nacionales, pero ningún otro es considerado, dentro y fuera del país, tan representativo de la mexicanidad. Suele atribuirse este privilegio al esplendor del edificio, el tamaño y la diversidad de su colección, y a que es el más visitado: en 1988, recibió 1 379 910 personas. Todo eso influye, pero pienso que el éxito reside sobre todo en la hábil utilización de recursos arquitectónicos y museográficos para fusionar dos lecturas del país: la de la ciencia y la del nacionalismo político.[12]

La convergencia de estas dos perspectivas está representada en la estructura del museo y en los recorridos que propone. El edificio forma un gigantesco rectángulo con dos alas laterales que se cierran al fondo, dejando un patio semiabierto en el centro. Si entramos por la derecha, empezamos por la introducción científica: la primera sala está dedicada a explicar la evolución del hombre. desde las preguntas del espectador común. "Qué nos dicen los huesos" se titula una de las secciones. Las piezas están escogidas por su valor científico, muchas por su belleza y también cuidando que todos los continentes tengan

[12] Las fotos del Museo Nacional de Antropología de México fueron tomadas por Lourdes Grobet.

una representación equilibrada. La sala tiene una síntesis final donde se afirma que "todos los hombres resuelven las mismas necesidades con diferentes recursos, y de distintos modos todas las culturas son igualmente valiosas".

Las secciones siguientes describen desde los orígenes la historia de Mesoamérica, luego cada región y cada uno de los principales grupos étnicos que hoy constituyen a México. La legitimación inicial de todas las culturas fundamenta científicamente el elogio de los indígenas que el Museo escenifica

mostrando los productos de su creatividad y el alto conocimiento alcanzado por algunas etnias.

Si ingresamos por la izquierda, las primeras salas nos presentan las zonas extremas del país, las culturas del norte y la de los mayas. En este caso, el recorrido termina con el discurso científico, que sirve entonces para totalizar y justificar el orden de los objetos y las explicaciones recibidas. El deslumbramiento suscitado por las piezas indígenas culmina en la forma de legitimación más consistente que ofrece la cultura moderna: el saber científico.

Por cualquiera de los dos itinerarios es evidente que la sala central, situada al fondo del edificio, donde se unen las dos alas laterales, es la más destacada. Debe subirse una rampa para entrar y ver la cultura de los mexicas, los que habitaron la región central del país, donde se levantó Tenochtitlan y hoy está la capital. No sólo por esto el Museo representa la unificación establecida por el nacionalismo político en el México contemporáneo. También porque reúne en la ciudad que es sede del poder piezas originales de todas las regiones. Sabemos que esto no se hizo sin protestas, y hubo casos en que las resistencias locales lograron retener objetos en el lugar nativo.[13] Pero la reunión de miles de testimonios de todo

[13] Un ejemplo célebre, la disputa entre el gobierno federal y el de Oaxaca por el tesoro de la tumba 7 de Monte Albán, presenta toda su complejidad política y cultural en el relato de Daniel Rubín de la Borbolla, dado en la entrevista a Ulises Ladislao, "Evolución de la museografía en México", *Información científica y tecnológica*, México, octubre 1986, vol. 8, núm, 21, pp. 14-15.

México certifica el triunfo del proyecto centralista, anuncia que aquí se produce la síntesis intercultural.

Esta concentración de objetos grandiosos y diversos es la primera base de la monumentalización del patrimonio. Bastó juntar en un solo edificio tantas piezas gigantescas: la piedra del sol o calendario azteca, la enorme cabeza de la serpiente de fuego, el muro de cráneos, mascarones y dinteles de fachadas, estelas y lápidas con relieves, pinturas murales, esculturas, columnas, atlantes, colosales ídolos para el nacimiento y la muerte, el viento y el agua, el maíz tierno y el maduro, la fertilidad y la guerra. No sólo el tamaño de muchas piezas genera el efecto monumental, sino su abigarramiento y exuberancia visual.

Los monumentos más enfáticos son los referidos a los acontecimientos fundadores de la nación. La sala de los orígenes se abre con un gran mural en el que varias personas llegan a América por el Estrecho de Bering y miran desde una montaña la gran extensión de tierra y hielo, con muchos animales, de los que se supone van a apropiarse con las lanzas. Poco después, el mismo efecto es producido por las enormes pinturas que muestran la fauna pleistocénica.

Otra referencia clave de la historia nacional es Teotihuacan. Al ingresar en esta sección, grandes letras sobre el mapa de México nos advierten: LUGAR DE DIOSES. Atravesamos una sala baja con una larga vitrina repleta de ollas y miniaturas, pasamos bajo un dintel minuciosamente decorado, aún más bajo, y de pronto se abre una enorme sala, de ocho metros de alto,

donde irrumpe a la derecha una pared del Templo de Quetzal-
cóatl, al frente reproducciones de grandes pinturas del Palacio
de los Caracoles Emplumados, a la izquierda la escultura
gigante de Chalchiuhtlicue, diosa del agua, y más atrás un
fotomural de 6 por 14 metros con la imagen de la Pirámide
del Sol.

Nos interesa este ejemplo para observar que la retórica
monumentalista no se construyó únicamente con lo gigantesco,
sino por su contraste con lo pequeño, e incluso por la acumulación de miniaturas. Lo mismo sucede en la sala mexica cuando
detrás de la gran piedra del sol encontramos un mercado con
más de 300 figuras humanas en miniatura que comercian
verduras, animales, alfarería, granos, huacales y cestas, todo
minúsculo, en unos cincuenta puestos. La aglomeración de
miniaturas en este mercado y en las vitrinas que se extienden
15 o 20 metros en una misma pared magnifica las piezas.

La reunión de miniaturas, cuando la estrategia discursiva
engrandece el significado, puede ser un modo de monumenta-
lizar. Nos acerca a la entidad abstracta o invisible aludida,
permite aprehenderla con una sola mirada. Lévi-Strauss ano-
taba que las pinturas de la Capilla Sixtina son un modelo
reducido, pese a sus dimensiones imponentes, porque el tema
que ilustran es el fin de los tiempos.[14] Cada miniatura que se

<hr />

[14] Claude Lévi-Strauss, *El pensamiento salvaje*, Fondo de Cultura Económica,
México, 1964, p. 44.

exhibe como símbolo de la identidad nacional, de los poderes cósmicos o históricos que engendraron la mexicanidad, remite de un golpe a una totalidad inabarcable por la acumulación de observaciones sobre lo real. En el Museo se produce una inversión del proceso de conocimiento. Mientras que para conocer los objetos de la vida cotidiana tendemos a analizar cada una de sus partes, ante los símbolos que ofrecen la escala reducida y la imagen "concreta" de la entidad abstracta sentimos que la totalidad se nos aparece. Aun cuando las 300 miniaturas que comercian en el mercado mexica no tengan todos los detalles reales, puede aplicárseles lo que Lévi-Strauss dice en otro contexto: "La virtud intrínseca del modelo reducido es que compensa la renuncia de las dimensiones sensibles con la adquisición de dimensiones inteligibles."[15]

El Museo de Antropología propone una versión monumentalizada del patrimonio mediante la exhibición de piezas gigantes, la evocación mitificada de escenas reales y la acumulación de miniaturas. El visitante es seducido, pero no abrumado por esta batería de recursos. La monumentalización no se impone brutalmente. Hay cédulas con explicaciones claras y ambientaciones que contextualizan los objetos con fotos, dibujos, mapas y dioramas. En la planta baja cada sala tiene recorridos opcionales y al final de algunas existen varias salidas: a la sección siguiente, al patio o al jardín, a las salas del piso superior. En la planta alta, anchas celosías permiten

[15] *Idem*, p. 46.

ver el patio, sólo parcialmente techado, que no cierra el espacio entre los edificios: abre la mirada al bosque de Chapultepec que rodea el museo. Esta sensación de abertura y liviandad se refuerza porque el techo que lo cubre, de 54 por 82 metros, tiene sólo un apoyo visible, la gran columna central, y el visitante ignora el sistema de cables que soporta la carga desde el mástil central. El patio no es un espacio cerrado: "es un espacio protegido".[16]

La mayor hazaña del Museo radica en dar una visión tradicionalista de la cultura mexicana dentro de un envase arquitectónico moderno y usando técnicas museográficas recientes. Todo va dirigido a exaltar el patrimonio arcaico, supuestamente puro y autónomo, sin imponer en forma dogmática esa perspectiva. Lo presenta de un modo abierto, que permite a la vez admirar lo monumental y detenerse en una relación reflexiva, por momentos íntima, con lo que se exhibe.

[16] Silvia Granillo Vázquez, "Nuestros antepasados nos atrapan. Arquitectura del Museo Nacional de Antropología", *Información científica y tecnológica*, núm. 121, p. 32.

El Museo de Antropología ilustra bien la compleja inserción del patrimonio tradicional en las naciones modernas porque es a la vez una estructura abierta y centralizada. La tensión entre monumentalidad y miniaturización, entre lo arcaico y lo reciente, da verosimilitud al Museo como escenario-síntesis de la nacionalidad mexicana. El Museo, que se presenta como Nacional, quiere ser el abarcador de la totalidad, y busca volver creíble esta pretensión por su tamaño gigantesco, sus veinticinco salas y 5 kilómetros de recorrido. Uno de los comentarios más frecuentes que escuchamos de quienes salen, luego de su primera visita, es que "no se puede ver todo en una sola vez".

La "infinitud" simulada del Museo es una metáfora de la infinitud del patrimonio nacional, pero también de la capacidad de la exhibición para abarcarla. El Museo parece un testimonio fiel de la realidad. Si el visitante no logra ver todo, ni detenerse en todas las obras, ni leer todas las cédulas, es un problema de él. La virtud de la institución es ofrecer a la vez la totalidad de las culturas de México y la imposibilidad de conocerlas, la vastedad de la nación y la dificultad de cada individuo por separado de apropiársela.

Para lograr este resultado son decisivos los recursos de teatralización y ritualización. Las ambientaciones introducen el mundo exterior en el Museo. Al recorrer la sala sobre los orígenes de las civilizaciones americanas, de pronto se abre un pozo donde están los restos del mamut descubierto cerca de Santa Isabel Iztapan en 1954. No sólo se reproduce la fosa con la osamenta, sino el momento del hallazgo, la pala y el pico, el pincel y el metro, la caja de herramientas del arqueólogo, su silla en la que está abierta la libreta de notas con el lápiz, como si el investigador se hubiera levantado hace un instante y estuviéramos asistiendo al descubrimiento. Como si el México repleto de tesoros históricos diseminados afuera estuviese contenido, irrumpiera, en el interior del Museo. Sin embargo, uno se da vuelta y están las vitrinas con huesos pulcramente colocados, la escena de un grupo de cazadores frente a un elefante, espectacular pero artificialmente realizada, y además decenas de visitantes, para devolvernos a la evidencia de que estamos en un museo. La teatralización va junto con el distanciamiento. El ritual moderno incluye la posibilidad de separarnos y mirar, como espectadores, en qué estamos participando.

Estas dos oscilaciones —entre monumentalización y miniaturización, entre exterior e interior— son complementarias. La historia se enlaza con la cotidianidad gracias a que lo que la realidad presenta de indefinido e indefinible es asimilado por la duplicación imaginaria de la museografía, mediante "una contracción hacia lo minúsculo o una dilatación hacia lo inmenso". No es un simple recurso técnico, como ha mostrado Pietro Bellini; estas teatralizaciones de lo cotidiano que juegan con la "megalización" y "miniaturización", frecuentes en las operaciones lingüísticas en que se trata con la alteridad, son actos rituales de "metabolización de lo otro".[17] Lo distinto se hace "soluble", digerible, cuando, en el mismo acto en que se reconoce su grandeza, se le reduce y vuelve íntimo.

El Museo de Antropología de México hace visibles aún otras operaciones claves en el tratamiento moderno del patrimonio cuando amplía el repertorio incluyendo lo popular. Más aún: dice que la cultura nacional tiene su fuente y su eje en lo indígena. Esta apertura se hace sin embargo marcando límites a lo étnico, equivalentes a los que se practican en las relaciones sociales. Un procedimiento consiste en separar la cultura antigua —lo indígena precolombino— de la cultura actual. Para realizar este corte, el museo utiliza la diferencia entre arqueología y etnografía, que se traduce arquitectónica y escenográficamente en la separación entre la planta baja, dedicada al material prehispánico, y la superior, donde se representa la vida indígena. La otra operación es presentar esta parte alta eliminando los rasgos de la modernidad: describe a los indios sin los objetos de producción industrial y consumo masivo que con frecuencia vemos hoy en sus pueblos. No podemos conocer, por tanto, las formas híbridas que asume lo étnico tradicional al mezclarse con el desarrollo socioeconómico y cultural capitalista. La cantidad de fotos y ambientaciones nos sugiere un contacto con la vida contemporánea de los indios. Pero estas imágenes —salvo en la sección nahua— excluyen cual-

[17] Pietro Bellasi, "Lilliput et Brobdingnag. Métaphores de l'imaginaire miniaturisant et mégalisant", Communications, núm. 42. 1985. pp. 235-236.

quier elemento capaz de hacer presente la modernidad. Si bien en las visitas guiadas se da información actual, la mayoría del público queda sin saber qué significa desde hace décadas para las culturas tradicionales la crisis de la producción agraria, de sus técnicas y relaciones sociales, las nuevas condiciones que impone a las artesanías su inserción en los mercados urbanos, o a las fiestas y ferias antiguas interactuar con el turismo.

Tampoco aparecen otras etnias que han tenido y tienen un papel significativo en la formación del México moderno. Nunca se habla de los españoles, ni los negros, ni los chinos, ni los judíos, ni los alemanes, ni los árabes. La visión antropológica está reducida a lo prehispánico y lo indígena tradicional.

Este recorte se vuelve curioso cuando advertimos que un propósito central del Museo es exhibir las grandes culturas étnicas como parte del proyecto moderno que fue la construcción de la nación. El Museo debe consentir unos pocos signos de la modernidad para que su discurso sea verosímil: habla de la conquista, de algunos estados dice el número de habitantes con el fin de destacar la alta o baja proporción de indios. Pero no explica qué procesos históricos, qué conflictos sociales, los diezmaron y fueron modificando su vida. Prefiere exponer un patrimonio cultural "puro" y unificado bajo la marca de la mexicanidad. Ya analizamos que lo logra exaltando simultáneamente las culturas indígenas singulares de cada grupo para subordinarlos al carácter genérico de lo indio y a la unidad de la nación. Pero ¿no implica toda museificación un proceso de abstracción? ¿Puede afirmarse la identidad nacional, dentro o fuera de los museos, sin reducir las peculiaridades étnicas y regionales a un común denominador construido? ¿Hay un criterio que permita diferenciar la abstracción legítima de la que no lo es?

Todo depende de quién es el sujeto que selecciona los patrimonios de diversos grupos, los combina y construye el museo. En los museos nacionales, el repertorio casi siempre se decide por la convergencia de la política del Estado y el saber de los científicos sociales. Rara vez pueden intervenir los productores de la cultura que se exhibe.

¿Y el público? Es convocado casi siempre como espectador. Tanto el estudio de los visitantes al Museo de Antropología realizado en 1952[18] —cuando estaba en otro edificio y tenía un formato distinto— como el que se hizo en 1982[19] registran que la relación de los asistentes con el Museo es predominantemente visual y toma poco en cuenta la conceptualización. Los dos trabajos hablan del enorme atractivo que el material, sobre todo el más espectacular, provoca en el público. En la investigación más reciente, el 86 por ciento calificó a este museo como el mejor de México. Ambos estudios observaron un interés más fuerte en las piezas arqueológicas que en las etnográficas, y según la última encuesta el 96 por ciento de los entrevistados recorrió las salas de la planta baja, mientras sólo el 57 por ciento visitó el primer piso. La mitad de los que no fueron a la parte superior lo atribuyeron a "falta de tiempo", lo cual revela una opción en el uso del tiempo y confirma también la dificultad de abarcar todo lo que el Museo exhibe. En la misma línea va la respuesta de la mayoría cuando se les pregunta por qué están dispuestos a regresar al museo: "Para terminar de verlo." El apresuramiento por ver todo contribuye a que las cédulas sean saltadas: el 55 por ciento dijo haber leído sólo "algunas".

En suma, es un museo donde las pautas científicas organizan el material y dan explicaciones consistentes, donde se reproduce la especialización de las ciencias antropológicas en la exhibición dividida de lo arqueológico y lo etnográfico. Pero

[18] Arturo Monzón, "Bases para incrementar el público que visita el Museo Nacional de Antropología", *Anales del Instituto Nacional de Antropología e Historia*, 1952, tomo VI, 2a. parte.

[19] Miriam A. de Kerriou, *Los visitantes y el funcionamiento del Museo Nacional de Antropología de México*, México, febrero de 1981, mimeo.

la museografía subordina el conocimiento conceptual a la monumentalizacion y ritualización nacionalista del patrimonio. El Estado da a los extranjeros, y sobre todo a la nación (las dos encuestas y las estadísticas de público señalan alta mayoría de visitantes mexicanos), el espectáculo de su historia como base de su unidad y conciencia política.

El arquitecto Ramírez Vázquez, que dirigió la construcción, relata una anécdota que es como el mandato fundador del Museo:

Torres Bodet [el secretario de Educación] me llevó a una entrevista con el licenciado López Mateos y le dijo: "Señor Presidente, ¿qué indicaciones le da usted al arquitecto sobre lo que debe lograr ese museo?" La respuesta fue: "Que al salir del museo, el mexicano se sienta orgulloso de ser mexicano." [...] Ya cuando íbamos de salida, el Presidente dijo: "Ah, quiero además que sea tan atractivo que la gente comente ¿ya fuiste al museo?, igual que como dice ¿ya fuiste al teatro?, ¿ya fuiste al cine?"[20]

PARA QUÉ SIRVEN LOS RITOS: IDENTIDAD Y DISCRIMINACIÓN

Algunos autores mexicanos, entre ellos Carlos Monsiváis y Roger Bartra, han demostrado, a propósito de otros discursos —la literatura, el cine—, que ciertas representaciones de lo nacional se entienden más como construcción de un espectáculo que como correspondencia realista con las relaciones sociales. "Los mitos nacionales no son un *reflejo* de las condiciones en que vive la masa del pueblo", sino el producto de operaciones de selección y "trasposición" de hechos y rasgos elegidos según los proyectos de legitimación política.[21]

Para radicalizar esta desustancialización del concepto de patrimonio nacional hay que cuestionar esa hipótesis central del tradicionalismo según la cual la identidad cultural se apoya en un patrimonio, constituido a través de dos movimientos: la ocupación de un territorio y la formacion de colecciones. Tener una *identidad* sería, ante todo, tener un país, una ciudad o un barrio, una *entidad* donde todo lo compartido por los que habitan ese lugar se vuelve idéntico o intercambiable. En esos territorios la identidad se pone en escena, se celebra en las fiestas y se dramatiza también en los rituales cotidianos.

---

[20] Silvia Granilla Vázquez, *op. cit.*, p. 32.
[21] Roger Bartra, *La jaula de la melancolía. Identidad y metamorfosis del mexicano,* Grijalbo, México, 1987, especialmente las pp. 225-242.

las fiestas y se dramatiza también en los rituales cotidianos.

Quienes no comparten constantemente ese territorio, ni lo habitan, ni tienen por tanto los mismos objetos y símbolos, los mismo rituales y costumbres, son los otros, los diferentes. Los que tienen otro escenario y una obra distinta para representar.

Cuando se ocupa un territorio, el primer acto es apropiarse de sus tierras, frutos, minerales y, por supuesto, de los cuerpos de su gente, o al menos del producto de su fuerza de trabajo. A la inversa, la primera lucha de los nativos por recuperar su identidad pasa por rescatar esos bienes y colocarlos bajo su soberanía: es lo que ocurrió en las batallas de las independencias nacionales en el siglo XIX y en las luchas posteriores contra intervenciones extranjeras.

Una vez recuperado el patrimonio, o al menos una parte fundamental, la relación con el territorio vuelve a ser como antes: una relación natural. Puesto que se nació en esas tierras, en medio de ese paisaje, la identidad es algo indudable. Pero como a la vez se tiene la memoria de lo perdido y reconquistado, se celebran y guardan los signos que lo evocan. La identidad tiene su santuario en los monumentos y museos; está en todas partes, pero se condensa en colecciones que reúnen lo esencial.

Los monumentos presentan la colección de héroes, escenas y objetos fundadores. Se colocan en una plaza, un territorio público que no es de nadie en particular pero es de "todos", de un conjunto social claramente delimitado, los que habitan el barrio, la ciudad o la nación. El territorio de la plaza o el museo se vuelve ceremonial por el hecho de contener los símbolos de la identidad, objetos y recuerdos de los mejores héroes y batallas, algo que ya no existe pero es guardado porque alude al origen y la esencia. Allí se conserva el modelo de la identidad, la versión *auténtica*.

Por eso las colecciones patrimoniales son necesarias, las conmemoraciones renuevan la solidaridad afectiva, los monumentos y museos se justifican como lugares donde se reproduce el sentido que encontramos al vivir juntos. Hay que reconocer a los tradicionalistas haber servido para preservar el patrimonio, democratizar el acceso y el uso de los bienes culturales, en medio de la indiferencia de otros sectores o la agresión de "modernizadores" propios y extraños. Pero hoy resulta inverosímil e ineficiente la ideología en nombre de la cual se hacen casi siempre esas acciones: un humanismo que quiere reconciliar en las escuelas y los museos, en las campañas de difusión cultural, las tradiciones de clases y etnias escindidas fuera de esas instituciones.

La versión liberal del tradicionalismo, pese a integrar más democráticamente que el autoritarismo conservador a los sectores sociales, no evita que el patrimonio sirva como lugar de complicidad. Disimula que los monumentos y museos son, con frecuencia, testimonios de la dominación más que de una apropiación justa y solidaria del espacio territorial y del tiempo histórico. Las marcas y los ritos que lo celebran hacen recordar aquella frase de Benjamin que dice que todo documento de cultura es siempre, de algún modo, un documento de barbarie.

Aun en los casos en que las conmemoraciones no consagran la apropiación de los bienes de otros pueblos, ocultan la heterogeneidad y las divisiones de los hombres representados. Es raro que un ritual aluda en forma abierta a los conflictos entre etnias, clases y grupos. La historia de todas las sociedades muestra los ritos como dispositivos para neutralizar la heterogeneidad, reproducir autoritariamente el orden y las diferencias sociales. El rito se distingue de otras prácticas porque no se discute, no se puede cambiar ni cumplir a medias. Se cumple, y entonces uno ratifica su pertenencia a un orden, o se transgrede y uno queda excluido, fuera de la comunidad y de la comunión.

Las teorías más difundidas sobre el ritual, desde Van Gennep a Gluckman, lo entienden como un modo de articular lo sagrado y lo profano, por lo cual lo estudian casi siempre en la vida religiosa. Pero ¿qué es lo sagrado a lo cual remiten los ritos políticos y culturales? Un cierto orden social que no puede ser modificado, y por eso es visto como natural o sobrehumano. Lo sagrado tiene entonces dos componentes: *es lo que desborda la comprensión y la explicación del hombre, y lo que excede su posibilidad de cambiarlo.* Los museos analizados ritualizan el patrimonio organizando los hechos por referencia a un orden trascendente. En el Museo Tamayo, los objetos del pasado son resignificados en relación con la estética idealista de las bellas artes; en el de Antropología, los hechos culturales de cada grupo étnico se someten al discurso nacionalista. En ambos casos, el material exhibido es reordenado en función de un sistema conceptual ajeno.

Uno de los pocos autores que plantea en forma laica la investigación sobre rituales, preguntando por su función simplemente social, Pierre Bourdieu, observa que tan importante como el fin de integrar a quienes los comparten es el de separar a los que se rechaza. Los ritos clásicos —pasar de la infancia a la edad adulta, ser invitado por primera vez a una ceremonia política, ingresar en un museo o una escuela y entender lo que allí se expone —son, más que ritos de iniciación, "ritos de legitimización" y "de institución":[22] instituyen una diferencia durable entre quienes participan y quienes quedan afuera.

Uno de los rasgos distintivos de la cultura tradicionalista es "naturalizar" la barrera entre incluidos y excluidos. Desconoce lo arbitrario de diferenciar este territorio de aquél, determinar ese repertorio de saberes para enseñarlo en la escuela o esta colección de bienes para exhibir en un museo, y legitima solemnemente, mediante una ritualización indiscutible, la separación entre quienes acceden y quienes no lo logran. El ritual sanciona entonces, en el mundo simbólico, las distinciones establecidas por la desigualdad social. Todo acto de instituir simula, a través de la escenificación cultural, que una organización social arbitraria es así y no puede ser de otra manera. Todo acto de institución es "un delirio bien fundado", decía Durkheim, "un acto de magia social", concluye Bourdieu.

Por eso, agrega este autor, la consigna que sostiene la magia performativa del ritual es "conviértete en lo que eres". Tú que has recibido la cultura como un don y la llevas como algo natural, incorporado a tu ser, compórtate como lo que ya eres, un heredero. Disfruta sin esfuerzo de los museos, de la música clásica, del orden social. Lo único que no puedes hacer, afirma el tradicionalismo cuando lo obligan a ponerse autoritario, es desertar de tu destino. El peor adversario no es el que no va a los museos ni entiende el arte, sino el pintor que quiere transgredir la herencia y le pone a la virgen un rostro de actriz, el intelectual que cuestiona si los próceres celebrados en las fiestas patrias realmente lo fueron, el músico especializado en el barroco que lo mezcla en sus composiciones con el jazz y el rock.

HACIA UNA TEORÍA SOCIAL DEL PATRIMONIO

¿Con qué recursos teóricos podemos repensar los usos sociales contradictorios del patrimonio cultural, disimulado bajo el idealismo que lo mira como expresión del genio creador colectivo, el humanismo que le atribuye la misión de reconciliar las divisiones "en un plano superior", los ritos que lo protegen en recintos

---

[22] Pierre Bourdieu, "Les rites comme actes d'institution", *Actes de la Recherche en Sciences Sociales*, núm. 43, junio de 1982, pp. 58-63.

sagrados? Las evidencias de que el patrimonio histórico es un escenario clave para la producción del valor, la identidad y la distinción de los sectores hegemónicos modernos sugieren recurrir a teorías sociales que han pensado estas cuestiones de un modo menos complaciente.

Si consideramos los usos del patrimonio desde los estudios sobre reproducción cultural y desigualdad social, encontramos que los bienes reunidos en la historia por cada sociedad no pertenecen *realmente* a todos, aunque *formalmente* parezcan ser de todos, y estar disponibles para que todos los usen. Las investigaciones sociológicas y antropológicas sobre las maneras en que se transmite el saber de cada sociedad a través de las escuelas y los museos demuestran que diversos grupos se apropian en formas diferentes y desiguales de la herencia cultural. No basta que las escuelas y los museos estén abiertos a todos, que sean gratuitos y promuevan en todas las capas su acción difusora. Como vimos en el estudio del público en museos de arte, a medida que descendemos en la escala económica y educacional, disminuye la capacidad de apropiarse del capital cultural transmitido por esas instituciones.[23]

Esta diversa capacidad de relacionarse con el patrimonio se origina, en primer lugar, en la manera desigual en que los grupos sociales participan en su formación y mantenimiento. No hay evidencia más obvia que el predominio numérico de antiguos edificios militares y religiosos en toda América, mientras la arquitectura popular se extinguía o fue remplazada, en parte por su precariedad, en parte porque no recibió los mismos cuidados en su conservación

Aun en los países en que el discurso oficial adopta la noción antropológica de cultura, la que confiere legitimidad a todas las formas de organizar y simbolizar la vida social, existe una jerarquía de los capitales culturales: el arte vale más que las artesanías, la medicina científica que la popular, la cultura escrita que la transmitida oralmente. En los países más democráticos, o donde ciertos

---

[23] Estamos enunciando un principio general, establecido al investigar las leyes sociales de la difusión cultural: véase especialmente las obras de Pierre Bourdieu y Jean Claude Passeron, *La reproducción Elementos para una teoría del sistema de enseñanza*, Laia, Barcelona, 1977, y de P. Bourdieu y Alan Darbel, *L'amour de l'art, Les musées d'art europés et leur public*. No afirmo una determinación mecánica del nivel económico o educativo sobre la capacidad de cada sujeto de apropiarse del patrimonio, sino lo que las encuestas y las estadísticas revelan acerca del modo desigual en que las instituciones transmisoras del patrimonio permiten su apropiación, debido a cómo están organizadas y a su articulación con otras desigualdades sociales.

movimientos lograron incluir los saberes y prácticas de los indígenas y campesinos en la definición de cultura nacional, los capitales simbólicos de los grupos subalternos tienen un lugar, pero subordinado, secundario, o en los márgenes de las instituciones y los dispositivos hegemónicos. Por eso, la reformulación del patrimonio en términos de capital cultural tiene la ventaja de no representarlo como un conjunto de bienes estables y neutros, con valores y sentidos fijados de una vez para siempre, sino como un *proceso social* que, como el otro capital, se acumula, se reconvierte, produce rendimientos y es apropiado en forma desigual por diversos sectores.[24]

Si bien el patrimonio sirve para unificar a cada nación, las desigualdades en su formación y apropiación exigen estudiarlo también como espacio de lucha material y simbólica entre las clases, las etnias y los grupos. Este principio metodológico corresponde al carácter complejo de las sociedades contemporáneas. En las comunidades arcaicas casi todos los miembros compartían los mismos conocimientos, tenían creencias y gustos semejantes, un acceso aproximadamente igual al capital cultural común. En la actualidad las diferencias regionales o sectoriales, originadas por la heterogeneidad de experiencias y la división técnica y social del trabajo, son utilizadas por las clases hegemónicas para obtener una apropiación privilegiada del patrimonio común. Se consagran como superiores ciertos barrios, objetos y saberes porque fueron generados por los grupos dominantes, o porque éstos cuentan con la información y formación necesarias para comprenderlos y apreciarlos, es decir para controlarlos mejor.

El patrimonio cultural funciona como recurso para reproducir las diferencias entre los grupos sociales y la hegemonía de quienes logran un acceso preferente a la producción y distribución de los bienes. Para configurar lo culto tradicional, los sectores dominantes no sólo definen qué bienes son superiores y merecen ser conservados; también disponen de los medios económicos e intelectuales, el tiempo de trabajo y de

---

[24] Adopto aquí el concepto de capital cultural manejado por Bourdieu para analizar procesos culturales y educativos, aunque este autor no lo emplea en relación con el patrimonio. Aquí señalo su fecundidad para dinamizar la noción de patrimonio y situarla en la reproducción social. Un uso más sistemático debiera plantear, como ante cualquier importación de conceptos de un campo a otro, las condiciones epistemológicas y los límites de su uso metafórico en un área para la cual no fue trabajado. Cf. P. Bourdieu, *La distinction*, especialmente los capítulos 2 y 4, y *Le sens pratique*, capítulos 3, 6 y 7.

ocio, para imprimir a esos bienes mayor calidad y refinamiento. En las clases populares se encuentra a veces extraordinaria imaginación para construir sus casas con desechos en una colonia marginal, usar las habilidades manuales logradas en su trabajo y dar soluciones técnicas apropiadas a su estilo de vida. Pero difícilmente ese resultado puede competir con el de quienes disponen de un saber acumulado históricamente, emplean arquitectos e ingenieros, cuentan con vastos recursos materiales y la posibilidad de confrontar sus diseños con los avances internacionales.

Los productos generados por las clases populares suelen ser más representativos de la historia local y más adecuados a las necesidades presentes del grupo que los fabrica. Constituyen, en este sentido, su patrimonio propio. También pueden alcanzar alto valor estético y creatividad, según se comprueba en la artesanía, la literatura y la música de muchas regiones populares. Pero tienen menor posibilidad de realizar varias operaciones indispensables para convertir esos productos en patrimonio generalizado y ampliamente reconocido: acumularlos históricamente (sobre todo cuando sufren pobreza o represión extremas), volverlos base de un saber objetivado (relativamente independiente de los individuos y de la simple transmisión oral), expandirlo mediante una educación institucional y perfeccionarlos a través de la investigación y la experimentación sistemática. Se sabe que algunos de estos puntos se cumplen en ciertos grupos —por ejemplo, la acumulación y transmisión histórica dentro de las etnias más fuertes—; lo que señalo es que la desigualdad estructural impide reunir todos los requisitos indispensables para intervenir plenamente en el desarrollo del patrimonio en sociedades complejas.[25]

De todos modos, las ventajas de las élites tradicionales en la formación y los usos del patrimonio se relativizan ante los cambios generados por las industrias culturales. La redistribución masiva de los bienes simbólicos tradicionales por los canales electrónicos de comunicación genera interacciones más fluidas entre lo culto y lo popular, lo tradicional y lo moderno. Millones de personas que nunca van a los museos, o sólo se enteraron lejanamente de lo que exhiben a través de la escuela, hoy ven programas de televisión gracias a los cuales esos bienes

---

[25] Sobre este punto, véanse los textos de Antonio Augusto Arantes y Eunice Ribeiro Durham, en A. A. Arantes (org.), *Produzindo o passado. Estrategias de construçao do patrimonio cultural*, Brasiliense, Sao Paulo, 1984.

entran en sus casas. Parece que fuera inecesario ir a verlos: las pirámides y los centros históricos viajan hasta la mesa donde la familia come, se vuelven temas de conversación y se mezclan con los asuntos del día. La televisión presenta mensajes publicitarios en los que el prestigio de los monumentos se usa para contagiar con esas virtudes a un coche o un licor. El videoclip repetido diariamente durante el campeonato mundial de futbol de México, en 1986, que disolvía las imágenes de pirámides en otras modernas, del juego precolombino de pelota en danzas que remedaban el fútbol actual, proponía una continuidad sin conflictos entre tradición y modernidad.

¿Cómo discernir, en medio de los cruces que mezclan el patrimonio histórico con la simbólica generada por las nuevas tecnologías comunicacionales, qué es *lo propio* de una sociedad, lo que una política cultural debe favorecer? Todavía el discurso político asocia preferentemente la unidad y la continuidad de la nación con el patrimonio tradicional, con espacios y bienes antiguos que servirían para cohesionar a la población. Se sabe desde el surgimiento de la radio y el cine que estos medios desempeñaron un papel decisivo en la formación de símbolos de identificación colectiva. Pero el mercado cultural de masas ocupa poco el interés estatal y en gran medida es dejado en manos de empresas privadas. Aparecen ocasionales intentos en las televisoras estatales de promover las formas tradicionales y eruditas de cultura, pero las nuevas tecnologías comunicacionales son vistas a menudo como una cuestión ajena al área cultural. Se las vincula más bien con la seguridad nacional, la manipulación político-ideológica de intereses extranjeros, como lo revela su dependencia en muchos países de los ministerios del interior y no del sector educativo.

Una política cultural que tome en cuenta el carácter procesal del patrimonio y su transformación en las sociedades contemporáneas podría organizarse, más que por la oposición entre tradicional y moderno, según la diferencia propuesta por Raymond Williams entre lo arcaico, lo residual y lo emergente.

Lo *arcaico* es lo que pertenece al pasado y es reconocido como tal por quienes hoy lo reviven, casi siempre "de un modo deliberadamente especializado". En cambio, lo *residual* se formó en el pasado, pero todavía se halla en actividad dentro de los procesos culturales. Lo *emergente* designa los nuevos significados y valores, nuevas prácticas y relaciones sociales.[26]

[26] Raymond Williams, *Marxismo y literatura*, Península, Barcelona, 1980, pp. 143-146.

Las políticas culturales menos eficaces son las que se aferran a lo arcaico e ignoran lo emergente, pues no logran articular la recuperación de la densidad histórica con los significados recientes que generan las prácticas innovadoras en la producción y el consumo.

Quizá donde se manifiesta más aguda la crisis de la forma tradicional de pensar el patrimonio es en su valoración estética y filosófica. El criterio fundamental es el de la autenticidad, según lo proclaman los folletos que hablan de las costumbres folclóricas, las guías turísticas cuando exaltan las artesanías y fiestas "autóctonas", los carteles de las tiendas que garantizan la venta de "genuino arte popular". Pero lo más inquietante es que dicho criterio sea empleado en la bibliografía sobre patrimonio para demarcar el universo de bienes y prácticas que merece ser considerado por los científicos sociales y las políticas culturales. Es como si no pudiera tomarse en cuenta que la actual circulación y consumo de los bienes simbólicos clausuró las condiciones de producción que en otro tiempo hicieron posible el mito de la originalidad, tanto en el arte de élites y en el popular como en el patrimonio cultural tradicional.

Desde el célebre texto de Benjamin de 1936,[27] se analiza cómo la reproductibilidad técnica de la pintura, la fotografía y el cine atrofia "el aura" de las obras artísticas, esa "manifestación irrepetible de una lejanía"[28] que tiene la existencia de una obra única en un solo lugar al que se peregrina para contemplarla. Cuando se multiplican en libros, revistas y televisores los cuadros de Berni, Szyslo o Tamayo, la imagen original es transformada por la repetición masiva. El problema de la autenticidad y unicidad de la obra cambia su sentido. Advertimos entonces, con Benjamin, que "lo auténtico" es una invención moderna y transitoria: "La imagen de una Virgen medieval no era *auténtica* en el tiempo en que fue hecha; lo fue siendo en el curso de los siglos siguientes, y más exuberantemente que nunca en el siglo pasado."[29] Por otra parte, se vuelve evidente que el cambio actual no es sólo efecto de las nuevas tecnologías, sino una tendencia histórica global: "*Acercar* espacial y humanamente las cosas es una aspiración de las masas actuales."[30]

---

[27] Walter Benjamin, "La obra de arte en la época de su reproductibilidad técnica", en *Discursos interrumpidos I*, Taurus, Barcelona, 1973.

[28] *Idem*, p. 24.

[29] *Idem*, p. 21.

[30] *Idem*, p. 24.

Si bien todavía es diferente preguntarse por la obra original en la arqueología y las artes plásticas que en el cine y el video (donde la cuestión ya no tiene sentido), el núcleo del problema es que cambió la inserción de la cultura en las relaciones sociales. La mayoría de los espectadores no se vincula con la tradición a través de una relación ritual, de devoción a obras únicas, con un sentido fijo, sino mediante el contacto inestable con mensajes que se difunden en múltiples escenarios y propician lecturas diversas. Muchas técnicas de reproducción y exhibición disimulan este giro histórico: los museos que solemnizan objetos que fueron cotidianos, los libros que divulgan el patrimonio nacional empaquetándolo con una retórica fastuosa, neutralizando así el pretendido acercamiento con el lector. Pero también la multiplicación de las imágenes "nobles" facilita la creación de esos museos cotidianos armados en el cuarto por cada uno que pega en la pared el póster con una foto de Teotihuacan junto a la reproducción de un Toledo, recuerdos de viajes, recortes periodísticos del mes pasado, el dibujo de un amigo, en fin, un patrimonio propio que se va renovando según fluye la vida.

Este ejemplo extremo no quiere sugerir que los museos y los centros históricos se hayan vuelto insignificantes y no merezcan ser visitados, ni que el esfuerzo de comprensión requerido por un centro ceremonial prehispánico o un cuadro de Toledo se reduzcan a recortar sus reproducciones y pegarlas en el cuarto. No es lo mismo, por supuesto, preservar la memoria en forma individual o plantearse el problema de asumir la representación colectiva del pasado. Pero el ejemplo del museo privado sugiere que es posible introducir más libertad y creatividad en las relaciones con el patrimonio.

Hubo una época en que los museos producían copias de las obras antiguas para exponerlas a la intemperie y al contacto con los visitantes. Luego la reproducción de las pinturas, esculturas y objetos buscó expandirlos en la educación y en el mercado turístico. En muchos casos, las nuevas piezas, realizadas por arqueólogos o técnicos en restauración, alcanzan tal fidelidad que se vuelve casi imposible diferenciarlas del original. Por no hablar de los casos en que las tecnologías recientes mejoran nuestra relación con las obras: una canción andina o una sinfonía de Beethoven grabadas hace cincuenta años se escuchan mejor "limpiadas" por un ingeniero de sonido y reproducidas en un disco compacto.

La diferencia entre el original y la copia es básica en la

investigación científica y artística de la cultura. También importa distinguirlos en la difusión del patrimonio. No hay por qué confundir el reconocimiento del valor de ciertos bienes con la utilización conservadora que hacen de ellos algunas tendencias políticas. Existen objetos y prácticas que merecen ser especialmente valorados porque representan descubrimientos en el saber, hallazgos formales y sensibles, o acontecimientos fundadores en la historia de un pueblo Pero este reconocimiento no tiene por qué llevar a constituir "lo auténtico" en núcleo de una concepción arcaizante de la sociedad, y pretender que los museos, como templos o parques nacionales del espíritu, sean custodios de "la verdadera cultura", refugio frente a la adulteración que nos agobiaría en la sociedad de masas. La oposición maniática que los conservadores establecen entre un pasado sacro, en el que los dioses habrían inspirado a los artistas y a los pueblos, y un presente profano que banalizaría esa herencia, tiene al menos dos dificultades:

a) Idealiza algún momento del pasado y lo propone como paradigma sociocultural del presente, decide que todos los testimonios atribuidos son auténticos y guardan por eso un poder estético, religioso o mágico insustituible. Las refutaciones de la autenticidad sufridas por tantos fetiches "históricos" obligan a ser menos ingenuo.

b) Olvida que toda cultura es resultado de una selección y una combinación, siempre renovada, de sus fuentes. Dicho de otro modo: es producto de una puesta en escena, en la que se elige y se adapta lo que se va a representar, de acuerdo con lo que los receptores pueden escuchar, ver y comprender. Las representaciones culturales, desde los relatos populares a los museos, nunca presentan *los hechos*, ni cotidianos ni trascendentales; son siempre re-presentaciones, teatro, simulacro. Sólo la fe ciega fetichiza los objetos y las imágenes creyendo que en ellos se deposita la verdad.

Esto se sabe en la modernidad, pero ocurre desde mucho antes. Dice bien Umberto Eco que la reconstrucción de una villa romana en el Museo Paul Getty, en California, no es muy distinta del acto por el que un patricio romano se hacía reproducir las grandes esculturas del tiempo de Pericles; también él era "un ávido nuevo rico que, después de haber colaborado en llevar a Grecia a la crisis, aseguraba su supervivencia cultural bajo la forma de copias".[31]

[31] Umberto Eco, "Viaje a la hiperrealidad", en *La estrategia de la ilusión*, Lumen, Barcelona, 1986, p. 54.

Un testimonio o un objeto pueden ser más verosímiles, y por tanto significativos, para quienes se relacionan con él interrogándose por su sentido actual. Ese sentido puede circular y ser captado a través de una reproducción cuidada, con explicaciones que ubiquen la pieza en su contorno sociocultural, con una museografía más interesada en reconstruir su significado que en promoverla como espectáculo o fetiche. A la inversa, un objeto original puede ocultar el sentido que tuvo (puede ser original, pero perder su relación con el origen) porque se lo descontextualiza, se corta su vínculo con la danza o la comida en la cual era usado y se le atribuye una autonomía inexistente para sus primeros poseedores.

¿Significa esto que la distinción entre una estela original y una copia, entre un cuadro de Diego Rivera y una imitación, se han vuelto indiferentes? De ningún modo. Tan oscurecedora como la posición que absolutiza una pureza ilusoria es la de quienes —resignados o seducidos por la mercantilización y las falsificaciones— hacen de la relativización posmoderna un cinismo histórico y proponen adherir alegremente a la abolición del sentido.

Para elaborar el sentido histórico y cultural de una sociedad es importante establecer, si se puede, el sentido original que tuvieron los bienes culturales y diferenciar los originales de las imitaciones. También parece elemental que cuando las piezas son deliberadamente construidas como réplicas, o no se tiene la certeza sobre su origen o periodo, esa información se indique en la cédula, aunque con frecuencia los museos la ocultan por temor a perder el interés del visitante. Torpe suposición: compartir con el público las dificultades de la arqueología o la historia para descubir un sentido aún inseguro puede ser una técnica legítima para suscitar curiosidad y atraer hacia el conocimiento.

En síntesis la política cultural y de investigación respecto del patrimonio no tiene por qué reducir su tarea a rescatar los objetos "auténticos" de una sociedad. Parece que deben importarnos más los procesos que los objetos, y no por su capacidad de permanecer "puros", iguales a sí mismos, sino por su representatividad sociocultural. En esta perspectiva, la investigación, la restauración y la difusión del patrimonio no tendrían por fin central perseguir la autenticidad o restablecerla, sino reconstruir la *verosimilitud histórica* y dar bases compartidas para una reelaboración de acuerdo con las necesidades del presente. En casi toda la literatura sobre patrimonio es necesario aún efectuar esa operación de ruptura con el realismo ingenuo que la epistemología realizó hace tiempo. Así como el conocimiento científico no puede reflejar la vida, tampoco la restauración, ni la museografía, ni la difusión más contextualizada y didáctica lograrán abolir la distancia entre realidad y representación. Toda operación científica o pedagógica sobre el patrimonio es un metalenguaje, no hace hablar a las cosas sino que habla de y sobre ellas. El museo y cualquier política patrimonial tratan los objetos, los edificios y las costumbres de tal modo que, más que exhibirlos, hacen inteligibles las relaciones entre ellos, proponen hipótesis sobre lo que significan para quienes hoy los vemos o evocamos.

Un patrimonio reformulado teniendo en cuenta sus usos sociales, no desde una actitud defensiva, de simple rescate, sino con una visión más compleja de cómo la sociedad se apropia de su historia, puede involucrar a diversos sectores. No tiene por qué reducirse a un asunto de especialistas en el pasado. Interesa a los funcionarios y profesionales ocupados en construir el presente, a los indígenas, campesinos, migrantes y a todos los sectores cuya identidad suele ser trastocada por los usos modernos de la cultura. En la medida en que el estudio y la promoción del patrimonio asuman los conflictos que lo acompañan, pueden contribuir a afianzar la nación, ya no como algo abstracto, sino como lo que une y cohesiona —en un proyecto histórico solidario— a los grupos sociales preocupados por la forma en que habitan su espacio.

¿No sería posible salir del empantanamiento que existe en la teoría política latinoamericana respecto de la nación, del escepticismo a que conducen los procesos económicos y sociales en que lo nacional parece disolverse, si avanzáramos en este tipo de análisis sobre su configuración simbólica? La discusión oscila, sin embargo, entre *los fundamentalismos dogmáticos* y *los liberalismos abstractos*. Los fundamentalistas se aferran a la tradición novohispana, a las síntesis de catolicismo y orden social jerárquico, con que desde siempre sabotearon el desarrollo de la modernidad. Incapaces de entender todo lo que de moderno se instaló desde el siglo XIX en el núcleo del desarrollo latinoamericano, sólo pueden operar cuando las contradicciones de la modernización subdesarrollada hacen estallar los pactos sociales que la sostienen. Carecen de nuevas propuestas, pues no logran explicarse por qué fallan las formas electivas de sociabilidad liberal y las reglas capitalistas del mercado en los países periféricos. Únicamente pueden ofrecer la adhesión mística a un conjunto de bienes religiosos y patrióticos arcaizantes, sin relación productiva con los conflictos contemporáneos. Su escasa persuasión se advierte en el reclutamiento minoritario de adeptos, su baja verosimilitud en la necesidad de imponerse aliados al poder militar o a los sectores más autoritarios de la derecha. Su riesgo mayor: olvidar todo lo que las tradiciones le deben a la modernidad.

Por su lado, el fracaso del concepto liberal de nación no se debe a un rechazo de la modernidad, sino a su promoción abstracta. En el proyecto social y escolar sarmientino, en sus equivalentes de otros países, se niegan las tradiciones representativas de los habitantes originarios para inventar otra historia en nombre del saber positivo. El proyecto mexicano, tal como lo enuncia el Museo de Antropología, se hace cargo de la herencia étnica, pero subordina su diversidad a la unificación modernizadora gestada simultáneamente por el conocimiento científico y el nacionalismo político.

No puede haber porvenir para nuestro pasado mientras oscilemos entre los fundamentalismos reactivos ante la modernidad alcanzada y los modernismos abstractos que se resisten a problematizar nuestra "deficiente" capacidad de ser modernos. Para salir de este *western*, de este péndulo maniaco, no basta ocuparse de cómo se reproducen y transforman las tradiciones. El aporte posmoderno es útil para escapar de ese *impasse* en tanto revela el carácter construido y teatralizado de toda tradición, incluida la de la modernidad: refuta la originariedad de las tradiciones y la originalidad de las innovaciones. Al mismo tiempo, ofrece la ocasión de repensar lo moderno como un proyecto relativo, dudable, no antagónico a las tradiciones, ni destinado a superarlas por alguna ley evolucionista inverificable. Sirve, en suma, para hacernos cargo a la vez del itinerario impuro de las tradiciones y de la realización desencajada, heterodoxa, de nuestra modernidad.

Capítulo V

LA PUESTA EN ESCENA DE LO POPULAR

Lo popular es en esta historia lo excluido: los que no tienen patrimonio, o no logran que sea reconocido y conservado; los artesanos que no llegan a ser artistas, a individualizarse, ni participar en el mercado de bienes simbólicos "legítimos"; los espectadores de los medios masivos que quedan fuera de las universidades y los museos, "incapaces" de leer y mirar la alta cultura porque desconocen la historia de los saberes y los estilos.

Artesanos y espectadores: ¿son los únicos papeles asignados a los grupos populares en el teatro de la modernidad? Lo popular suele asociarse a lo premoderno y lo subsidiario. En la producción, mantendría formas relativamente propias por la supervivencia de enclaves preindustriales (talleres artesanales) y de formas de recreación local (músicas regionales, entretenimientos barriales). En el consumo, los sectores populares estarían siempre al final del proceso, como destinatarios, espectadores obligados a reproducir el ciclo del capital y la ideología de los dominadores.

Se piensan los procesos constitutivos de la modernidad como cadenas de oposiciones enfrentadas de un modo maniqueo:

La bibliografía sobre cultura acostumbra suponer que existe un interés intrínseco de los sectores hegemónicos por promover la modernidad y un destino fatal de los populares que los arraiga en las tradiciones. Los modernizadores extraen de esa oposición la moraleja de que su interés por los avances, por las promesas de la historia, justifica su posición hegemónica; en tanto, el atraso de las clases populares las condena a la subalternidad. Si la cultura popular se moderniza, como en los hechos ocurre, esto es para los grupos hegemónicos una confirmación de que su tradicionalismo no tiene salida; para los defensores de las causas populares, resulta otra evidencia de la manera en que la dominación les impide ser ellos mismos.

En el capítulo anterior quedó documentado que el tradicionalismo es hoy una tendencia en amplias capas hegemónicas, y puede combinarse con lo moderno, casi sin conflictos, cuando la exaltación de las tradiciones se limita a la cultura mientras la modernización se especializa en lo social y lo económico. Hay que preguntarse ahora en qué sentido y con qué fines los sectores populares se adhieren a la modernidad, la buscan y mezclan con sus tradiciones. Un primer análisis consistirá en ver cómo se reestructuran las oposiciones moderno/tradicional y culto/popular en los cambios de las artesanías y las fiestas. Me detendré después en algunas manifestaciones de cultura popular urbana donde la búsqueda de lo moderno aparece como parte del movimiento productivo del ámbito popular. Por fin, habrá que examinar cómo se reformulan hoy, junto con lo tradicional, otros rasgos que habían sido identificados de manera fatal con lo popular: su carácter local, su asociación con lo nacional y lo subalterno.

Para refutar las oposiciones clásicas desde las cuales se define a las culturas populares no basta prestar atención a su situación actual. Es preciso desconstruir las operaciones científicas y políticas que pusieron en escena lo popular. Tres corrientes son protagonistas de esta teatralización: el folclor, las industrias culturales y el populismo político. En los tres casos, veremos lo popular, más que como preexistente, como algo construido. La trampa que a menudo impide aprehender lo popular, y problematizarlo, consiste en darlo como una evidencia a priori por razones éticas o políticas: ¿quién va a discutir la forma de ser del pueblo, o a dudar de su existencia?

Sin embargo, la aparición tardía de los estudios y las políticas referidos a culturas populares muestra que éstas se volvieron visibles hace apenas unas décadas. El carácter *construido* de lo popular es aún más claro al recorrer las estrategias conceptuales con que se le fue formando y sus relaciones con las diversas etapas en la instauración de la hegemonía. En América Latina, lo popular no es lo mismo si lo ponen en escena los folcloristas y antropólogos para los museos (a partir de los años veinte y los treinta), los comunicólogos para los medios masivos (desde los cincuenta), los sociólogos políticos para el Estado o para los partidos y movimientos de oposición (desde los setenta).

En parte, la crisis teórica actual en la investigación de lo popular deriva de la atribución indiscriminada de esta noción a sujetos sociales formados en procesos distintos. En esta yuxtaposición de discursos que aluden a realidades diversas colabora la separación artificial entre las disciplinas que armaron paradigmas desconectados. ¿Son incompatibles o complementables las maneras en que la antropología, la sociología y los estudios sobre comunicación tratan lo popular? Habrá que discutir también los intentos de los últimos años por elaborar visiones unificadoras: elegimos las dos más usadas, es decir, la teoría de la reproducción y la concepción neogramsciana de la hegemonía. Pero a través de este itinerario debemos ocuparnos, sobre todo, de la escisión que condiciona las divisiones inerdisciplinarias, la que enfrenta tradición y modernidad.

EL FOLCLOR: INVENCIÓN MELANCÓLICA DE LAS TRADICIONES

La elaboración de un discurso científico sobre lo popular es un problema reciente en el pensamiento moderno. Salvo trabajos precursores como los de Bajtin y Ernesto de Martino, el conocimiento que se dedica en forma específica a las culturas populares, ubicándolas en una teoría compleja y consistente de lo social, usando procedimientos técnicos rigurosos, es una novedad de las tres últimas décadas.

Algunos acusarán de injusta esta afirmación porque recuerdan la larga lista de estudios sobre costumbres populares y folclor que vienen realizándose desde el siglo XIX. Reconocemos a esos trabajos el haber hecho visible la cuestión de lo popular y fundado los usos habituales, aun en nuestros días, de esa noción. Pero sus tácticas gnoseológicas no estuvieron guiadas por una delimitación precisa del objeto de estudio, ni por métodos especializados, sino por intereses ideológicos y políticos.

El pueblo comienza a existir como referente del debate moderno a fines del siglo XVIII y principios del XIX, por la formación en Europa de estados nacionales que trataron de abarcar a todos los niveles de la población. No obstante, la ilustración piensa que este pueblo al que hay que recurrir para legitimar un gobierno secular y democrático es también el portador de lo que la razón quiere abolir: la superstición, la ignorancia y la turbulencia. Por eso, se desarrolla un dispositivo complejo, en palabras de Martín Barbero, "de inclusión abstracta y exclusión concreta".[1] El pueblo interesa como legitimador de la hegemonía burguesa, pero molesta como lugar de lo in-culto por todo lo que le falta.

Los románticos perciben esta contradicción. Preocupados por soldar el quiebre entre lo político y lo cotidiano, entre la cultura y la vida, varios escritores se ocupan de conocer las "costumbres populares" e impulsan los estudios folclóricos. Renato Ortiz ha sintetizado en tres puntos su aporte innovador: frente al iluminismo que veía los procesos culturales como actividades intelectuales, restringidas a las élites, los románticos exaltaron los sentimientos y las maneras populares de expresarlos; en oposición al cosmopolitismo de la literatura clásica, se dedicaron a las situaciones particulares, subrayaron las diferencias y el valor de lo local; ante el desprecio del pensamiento clásico por "lo irracional", reivindicaron lo que sorprende y altera la armonía social, las pasiones que transgreden el orden de "los hombres honestos", los hábitos exóticos de otros pueblos y también de los propios campesinos.[2]

[1] Jesús Martín Barbero, *De los medios a las mediaciones*, Gustavo Gili, México, 1987, pp. 15-16.
[2] Renato Ortiz, "Cultura popular: romanticos e folcloristas", *Textos 3*, Programa de Pos-graduaçao en Ciencias Sociais, PUC-SP, 1985.

La inquietud de escritores y filósofos —los hermanos Grimm, Herder— por conocer empíricamente las culturas populares se formaliza en Inglaterra cuando se funda, en 1878, la primera Sociedad de Folclor. Ese nombre pasa a denominar luego en Francia e Italia la disciplina que se especializa en el saber y las expresiones subalternos. Frente a las exigencias del positivismo que guían a los nuevos folcloristas, los trabajos de los escritores románticos quedaron como utilizaciones líricas de tradiciones populares para promover sus intereses artísticos. Ahora se quiere situar el conocimiento de lo popular dentro del "espíritu científico" que anima al conocimiento moderno. Para lograrlo, además de tomar distancia respecto de los "conocedores" aficionados, necesitan criticar el saber popular. Existió también en los positivistas la intención de unir el proyecto científico con una empresa de redención social. Según Rafaelle Corso, el trabajo folclórico es "un movimiento de hombres de élite que, a través de la propaganda asidua, se esfuerzan por despertar al pueblo e iluminarlo en su ignorancia". El conocimiento del mundo popular ya no se requiere sólo para formar naciones modernas integradas, sino para liberar a los oprimidos y resolver las luchas entre clases.

Junto al positivismo y el mesianismo sociopolítico, el otro rasgo de la tarea folclórica es la aprehensión de lo popular como tradición. Lo popular como residuo elogiado: depósito de la creatividad campesina, de la supuesta transparencia de la comunicación cara a cara, de la profundidad que se perdería por los cambios "exteriores" de la modernidad. Los precursores del folclor veían con nostalgia que disminuía el papel de la transmisión oral ante la lectura de diarios y libros; las creencias construidas por comunidades antiguas en busca de pactos simbólicos con la naturaleza se perdían cuando la tecnología les enseñaba a dominar esas fuerzas. Aun en muchos positivistas queda una inquietud romántica que lleva a definir lo popular como tradicional. Adquiere la belleza taciturna de lo que va extinguiéndose y podemos reinventar, fuera de los conflictos del presente, siguiendo nuestros deseos de lo que debiera haber sido. Los anticuarios habían luchado contra lo que se perdía coleccionando objetos; los folcloristas crearon los museos de tradiciones populares.

Una noción clave para explicar las tácticas metodológicas de los folcloristas y su fracaso teórico es el de *supervivencia*. La percepción de los objetos y costumbres populares como restos de una estructura social que se apaga es la justificación lógica de su análisis descontextualizado. Si el modo de producción y las relaciones sociales que originaron esas "supervivencias" desaparecieron, ¿para qué preocuparse por encontrar su sentido socioeconómico? Únicamente los investigadores afiliados al historicismo idealista se interesan por entender las tradiciones en un marco más amplio, pero las reducen a testimonios de una memoria que suponen útil para fortalecer la continuidad histórica y la identidad contemporánea.[3]

Al fin de cuentas, los románticos se vuelven cómplices de los ilustrados. Al decidir que lo específico de la cultura popular reside en su fidelidad al pasado rural, se ciegan a los cambios que la iban redefiniendo en las sociedades industriales y urbanas. Al asignarle una autonomía imaginada, suprimen la posibilidad de explicar lo popular por las interacciones que tiene con la nueva cultura hegemónica. El pueblo es "rescatado", pero no conocido.

Recuerdo la trayectoria europea de los estudios folclóricos clásicos porque las motivaciones de su interés por lo popular, sus usos y contradicciones, se repiten en América Latina. En países tan dispares como la Argentina, Brasil, Perú y México los textos folclóricos produjeron desde fines del siglo XIX un vasto conocimiento empírico sobre los grupos étnicos y sus expresiones culturales: la religiosidad, los rituales, la medicina, las fiestas y artesanías. En muchos trabajos se ve una compenetración profunda con el mundo indio y mestizo, el esfuerzo por darle un lugar dentro de la cultura nacional. Pero sus dificultades teóricas y epistemológicas, que limitan seriamente el valor de sus informes, persisten en estudios folclóricos actuales. Aun en los países más renovadores en el análisis de la cultura popular, como los cuatro nombrados, esta corriente controla la mayoría de las instituciones especializadas y de la producción bibliográfica.

Un primer obstáculo para el conocimiento folclórico procede del recorte del objeto de estudio. Lo *folk* es visto, en forma semejante a Europa, como una propiedad de grupos indígenas o campesinos aislados y autosuficientes, cuyas técnicas simples y poca diferenciación social los preservarían de amenazas modernas. Interesan más los bienes culturales —objetos, leyendas, músicas— que los actores que los generan y consumen.

---

[3] Nicole Belmont hace una crítica en esta línea de la noción de supervivencia en su artículo "Le folklore refoulé ou les séductions de l' archaisme", *L'Homme*, núm. 97-98, París, 1986, pp. 259-268.

Esta fascinación por los productos, el descuido de los procesos y agentes sociales que los engendran, de los usos que los modifican, lleva a valorar en los objetos más su repetición que su cambio.

En segundo lugar, gran parte de los estudios folclóricos nació en América Latina por los mismos impulsos que los originaron en Europa. Por una parte, la necesidad de arraigar la formación de nuevas naciones en la identidad de su pasado; por otra, la inclinación romántica de rescatar los sentimientos populares frente al iluminismo y el cosmopolitismo liberal. Así condicionados por el nacionalismo político y el humanismo romántico, no es fácil que los estudios sobre lo popular produzcan un conocimiento científico.

La asociación de folcloristas y antropólogos con los movimientos nacionalistas convirtió a los estudiosos de las culturas populares en intelectuales reconocidos durante la primera mitad del siglo, como se aprecia, por ejemplo, en las funciones oficiales encargadas a los indigenistas peruanos y mexicanos. Desde los años cuarenta y cincuenta, ante el avance de tendencias modernizadoras en las políticas culturales y en la investigación social, la afición a las culturas tradicionales se vuelve un recurso de quienes necesitan reubicar su actuación en el campo académico. Renato Ortiz encuentra que el desarrollo de los estudios folclóricos brasileños debe mucho a objetivos tan poco científicos como los de fijar el terreno de la nacionalidad en la que se fusionan lo negro, lo blanco y lo indio; dar a los intelectuales que se dedican a la cultura popular un recurso simbólico a través del cual puedan tomar conciencia y expresar la situación periférica de su país; y posibilitar a esos intelectuales el afirmarse profesionalmente en relación con un sistema moderno de producción cultural, del que se sienten excluidos (en Brasil el estudio del folclor se hace principalmente fuera de las universidades, en centros tradicionales como los Institutos Históricos Geográficos, que tienen una visión anacrónica de la cultura y desconocen las técnicas modernas del trabajo intelectual). Agrega Ortiz que el estudio del folclor va asociado también a los avances de la conciencia regional, opuesta a la centralización del Estado:

En el momento en que una élite local pierde poder, se produce un florecimiento de los estudios de cultura popular; un autor como Gilberto Freyre podría tal vez ser tomado como representante paradigmático de la élite que procura reequilibrar su capital simbólico a través de una temática regional.[4]

---

[4] Renato Ortiz, *op. cit.*, p. 53.

En México, un largo tramo de los estudios antropológicos y folclóricos estuvo condicionado por el objetivo posrevolucionario de construir una nación unificada, más allá de las divisiones económicas, lingüísticas y políticas que fracturaban al país. La influencia de la escuela finlandesa en los folcloristas —bajo el lema "Dejémonos de teoría; lo importante es coleccionar"— fomentó un empirismo plano en la catalogación de los materiales, el tratamiento analítico de la información y una pobre interpretación contextual de los hechos, aun en los autores más esmerados. Por eso, la mayoría de los libros sobre artesanías, fiestas, poesía y música tradicionales enumeran y exaltan los productos populares, sin ubicarlos en la lógica presente de las relaciones sociales. Esto es aún más visible en los museos de folclor o arte popular. Exhiben las vasijas y los tejidos despojándolos de toda referencia a las prácticas cotidianas para las que fueron hechos. Son excepcionales los que incluyen el contexto social, como el Museo Nacional de Culturas Populares de la ciudad de México, creado en 1982. La mayoría se limita a enlistar y clasificar aquellas piezas que representan las tradiciones y sobresalen por su resistencia o indiferencia a los cambios.

Pese a la abundancia de descripciones, los folcloristas dan pocas explicaciones sobre lo popular. Hay que reconocer su mirada perspicaz sobre lo que durante mucho tiempo escapó a la macrohistoria y a otros discursos científicos, su sensibilidad ante lo periférico. Pero casi nunca dicen por qué es importante, qué procesos sociales dan a las tradiciones una función actual. No logran reformular su objeto de estudio de acuerdo con el desarrollo de sociedades donde los hechos culturales raras veces tienen los rasgos que define y valoriza el folclor. Ni son producidos manual o artesanalmente, ni son estrictamente tradicionales (transmitidos de una generación a otra), ni circulan en forma oral de persona a persona, ni son anónimos, ni se aprenden y transmiten fuera de las instituciones o de programas educativos y comunicacionales masivos. Sin duda, la aproximación folclórica conserva utilidad para conocer hechos que en las sociedades contemporáneas guardan algunos de esos rasgos. Tiene poco para decir en cuanto queremos abarcar las condiciones industriales en que ahora se produce la cultura.

La principal ausencia en los trabajos sobre folclor es no interrogarse por lo que ocurre a las culturas populares cuando la sociedad se vuelve masiva. El folclor, que surgió en Europa y en América como reacción frente a la ceguera aristocrática hacia lo popular y como réplica a la primera industrialización de la cultura, es casi siempre un intento melancólico por sustraer lo popular a la reorganización masiva, fijarlo en las formas artesanales de producción y comunicación, custodiarlo como reserva imaginaria de discursos políticos nacionalistas.

Si se quiere tener una síntesis global de la ideología de trabajo, las estrategias de estudio y política cultural con que la corriente folclórica logró poner en escena lo popular, no sólo en muchos países sino en organismos internacionales, hay que leer la Carta del Folclor Americano, elaborada por un conjunto representativo de especialistas y aprobada por la OEA en 1970. ¿Cómo caracteriza el futuro del folclor frente al avance de lo que identifica como sus dos mayores adversarios, los medios masivos y el "progreso moderno"? Podemos resumir así sus afirmaciones básicas:

- El folclor esta constituido por un conjunto de bienes y formas culturales tradicionales, principalmente de carácter oral y local, siempre inalterables. Los cambios son atribuidos a agentes externos, por lo cual se recomienda aleccionar a los funcionarios y los especialistas para que "no desvirtúen el folclor" y "sepan cuáles son las tradiciones que no hay ninguna razón para cambiar".
- El folclor, entendido de esta manera, constituye lo esencial de la identidad y el patrimonio cultural de cada país.
- El progreso y los medios modernos comunicación, al acelerar el "proceso final de desaparición del folclor", desintegran el patrimonio y hacen "perder su identidad" a los pueblos americanos.

A partir de esta curiosa exaltación de la cultura local por parte de un organismo internacional, la Carta traza algunas líneas políticas destinadas a la "conservación", el "rescate" y el estudio de las tradiciones. Sus propuestas se concentran en los museos y las escuelas, los festivales y concursos, la legislación y protección. El breve tratamiento de los medios masivos se limita a sugerir "emplearlos bien", descalificando lo que se difunde en ellos por ser "un falso folclor".[5]

---

[5] La OEA convocó una reunión sobre Cultura Popular Tradicional con el fin de actualizar la Carta del Folclor Americano. Se efectuó en Caracas del 20 al 24 de julio de 1987, con el auspicio del Centro para las Culturas Populares y Tradicionales de Venezuela y el Centro Interamericano de Etnomusicología y Folclor. Algunos de los argumentos que siguen los expuse en aquella ocasión; mi crítica específica a la Carta

CULTURAS POPULARES PRÓSPERAS

La persistencia de estas nociones en políticas culturales, estrategias museográficas o turísticas, y aun en centros de investigación, es incompatible con el desarrollo actual del mercado simbólico y de las ciencias sociales. La reformulación de lo popular tradicional que está ocurriendo en la autocrítica de algunos folcloristas y en nuevas investigaciones de antropólogos y comunicólogos permite entender de otro modo el lugar del folclor en la modernidad. Es posible construir una nueva perspectiva de análisis de lo tradicional-popular tomando en cuenta sus interacciones con la cultura de élites y con las industrias culturales. Comenzaré a sistematizarla bajo la forma de seis refutaciones a la visión clásica de los folcloristas:

a) *El desarrollo moderno no suprime las culturas populares tradicionales*. En las dos décadas que pasaron desde la emisión de la Carta no se acentuó el supuesto proceso de extinción del folclor, pese al avance de las comunicaciones masivas y otras tecnologías inexistentes en 1970, o no usadas entonces en la industria cultural: el video, los casetes, la televisión por cable, la transmisión por satélites, en fin, el conjunto de transformaciones tecnológicas y culturales que derivan de combinar la microelectrónica con la telecomunicación.

No sólo esta expansión modernizadora no logró borrar el folclor. Muchos estudios revelan que en las últimas décadas las culturas tradicionales *se han desarrollado transformándose*. Este crecimiento se debe, al menos, a cuatro tipos de causas: *a*) la imposibilidad de incorporar a toda la población a la producción industrial urbana; *b*) la necesidad del mercado de incluir las estructuras y los bienes simbólicos tradicionales en los circuitos masivos de comunicación, para alcanzar aun a las capas populares menos integradas a la modernidad; *c*) el interés de los sistemas políticos por tomar en cuenta el folclor a fin de fortalecer su hegemonía y su legitimidad; *d*) la continuidad en la producción cultural de los sectores populares.

Los estudios sobre artesanías muestran un crecimiento del número de artesanos, del volumen de la producción y de su peso cuantitativo: un informe del SELA calcula que los artesa-

fue publicada bajo el título "Las artes populares en la época de la industria cultural", en *México Indígena*, núm. 19, año III, noviembre-diciembre de 1987, pp. 3-8.

nos de los catorce países latinoamericanos analizados representan el 6 por ciento de la población general y el 18 por ciento de la población económicamente activa.[6] Una de las principales explicaciones del incremento, dada tanto por autores del área andina como mesoamericana, es que las deficiencias de la explotación agraria y el empobrecimiento relativo de los productos del campo impulsan a muchos pueblos a buscar en la venta de artesanías la elevación de sus ingresos. Si bien es cierto que en algunas regiones la incorporación de fuerza de trabajo campesina a otras ramas productivas redujo la producción artesanal, existen, a la inversa, pueblos que nunca habían hecho artesanías, o sólo las fabricaban para autoconsumo, y en las últimas décadas se inician en ese trabajo para sobrellevar la crisis. La desocupación es otra de las razones por la que está aumentando el trabajo artesanal, tanto en el campo como en las ciudades, trasladando a este tipo de producción a jóvenes procedentes de sectores socieconómicos que nunca se ocupaban en esta rama. En Perú, la mayor concentración de artesanos no está en las zonas de bajo desarrollo económico sino en la ciudad de Lima: el 29 por ciento.[7] México comparte su acelerada reconversión industrial con un intenso apoyo a la producción artesanal, la más voluminosa del continente y con un alto número de productores: seis millones. No es posible entender por qué se sigue incrementando el número de artesanías, ni por qué el Estado multiplica los organismos para fomentar un tipo de trabajo que, ocupando a un 28 por ciento de la población económicamente activa, apenas representa el 0.1 por ciento del producto nacional bruto y del 2 al 3 por ciento de las exportaciones del país, si lo vemos como supervivencia atávica de tradiciones enfrentadas a la modernidad.

La incorporación de los bienes folclóricos a circuitos comerciales, que suele analizarse como si sus únicos efectos fueran homogeneizar los diseños y disolver las marcas locales, muestra que la expansión del mercado necesita ocuparse también de los sectores que resisten el consumo uniforme o encuentran dificultades para participar en él. Con este fin, se diversifica

[6] Citado por Mirko Lauer, *La producción artesanal en América Latina*, Fundación Friedrich Ebert, Lima, 1984, p. 39. La estimación del SELA no incluye a los países que no pertenecen a dicho sistema, pero el único ausente con producción significativa es Brasil.

[7] Mirko Lauer, *Crítica de la artesanía. Plástica y sociedad en los Andes peruanos*, DESCO, Lima, 1982.

la producción y se utilizan los diseños tradicionales, las artesanías y la música folclórica, que siguen atrayendo a indígenas, campesinos, las masas de migrantes y nuevos grupos, como intelectuales, estudiantes y artistas. A través de las variadas motivaciones de cada sector —afirmar su identidad, marcar una definición política nacional-popular o la distinción de un gusto refinado con arraigo tradicional— esta ampliación del mercado contribuye a extender el folclor.[8] Por discutibles que parezcan ciertos usos comerciales de bienes folclóricos, es innegable que gran parte del crecimiento y la difusión de las culturas tradicionales se debe a la promoción de las industrias del disco, los festivales de danza, las ferias que incluyen artesanías, y, por supuesto, a su divulgación por los medios masivos. La comunicación radial y televisiva amplificó a escala nacional e internacional músicas de repercusión local, como ocurre con el valse criollo y la chicha peruanos, el chamamé y los cuartetos en la Argentina, la música nordestina y las canciones gauchas en Brasil, los corridos revolucionarios mexicanos, incluidos en el repertorio de quienes promueven en los medios electrónicos la nueva canción.

En tercer lugar, si muchas ramas del folclor crecen es porque los Estados latinoamericanos incrementaron en las últimas décadas el apoyo a la producción (créditos a artesanos, becas y subsidios, concursos, etcétera), su conservación, comercio y difusión (museos, libros, circuitos de venta y salas de espectáculos populares). Hay diversos objetivos: crear empleos que disminuyan la desocupación y el éxodo del campo a las ciudades, fomentar la exportación de bienes tradicionales, atraer al turismo, aprovechar el prestigio histórico y popular del folclor para cimentar la hegemonía y la unidad nacional bajo la forma de un patrimonio que parece trascender las divisiones entre clases y etnias.

Pero todos estos usos de la cultura tradicional serían imposibles sin un hecho básico: la continuidad en la producción de artesanos, músicos, danzantes y poetas populares, interesados en mantener su herencia y renovarla. La preservación de estas formas de vida, de organización y pensamiento se explica por

---

[8] Desde principios de los ochenta, autores de varios países se han ocupado de la revitalización que la comercialización y el consumo de sectores no tradicionales posibilitan al folclor: Berta G. Ribeiro y otros, *O artesao tradicional e seu papel na sociedade contemporanea*, FUNARTE/Instituto Nacional do Folclore, Río de Janeiro, 1983; Rodolfo Becerril Straffton, "Las artesanías: la necesidad de una perspectiva económica", en varios, *Textos sobre arte popular*, FONART-FONAPAS, México, 1982.

razones culturales, pero también, como dijimos, por los intereses económicos de los productores que buscan sobrevivir o aumentar sus ingresos.

No desconocemos el carácter contradictorio que tienen los estímulos del mercado y de organismos gubernamentales al folclor. Los estudios que citamos hablan de conflictos frecuentes entre los intereses de los productores o usuarios de los bienes populares y los comerciantes, empresarios, medios masivos y Estados. Pero lo que ya no puede decirse es que la tendencia de la modernización es simplemente provocar la desaparición de las culturas tradicionales. El problema no se reduce, entonces, a conservar y rescatar tradiciones supuestamente inalteradas. Se trata de preguntarnos cómo se están transformando, cómo interactúan con las fuerzas de la modernidad.

b) Las culturas campesinas y tradicionales ya no representan la parte mayoritaria de la cultura popular. En las últimas décadas, las ciudades latinoamericanas pasaron a contener entre el 60 y 70 por ciento de los habitantes. Aun en zonas rurales, el folclor no tiene hoy el carácter cerrado y estable del universo arcaico, pues se desarrolla en las relaciones versátiles que las tradiciones tejen con la vida urbana, las migraciones, el turismo, la secularización y las opciones simbólicas ofrecidas tanto por los medios electrónicos como por nuevos movimientos religiosos o por la reformulación de los antiguos. Hasta los migrantes recientes, que mantienen formas de sociabilidad y celebraciones de origen campesino, adquieren el carácter de "grupos urbanoides", como dice un etnomusicólogo brasileño, José Jorge de Carvalho. De ahí que los actuales folcloristas sientan la necesidad de ocuparse a la vez de la producción local y regional tanto como de la salsa, los ritmos afro, las melodías aborígenes y criollas que dialogan con el jazz, el rock y otros géneros de origen anglosajón. Las tradiciones se reinstalan aún más allá de las ciudades: en un sistema interurbano e internacional de circulación cultural. Si bien siempre hubo una corriente de formas tradicionales que unieron al mundo iberoamericano, agrega Carvalho, ahora

...existe una vertiente de formas híbridas que también nos une, siendo posible identificar relaciones de nuevos ritmos populares brasileños con nuevas expresiones de Bolivia, Perú, Venezuela, el Caribe, México, etcétera. No es posible —concluye— comprender la tradición sin comprender la innovación.[9]

[9] José Jorge de Carvalho, *O lugar da cultura tradicional na sociedade moderna,* Fundación Universidade de Brasilia, Brasilia, Serie Antropología, núm. 77, 1989, pp. 8-10.

c) Lo popular no se concentra en los objetos. El estudio actual de la antropología y la sociología sobre la cultura situa los productos populares en sus condiciones económicas de producción y consumo. Los folcloristas influidos por la semiología identifican *folk* en comportamientos y procesos comunicacionales. En ninguno de estos casos se acepta que lo popular sea congelado en patrimonios de bienes estables. Ni siquiera la cultura tradicional es vista como "norma autoritaria o fuerza estática e inmutable —escribe Martha Blache—, sino un caudal que es utilizado hoy, pero está basado en experiencias previas sobre la manera que tiene un grupo de dar respuesta y vincularse a su entorno social". En vez de una colección de objetos o de costumbres objetivadas, la tradición es pensada como "un mecanismo de selección, y aun de invención, proyectado hacia el pasado para legitimizar el presente".[10]

La influencia interaccionista y etnometodológica también contribuye a concebir la formación y los cambios de la significación social como resultado de interacciones y rituales. Desde su perspectiva, el arte popular no es una colección de objetos, ni la ideología subalterna un sistema de ideas, ni las costumbres repertorios fijos de prácticas: todos son dramatizaciones dinámicas de la experiencia colectiva. Si los rituales, explica Roberto Da Matta, son el dominio donde cada sociedad manifiesta lo que desea situar como perenne o eterno,[11] hasta los aspectos más durables de la vida popular se manifiestan mejor que en los objetos inertes en las ceremonias que los hacen vivir. (Aunque Da Matta no establece una relación exclusiva del ritual con el pasado, destaca que aun lo que en la sociedad es tradición se muestra mejor en las interacciones que en los bienes inmóviles.)

d) Lo popular no es monopolio de los sectores populares, Al concebir *folk,* más que como paquetes de objetos, como prácticas sociales y procesos comunicacionales, se quiebra el vínculo fatalista, naturalizante, que asociaba ciertos productos culturales con grupos fijos. Los folcloristas prestan atención

[10] Marha Blache, "Folclor y cultura popular", *Revista de investigaciones Folclóricas,* Instituto de Ciencias Antropológicas, Universidad de Buenos Aires, núm. 3, diciembre de 1988, p. 27.

[11] Roberto Da Matta, *Carnavais, malandros e hérois,* Zahar, Río de Janeiro, 1980, p. 24.

al hecho de que en las sociedades modernas una misma persona puede participar en diversos grupos folclóricos, es capaz de integrarse sincrónica y diacrónicamente a varios sistemas de prácticas simbólicas: rurales y urbanas, barriales y fabriles, microsociales y "massmediáticas". No hay folclor sólo de las clases oprimidas, ni el único tipo posible de relaciones interfolclóricas son las de dominación, sometimiento o rebelión. En última instancia, llegamos a no considerar ya

> ...a los grupos como organizaciones estables en su composición y en su permanencia, dotadas de características comunes. No hay un conjunto de individuos propiamente folclóricos; hay, sin embargo, situaciones más o menos propicias para que el hombre participe de un comportamiento folclórico.[12]

La evolución de las fiestas tradicionales, de la producción y venta de artesanías, revela que éstas no son ya tareas exclusivas de los grupos étnicos, ni siquiera de sectores campesinos más amplios, ni aun de la oligarquía agraria; intervienen también en su organización los ministerios de cultura y de comercio, las fundaciones privadas, las empresas de bebidas, las radios y la televisión.[13] Los hechos culturales *folk* o tradicionales son hoy el producto multideterminado de actores populares y hegemónicos, campesinos y urbanos, locales, nacionales y transnacionales.

Por extensión, es posible pensar que lo popular se constituye en procesos híbridos y complejos, usando como signos de identificación elementos procedentes de diversas clases y naciones. Al mismo tiempo, podemos volvernos más perceptivos ante los ingredientes de las llamadas culturas populares que son reproducción de lo hegemónico, o que se vuelven autodestructivos para los sectores populares, o contrarios a sus intereses: la corrupción, las actitudes resignadas o ambivalentes en relación con los grupos hegemónicos.

e) *Lo popular no es vivido por los sujetos populares como complacencia melancólica con las tradiciones.* Muchas prácticas *rituales* subalternas aparentemente consagradas a *reproducir* el orden tradicional, lo transgreden humorísticamente. Quizá

---

[12] Martha Blache, *op. cit.*, p. 29.
[13] Véanse, entre otros, los libros de Gobi Stromberg, *El juego del coyote. Platería y arte en Taxco*, Fondo de Cultura Económica, México, 1985; Catherine Good Eshelman, *Haciendo la lucha. Arte y comercio nahuas en Guerrero*, Fondo de Cultura Económica, México, 1988, y Mirko Lauer, *op. cit.*

una antología de la documentación dispersa sobre humor ritual en América Latina volvería evidente que los pueblos recurren a la risa para tener un trato menos agobiante con su pasado. Proponemos la hipótesis de que la actitud es más antisolemne cuando se trata de tradiciones cruzadas en conflicto. En carnavales de varios países, danzas bailadas por indígenas y mestizos parodian a los conquistadores españoles, usan grotescamente sus trajes, la parafernalia bélica que trajeron para la conquista. En el carnaval brasileño, se invierten los órdenes tradicionales de una sociedad donde la intersección de negros y blancos, etnias antiguas y grupos modernos, pretende resolverse bajo jerarquías severas: la noche se usa como si fuera el día, los hombres se difrazan de mujeres, los ignorantes, los negros, los trabajadores aparecen "enseñando el placer de vivir actualizado en el canto, en la danza y en la samba".[14]

No hay que optimizar esas transgresiones al punto de creer que deshacen, al reivindicar historias propias, la tradición fundamental de la dominación. El propio Da Matta reconoce que en el carnaval se da un juego entre la reafirmación de las tradiciones hegemónicas y la parodia que las subvierte pues la explosión de lo ilícito está limitada a un periodo corto, definido, luego del cual se reingresa en la organización social establecida. La ruptura de la fiesta no liquida las jerarquías ni las desigualdades, pero su irreverencia abre una relación más libre, menos fatalista, con las convenciones heredadas.

También en México, en los Altos de Chiapas, el carnaval es un momento de elaboración simbólica y humorística de conflictos superpuestos. Los negros caricaturizan a los ladinos, unos indígenas a otros, y se escenifican las tensiones étnicas rememorando irónicamente la Guerra de Castas de 1867-1870. La parodia es usada en Zinacantlán, Chamula y Chenalhó, como en otras partes, para subestimar a los diferentes (otros indígenas, ladinos, blancos) y desaprobar las desviaciones de conducta en el propio grupo, es decir, como autoafirmación etnocéntrica.[15] Pero tambien puede interpretarse que lo hacen para reducir el carácter opresivo de dominaciones centenarias.

Porque los conflictos interculturales han sido semejantes en otras zonas de Mesoamérica no es extraño que semejantes tácticas paródicas se encuentren en muchos pueblos. Sin

---

[14] R. da Matta, op.cit., p. 99.
[15] Victoria Reiner Bricker, Humor ritual en la altiplanicie de Chiapas, Fondo de Cultura Económica, México, 1986.

embargo, la exégesis de estas fiestas suele destacar únicamente lo que en el humor ritual sirve para burlarse de las autoridades y caricaturizar a los extraños. Algunos autores, como Reifler Bricker, al observar la frecuente relación del humor ritual con las conductas desviadas, sugieren otra función: el control social. Ridiculizar a quien usa ropa ladina o al funcionario corrupto serviría a los pueblos indígenas para anticipar las sanciones que sufrirían quienes se aparten de los comportamientos tradicionales o agredan al propio grupo. Pero nadie prueba, anota esta autora, que haya una vinculación de causa a efecto entre la caricatura ceremonial y el refuerzo de las reglas. No puede afirmarse que en las sociedades que se burlan de ciertas conductas éstas ocurran con menos frecuencia, ni que el temor a ser ridiculizado, y no otro temor —sobrenatural o legal— sea la motivación para evitarlas.

A nuestro modo de ver, esta preocupación generalizada por la normalidad va unida a la elaboración simbólica del cambio y de las relaciones entre tradición y modernidad. Es la interpretación que nos sugiere el trabajo de campo en la zona purépecha de Michoacán. Voy a detenerme en un ejemplo —los diablos de Ocumicho— entre los muchos que manifiestan esta función del humor en las fiestas y las artesanías.

Vuelvo a ocuparme de los diablos de Ocumicho, a los que analicé hace ocho años,[16] teniendo en cuenta que desde entonces se han convertido en uno de los productos alfareros más exitosos de todo México, y lo que agregan varios trabajos publicados en los ochenta. Los diablos son hoy una tradición tan útil para que los habitantes de Ocumicho se identifiquen ante otros como su lengua y sus ceremonias antiguas, aunque nacieron hace sólo tres décadas. ¿Por qué comenzaron a hacerlos? Dan una explicación económica y cuentan dos mitos.

En los años sesenta disminuyeron las lluvias y algunos ejidatarios cercanos se apropiaron de sus tierras más fértiles. Tuvieron que expandir la alfarería, producida hasta entonces por pocas familias para necesidades cotidianas del pueblo, con el fin de venderla y lograr ingresos que compensaran lo perdido en el campo. A esa explicación, se agregan los mitos. Uno dice que el diablo —personaje importante en las creencias precortesianas de la región y también durante la colonia—

...recorría Ocumicho y molestaba a todos. Se metía en los árboles y los

[16] Néstor García Canclini, *Las culturas populares en el capitalismo*, cit., cap. VI.

mataba. Entraba en los perros, y no hacían más que agitarse y gritar. Luego persiguió a la gente, que se enfermaba y enloquecía. A alguien se le ocurrió que había que darle lugares donde pudiera vivir sin molestar a nadie. Por eso hicimos diablos de barro, para que tuviera dónde estar.

El otro relato se refiere a Marcelino, un muchacho huérfano, homosexual, iniciado por la abuela en la cerámica, que comenzó a hacer "bellas figuras" hace unos treinta años; primero hizo ángeles y luego se dedicó a los diablos, a partir del encuentro con el demonio en una barranca. Al ver lo rápido que crecían sus ventas, que lo invitaron a ferias artesanales en la ciudad de México y en Nueva York, los vecinos aprendieron y perfeccionaron la técnica, siguieron variando las imágenes, aun después de la muerte de Marcelino, ocurrida cuando todavía era joven.

Ambos relatos son contados con variantes múltiples, como ocurre cuando distintos miembros de un pueblo contribuyen a darle énfasis diversos y lo actualizan. Así renuevan el valor de mitos fundacionales para una actividad inestable, que en pocos años dio prosperidad a unas cuantas familias y permitió la mejor supervivencia de muchas otras. Ahora los diablos circulan por todo el país y en el extranjero. Sus imágenes, que mezclan las serpientes, los árboles y las casas purépechas con elementos de la vida moderna, con escenas bíblicas y eróticas, ganaron un lugar por el atractivo de esta ambivalencia en las tiendas urbanas. Los diablos se ven tanto en escenas sacras —en los nacimientos, en la última cena en lugar de los apóstoles—, como en la reproducción de las más cotidianas de Ocumicho: la venta de alimentos, un parto, la conversación en la puerta de una casa. Llegan a pilotear aviones o helicópteros, hablan por teléfono, se dedican a la venta ambulante en las ciudades, pelean con la policía y hacen el amor con sirenas, o con una mujer purépecha montada en un animal de siete cabezas. Es un arte que habla de su vida propia y sus migraciones (diablos subidos al techo de autobuses que viajan a Estados Unidos). Se burla de los ritos católicos (que practican sincréticamente), y seduce por la libertad con que recrea las idas y venidas entre lo tradicional y lo moderno. Arte que los representa, pero que es hecho para otros (ningún poblador usa los diablos en la decoración de sus casas), se refiere a los otros como adversarios de quienes los diablos se ríen. Las imágenes menos miméticas de sus tradiciones representan lo que experimentan los herederos de esas tradiciones cuando algún miem-

Carmela Martínez, a partir de *La libertad guiando al pueblo el 28 de julio de 1830*, de
Eugène Delacroix.

Antonia Martínez, a partir del aguafuerte anónimo *Bombardeo de todos los tronos de Europa y caída de todos los tiranos para la felicidad del universo*.

Guadalupe Álvarez, a partir del grabado de Berthaud *Toma de la Bastilla*.

Virginia Pascual, a partir del grabado anónimo *Caricatura contra María Antonieta*.

Carmela Martínez, a partir del grabado anónimo *El verdugo se guillotina a sí mismo.*

Amate anónimo, producido en Maxela.

Amate de Roberto Mauricio, de San Agustín Oapan, Guerrero.

Venta de amates en Cuernavaca. Fotografía de Catherine Good Eshelman.

Negociando con un revendedor. Fotografía de Catherine Good Eshelman.

bro de cada familia viaja a los Estados Unidos para trabajos temporales. O sus experiencias cuando el Fondo Nacional de las Artesanías y el Instituto Nacional Indigenista les enseñaron a organizarse en cooperativas ("grupos solidarios"), a manejar créditos, cambiar los temas y el barniz de las piezas, usando pinturas sintéticas pero con un tratamiento que simule antigüedad en el aspecto final.

En muy pocos años, los pobladores de Ocumicho lograron desarrollar una técnica sofisticada, una imaginaria en constante renovación y hasta un soporte mítico que relaciona los cambios con su historia lejana. Por su parte, las instituciones oficiales contribuyen a poner en escena este arte a través de una distribución extensa, invitaciones para exponer en ferias internacionales, concursos y premios que legitiman ese modo de producir e innovar.

¿Es la apertura —crítica o burlona— hacia la modernidad, y no la simple autoafirmación, lo que los arraiga mejor en las tradiciones? En parte, así parece. Pero hay algo más. Lo revela un estudio comparativo de Ocumicho con otro pueblo cercano, también productor exitoso de alfarería: Patamban.[17] Los artesanos de este último, que producen loza de uso diario, al haber generado su propio mercado basándose en la calidad de su trabajo y en acciones independientes de comercialización, consideran a las instituciones oficiales como un tipo de intermediario entre otros. Gouy-Gilbert encuentra una correspondencia entre esta mayor autonomía comercial y la menor preocupación por afianzar un poder político propio o su sistema religioso tradicional. En cambio, como para Ocumicho el acceso al mercado se da casi exclusivamente a través de instituciones gubernamentales, la precariedad de sus lazos comerciales y la dependencia de agentes económicos extraños los vuelve más sensibles a la reafirmación de los *signos* de identidad (lengua, vestimenta, sistema de cargos religiosos) y a la defensa de un poder civil controlado comunitariamente.

En esta línea, podemos leer el sentido humorístico de los diablos como recurso simbólico para elaborar las transiciones bruscas entre lo propio y lo ajeno, entre la reproducción de lo conocido y la incorporación de elementos nuevos a una percepción reformulada de sí mismo.

---

[17] Cecile Gouy-Gilbert, *Ocumicho y Patamban. Dos maneras de ser artesano*, Centre d'Etudes Mexicaines et Centramericaines, México, 1987.

La movilización de todos los recursos culturales dentro de una minoría étnica (activación de las relaciones de parentesco, del sistema
de cargos, de las fiestas, etcétera), puede corresponder tanto a una
última forma de resistencia, a una especie de congelación del patrimonio cultural étnico, como a un recurso que permita a la comunidad encontrar vías de adaptación.[18]

En 1989 les propusieron a diez alfareros de Ocumicho fabri-
car figuras con el tema de la revolución francesa. Mercedes
Iturbe, directora del Centro Cultural de México en París, les
llevó imágenes con escenas revolucionarias y les relató la historia. Como tantos pintores y cineastas que construyeron desde
su propia imaginación la iconografía que enseñó a *ver* ese acontecimiento fundador de la modernidad, las artesanas purépechas
dieron su versión de la toma de la Bastilla, de María Antonieta y
la guillotina
   Fernando del Paso escribió en el catálogo de la exposición
que "ningún pueblo o nación del mundo tiene el monopolio de
la barbarie y la crueldad". Los indígenas que produjeron estas
obras no sabían mucho de la revolucion francesa, pero tienen
memoria de los horrores realizados por los conquistadores españoles —que se alarmaban de los sacrificios que ocurrían en
estas tierras —para imponer la modernidad. El largo trato de
estos alfareros con diablos y serpientes en sus obras sin duda
les facilitó representar lo que pudo haber de contradictorio y
grotesco en la revolución que buscaba la libertad y la fraterni-
dad. La presencia de lo infernal —dice Del Paso—aleja a estas
piezas del riesgo naif: pese a la apariencia rústica de sus figuras, los purépechas demuestran saber que "la crueldad del hombre contra el hombre y la ingenuidad no son compatibles".[19]
   *f) La preservación pura de las tradiciones no es siempre el mejor
recurso popular para reproducirse y reelaborar su situación.* "Sea
auténtico y ganará más" es la consigna de muchos promotores, comerciantes de artesanías y funcionarios culturales. Los
estudios que por fin algunos folcloristas y antropólogos
indisciplinados vienen haciendo sobre las artesanías impuras
demuestran que a veces ocurre lo contrario.
   De un modo análogo a los alfareros de Ocumicho, los pintores de amate están haciendo repensar las alarmas apocalíp-
ticas sobre "la extinción inevitable" de las artesanías y los

---

[18] *Idem*, p. 57.
[19] Fernando del Paso, "¿Al diablo la revolución francesa?", *Les trois couleurs
d'Ocumicho*, Centre Culturel du Mexique, París, 1989, pp. 61-62.

nexos entre lo culto y lo popular. Cuando hace treinta años varios pueblos de Guerrero comenzaron a producir y vender pinturas hechas en papel de amate, en parte por influencia de artistas, algunos folcloristas pronosticaron la decadencia de sus tradiciones étnicas. Catherine Good Eshelman inició un estudio sobre estas artesanías en 1977, a partir de la teoría predominante entonces sobre el lugar de la producción campesina en la formación capitalista mexicana: las artesanías serían una forma específica de participación en este sistema desigual, una vía más para la extracción de excedentes y debilitamiento de la organización étnica. Después de vivir varios años en los pueblos productores y seguir el ciclo de sus adaptaciones, tuvo que admitir que la creciente interacción comercial con la sociedad y el mercado nacionales no sólo les permitían mejorar económicamente; también iban fortaleciendo sus relaciones internas. El origen indígena no era "un detalle folclórico" que daba atracción exótica a sus productos, ni un obstáculo para incorporarse a la economía capitalista, sino "la fuerza movilizadora y determinante en el proceso".[20] Como lo muestra el trabajo histórico de la autora, esos pueblos pasaron largos periodos experimentando estrategias, muchas veces frustradas, hasta llegar a los hallazgos económicos y estéticos de las pinturas en amate. Su origen está multideterminado: nacieron en los años cincuenta, cuando los nahuas de Ameyaltepec, alfareros desde antes de la conquista, que vendían sus máscaras, macetas y ceniceros en ciudades cercanas, trasladaron las decoraciones de la cerámica al papel de amate. Los dibujos eran antiguos, pero su difusión nacional e internacional empezó al volcarlos al amate, que —además de posibilitar composiciones más complejas— es de menor peso que el barro, menos frágil y más fácil de transportar.

Los "cuadros" son hechos por hombres y mujeres, adultos y niños. Muestran escenas de sus trabajos y fiestas, valorizando así tradiciones étnicas y familiares que siguen reproduciendo en las tareas campesinas. Los propios artesanos controlan casi todo su comercio, permiten a los intermediarios una injerencia menor que en otras ramas artesanales, y aprovechan sus puestos o ventas itinerantes para ofrecer trabajos de otros pueblos (máscaras, piedras talladas y copias de piezas prehispánicas).

---

[20] Catherine Good Eshelman, *Haciendo la lucha. Arte y comercio nahuas de Guerrero*, op, cit., p. 18.

Según la encuesta, aplicada en 1980-1981 por Good Eshelman en Ameyaltepec, el 41 por ciento de las familias ganaba sólo en las artesanías más de cuatro salarios mínimos, y otro 42 por ciento de dos a cuatro salarios mínimos. Sigue habiendo intermediarios que se apropian de una parte de la ganancia: los más especuladores son quienes pagan entre 10 y 20 dólares por los amates y los revenden en Estados Unidos, como "genuino arte tribal azteca", a 300 o 400 dólares. También hay empresas que usan diseños de estos pueblos en manteles, tarjetas postales y cajas de pañuelos de papel, sin darles ningún pago. Pese a esas formas de explotación, comunes con otros tipos de artesanía, sus ingresos y nivel de consumo son muy superiores al promedio de los campesinos mexicanos.[21]

Aunque estos artesanos tienen una profusa actividad comercial, extendida por casi todo el país, se organizan para no desatender la agricultura, ni las obligaciones ceremoniales, ni los servicios comunitarios. Invierten las ganancias artesanales en tierras, animales, viviendas y fiestas internas. Al ocuparse todas las familias en la venta de artesanías, a nadie le conviene usar sus recursos y fuerza de trabajo como mercancías. En el comercio se mueven individualmente o en familia, pero realizan sus ventas usando las redes colectivas para compartir información sobre ciudades lejanas e instalarse en ellas reproduciendo las condiciones materiales y simbólicas de su vida cotidiana. Decenas de artesanos nahuas llegan a un centro turístico, rentan un sector de una pensión barata e inmediatamente tienden mecates para colgar la ropa en vez de guardarla en armarios, almacenan agua en cántaros de barro dentro del cuarto, colocan altares, preparan la comida o convencen a alguien en el mercado para que guise a su manera.

A través de la compra de materiales y el consumo de bienes ajenos transfieren parte de su excedente al mercado nacional y transnacional, pero el control más o menos igualitario de sus fuentes de subsistencia y el comercio de artesanías les permite sostener su identidad étnica. Gracias al cuidado de ciertas tradiciones (el control colectivo de las tierras y el sistema de reciprocidad), la renovación de su oficio artesanal y el reacomodo a una interacción compleja con la modernidad han

---

[21] En el momento de aplicarse la encuesta citada, a principios de los ochenta, 35 de cada 100 hogares mexicanos tenían ingresos menores al salario mínimo, o sea poco más de cien dólares (Héctor Aguilar Camín, *Después del milagro*, Cal y Arena, México, 1988, p. 214).

logrado una independencia floreciente que no hubieran conseguido encerrándose en sus relaciones ancestrales.

RECONVERSIÓN HEGEMÓNICA Y RECONVERSIÓN POPULAR

El incremento de las artesanías en países industrializados revela, según señalé antes, que el avance económico moderno no implica eliminar las fuerzas productivas que no sirven directamente a su expansión si esas fuerzas cohesionan a un sector numeroso, aún satisfacen necesidades sectoriales o las de una reproducción equilibrada del sistema. A la inversa, y complementariamente, la reproducción de las tradiciones no exige cerrarse a la modernización. Además de estos casos mexicanos, otros de América Latina, por ejemplo el de Otavalo en Ecuador,[22] muestran que la reelaboración heterodoxa —pero autogestiva— de las tradiciones puede ser fuente simultánea de prosperidad económica y reafirmación simbólica. Ni la modernización exige abolir las tradiciones, ni el destino fatal de los grupos tradicionales es quedar fuera de la modernidad.

Es sabido que en otras zonas de México y de América Latina los indígenas no han logrado esta adaptación exitosa al desarrollo capitalista. Voraces intermediarios, estructuras arcaicas e injustas de explotación campesina, gobiernos antidemocráticos o represores, y las propias dificultades de las etnias para reubicarse en la modernidad, los mantienen en una pobreza crónica. Si se hace el cálculo de cuántos artesanos o grupos étnicos han conseguido un nivel digno de vida con sus tradiciones o incorporarse al desarrollo moderno reduciendo la asimetría con los grupos hegemónicos, los resultados son deplorables. Peor aún: la reconversión reciente de las economías latinoamericanas agrava la segmentación desigual en el acceso a los bienes económicos, a la educación media y superior, a las nuevas tecnologías y al consumo más sofisticado. La pregunta que queremos hacer es si las luchas por ingresar a estos escenarios de modernización son las únicas que les conviene dar a los movimientos populares de América Latina.

La acumulación de los ejemplos anteriores no refuta nada de lo que se conoce sobre la explotación laboral y la desigualdad educativa. Tampoco estoy sugiriendo que a los artesanos

---

[22] Lyn Walter, "Otavaleño Development, Ethnicity, and National Integration", *América Indígena*, año XLI, núm. 2, abril-junio de 1981, pp. 319-338.

pobres les iría mejor si imitaran a los alfareros de Ocumicho y los pintores de Ameyaltepec: entre otras razones, porque las estructuras desiguales que ordenan las relaciones entre producción campesina e industrial, entre artesanía y arte, vuelven imposible que los quince millones de artesanos que existen en el continente accedan a los beneficios económicos y simbólicos de las clases altas y medias. Pero para repetir esto no agregaría un título más a la bibliografía.

Más bien se trata de averiguar si lo que significa, en este marco de injusticia, mantener las tradiciones o participar en la modernidad tiene para los sectores populares el sentido que tradicionalistas y modernizadores vienen imaginando. Al seguir a los migrantes temporales o permanentes en las grandes ciudades, al oír sus comentarios sobre los hábitos de otras naciones, sobre las oportunidades y desventajas de la vida urbana o de las nuevas tecnologías, y cómo insertarse hábilmente en las reglas comerciales modernas, resulta aplicable a muchos de ellos lo que Good Eshelman afirma de los nahuas que producen y venden amates:

> Son muy mundanos y sofisticados [...], usan la vida de su pueblo y sus costumbres como norma para procesar información y entender a los demás [...]. Su éxito comercial se debe precisamente a esta actitud mental tan abierta y flexible que les permite moverse en un mundo complicado, variado, en el que tienen experiencias y relaciones económicas muy diversas.[23]

Esta relación fluida de algunos grupos tradicionales con la modernidad se observa también en luchas políticas y sociales. En vista de la irrupción de industrias y represas, o ante la llegada de sistemas transnacionales de comunicación a su vida cotidiana, los indígenas y campesinos han debido informarse de descubrimientos científicos y tecnologías de punta para elaborar posiciones propias. Los indios brasileños que enfrentan la destrucción de la selva amazónica y los tarascos de Santa Fe de la Laguna, en México, que lograron impedir a principios de los ochenta la instalación en sus tierras comunales de una central nuclear, muestran cómo pueden afirmarse las tradiciones de producción y trato con la naturaleza en relación con los desafíos de este fin de siglo. La Organización de Defensa de los Recursos Naturales y Desarrollo Social de la Sierra de Juárez, en la que zapotecos y chinantecos se unieron para

---

[23] C. Good Eshelman, op. cit., pp. 52-53.

proteger sus bosques frente a las industrias papeleras, no se
queda en la simple preservación de sus recursos: ha conforma-
do una educación basada en sus formas comunales de trabajo
y en una visión ecológica compleja sobre el desarrollo de su
región y de México, sostenida por sus creencias en la naturaleza pero informada a la medida de quienes construyen caminos pensando sólo en sus ganancias, "no para comunicar a los
pueblos".[24]

Al mismo tiempo que la reconversión oficial, se produce la
reconversión con que las clases populares adaptan sus saberes
y hábitos tradicionales. Para entender los vínculos que se tejen
entre ambas hay que incluir en los análisis de la condición
popular, dedicados a las oposiciones entre subalternos aislados
y dominadores cosmopolitas, estas formas no convencionales
de integrarse a la modernidad que se escuchan en pueblos como
Ocumicho, Ameyaltepec y tantos otros. Los artesanos intercambian datos sobre compradores de la ciudad de México y
de Estados Unidos, tarifas de taxis y hoteles en Acapulco,
cómo usar los teléfonos en comunicaciones de larga distancia,
a quién se le puede aceptar cheques de viajero, dónde es mejor
comprar los aparatos electrónicos que traerán a sus casas.

Las duras condiciones de sobrevivencia reducen esta adaptación, en la mayoría de los casos, a un aprendizaje comercial
y pragmático. Pero con frecuencia, sobre todo en las nuevas
generaciones, los cruces culturales que venimos describiendo
incluyen una reestructuración radical de los vínculos entre
lo tradicional y lo moderno, lo popular y lo culto, lo local y lo
extranjero. Basta prestar atención al creciente lugar que tienen
en diseños artesanales imágenes del arte contemporáneo y de
los medios masivos.

Déjenme contar que, cuando comencé a estudiar estos
cambios, mi reacción inmediata era lamentar la subordinación
de los productores al gusto de consumidores urbanos y turistas. Hasta que hace ocho años entré a una tienda en Teotitlán
del Valle —un pueblo oaxaqueño dedicado al tejido— donde
un hombre de cincuenta años veía televisión con su padre,
mientras cambiaban frases en zapoteco. Al preguntarle sobre
los tapices con imágenes de Picasso, Klee y Miró que exhibía,
me dijo que comenzaron a hacerlos en 1968, cuando los

---

[24] Jaime Martínez Luna, "Resistencia comunitaria y organización popular", en G.
Bonfil Batalla y otros, *Culturas populares y política cultural*, Museo Nacional de
Culturas Populares/SEP, 1982.

visitaron algunos turistas que trabajaban en el Museo de Arte Moderno de Nueva York y les propusieron renovar los diseños. Me mostró un álbum con fotos y recortes de diarios en inglés, donde se analizaban las exposiciones que este artesano realizó en California. En media hora, lo vi moverse con fluidez del zapoteco al español y al inglés, del arte a la artesanía, de su etnia a la información y los entretenimientos de la cultura masiva, pasando por la crítica de arte de una metrópoli. Comprendí que mi preocupación por la pérdida de sus tradiciones no era compartida por ese hombre que se movía sin demasiados conflictos entre tres sistemas culturales.[25]

ARTE *VS.* ARTESANÍAS

¿Por qué muy pocos artesanos llegan a ser reconocidos como artistas? Las oposiciones entre lo culto y lo popular, entre lo moderno y lo tradicional, se condensan en la distinción establecida por la estética moderna entre arte y artesanías. Al concebirse al arte como un movimiento simbólico desinteresado, un conjunto de bienes "espirituales" en los que la forma predomina sobre la función y lo bello sobre lo útil, las artesanías aparecen como lo otro, el reino de los objetos que nunca podrían despegar de su sentido práctico. Los historiadores sociales del arte, que revelaron las dependencias del arte culto respecto del contexto social, casi nunca llegan a cuestionar la grieta entre lo culto y lo popular, que en parte se superpone con la escisión entre lo rural y lo urbano, entre lo tradicional y lo moderno. El Arte correspondería a los intereses y gustos de la burguesía y de sectores cultivados de la pequeña burguesía, se desarrolla en las ciudades, habla de ellas, y cuando representa paisajes del campo, lo hace con óptica urbana. (Dijo bien Raymond Williams: "Una tierra que se trabaja no es casi nunca un paisaje; la idea misma de paisaje supone la existencia de un observador separado.")[26] Las artesanías, en cambio, se

[25] Para un análisis de la modernización artesanal en Teotitlán del Valle, léase de Jeffrey H. Cohen y Harold K. Schneider, "Markets, Museums and Modes of Production: Economic Strategies in Two Zapotec Wearing Communities of Oaxaca, Mexico", SEA, Society for Economic Anthropology, vol. 9, núm. 2, West Lafayette, 1990.

[26] Raymond Williams, "Plaisantes perspectives. Invention du paysage et abolition du paysan", *Actes de la Recherche en Sciences Sociales*, núm. 17-18, noviembre de 1977, p. 31.

ven como productos de indios y campesinos, de acuerdo con su rusticidad, los mitos que habitan su decoración, los sectores populares que tradicionalmente las hacen y las usan.

¿No les asombra leer que en el coloquio sobre *La dicotomía entre arte culto y arte popular* una de las historiadoras más rápidas del Oeste, Marta Traba, haya dicho que los artistas populares quedan reducidos a "lo práctico-pintoresco", son incapaces de "pensar un significado diferente al transmitido y usado habitualmente por la comunidad, mientras el artista 'culto' es un solitario cuya primera felicidad es la de satisfacerse gracias a su propia creación"?[27] No es posible hablar así cuando un historiador del arte sabe que, desde hace más de medio siglo, los constructivistas y la Bauhaus, grupos plásticos y teatrales vienen demostrando que la creatividad puede brotar también de mensajes colectivos.

El otro argumento rutinario que opone el Arte al arte popular, dice que los productores del primero serían singulares y solitarios mientras los populares serían colectivos y anónimos. En ese mismo coloquio de Zacatecas leemos que el Arte produce "obras únicas", irrepetibles, en tanto las artesanías se hacen en serie, de igual modo que la música popular reitera idénticas estructuras en sus canciones, como si les faltara "un proyecto" y se limitaran "a *gastar un prototipo* hasta la fatiga, sin llegar a plantearlo nunca como cosmovisión y, en consecuencia, a defenderlo estéticamente mediante todas sus variables".[28] Ya nos referimos a las maneras y las razones por las que los diablos populares varían tanto o más que los del arte moderno (por no hablar del arte anterior, obligado por la iglesia a reproducir modelos teológicamente aprobados). Vimos que los artesanos juegan con las matrices icónicas de su comunidad en función de proyectos estéticos e interrelaciones creativas con receptores urbanos. Los mitos con que sostienen las obras más tradicionales y las innovaciones modernas indican en qué medida los artistas populares superan los prototipos, plantean cosmovisiones y son capaces de defenderlas estética y culturalmente.

En otro tiempo, el tejedor de Teotitlán del Valle hubiera sido una excepción; personas como él eran artesanos que por una peculiar necesidad creativa producían sus obras alejándose del propio grupo, sin acceder tampoco al mundo del arte culto.

---

[27] Varios, *La dicotomía entre arte culto y arte popular (Coloquio internacional de Zacatecas)*, UNAM, México, 1979, pp. 68-71.

[28] *Idem.*, p. 70.

Pintaban o grababan con alto valor estético pese a desconocer la historia de la disciplina, las convenciones adoptadas en el mercado internacional y el lenguaje técnico para explicarlas. Su estilo personal coincidía a veces con búsquedas del arte contemporáneo, y eso los volvía atractivos en museos y galerías.

Hoy las relaciones intensas y asiduas de los pueblos de artesanos con la cultura nacional e internacional vuelve "normal" que sus miembros se vinculen con la cultura visual moderna, aunque aún sean minoría los que logran nexos fluidos. Recuerdo la conversación con un productor de diablos en su casa de Ocumicho. Hablábamos de cómo se le ocurrían las imágenes y le sugerí que explicara cómo se concebía al diablo entre los purépechas. Me contó el mito que relaté antes, pero dijo que eso no era todo. Le pregunté si tomaban escenas de sus sueños, él desestimó la cuestión y empezó a sacar una Biblia ilustrada, libros religiosos y de arte (uno sobre Dalí), semanarios y revistas en español y en inglés ricos en material gráfico. No conocía la historia del arte, pero tenía mucha información sobre la cultura visual contemporánea, que archivaba menos sistemáticamente pero manejaba con una libertad asociativa semejante a la de cualquier artista.

En el capítulo en que describimos las transformaciones de las artes cultas en la segunda mitad del siglo xx, concluimos que el arte ya no puede presentarse como inútil ni gratuito. Se produce dentro de un campo atravesado por redes de dependencias que lo vinculan con el mercado, las industrias culturales y con esos referentes "primitivos" y populares que son también la fuente nutricia de lo artesanal. Si quizá nunca el arte logró ser plenamente kantiano —finalidad sin fin, escenario de la gratuidad—, ahora su paralelismo con la artesanía o el arte popular obliga a repensar sus procesos equivalentes en las sociedades contemporáneas, sus desconexiones y sus cruces.

No faltan autores que ataquen esta división. Pero han sido casi siempre folcloristas o antropólogos preocupados por reivindicar el valor artístico de la producción cultural indígena, historiadores del arte dispuestos a reconocer que también existen méritos fuera de las colecciones de los museos. Esa etapa ya dio resultados estéticos e institucionales. Se demostró que en las cerámicas, los tejidos y retablos populares se puede encontrar tanta creatividad formal, generacion de significados originales y ocasional autonomía respecto de las funciones prácticas como en el arte culto. Este reconocimiento ha dado entrada a ciertos artesanos y artistas populares en museos y galerías. Pero las dificultades para redefinir lo específico del arte, y de las artesanías, e interpretar a cada uno en sus vínculos con el otro, no se arreglan con aperturas de buena voluntad a lo que opina el vecino. La vía para salir del estancamiento en que se encuentra esta cuestión es un nuevo tipo de investigación que reconceptualice los cambios globales del mercado simbólico tomando en cuenta no sólo el desarrollo intrínseco de lo popular y lo culto, sino sus cruces y convergencias. Al estar incluidos lo artístico y lo artesanal en procesos masivos de circulación de los mensajes, sus fuentes de aprovechamiento de imágenes y formas, sus canales de difusión y sus públicos suelen coincidir.

Se avanzaría más en el conocimiento de la cultura y de lo popular si se abandonara la preocupación sanitaria por distinguir lo que tendrían de puro e incontaminado el arte o las artesanías, y los estudiáramos desde las incertidumbres que provocan sus cruces. Así como el análisis de las artes cultas requiere librarse de la pretensión de autonomía absoluta del campo y de los objetos, el examen de las culturas populares exige deshacerse del supuesto de que su espacio propio son comunidades indígenas autosuficientes, aisladas de los agentes modernos que hoy las constituyen tanto como sus tradiciones: las industrias culturales, el turismo, las relaciones económicas y políticas con el mercado nacional y transnacional de bienes simbólicos. Existen grupos indígenas donde todavía los hechos estéticos se conforman con bastante independencia a partir de tradiciones exclusivas, se reproducen en rituales y en prácticas cotidianas de origen precolombino y colonial. Un riesgo de la sociología de la cultura que se especializa, como casi toda la sociología, en desarrollo moderno y urbano, y enuncia afirmaciones generales para América Latina a partir de los censos, las estadísticas y las encuestas, es olvidar esta diversidad y esta perseverancia de lo arcaico.

Pero el riesgo opuesto, frecuente entre folcloristas y antropólogos, es recluirse en esos grupos minoritarios, como si la enorme mayoría de los indígenas del continente no estuviera viviendo desde hace décadas procesos de migración, mestizaje, urbanización, diversas interacciones con el mundo moderno.De este modo, el examen de los cruces entre artesanías y arte desemboca en un debate de fondo sobre las oposiciones entre tradición y modernidad, y por tanto entre las dos disciplinas que hoy ponen en escena, a través de su separación, ese divorcio: la sociología y la antropología.

Antes de entrar en esa polémica, quiero decir que otra razón para ocuparse de la oposición arte/artesanías como proceso sociocultural —y no sólo como cuestión estética— es la necesidad de abarcar un universo más extenso que el de los productos singulares consagrados como arte (culto o popular). Del mismo modo que muchas obras con pretensión de ser Arte quedan en la repetición de modelos estéticos de siglos anteriores —y por tanto en escenarios de baja legitimidad: jardines del arte, supermercados, centros de cultura barrial—, la mayor parte de la producción artesanal no tiene aspiraciones estéticas. En los países latinoamericanos más ricos en artesanías —Perú, Ecuador, Guatemala, México— la mayoría de los artesanos produce para sobrevivir, no buscando renovar las formas o la significación. Lo que llamamos arte no es sólo lo que culmina en grandes obras, sino un espacio donde la sociedad realiza su producción visual. Es en este sentido amplio que el trabajo artístico, su circulación y su consumo configuran un lugar apropiado para comprender las clasificaciones con que se organiza lo social.

ANTROPOLOGÍA *VS.* SOCIOLOGÍA

Las diferencias, y la ignorancia recíproca, entre estas dos disciplinas derivan de sus maneras opuestas de explorar lo tradicional y lo moderno. La antropología se dedicó preferentemente a estudiar los pueblos indígenas y campesinos; su teoría y su método se formaron en relación con los rituales y los mitos, las costumbres y el parentesco en las sociedades tradicionales. En tanto, la sociología se desarrolló la mayor parte del tiempo conociendo problemas macrosociales y procesos de modernización.

También se han opuesto en la valoración de lo que permanece y lo que cambia. Hoy no podemos generalizar fácilmente, pero durante décadas los antropólogos han sido, junto a los folcloristas, los conocedores de lo arcaico y lo local, de las formas premodernas de socialidad y el rescate de las supervivencias. Tampoco es justo uniformar a la sociología, pero sabemos que su origen como disciplina científica estuvo asociado a la industrialización, y aun muchos siguen viendo la organización tradicional de las relaciones sociales y políticas —por ejemplo, el compadrazgo y el parentesco— como simples "obstáculos al desarrollo".

Para justificar la preferencia de sus estudios por el mundo indígena y campesino, los antropólogos recuerdan que siguen existiendo en América Latina treinta millones de indios, con territorios diferenciados, lenguas propias (cuyos hablantes aumentan en algunas regiones), historias iniciadas antes de la conquista, hábitos de trabajo y consumo que los distinguen. Su resistencia de cinco siglos a la opresión y la desculturación sigue expresándose en organizaciones sociales y políticas autónomas: no puede pensarse que se trata de "un fenómeno residual, un anacronismo inexplicable ni un rasgo de color folclórico sin mayor trascendencia".[29] Hay que reconocer, se afirma, que "los grupos étnicos son 'naciones en potencia': unidades capaces de ser el campo social de la historia concreta".[30]

Esta delimitación del universo de estudio lleva a concentrar la descripción etnográfica en los rasgos tradicionales de pequeñas comunidades y a sobrestimar su lógica interna. Al abocarse tanto a lo que diferencia a un grupo de los otros o resiste la penetración occidental, se descuidan los crecientes procesos de interacción con la sociedad nacional y aun con el mercado económico y simbólico transnacional. O se los reduce al aséptico "contacto entre culturas". De ahí que la antropología haya elaborado pocos conceptos útiles para interpretar cómo los grupos indígenas reproducen en su interior el desarrollo capitalista o construyen con él formaciones mixtas. Los conflictos, pocas veces admitidos, son vistos como si sólo se produjeran entre dos bloques homogéneos: la sociedad "colonial" y el grupo étnico. En el estudio de la etnia, se registran únicamente las relaciones sociales igualitarias o de reciprocidad que permiten considerarla "comunidad", sin desigualdades internas, enfrentadas compactamente al poder "invasor".

Algunos autores que intentan dar cuenta de los cambios modernizadores, reconocen —además de la dominación externa— la apropiación de sus elementos por parte de la cultura dominada, pero sólo consideran aquellos que el grupo acepta según "sus propios intereses" o a los que puede dar un sentido de "resistencia". Por eso existen tan pocos análisis de los procesos en que una etnia, o la mayor parte de ella, admite la remodelación que los dominadores hacen de su cultura: se subordina voluntariamente a formas de producción, a sistemas

---

[29] Guillermo Bonfil (comp.), *Utopía y revolución. El pensamiento político contemporáneo de los indios en América Latina*, Nueva Imagen, México, 1981, p. 27.
[30] *Idem*, pp. 30-31.

de atención a la salud o a movimientos religiosos occidentales (desde el catolicismo al pentecostalismo), incorpora como proyecto propio los cambios modernizadores y la integración política a la sociedad nacional. Menos frecuentes aún, son las investigaciones que examinan los procedimientos por los cuales las culturas tradicionales de los indígenas y campesinos convergen sincréticamente con diversas modalidades de cultura urbana y masiva, estableciendo formas híbridas de existencia de "lo popular".

Las dificultades aumentan cuando se traslada el estilo clásico de la etnografía antropológica a las culturas populares de la ciudad. ¿Cómo estudiar a los millones de indígenas y campesinos que migran a las capitales, a los obreros subordinados a la organización industrial del trabajo y el consumo? Es imposible responder si se eligen sectores marginales, se recortan unidades pequeñas de análisis —un barrio, un grupo étnico, una minoría cultural —, se emplean únicamente técnicas de observación intensiva y de entrevista en profundidad, y se los examina como sistemas cerrados. Estos trabajos suelen dar informaciones originales y densas sobre cuestiones microsociales. Pero sus propias estrategias de conocimiento inhiben la construcción de una antropología urbana, o sea una visión de conjunto sobre el significado de la vida en la ciudad, al modo de la Escuela de Chicago. Podemos aplicar a casi toda la antropología hecha en América Latina lo que Eunice Ribeiro Durham dice del Brasil: se ha practicado menos

> ...una antropología de la ciudad que una antropología en la ciudad [...]. Se trata de investigaciones que operan con temas, conceptos y métodos de la antropología, pero volcados al estudio de poblaciones que viven en las ciudades. La ciudad es, por lo tanto, más el lugar de investigación que su objeto.[31]

Parece que los antropólogos tenemos más dificultades para entrar en la modernidad que los grupos sociales que estudiamos.

Otra característica de estos trabajos es que dicen muy poco acerca de las formas modernas de hegemonía. Como anota Guillermo Bonfil en un texto sobre la investigación en México,

---

[31] Eunice R. Durham, "A pesquisa antropologica com populaçoes urbanas: problemas e perspectivas", en Ruth Cardoso (org.), *A aventura antropologica,* Paz e Terra, Sao Paulo, 1986, p. 19. Otro estudio de esta autora muestra lo que puede significar el cambio de rumbo que aquí sugerimos: E. Ribeiro Durham, "A sociedade vista da periferia", *Revista Brasileira de Ciencias Sociais,* núm. 1, junio de 1986.

...la mayoría de los estudios antropológicos sobre cultura popular parte hoy del supuesto, implícito o explícito, de que su objeto de estudio es una cultura diferente; y esto, aun cuando la investigación se refiera a comunidades campesinas no indias o a sectores urbanos.[32]

La tradición etnográfica, que se distingue por la hipótesis de que "las culturas populares son culturas en sí mismas, son culturas diferentes",[33] se resiste a pensarlas como subculturas, partes de un sistema de dominación. Aun para este autor, que incluye la dominación en su análisis, y reconoce entre las causas que originan las culturas populares la distribución desigual del patrimonio global de la sociedad, lo específico del trabajo antropológico consiste en estudiar las diferencias.

Dos argumentos apoyan esta opción. Uno retoma el vínculo de la antropología con la histora, que le permite abarcar en los procesos sociales "la larga temporalidad", "la dimensión diacrónica". Desde el comienzo de la colonización, un recurso para dominar a los grupos aborígenes fue mantener su diferencia; aunque la estructura de la subordinación haya cambiado, permanece la necesidad —por distintas razones, de los dominadores y de las clases populares— de que la cultura de éstas sea diferente. El segundo argumento surge al observar las culturas populares de hoy. En los pueblos campesinos mestizos, incluso en aquellos donde cambió la lengua y se abandonó la indumentaria tradicional, subsisten rasgos de "la cultura material, las actividades productivas, las pautas de consumo, la organización familiar y comunal, las prácticas médicas y culinarias y gran parte del universo simbólico": la desindianización provoca en esos grupos "la ruptura de la identidad étnica original", pero siguen teniendo conciencia de ser diferentes al asumirse como depositarios "de un patrimonio cultural creado a lo largo de la historia por esa misma sociedad".[34] En las ciudades, donde la ruptura es todavía más radical, muchos migrantes de origen indio o campesino

...mantienen vínculos con sus comunidades y los renuevan periódicamente; se organizan aquí para mantener la vida como allá, hasta donde las circunstancias lo permiten: ocupan pequeños espacios urbanos que van

[32] Guillermo Bonfil Batalla, "Los conceptos de diferencia y subordinación en el estudio de las culturas populares", en varios, *Teoría e investigación en la antropología social mexicana*, CIESAS-UAM, Iztapalapa, México, 1988, pp. 97-108.
[33] *Idem.*
[34] *Idem.*

poblando con los de allá; se organizan y apoyan según pueblos y regiones de origen; celebran las fiestas y hablan entre ellos su propia lengua.[35]

La concentración de muchos antropólogos en las culturas tradicionales se relaciona con su visión crítica sobre los efectos de la modernización. Cuestionan el valor que tiene para el conjunto de la sociedad, y especialmente para las capas populares, un desarrollo moderno que —además de arruinar formas de vida tradicionales— engendra migraciones masivas, desarraigo, desempleo y gigantismo urbano. Se oponen enérgicamente a todo evolucionismo que piensa lo étnico y lo campesino como atraso para sustituirlo por un crecimiento urbano e industrial definido a priori como progreso. De ahí que busquen en la reactivación de las tradiciones indígenas y campesinas, en su saber y sus técnicas, en su modo de tratar a la naturaleza y resolver comunitariamente los problemas sociales, un estilo de desarrollo menos degradado y dependiente.[36]

En las dos últimas décadas, la sociología de la cultura y la sociología política forjaron un modelo opuesto, que ve a las culturas populares desde la modernización. Parten del relativo éxito alcanzado por los proyectos de integración nacional, que eliminaron, redujeron o subordinaron a los grupos indígenas. Una evidencia es la uniformidad lingüística. Otra, la educación moderna, que abarca la alfabetización generalizada en las dos lenguas principales —español y portugués—, y también un tipo de conocimientos que capacita a los miembros de cada sociedad para participar en el mercado de trabajo y consumo capitalista, así como en los sistemas políticos nacionales. En tercer lugar, un modo de organizar las relaciones familiares y laborales basado en los principios liberales modernos.

Se sabe que esta tendencia histórica fue potenciada en las teorías sociológicas dualistas que vieron en la industrialización el factor dinámico del desarrollo latinoamericano, y atribuyeron a esa disciplina la misión de luchar contra los residuos tradicionales, agrarios o "feudales". Precisamente porque se descalificaba el "atraso" popular y porque en esa época la sociología se concentraba en el debate sobre modelos socioeconómicos, muy pocas investigaciones se interesaron por co-

---

[35] *Idem.*
[36] Cf. Arturo Warman, "Modernizarse ¿para qué?", *Nexos*, núm. 50, febrero de 1982, y Guillermo Bonfil Batalla, *México profundo*, Grijalbo, México, 1990.

nocer las culturas subalternas. Fue en años recientes, cuando entraron en crisis todos los programas de modernización y cambio social (los desarrollismos, los populismos, los marxismos) que los sociólogos latinoamericanos comenzaron a estudiar la cultura, especialmente la popular, como uno de los elementos de articulación entre hegemonía y consenso.

Se destacaron en los ochenta los trabajos de sociología de la cultura orientados por la teoría de la reproducción y los de sociología política que se apoyan en la concepción gramsciana de la hegemonía. A menudo confluyen en el propósito de explicar de qué modo las clases hegemónicas fundan su posición en la continuidad de un capital cultural moderno que garantiza la reproducción de la estructura social, y en la apropiación desigual de ese capital como mecanismo reproductor de las diferencias. Pero pese a la mayor atención dada al conocimiento empírico de las culturas populares, con frecuencia miran su vida cotidiana desde esas teorías macro y recogen sólo lo que entra en ellas. Esta perspectiva tiene el mérito de cuestionar idealizaciones generadas por la excesiva autonomización de las culturas subalternas, cumplidas por quienes las ven como manifestaciones de la capacidad creadora de los pueblos, o como acumulación autónoma de tradiciones previas a la industrialización. Al situar las acciones populares en el conjunto de la formación social, los reproductivistas entienden la cultura subalterna como resultado de la distribución desigual de los bienes económicos y culturales. Los gramscianos, menos "fatalistas", relativizan esta dependencia porque reconocen a las clases populares cierta iniciativa y poder de resistencia, pero siempre dentro de la interacción contradictoria con los grupos hegemónicos.

En esta línea, se ha sostenido que no existiría en América Latina cultura popular con los componentes que Gramsci atribuye al concepto de cultura: *a*) una concepción del mundo; *b*) productores especializados; *c*) portadores sociales preeminentes; *d*) capacidad de integrar a un conjunto social, llevarlo "a pensar coherentemente y en forma unitaria"; *e*) hacer posible la lucha por la hegemonía; *f*) manifestarse a través de una organización material e institucional.[37] Lo que habitualmente se denomina "cultura popular" en estos países multiétnicos estaría más cerca, en el vocabulario gramsciano, del

---

[37] Es la manera en que lo formula José Joaquín Brunner, "Notas sobre cultura popular, industria cultural y modernidad", *Un espejo trizado*, pp. 151-185.

concepto de folclor. El problema es que esos universos de prácticas y símbolos antiguos estarían pereciendo o debilitándose por el avance de la modernidad. En medio de las migraciones del campo a la ciudad que desarraigan a los productores y usuarios del folclor, frente a la acción de la escuela y las industrias culturales, la simbólica tradicional sólo puede ofrecer "estados de conciencia dispersos, fragmentados, donde coexisten elementos heterogéneos y diversos estratos culturales tomados de universos muy distintos".[38] El folclor mantiene cierta cohesión y resistencia en comunidades indígenas o zonas rurales, en "espacios urbanos de marginalidad extrema", pero aun allí crece el reclamo de educación formal. La cultura tradicional se halla expuesta a una interacción creciente con la información, la comunicación y los entretenimientos producidos industrial y masivamente.

> Las poblaciones o favelas de nuestras grandes ciudades se han llenado de radios transistores; por las zonas rurales avanza la instalación de torres repetidoras de televisión; el rock es el lenguaje universal de las fiestas juveniles que cruza a través de los diversos grupos sociales.[39]

Una manera de entender el conflicto entre estos dos paradigmas sería suponer que la bifurcación entre la antropología y la sociología corresponde a la existencia de dos modalidades separadas del desarrollo cultural. Si por un lado persisten formas de producción y comunicación tradicional, y por otro circuitos urbanos y masivos, parece lógico que haya disciplinas diferentes para ocuparse de cada uno. ¿No serán las posiciones en favor de la resistencia incesante de las culturas populares y la modernización inexorable regionalmente verdaderas: la primera en las zonas andina y mesoamericana, la segunda en el cono sur y las grandes ciudades? La cuestión parece resolverse con tal de no generalizar una de las tendencias en la investigación, ni pretender que exista una sola política cultural. Aunque esta precisión tiene cierta pertinencia, deja sin resolver los problemas básicos de un análisis conjunto de las relaciones entre tradición, modernidad y posmodernidad.

Otro modo de encarar la cuestión es partir de la analogía que aparece al tratar la crisis de lo popular y la de la cultura de élites. También en los capítulos sobre el arte concluimos que

[38] *Idem.*
[39] *Idem.*

no hay una sola forma de modernidad, sino varias, desiguales y a veces contradictorias. Tanto las transformaciones de las culturas populares como las del arte culto coinciden en mostrar la realización heterogénea del proyecto modernizador en nuestro continente, la diversa articulación del modelo racionalista liberal con antiguas tradiciones aborígenes, con el hispanismo colonial católico, con desarrollos socioculturales propios de cada país. Sin embargo, al explorar la fisonomía de esta heterogeneidad resurge el disenso entre disciplinas. Mientras los antropólogos prefieren entenderla en términos de diferencia, diversidad y pluralidad cultural, los sociólogos rechazan la percepción de la heterogeneidad como "mera superposición de culturas" y hablan de una "participación segmentada y diferencial en un mercado internacional de mensajes que 'penetra' por todos lados y de maneras inesperadas el entramado local de la cultura.[40]

Cabe agregar por el momento que ambas tácticas de aproximación al problema han mostrado su fecundidad. Es indispensable el entrenamiento antropológico para desenmascarar lo que puede haber de etnocéntrico en la generalización de una modernidad nacida en las metrópolis, y reconocer, en cambio, las formas locales de simbolizar los conflictos, de usar las alianzas culturales para construir pactos sociales o movilizar a cada nación en un proyecto propio. A la vez, la visión sociológica sirve para evitar el aislamiento ilusorio de las identidades locales y las lealtades informales, para incluir en el análisis la reorganización de la cultura de cada grupo por los movimientos que la subordinan al mercado transnacional o al menos le exigen interactuar con él.

---

[40] J. J. Brunner, *Un espejo trizado*, pp. 215-218.

Capítulo VI

POPULAR, POPULARIDAD: DE LA REPRESENTACIÓN POLÍTICA A LA TEATRAL

Mientras la puesta en escena de las culturas locales por los folcloristas fue convincente, se creyó que los medios de comunicación masiva eran la gran amenaza para las tradiciones populares. En rigor, el proceso de homogeneización de las culturas autóctonas de América empezó mucho antes que la radio y la televisión: en las operaciones etnocidas de la conquista y la colonización, en la cristianización violenta de grupos con religiones diversas, durante la formación de los Estados nacionales, en la escolarización monolingüe y la organización colonial o moderna del espacio urbano.

Ni siquiera puede adjudicarse a los medios electrónicos el origen de la masificación de las culturas populares. Este equívoco fue propiciado por los estudios tempranos sobre comunicación, según los cuales la *cultura masiva* sustituiría lo culto y lo popular tradicionales. Se concibió a "lo masivo" como un campo recortable dentro de la estructura social, con una lógica intrínseca, como la que tuvieron la literatura y el arte hasta mediados del siglo XX: una subcultura determinada por la posición de sus agentes y la extensión de sus públicos.

Impresionados por el crecimiento súbito de los lectores de diarios y revistas, de las audiencias de radio y televisión, los comunicólogos creyeron que los cambios simbólicos eran un conjunto de efectos derivados del mayor impacto cuantitativo de los mensajes. Hoy se reubica a los medios electrónicos en una tendencia más general de las sociedades modernas. La industrialización y la urbanización, la educación generalizada, las organizaciones sindicales y políticas fueron reordenando según leyes masivas la vida social desde el siglo XIX, antes de que aparecieran la prensa, la radio y la televisión.

La noción de cultura masiva surge cuando ya las sociedades estaban masificadas. En América Latina las transformaciones promovidas por los medios modernos de comunicación se entrelazan con la integración de las naciones. Monsiváis afirma que en la radio y el cine los mexicanos aprendieron a reconocerse como una totalidad más allá de las divisiones étnicas y regionales: modos de hablar y de vestirse, gustos y códigos de costumbres, antes lejanos y desconectados, se juntan en el lenguaje con que los medios representan a las masas que irrumpen en las ciudades y les dan una síntesis de la identidad nacional.[1] Martín Barbero llega a decir que los proyectos nacionales se consolidaron gracias al encuentro de los Estados con las masas promovidos por las tecnologías comunicacionales. Si hacer un país no es sólo lograr que lo que se produce en una región llegue a otra, si requiere un proyecto político y cultural unificado, un consumo simbólico compartido que favorezca el avance del mercado, la integración propiciada por los medios no converge casualmente con los populismos nacionalistas. Para que cada país deje de ser "un país de países" fue decisivo que la radio retomara en forma solidaria las culturas orales de diversas regiones y reivindicase las "vulgaridades" proliferantes en los centros urbanos. Como el cine, como en parte la televisión lo hizo luego, tradujeron "la idea de nación en sentimiento y cotidianeidad".[2]

En la tercera etapa —luego de la primera masificación sociopolítica, y la segunda impulsada por la alianza de medios y populismo— las comunicaciones masivas aparecieron como agentes de la innovación desarrollista. Mientras se industralizaba la producción y se multiplicaban los bienes de consumo modernos —autos, electrodomésticos—, la televisión los publicitaba, ac-

[1] Carlos Monsiváis, "Notas sobre el Estado, la cultura nacional y las culturas populares", *Cuadernos políticos*, núm. 30, 1984.

[2] Jesús Martín Barbero, "Innovación tecnológica y transformación cultural", *Telos*, Madrid, núm. 9, 1987.

tualizaba la información y los gustos de los consumidores. Los artistas convierten entonces en iconos los nuevos objetos y máquinas, aspiran a ser promovidos y entrevistados por los medios. El arte popular, que había ganado difusión y legitimidad social gracias a la radio y el cine, se reelabora en vista de los públicos que ahora se enteran del folclor a través de programas televisivos.

En medio de estos cambios de función, vacilan las denominaciones: ¿cultura de masas, para las masas, industrias culturales? Podría hacerse una historia de la llamada cultura masiva que fuera un registro de las nociones abandonadas. Sería un relato impresionante porque no abarca más de treinta o cuarenta años.

Se habló a mediados del siglo XX de *cultura de masas,* aunque pronto se advirtió que los nuevos medios, como la radio y la televisión, no eran propiedad de las masas. Parecía más justo llarmarla *cultura para las masas,* pero esa designación duró lo que pudo sostenerse la visión unidireccional de la comunicación que creía en la manipulación absoluta de los medios y suponía que sus mensajes eran destinados a las masas, receptoras sumisas. La noción de *industrias culturales,* útil a los frankfurtianos para producir estudios tan renovadores como apocalípticos, sigue sirviendo cuando queremos referirnos a que cada vez más bienes culturales no son generados artesanal o individualmente, sino a través de procedimientos técnicos, máquinas y relaciones laborales equivalentes a los que engendran otros productos en la industria; sin embargo, este enfoque suele decir poco acerca de *qué* se produce y *qué* les pasa a los receptores. También quedan fuera de lo que estrictamente abarca esa noción los procedimientos electrónicos y telemáticos, en los que la producción cultural implica procesos informacionales y decisionales que desbordan la simple manufactura industrial de los bienes simbólicos.

En fin, no vamos a resumir atropelladamente una historia aún abierta e indecisa. Sólo dejamos constancia de que en este movimiento confrontamos a la vez la dificultad de incorporar a los estudios culturales:

- Nuevos *procesos de producción* industrial, electrónica e informática que reordenan lo que llamábamos culto y popular;
- Otros formatos, que aparecen a veces como nuevo tipo de bienes (desde la fotografía y la historieta hasta la televisión y el video);

- *Procesos de circulación* masiva y transnacional, que no corresponden sólo a las innovaciones tecnológicas y de formato, pues son aplicables a cualquier bien simbólico, tradicional o moderno;
- Nuevos tipos de *recepción* y *apropiación*, cuya variedad va de la concentración individual a que obliga estar muchas horas ante la pantalla del televisor o la computadora hasta los usos horizontales del video por grupos de educación alternativa para fortalecer la comunicación e integración crítica.

Es imposible sintetizar tan variados formatos y procesos bajo un solo nombre. Algunos rótulos, los de cultura de masas o para las masas, pueden usarse con la precaución de que designan sólo un aspecto y no el más reciente; las nociones de industria cultural, cultura electrónica o teleinformación son pertinentes para nombrar aspectos técnicos o puntuales. Pero la tarea más costosa es todavía explicar los procesos culturales globales que están ocurriendo por la combinación de estas innovaciones. Se desenvuelven nuevas matrices simbólicas en las que ni los medios, ni la cultura masiva, operan aislados, ni su eficacia es valorable por el número de receptores, sino como partes de una recomposición del sentido social que trasciende los modos previos de masificación.

COMUNICACIONES: LA CONSTRUCCIÓN DEL ESPECTADOR

¿Qué queda en este proceso de lo que se denominaba popular? Por una parte, los medios electrónicos de comunicación muestran notable continuidad con las culturas populares tradicionales en tanto ambos son teatralizaciones imaginarias de lo social. No hay una realidad que el folclor represente auténticamente, en tanto los medios la deforman. La idealización romántica de los cuentos de hadas se parece demasiado a las telenovelas, la fascinación ante los relatos terroríficos no es lejana de la que proponen las crónicas policiales (y ya se sabe que los diarios y programas de televisión de este género son los de mayor resonancia popular). Las estructuras narrativas del melodrama, el humor negro, la construcción de héroes y antihéroes, los acontecimientos que no copian sino que transgreden el "orden natural" de las cosas, son otras tantas coincidencias que hacen de la llamada cultura masiva la gran competidora del folclor.

Los medios llegan para hacerse "cargo de la aventura, del folletín, del misterio, de la fiesta, del humor, toda una zona mal vista por la cultura culta,"[3] e incorporarla a la cultura hegemónica con una eficacia que el folclor nunca había logrado. La radio en todos los países latinoamericanos, y en algunos el cine, ponen en escena el lenguaje y los mitemas del pueblo que casi nunca recogían la pintura, la narrativa, ni la música dominantes. Pero al mismo tiempo inducen otra articulación de lo popular con lo tradicional, con lo moderno, con la historia y con la política.

¿Qué es el pueblo para el gerente de un canal de televisión o un investigador de mercado? Las cifras de audiencia, el promedio de discos que un cantante vende por mes, las estadísticas que puede exhibir ante los anunciadores. Para los medios lo popular no es el resultado de tradiciones, ni de la "personalidad" colectiva, ni se define por su carácter manual, artesanal, oral, en suma, premoderno. Los comunicólogos ven la cultura popular contemporánea constituida a partir de los medios electrónicos, no como resultado de diferencias locales, sino de la acción difusora e integradora de la industria cultural.

La noción de popular construida por los medios, y en buena parte aceptada por los estudios en este campo, sigue la lógica del mercado. "Popular" es lo que se vende masivamente, lo que gusta a multitudes. En rigor, al mercado y a los medios no les importa lo popular sino la popularidad. No les preocupa guardar lo popular como cultura o tradición; más que la formación de la memoria histórica, a la industria cultural le interesa construir y renovar el contacto *simultáneo* entre emisores y receptores. También le incomoda la palabra "pueblo", evocadora de violencias e insurrecciones. El desplazamiento del sustantivo *pueblo* al adjetivo *popular*, y más aún el sustantivo abstracto *popularidad*, es una operación neutralizante, útil para controlar la "susceptibilidad política" del pueblo.[4] Mientras éste puede ser el lugar del tumulto y el peligro, la popularidad —adhesión a un orden, coincidencia en un sistema de valores— es medida y regulada por los sondeos de opinión.

La manifestación política espectaculariza la presencia del

[3] Aníbal Ford, "Las fisuras de la industria cultural", *Alternativa latinoamericana*, 1988, pp. 36-38.

[4] Geneviève Bollème, *Le peuple par écrit*, Seuil, París, 1986. (*El pueblo por escrito*, Grijalbo, México, 1990.)

pueblo de un modo poco previsible: ¿quién sabe cómo acabará la irrupción de una multitud en las calles? En cambio, la popularidad de cantantes o actores, dentro de espacios cerrados —un estadio, un canal de televisión—, con un principio y un fin programados, a horas precisas, es una espectacularidad controlada; más aún, si esa repercusión masiva se diluye en la ordenada transmisión de los televisores hogareños. Lo que hay de teatral en los grandes *shows* se basa tanto en la estructura sintáctica y visual, en la grandilocuencia del espectáculo, como en los índices del *rating*, en la magnitud de la popularidad; pero se trata de una espectacularización casi secreta, sumergida finalmente en la disciplina íntima de la vida doméstica. El pueblo parece ser un sujeto que se presenta; la popularidad es la forma extrema de la re-presentación, la más abstracta, la que lo reduce a una cifra, a comparaciones estadísticas.

Para el mercado y para los medios lo popular no importa como tradición que perdura. Al contrario, una ley de la obsolescencia incesante nos acostumbró a que lo popular, precisamente por ser el lugar del éxito, sea también el de la fugacidad y el olvido. Si lo que se vende este año sigue siendo valioso el próximo, dejarían de comprarse los nuevos discos y *jeans*. Lo popular masivo es lo que no permanece, no se acumula como experiencia ni se enriquece con lo adquirido.

La definición comunicacional de popular abandona también el carácter ontológico que le asignó el folclor. Lo popular no consiste en lo que el pueblo es o tiene, sino lo que le resulta accesible, le gusta, merece su adhesión o usa con frecuencia. Con lo cual se produce una distorsión simétricamente opuesta a la folclórica: lo popular le es dado al pueblo desde fuera. Esta manera heterónoma de definir la cultura subalterna es generada, en parte, por la omnipresencia que se atribuye a los medios. Todavía no acabamos de salir del encandilamiento que suscitó a los comunicólogos ver la rapidez con que la televisión multiplicaba su audiencia en la etapa de acumulación primitiva de públicos. Es curioso que esta creencia en la capacidad ilimitada de los medios para establecer los libretos del comportamiento social siga impregnando textos críticos, de quienes trabajan por una organización democrática de la cultura y culpan a los medios de lograr por sí solos distraer a las masas de su realidad. Gran parte de la bibliografía reduce la problemática de las comunicaciones masivas a las maniobras con que un sistema transnacional impondría gustos y opiniones a las clases subalternas.

Desde los años setenta, esta conceptualización de lo popular como entidad subordinada, pasiva y refleja es cuestionada teórica y empíricamente. No se sostiene ante las concepciones posfoucaultianas del poder, que dejan de verlo concentrado en bloques de estructuras institucionales, impuestas verticalmente, y lo piensan como una relación social diseminada. El poder no está contenido en una institución, ni en el Estado, ni en los medios de comunicación. No es tampoco cierta potencia de la que algunos estarían dotados: "es el nombre que se presta a una situación estratégica en una sociedad dada".[5] Por lo tanto, los sectores llamados populares coparticipan en esas relaciones de fuerza, que se arman simultáneamente en la producción y el consumo, en las familias y los individuos, en la fábrica y el sindicato, en las cúpulas partidarias y en los organismos de base, en los medios masivos y en las estructuras de recepción que acogen y resemantizan sus mensajes.

Pensemos en una fiesta popular, como pueden ser la ceremonia de muertos o el carnaval en varios países latinoamericanos. Nacieron como celebraciones comunitarias, pero un año comenzaron a llegar turistas, luego fotógrafos de periódicos, la radio, la televisión y más turistas. Los organizadores locales ponen puestos para la venta de bebidas, artesanías que siempre produjeron, *souvenirs* que inventan para aprovechar la visita de tanta gente. Además, le cobran a los medios para permitirles fotografiar y filmar. ¿Dónde reside el poder: en los medios masivos, en los organizadores de la fiesta, en los vendedores de bebidas, artesanías o *souvenirs*, en los turistas y espectadores de los medios que si dejaran de interesarse desmoronarían todo el proceso? Por supuesto, las relaciones suelen no ser igualitarias, pero es evidente que el poder y la construcción del acontecimiento son resultado de un tejido complejo y descentrado de tradiciones reformuladas e intercambios modernos, de actores múltiples que se combinan.

Desde hace décadas, aunque sólo ahora nos damos cuenta, los nexos entre medios y cultura popular forman parte de estructuras más amplias de interacción social. Entenderlos requiere pasar "de los medios a las mediaciones", sostiene Martín Barbero al analizar la influencia de la radio, entre los años treinta y cincuenta, por su capacidad de unirse a las interpelaciones

---

[5] Michael Foucault, *Historia de la sexualidad 1: La voluntad de saber*, Siglo XIX, México, 1977, p. 112.

que desde el populismo convertían "a las masas en pueblo y al pueblo en Nación"; lo mismo ocurre si se estudia la eficacia del cine en relación con los procesos de urbanización, pues las películas ayudaron a los migrantes a aprender a vivir y expresarse en la ciudad, a actualizar su moralidad y sus mitos. La radio "nacionalizó el idioma"; la televisión unifica las entonaciones, da repertorios de imágenes donde lo nacional sintoniza con lo internacional.[6]

Se verá mejor en el capítulo siguiente por qué las tecnologías comunicativas y la reorganización industrial de la cultura no sustituyen las tradiciones, ni masifican homogéneamente, sino que cambian las condiciones de obtención y renovación del saber y la sensibilidad. Proponen otro tipo de vínculos de la cultura con el territorio, de lo local con lo internacional, otros códigos de identificación de las experiencias, de desciframiento de sus significados y maneras de compartirlos. Reordenan las relaciones de dramatización y credibilidad con lo real. Todo esto se enlaza, como sabemos, con la remodelación de la cultura en términos de inversión comercial, aunque los cambios simbólicos citados no se dejan explicar sólo por el peso que adquiere lo económico.

En este momento, interesa destacar que, conociendo que las comunicaciones masivas ponen en escena de un modo distinto lo popular, ignoramos casi todo sobre cómo los sectores populares asumen esta transformación. Porque la refutación de la omnipotencia de los medios no ha llevado aún a saber cómo se articulan en la recepción con los demás sistemas —cultos, populares tradicionales— de organización del sentido.

No basta admitir que los discursos son recibidos de distintas maneras, que no existe una relación lineal ni monosémica en la circulación del sentido. Si la intersección del discurso "massmediático" con otros mediadores sociales genera un campo de efectos, y ese campo no es definible sólo desde la producción, conocer la acción de las industrias culturales requiere explorar los procesos de mediatización, las reglas que rigen las transformaciones entre un discurso y sus efectos.[7] Pero la escasez de estudios sobre consumo, que son más bien

6 J. Martín Barbero, *De los medios a las mediaciones*, 3a. Parte. Remitimos a esta excelente historia conceptual de las funciones socioculturales de los medios para una visión extensa del tema.

7 Eliseo Verón ofrece en *La semiosis social*, 3a. parte (Gedisa, Buenos Aires, 1987), una propuesta teórica consistente para analizar de un modo no lineal la productividad del sentido en las sociedades complejas.

sondeos cuantitativos de mercado y opinión, permite avanzar poco todavía en la reformulación de las relaciones entre comunicación masiva y recepción popular.

Es, sin embargo, un espacio propicio para el trabajo trans-disciplinario. Se trata de un problema *comunicacional*, que exige conceptos e instrumentos metodológicos más sutiles que los habitualmente usados en las investigaciones de público y de mercado. Pero la teoría y las técnicas de observación *antropoló-gica*, el entrenamiento de esta disciplina para obtener conoci-mientos directos en las microinteracciones de la vida cotidiana, pueden ayudar a conocer cómo los discursos de los medios se insertan en la historia cultural, en los hábitos de percepción y comprensión de los sectores populares.

POPULISMO: LA SIMULACIÓN DEL ACTOR

Sobre esta tendencia han proliferado estudios sociológicos y políticos, pero rara vez tratan esa cuestión central para el popu-lismo que es su modo de usar la cultura para edificar el poder. Dos rasgos centrales de su práctica simbólica interesan aquí: su proyecto de modernizar el folclor convirtiéndolo en funda-mento del orden y del consenso, y, a la vez, revertir la tendencia a hacer del pueblo un mero espectador.

A diferencia de la exaltación folclórica de las tradiciones en nombre de una visión metafísica del pueblo como fuerza creadora originaria, el populismo selecciona del capital cultural arcaico lo que puede compatibilizar con el desarrollo contempo-ráneo. Sólo grupos fundamentalistas congelan lo popular en el amor a la tierra y la raza, en rasgos biológicos y telúricos, tal como se imagina que existieron en etapas preindustriales. Los populismos políticos utilizan lo que sobrevive de esa ideología naturalizante reubicándola en los conflictos actuales. En las ritualizaciones patrimoniales y cívicas descritas en el cuarto capítulo, la sabiduría y la creatividad populares son escenifi-cadas como parte de la reserva histórica de la nación ante los nuevos desafíos. En el populismo estatizante, los valores tradi-cionales del pueblo, asumidos y representados por el Estado, o por un líder carismático, legitiman el orden que éstos admi-nistran y dan a los sectores populares la confianza de que participan en un sistema que los incluye y reconoce.[8]

[8] Tres referencias de distintos países: Juan Carlos Portantiero y Emilio de Ipola, "Lo nacional popular y los populismos realmente existentes", *Nueva Sociedad*,

Esta puesta en escena de lo popular ha sido una mezcla de participación y simulacro. Desde Vargas y Perón hasta los populismos recientes, la efectiva revalorización de las clases populares, la defensa de los derechos laborales, la difusión de su cultura y su arte, van junto con escenificaciones imaginarias de su representación.

El populismo hizo posible para los sectores populares nuevas interacciones con la modernidad, tanto con el Estado como con otros actores hegemónicos: que sus demandas de trabajo, vivienda y salud sean parcialmente escuchadas, que los grupos subalternos aprendan a tratar con funcionarios, hacer trámites, hablar por radio y televisión, hacerse re-conocer. Estos nuevos ciudadanos logran serlo dentro de relaciones asimétricas de poder, en ritualizaciones que a veces sustituyen la interacción y la satisfacción material de las demandas. En este proceso es importante la convergencia del populismo político con la industria cultural. Al tomar en cuenta que en las sociedades modernas el pueblo existe como masa, como público de un sistema de producción simbólica que trascendió su etapa artesanal, los populistas tratan de que el pueblo no quede como destinatario pasivo de las acciones comunicacionales. Su programa cultural —además de promover las formas premodernas de comunicación y alianza política: relaciones personales, barriales— construye escenarios en los que el pueblo aparece participando, actuando (manifestaciones de protesta, desfiles, ritos multitudinarios).

Tres cambios ocurridos en los últimos años debilitan este tipo de constitución de lo popular. Uno proviene de las transformaciones generadas por las industrias culturales. Como los demás bienes, los ofrecidos por el campo político son resignificados al circular, bajo la lógica publicitaria, en la televisión, la radio y la prensa. Intervenir en una campaña electoral requiere la inversión de millones de dólares, adaptar la imagen de los candidatos a lo que recomiendan los sondeos de opinión, reemplazar el contenido político y reflexivo de los mensajes por operaciones de estilización del "producto". Los carteles, uno de los últimos géneros del discurso político que hasta hace poco simulaban la comunicación artesanal y personalizada, hoy son diseñados por agencias de publicidad y pegados por

mayo-junio de 1987; Imelda Vega Centeno, *Agrarismo popular: mito, cultura e historia*, Tarea, Lima, 1985; Pablo González Casanova, "La cultura política en México", *Nexos*, núm. 39.

encargo: éste es quizás el síntoma más patente de la sustitución de la militancia y la participación social directa por acciones mercadotécnicas. Como estas acciones (la cirugía estética del candidato para mejorar el perfil, el cambio de anteojos o vestimenta, y lo que cobran los comunicólogos que lo aconsejan) son difundidas por los medios como parte del espectáculo preelectoral, se produce lo que llamaremos una *desverosimilización* de la demagogia populista. Esta pérdida se potencia, desde luego, con la caída de representatividad y credibilidad de los partidos por su ineficacia para enfrentar las crisis sociales y económicas.

El otro cambio que deteriora al populismo es justamente la crisis económica y la reorganización neoliberal de los Estados. ¿Cómo poner en escena la reivindicación de los intereses populares cuando no hay excedente para distribuir? El estancamiento y la recesión de los ochenta, la constante desvalorización monetaria, el agobio de la deuda externa, no sólo hicieron retroceder el nivel de ingresos a la década anterior. Además de agravar la pobreza, el desempleo y la carencia de satisfactores básicos, achataron el juego simbólico y la dramatización política de las esperanzas.

Habría que estudiar cómo se combinan la incredibilidad de los partidos, la baja participación en ellos y el enorme porcentaje de los que se abstienen en las elecciones (o están indecisos una semana antes) con la sobreactuación de las informaciones periodísticas. Pero de un nuevo tipo de periodismo político, que agiganta las anécdotas, la dimensión espectacular y hasta policial de los conflictos sociales en detrimento de los debates y la reflexión. En casi todas las sociedades latinoamericanas, el declive del interés por la militancia partidaria va unido a la caída de los tirajes de semanarios políticos respecto de lo que se publicaba en los sesenta. Crece, en cambio, el volumen de lectores de revistas de actualidad y entretenimiento, en las que la información social y política se concentra en entrevistas más que en análisis, en la vida cotidiana o los gustos de los personajes públicos más que en sus opiniones sobre conflictos que afectan al ciudadano común. Así, las publicaciones, los programas radiales y televisivos, generan interpretaciones "satisfactorias" para distintos grupos de consumidores, comentarios amables, entretenidos, vivencias melodramáticas obtenidas "en el lugar de los hechos", sin problematizar la estructura social en la que esos hechos se inscriben, ni planteando la posibilidad de cambiarla. La mediación política entre movimientos populares y aparatos gubernamentales o partidarios es reemplazada por esta mediación simbólica de la prensa y los programas de información en los medios, que dan el material para simular que estamos informados. Cuando los problemas parecen irresolubles y los responsables incapaces, se nos ofrece la compensación de una información tan intensa, inmediata y frecuente que crea la ilusión de que estamos participando.

Es claro que estos cambios tienen relación con el desplazamiento de una cultura de la productividad a una cultura de la especulación y el espectáculo. El populismo clásico basó su reivindicación de lo popular en la cultura del trabajo. La reconversión industrial, mediante innovaciones tecnológicas que hacen necesario un menor número de trabajadores y descalifican su saber tradicional, refuerza el control patronal sobre el proceso productivo y sobre las condiciones laborales. Asimismo, disminuye el poder sindical y también el de los políticos que negociaban con él cuando los conflictos se definían más por su aspecto social que por exigencias técnicas. Lo que aún puede salvarse del populismo se desplaza entonces al consumo (bienes y servicios más baratos en tiendas o transportes estatales) o a ofertas simbólicas: espectáculos de identificación colectiva, garantías de orden y estabilidad.

Pero ¿es lo popular nada más que el efecto de ciertos actos de enunciación, de puesta en escena? Es comprensible que la teatralización de lo social y la delegación de la representatividad sean más brutales en sectores que, por haber carecido hasta hace poco de voz y escritura, por desconocer la complejidad de las nuevas tecnologías, son constituidos por otros. Pero ¿qué hay debajo de tantos ventrílocuos, de tantos "realizadores" de lo popular (en el sentido cinematográfico, teatral y también en el otro)?

La modernidad que creó a estos creadores de lo popular también generó un intento de huir de ese círculo teatral: ir al pueblo, escucharlo y verlo actuar. Leamos sus textos, asistamos a sus manifestaciones espontáneas, dejemos que tome la palabra. Desde el romanticismo del siglo XIX hasta los escritores que se hacen periodistas, desde las instituciones gubernamentales o alternativas dedicadas a documentar la memoria oral hasta los novelistas con grabadoras y los educadores que organizan periódicos populares, se viene tratando de que el pueblo no sea re-presentado sino que se presente a sí mismo. Historias de vida, concursos de relatos, crónicas y testimonios, talleres literarios con obreros y campesinos han buscado que el *habla* popular encuentre un sitio en el mundo *escrito*, que el discurso coloquial —pueblerino o de barrio— ingrese al campo "legítimo" de la cultura. Los tres sectores recién analizados —folcloristas, medios masivos y populistas— contribuyen a veces a este proceso de hacer hablar al pueblo: recolectan narraciones, incluyen entrevistas callejeras en programas de radio y televisión, comparten con el pueblo los escenarios del poder.

No podemos valorar a todos en igual forma. Hay etnólogos e historiadores que discuten las condiciones metodológicas necesarias para el registro e interpretación de las historias de vida o de la información directa: el debate más avanzado se está dando en la antropología posmoderna norteamericana, dedicada a revelar cómo el investigador siempre interfiere en la sociedad que estudia y suele ocultar el carácter fragmentado de toda experiencia de campo, cómo las estrategias textuales de descripción etnográfica reducen la polifonía conflictiva de cada cultura a la coherente voz única de la descripción científica.[9]

También existen narradores que usan las técnicas literarias para documentar procesos sociales y al mismo tiempo replantean los tabiques del campo literario, las relaciones entre realidad y ficción, los problemas de procesamiento de citas y representación discursiva.[10] En estos casos hay reflexiones explícitas que contribuyen a redefinir las jerarquías de los discursos literarios y científicos, como sus modos de vincular realidad y representación.

Pero la reivindicación de lo popular gestó también otros movimientos. En primer lugar, los construidos por las propias clases populares: desde los partidos políticos y sindicatos hasta un vasto conjunto de agrupamientos étnicos, barriales, educativos, ecológicos, femeninos y feministas, juveniles, de trabajo social, artístico y político "alternativos". Sin embargo, tal variedad de representantes, de definiciones y estrategias reivindicativas, no ayuda mucho a precisar qué podemos entender por popular. Más aún cuando la atribución del carácter de popular es resultado de procesos contradictorios en que fracciones de un

---

[9] Véanse, por ejemplo, los libros de J. Clifford y G. Marcus (orgs.), *Writing Culture: The Poetics and Politics of Etnography*, The University of California Press, Berkeley, 1986, y Renato Rosaldo, *Culture and Truth*, Stanford University Press, Stanford, 1989.

[10] Dos ejemplos diversos dentro de la literatura argentina son los de Ricardo Piglia en los textos ya citados, y de Aníbal Ford, *Desde la orilla de la ciencia. Ensayos sobre identidad, cultura y territorio*, Punto Sur, Buenos Aires, 1987; *Ramos generales*, Catálogos, Buenos Aires, 1986; *Los diferentes ruidos del agua*, Punto Sur, Buenos Aires, 1987.

movimiento comparten o se disputan la legitimidad de la designación de popular para partidos, sindicatos o Estados que desean llevar ese nombre.

Pocas veces se registra cuánto colabora para producir esta incertidumbre el populismo de izquierda o alternativo. Me refiero a los movimientos que parecen mimetizarse con los hábitos lingüístico-culturales de las clases subalternas, y creen encontrar la "esencia" de lo popular en su conciencia crítica y su impulso transformador. Esta tendencia cobró forma en Brasil y en otros países latinoamericanos a partir de los años sesenta. Escritores, cineastas, cantantes, profesionales y estudiantes, reunidos en los Centros Populares de Cultura brasileños, desplegaron una enorme tarea difusora de la cultura, redefiniéndola como "concientización". En el libro que sintetizó el ideario estético-político de los CPC Ferreira Gullar escribió que "la cultura popular es, en suma, la toma de conciencia de la realidad brasileña [...]. Es, antes que nada, conciencia revolucionaria".[11]

A fines de la misma década, el Grupo Cine Liberación propuso en la Argentina, y extendió luego a otros países, un "cine acción", que quebrara la pasividad del espectáculo y promoviese la participación. Enfrentados al cine comercial y al de autor, así como a los sectores de derecha del peronismo que se limitaban a ritualizar lo popular como fuerza mística y telúrica, propiciaron un "cine militante", una "cultura de la subversión", "la lucha por la emancipación nacional".[12] Opusieron al "cine de evasión, un cine que rescate la verdad; a un cine pasivo, un cine de agresión: a un cine institucionalizado, un cine de guerrillas".[13] Del mismo modo que los CPC, invirtieron la caracterización folclórica de lo popular: en vez de definirlo por las tradiciones, lo hicieron por su potencia transformadora; en vez de dedicarse a conservar el arte, trataron de usarlo como instrumento de agitación.

Aunque las derrotas de los setenta atenuaron este optimismo, su concepción de la cultura y de lo popular persiste en grupos de comunicación, trabajo artístico, político y educación alternativa. Según un registro del Instituto para América

11 Ferreira Gullar, "Cultura posta en questao", *Arte en Revista*, año 2, núm. 3, marzo de 1980, p. 84.

12 Fernando Solanas y Octavio Getino, *Cine, cultura y descolonización*, Siglo XXI, México, 1979, p. 29.

13 *Idem*,.p. 49.

Latina, estos grupos son más de mil en nuestro continente.[14] A muchos de ellos hay que reconocerles el haber producido —además de trabajos de formación y movilización de sectores populares en defensa de sus derechos— un conocimiento empírico sobre las culturas subalternas, en algunos países mayor que el de las instituciones académicas. Pero su acción política y social suele ser de corto alcance, con dificultades para edificar opciones efectivamente alternativas, porque reinciden en los equívocos del folclorismo y el populismo. Como ambos, eligen objetos empíricos particulares o "concretos", absolutizan sus rasgos inmediatos y aparentes, e infieren inductivamente —a partir de esos rasgos— el lugar social y el destino histórico de las clases populares. Imaginan que la multiplicación de acciones microgrupales engendrará algún día transformaciones del conjunto de la sociedad, sin considerar que los grandes constituyentes de las formas de pensamiento y sensibilidad populares —las industrias culturales, el Estado— sean espacios en los cuales haya que hacer presente los intereses populares o luchar por la hegemonía. Aíslan pequeños grupos, confiados en reconquistar la utopía de relaciones transparentes e igualitarias con el simple artificio de liberar a las clases populares de los agentes siempre externos (los medios, la política burocratizada) que los corrompen, y dejar entonces que emerja la bondad intrínseca de la naturaleza humana.

Con métodos de investigación-acción o participativos pretenden obtener la explicitación "verdadera" del sentido popular, pero el recorte microsocial de sus análisis comunitarios o barriales, o de prácticas cotidianas, desconectados de la red de determinaciones macro que los explican, les impide explicar la reestructuración de lo popular en la época de las industrias culturales. La puesta en escena de estos sectores "de base", "auténticos", como si fueran autónomos y ajenos a las estructuras macrosociales, inhibe toda problematización sobre las condiciones de legitimidad y validez del conocimiento popular. Por lo mismo, no utilizan recursos epistemológicos que les permitan separarse de las certezas ingenuas del sentido común: lo que los actores populares dicen que hacen. Suponen que darles la palabra es suficente para que emerja un saber verdadero sobre ellos. Cuando tampoco estos trabajos inclu-

---

[14] Néstor García Canclini y Rafael Roncagliolo (editores), *Cultura transnacional y culturas populares*, IPAL, Lima, 1988. En este libro, en el que se recogen y analizan algunas de estas experiencias alternativas, nos extendemos más en su valoración y crítica.

yen una reflexión crítica sobre los propios condicionamientos del investigador-participante, transfieren al objeto de estudido sus utopías políticas y perciben en las capas populares sólo sus actos cuestionadores, interpretan la mera diferencia simbólica como impugnación.

Es necesario aplicar tanto a los investigadores como a los informantes populares la crítica al etnocentrismo. Los científicos sociales que tenemos intereses en la reproducción del campo intelectual, así como los que combinan estudio y militancia (o sea que están condicionados a la vez por el mundo académico y el político), y los propios sectores populares, estamos sujetos a la tendencia de todo grupo de engendrar los esquemas perceptivos y de comprensión capaces de justificar nuestras posiciones en el sistema social. El conocimiento se construye a partir de la ruptura con las prenociones y sus condiciones de credibilidad, con las apariencias del sentido común, sea popular, político o científico.

HACIA UNA INVESTIGACIÓN TRANSDISCIPLINARIA

Hemos diferenciado tres usos de lo popular. Los folcloristas hablan casi siempre de *lo popular tradicional*, los medios masivos de *popularidad* y los políticos de *pueblo*. A la vez, identificamos algunas estrategias sociales que están en la base de cada construcción conceptual. Vimos sus incompatibilidades, su inconmensurabilidad, en el sentido de Kuhn (modos diversos de ver el mundo y de practicar el conocimiento), lo cual coloca el estudio de lo popular en una situación preparadigmática.

¿Tiene sentido abarcar con el nombre de *lo* popular modalidades tan diversas como las que estudian los folcloristas, antropólogos, sociólogos y comunicólogos, de las que hablan los políticos, los narradores y educadores de base? ¿Cuál es la ventaja para el trabajo científico de denominar cultura popular a la indígena y la obrera, la campesina y la urbana, la que generan distintas condiciones laborales, la vida barrial y los medios de comunicación?

Estas preguntas han recibido, más que soluciones científicas, respuestas institucionales y comunicacionales. Se reúne un grupo de artículos heterogéneos o se organiza un simposio multitemático y se les coloca como título "la cultura popular". Se utiliza la fórmula para nombrar un museo o un programa de televisión en los que se busca difundir las diversas culturas de un país. Algo así ocurre cuando se organizan "movimientos populares" y se coloca bajo ese nombre a grupos cuya común situación de subalternidad no se deja designar suficientemente por lo étnico (indio), ni por el lugar en las relaciones de producción (obrero), ni por el ámbito geográfico (campesino o urbano). Lo popular permite abarcar sintéticamente todas estas situaciones de subordinación y dar una identidad compartida a los grupos que convergen en un proyecto solidario.

También en las ciencias sociales la incorporación de esos múltiples usos de "popular" ha tenido efectos positivos. Extendió la noción más allá de los grupos indígenas y tradicionales, dando reconocimiento a otros actores y formas culturales que comparten la condición de subalternos. Liberó a lo popular del rumbo economicista que le impusieron quienes lo reducían al concepto de clase: aun cuando la teoría de las clases sigue siendo necesaria para caracterizar la ubicación de los grupos populares y sus luchas políticas, la ampliación conceptual permite abarcar formas de elaboración simbólica y movimientos sociales no derivables de su lugar en las relaciones de producción. La denominación *popular* ha facilitado estudiar a los sectores subalternos no sólo como trabajadores y militantes, sino como "invasores" de tierras y consumidores.

Sin embargo, el discurso científico y las tareas políticas necesitan establecer un referente empírico mejor delimitado, saber si lo popular es una construcción ideológica o corresponde a sujetos o situaciones sociales nítidamente identificables. Con el fin de refundamentar la noción de popular se recurrió a la teoría de la reproducción y la concepción gramsciana de la hegemonía. Los estudios sobre reproducción social hacen evidente que las culturas populares no son simples manifestaciones de la necesidad creadora de los pueblos, ni la acumulación autónoma de tradiciones previas a la industrialización, ni resultados del poder de nominación de partidos o movimientos políticos. Al situar las acciones subalternas en el conjunto de la formación social, la teoría de la reproducción trasciende la recolección de costumbres, descubre el significado complementario de prácticas desarrolladas en distintas esferas. La misma sociedad que genera la desigualdad en la fábrica, la reproduce en la escuela, la vida urbana, la comunicación masiva y el acceso general a la cultura. Como la misma clase recibe lugares subordinados en todos esos espacios, la cultura popular puede ser entendida como resultado de la apropiación desigual de los bienes económicos y simbólicos por parte de los sectores subalternos.

El inconveniente de esta teoría es que, al fijar a las clases populares en el lugar que les asigna la reproducción social, reserva toda la iniciativa a los grupos dominantes. Son éstos los que determinan el sentido del desarrollo, las posibilidades de acceso de cada sector, las prácticas culturales que unen o separan a las partes de una nación. Se ha tratado de corregir la omnipotencia del reproductivismo con la teoría gramsciana de la hegemonía. Las culturas populares no son un efecto pasivo o mecánico de la reproducción controlada por los dominadores; también se constituyen retomando sus tradiciones y experiencias propias en el conflicto con quienes ejercen, más que la dominación, la hegemonía. Es decir, con la clase que, si bien dirige política e ideológicamente la reproducción, debe consentir espacios donde los grupos subalternos desarrollan prácticas independientes y no siempre funcionales para el sistema (hábitos propios de producción y consumo, gastos festivos opuestos a la lógica de acumulación capitalista).

Articular los conceptos de reproducción y hegemonía es un problema aún irresuelto de la teoría social. Quienes investigan a partir de la teoría de la reproducción, en las versiones más radicales, como la de Bourdieu, niegan la existencia de la cultura popular entendida como diferencia y disenso: la cultura sería un capital perteneciente a toda la sociedad y que todos interiorizan a través del *habitus*. La apropiación desigual de ese capital sólo produce luchas por la distinción entre las clases. Desarrollada en relación con un mercado simbólico altamente unificado —la sociedad francesa—, la teoría reproductiva considera a la cultura popular como un eco de la dominante.[15] Este modelo reproductivista ha sido cuestionado en Francia por autores que comparten la teoría de la reproducción.[16] En naciones multiétnicas, pluriculturales, como las latinoamericanas, podemos argumentar que no existe tal unificación cultural, ni clases dominantes tan eficaces para eliminar las diferencias o subordinarlas enteramente. Pero esta crítica no elimina la fecundidad demostrada por los análisis reproductivistas para explicar por qué los comportamientos de las clases

---

[15] P. Bourdieu, *La distinction*, capítulo 7, y también en su artículo "Vous avez dit populaire?", *Actes de la Recherche en Sciences Sociales*, núm. 46, marzo de 1983.

[16] Por ejemplo, Claude Grignon y Jean Claude Passeron, *Sociologie de la culture et sociologie des cultures populaires*, Gides, París, 1982.

populares no son muchas veces de resistencia e impugnación sino adaptativos a un sistema que los incluye.

Los neogramscianos ven la cultura, más que como un espacio de distinción, de conflicto político entre las clases, como parte de la lucha por la hegemonía. Por eso, este modelo es utilizado por quienes destacan la autonomía, la capacidad de iniciativa y oposición de los sectores subalternos. Si bien la compleja concepción gramsciana, enriquecida por antropólogos recientes (Cirese, Lombardi, Satriani, Signorelli), evita los riesgos más ingenuos de las tendencias voluntaristas y espontaneístas, ha estimulado visiones unilaterales y utópicas como las que ya criticamos en los movimientos "alternativos". Las dificultades se agudizan, tanto en esta corriente como en la reproductivista, cuando sus modelos son usados como superparadigmas y generan estrategias populares a las cuales se pretende subordinar la totalidad de los hechos: todo lo que no es hegemónico es subalterno, o a la inversa. Se omiten entonces en las descripciones procesos ambiguos de interpenetración y mezcla, en que los movimientos simbólicos de diversas clases engendran otros procesos que no se dejan ordenar bajo las clasificaciones de hegemónico y subalterno, de moderno y tradicional.

Antes de analizar en el próximo capítulo estas culturas híbridas, así como la noción de totalidad social coherente y compacta que suponen las teorías de la reproducción y la hegemonía, precisemos dos encrucijadas en el estudio de lo popular.

1. La oscilación entre reproductivistas y neogramscianos pone de manifiesto una tensión entre dos operaciones básicas de la investigación científica que recorren toda la investigación sobre lo popular: me refiero al enfrentamiento entre deducción e inducción. Llamamos *deductivistas* a quienes definen a las culturas populares desde lo general a lo particular, según los rasgos que le habrían sido impuestos: por el modo de producción, el imperialismo, la clase dominante, los aparatos ideológicos o las industrias culturales. Los deductivistas, como aún ocurre en ciertos estudios comunicacionales, creen legítimo inferir del pretendido poder manipulador del Estado o los medios lo que sucede en la recepción popular. No reconocen autonomía o diferencia a las culturas subalternas, a su modo de relacionarse, comunicar y resistir. Para los deductivistas, lo único que conocemos de las clases populares es lo que los sectores hegemónicos quieren hacer con ellas.

El *inductivismo*, a la inversa, encara el estudio de lo popular a partir de propiedades que supone intrínsecas de las clases subalternas, o de una creatividad que los otros sectores habrían perdido, o un poder de impugnación que sería la base de su resistencia. Según esta corriente, no sabemos de las culturas populares más que lo que las clases populares hacen y dicen. Su concepción inmanentista de lo popular lleva a anlizarlo siguiendo sólo el relato de los actores. Dado que el entrevistado se define como indígena, la investigación consiste en "rescatar" lo que hace en sus propios términos, duplicar "fielmente" el discurso del informante; o si se define como obrero, puesto que nadie conoce mejor que él lo que le pasa, hay que creer que su condición y su conciencia de clase son como él las presenta. Se desconoce la divergencia entre lo que pensamos y nuestras prácticas, entre la autodefinición de las clases populares y lo que podemos saber sobre su vida estudiando las leyes sociales en que están insertas. Hacen como si conocer fuera aglomerar hechos según su aparición "espontánea" en vez de construir conceptualmente las relaciones que les dan su sentido en la lógica social.

La bifurcación entre estas tendencias se manifiesta también al elegir las técnicas de investigación. Los deductivistas prefieren las encuestas y las estadísticas, que permiten establecer las grandes líneas del comportamiento masivo. Los inductivistas privilegian la etnografía, la observación prolongada en el campo y las entrevistas abiertas, porque les interesa registrar lo específico de pequeños grupos. Grignon y Passeron han observado que las técnicas elegidas son sintomáticas de cómo se visualiza la relación de la cultura popular con la sociedad. Quienes optan por procedimientos cuantitativos tienden a desconocer la autonomía parcial de las clases populares y subrayan su dependencia de las leyes macrosociales. Por el contrario, los que renuncian a las encuestas y al análisis macro suelen prescindir de las relaciones de dominación, postulan la legitimidad relativista de las prácticas de cada grupo: "El etnografismo —afirma Grignon— conduce a privilegiar los aspectos más tradicionales, más folclóricos, más cerrados, más exóticos de las culturas campesinas."[17]

Esta oposición puede parecer esquemática y maniquea, aunque es fácil dar ejemplos de deductivistas e inductivistas puros. Sin duda, existen antropólogos, sociólogos· y comunicólogos que hablan de interacciones complejas entre lo macro

[17] *Idem*, p. 38.

y lo microsocial. A fuerza de trabajar en el campo y dejarse desafiar por los hechos, logran romper con los supuestos del etnocentrismo y el relativismo, perciben también lo que escapa a sus matrices conceptuales y sus métodos. Pero es significativo que —pese a la evidente importancia de estos procesos de interacción— dispongamos de tan pocos conceptos y recursos metodológicos para trabajar en ellos.

2. La otra oposición que estructura este análisis comparativo de los estudios sobre lo popular, y de los movimientos sociales que lo representan, es la que separa a *tradicionalistas* y *modernizadores*. La divergencia expresa a nivel simbólico los desarrollos diferentes y desiguales de distintos sectores en las sociedades latinoamericanas. La elección de una u otra postura corresponde, en parte, a la posición de los actores en la estructura social. Asimismo, la bifurcación de los intelectuales a propósito de esta cuestión tiene que ver con el capital científico acumulado en el estudio de la tradición o la modernidad, con el interés por preservar —junto con los derechos de la disciplina— el lugar adquirido por sus practicantes en el campo académico.

Si esta explicación sociológica fuera suficiente para entender por qué las oposiciones conceptuales reproducen intereses de grupos enfrentados en la sociedad y en el campo cultural, bastaría un llamado racionalista: que las partes tomen conciencia de que sus antagonismos surgen de representaciones interesadas, y por eso distorsionadas, de los procesos sociales. Sería cuestión de trabajar juntos, buscando desprejuiciadamente la objetividad, para acabar con las políticas culturales y las investigaciones escindidas. Un estudio interdisciplinario flexible, donde admitamos la cuota de verdad del otro, soldaría las grietas entre folcloristas y antropólogos ubicados de un lado, sociólogos y comunicólogos que se atrincheran del otro.

¿Por qué fracasan estas empresas de buena voluntad política y epistemológica? Se encuentran pistas para responder en los análisis de casos presentados. El conflicto entre tradición y modernidad no aparece como el aplastamiento ejercido por los modernizadores sobre los tradicionalistas, ni como la resistencia directa y constante de sectores populares empeñados en hacer valer sus tradiciones. La interacción es más sinuosa y sutil: los movimientos populares también están interesados en modernizarse y los sectores hegemónicos en mantener lo tradicional, o parte de ello, como referente histórico y recurso simbólico contemporáneo. Ante esta necesidad recíproca, ambos se vinculan mediante un *juego de usos* del otro en las dos direcciones. La asimetría sigue existiendo, pero es más intrincada que lo que aparenta el simple esquema antagónico entre tradicionalistas y modernizadores, subalternos y hegemónicos.

Seguramente, sería más fácil percibir esto en los sectores populares con mayor educación y calificación moderna. Por ejemplo, los obreros. Pero aún son escasos los estudios que, además de examinar las condiciones de explotación en el proceso productivo, dedican una atención etnográfica minuciosa a los espacios cotidianos de reproducción de la fuerza de trabajo. Los pocos autores que lo han hecho observan que la resistencia y las reconversiones obreras suelen darse mediante una ardua combinación de las representaciones formadas en el trabajo con formas culturales provenientes de raíces étnicas y del nacionalismo político. Conscientes de las dificultades de enfrentar la reconversión industrial u obtener notorias mejoras salariales, los obreros plantean demandas compensatorias en la vivienda la educación y la salud, buscan cómo rearticular la solidaridad no sólo en el trabajo sino en el consumo, no sólo en la defensa de lo que se tiene sino en la recalificación para vivir en una sociedad diferente.[18]

Una visión más sutil de estas interacciones surge también en estudios sobre los vínculos entre artesanos e instituciones oficiales. La disputa por el uso de los recursos públicos se da tanto por bienes materiales (créditos, préstamos) como por los simbólicos (concursos, premios, ritualizaciones en que se teatraliza la unidad social o nacional). Los productores buscan a las instituciones gubernamentales que pueden prestarles dinero, ayudarlos en la comercialización y protección de sus trabajos. El FONART en México, Artesanías de Colombia, FUNARTE en Brasil, y organismos semejantes en otros países, les enseñan a manejar los créditos bancarios, sugieren cambios de técnica y estilo en las piezas para favorecer su venta, ponen en escena los productos mediante catálogos, vitrinas, audiovisuales y publicidad. Los artesanos necesitan a las instituciones para reproducirse, pero también las intituciones necesitan a los artesanos para legitimar su existencia por el "servicio" que prestan. Gouy-

---

[18] Juan Luis Sariego Rodríguez, "La cultura minera en crisis. Aproximación a algunos elementos de la identidad de un grupo obrero", ponencia al coloquio sobre cultura obrera realizado por el Museo Nacional de Culturas Populares, México, septiembre de 1984; Raúl Nieto, "¿Reconversión industrial = reconversión cultural obrera?", *Iztapalapa*, año 8, núm. 15, enero-junio de 1988; Adolfo Gilly, *Nuestra caída en la modernidad*, Joan Boldó i Climent Editores, México, 1988, especialmente pp. 85-89 y 116-121.

Gilbert observó que los purépechas de Patamban y Ocumicho negocian su papel de clientes y beneficiarios, aprovechan la competencia entre instituciones, y hasta saben que son los portadores de imágenes que el Estado utiliza

> para que subsista una idea de la tradición en el espíritu colectivo, a la cual es posible referirse. Referencias limitadas, pero múltiples, por la variedad de las comunidades indígenas que en esta forma ofrecen permanentemente el espectáculo de la diversidad cultural en un universo condenado a un cierto monolitismo.[19]

Cuando la investigación plantea las relaciones entre sectores populares y hegemónicos sólo en términos de enfrentamiento da una visión sesgada e inverosímil de lo real para los propios sujetos. Por eso, fracasan las políticas que proponen cambios con esa perspectiva maniquea, omitiendo los compromisos mutuos. "Somos muy útiles —me decía un artesano en un concurso— para que puedan existir el FONART, el Museo de Antropología y los antropólogos. Pero a nosotros hablar con ustedes o ir al FONART nos ayuda para darnos cuenta de dónde estamos." Las interacciones entre hegemónicos y subalternos son escenarios de lucha, pero también donde unos y otros dramatizan las experiencias de la alteridad y el reconocimiento. La confrontación es un modo de escenificar la desigualdad (enfrentamiento para defender lo propio) y la diferencia (pensarse a través de lo que desafía).

¿DEFINICIÓN CIENTÍFICA O TEATRAL DE LO POPULAR?

¿Qué resta después de esta desconstrucción de "lo popular"? Una conclusión molesta para los investigadores: lo popular, conglomerado heterogéneo de grupos sociales, no tiene el sentido unívoco de un concepto científico, sino el valor ambiguo de una noción teatral. Lo popular designa las posiciones de ciertos actores, las que los sitúan ante los hegemónicos, no siempre bajo la forma de enfrentamientos.

Pero ¿pueden los sectores populares, redefinidos de este modo, llegar a constituirse en sujetos históricos, ser algo más que efectos de las puestas en escena? Es evidente que en radios indígenas y periódicos locales, en movimientos populares urbanos y comunidades de base, en agrupamientos para defen-

---

[19] Gouy-Gilbert, *op. cit.*, pp. 58-59.

der sus intereses en la producción y en el consumo, los sectores populares hablan y actúan. Pero sería engañoso limitarse a hilvanar estas manifestaciones y declararlas contrahegemónicas. No puede ignorarse que aun en las experiencias más directas y autogestionarias existen *acción y actuación,* expresión de lo propio y reconstitución incesante de lo que se entiende por propio en relación con la leyes más amplias de la dramaturgia social, como también reproducción del orden dominante. Los historiadores ingleses, y algunos latinoamericanos, fueron quienes mejor percibieron que la inestabilidad de las condiciones y posiciones populares no permite recortarlos con la nitidez de una caracterización censal. Los grupos subalternos "no *son,* en realidad, sino que *están siendo",* afirma Luis Alberto Romero; por eso, "no son un sujeto histórico, pero sí un área de la sociedad donde se constituyen sujetos".[20]

Es posible avanzar en este proceso de reconstruir la noción de lo popular si se pasa de una escenificación épica a la de una tragicomedia. El defecto más insistente en la caracterización del "pueblo" ha sido pensar a los actores agrupados bajo ese nombre como una masa social compacta que avanza incesante y combativa hacia un porvenir renovado. Las investigaciones más complejas dicen más bien que lo popular se pone en escena no con esta unidireccionalidad épica sino con el sentido contradictorio y ambiguo de quienes padecen la historia y a la vez luchan en ella, los que van elaborando, como en toda tragicomedia, los pasos intermedios, las astucias dramáticas, los juegos paródicos que permiten a quienes no tienen posibilidad de cambiar radicalmente el curso de la obra, manejar los intersticios con parcial creatividad y beneficio propio.

Encuentro una vía para esta reformulación de lo popular por las ciencias sociales en la importancia otorgada por unos pocos autores al melodrama. ¿Por qué este género teatral es uno de los preferidos por los sectores populares? En el tango y la telenovela, en el cine masivo y en la nota roja, lo que conmueve a los sectores populares, dice Martín Barbero, es el drama del reconocimiento y la lucha por hacerse reconocer, la necesidad de recurrir a mútiples formas de socialidad primordial (el parentesco, la solidaridad vecinal, la amistad) ante el fracaso de

---

[20] Luis Alberto Romero, *Los sectores populares urbanos como sujetos históricos,* CISEA-PEHESA, Buenos Aires, 1987, pp. 15 y 16.

las vías oficiales de institucionalización de lo social, incapaces de asumir la densidad de las culturas populares.[21]

Pero ¿cómo realizar un trabajo científico con esta noción dispersa, esta existencia diseminada de lo popular, aprehendida en un lugar por los folcloristas, en otro por los sociólogos, allá por los comunicólogos? Es una pregunta que ningún gremio puede responder solo. Si existe un camino, no creemos que pueda prescindir del trabajo transdisciplinario. No digo interdisciplinario porque esto suele significar que los diversos especialistas yuxtaponen conocimientos obtenidos fragmentaria y paralelamente.

La apertura de cada disciplina a las otras conduce a una incómoda inseguridad en los estudios sobre cultura popular. Pero también puede pensarse que lleva la investigación a un periodo interesante si concordamos con lo que Italo Calvino decía de los escritores: que su tarea es tanto más atractiva y valiosa

> ...cuanto más improbable sea aún la estantería ideal en que quisiera colocarse, con libros que todavía no están acostumbrados a estar colocados junto a otros y cuya proximidad podría producir descargas eléctricas, cortocircuitos.[22]

Quizá lo más alentador que está ocurriendo con lo popular es que algunos folcloristas no se preocupan sólo por rescatarlo, los comunicólogos por difundirlo y los políticos por defenderlo, que cada especialista no escribe sólo para sus iguales ni para dictaminar lo que el pueblo es, sino más bien para preguntarnos, junto a los movimientos sociales, cómo reconstruirlo.

---

[21] Jesús Martín Barbero, *De los medios a las mediaciones*, pp. 243-244.
[22] Italo Calvino, *Punto y aparte. Ensayos sobre literatura y sociedad*, Bruguera, Barcelona, 1983, p. 208.

Capítulo VII

CULTURAS HÍBRIDAS, PODERES OBLICUOS

Los dos capítulos anteriores parecen descompensados. Al argumentar contra el excesivo peso de lo tradicional en el estudio de las culturas populares, se fue el mayor número de páginas en demostrar lo que no hay de tradicional, auténtico, ni autogenerado en los grupos populares. Di poco lugar a las culturas populares urbanas, a los cambios que desencadenan las migraciones, a los procesos simbólicos atípicos de jóvenes disidentes, a las masas de desempleados y subempleados que componen lo que se llama mercados informales.

Voy a defender ahora la hipótesis de que no tiene mucho sentido estudiar estos procesos "desatendidos" bajo el aspecto de culturas populares. Es en esos escenarios donde estallan más ostensiblemente casi todas las categorías y las parejas de oposición convencionales (subalterno/hegemónico, tradicional/moderno) empleadas para hablar de lo popular. Sus nuevas modalidades de organización de la cultura, de hibridación de las tradiciones de clases, etnias y naciones, requieren otros instrumentos conceptuales.

¿Cómo analizar las manifestaciones que no caben en lo culto o lo popular, que brotan de sus cruces o en sus márgenes? Si esta parte insiste en presentarse como un capítulo, con citas y notas al pie, ¿no será por falta de preparación profesional del autor para producir una serie de videoclips en que un gaucho y un poblador de una *favela* conversaran sobre la modernización de las tradiciones con los migrantes mexicanos que pasan ilegalmente a los Estados Unidos, o mientras visitan el Museo de Antropología, o hacen cola en un cajero automático y comentan cómo cambiaron los carnavales de Río o Veracruz?

El estilo no me preocupa sólo como modo de poner en escena la argumentación de este capítulo. Tiene que ver con la posibilidad de investigar materiales no encuadrables en los programas con que clasifican lo real las ciencias sociales. Me pregunto si el lenguaje discontinuo, acelerado y paródico del videoclip es pertinente para examinar las culturas híbridas, si su fecundidad para deshacer los órdenes habituales y dejar que emerjan las rupturas y yuxtaposiciones, no debiera culminar —en un discurso interesado en el saber— en otro tipo de organización de los datos.

A fin de avanzar en el análisis de la hibridación intercultural, ampliaré el debate sobre los modos de nombrarla y los estilos con que se la representa. En primer lugar, discutiré una noción que aparece en las ciencias sociales como sustituto de lo que ya no puede entenderse bajo los rótulos de culto o popular: se usa la fórmula cultura urbana para tratar de contener las fuerzas dispersas de la modernidad. Luego, me ocuparé de tres procesos clave para explicar la hibridación: la quiebra y mezcla de las colecciones que organizaban los sistemas culturales, la desterritorialización de los procesos simbólicos y la expansión de los géneros impuros. A través de estos análisis, buscaremos precisar las articulaciones entre modernidad y posmodernidad, entre cultura y poder.

DEL ESPACIO PÚBLICO A LA TELEPARTICIPACIÓN

Percibir que las transformaciones culturales generadas por las últimas tecnologías y por cambios en la producción y circulación simbólica no eran responsabilidad exclusiva de los medios comunicacionales, indujo a buscar nociones más abarcadoras. Como los nuevos procesos estaban asociados al crecimiento urbano, se pensó que la ciudad podía convertirse en la unidad que diera coherencia y consistencia analítica a los estudios.

Sin duda, la expansión urbana es una de las causas que intensificaron la hibridación cultural. ¿Qué significa para las culturas latinoamericanas que países que a principios de siglo tenían alrededor de un 10 por ciento de su población en las ciudades, concentren ahora un 60 o un 70 por ciento en las aglomeraciones urbanas? Hemos pasado de sociedades dispersas en miles de comunidades campesinas con culturas tradicionales, locales y homogéneas, en algunas regiones con fuertes raíces indígenas, poco comunicadas con el resto de cada nación, a una trama mayoritariamente urbana, donde se dispone de una oferta simbólica heterogénea, renovada por una constante interacción de lo local con redes nacionales y transnacionales de comunicación.

Ya en su libro *La cuestión urbana*[1] Manuel Castells observaba que el desarrollo vertiginoso de las ciudades, al hacer visible bajo este nombre múltiples dimensiones del cambio social, volvió cómodo atribuirles la responsabilidad de procesos más vastos. Ocurrió algo semejante a lo que pasaba con los medios masivos. Se acusó a las megalópolis de engendrar anonimato, se imaginó que los barrios producen solidaridad, los suburbios crímenes y que los espacios verdes relajan...

Las ideologías urbanas atribuyeron a *un* aspecto de la transformación, producida por el entrecruzamiento de muchas fuerzas de la modernidad, la "explicación" de sus nudos y sus crisis. Desde ese libro de Castells se acumularon evidencias de que la "sociedad urbana" no se opone tajante al "mundo rural", que el predominio de las relaciones secundarias sobre las primarias, de la heterogeneidad sobre la homogeneidad (o a la inversa, según la escuela), no son adjudicables únicamente a la concentración poblacional en las ciudades.

La urbanización predominante en las sociedades contemporáneas se entrelaza con la serialización y el anonimato en la producción, con reestructuraciones de la comunicación inmaterial (desde los medios masivos a la telemática) que modifican los vínculos entre lo privado y lo público. ¿Cómo explicar que muchos cambios de pensamiento y gustos de la vida urbana coincidan con los del campesinado, si no es porque las interacciones comerciales de éste con las ciudades y la recepción de medios electrónicos en las casas rurales los conecta diariamente con las innovaciones modernas?

A la inversa, vivir en una gran ciudad no implica disolverse en lo masivo y anónimo. La violencia y la inseguridad pública, la inabarcabilidad de la ciudad (¿quién conoce todos los barrios de una capital?) llevan a buscar en la intimidad doméstica, en

[1] Manuel Castells, *La cuestión urbana*, Siglo XXI, México, 2a. ed., 1973, p. 93.

encuentros confiables, formas selectivas de sociabilidad. Los grupos populares salen poco de sus espacios, periféricos o céntricos; los sectores medios y altos multiplican las rejas en las ventanas, cierran y privatizan calles del barrio. A todos la radio y la televisión, a algunos la computadora conectada a servicios básicos, les alcanzan la información y el entretenimiento a domicilio.

Habitar las ciudades, dice Norbert Lechner en su estudio sobre la vida cotidiana en Santiago, se ha vuelto "aislar un espacio propio".[2] A diferencia de lo observado por Habermas en épocas tempranas de la modernidad, la esfera pública ya no es el lugar de participación racional desde el que se determina el orden social. Así fue, en parte, en América Latina durante la segunda mitad del siglo XIX y la primera del XX. Basta recordar el papel de la "prensa, el teatro y los salones patricios en la conformación de una élite criolla"; primero para sectores restringidos, luego ampliados, el liberalismo suponía que la voluntad pública debía constituirse como "resultado de la discusión y la publicidad de las opiniones individuales".[3]

Los estudios sobre la formación de barrios populares en Buenos Aires, en la primera mitad del siglo, registraron que las estructuras microsociales de la urbanidad —el club, el café, la sociedad vecinal, la biblioteca, el comité político— organizaban la identidad de los migrantes y los criollos, enlazando la vida inmediata con las transformaciones globales que se buscaban en la sociedad y el Estado. La lectura y el deporte, la militancia y la sociabilidad barrial, se unían en una continuidad utópica con los movimientos políticos nacionales.[4]

Esto se está acabando. Por una parte, debido a los cambios en la escenificación de la política: me refiero a la mezcla de burocratización y "massmediatización". Las masas, convocadas hasta los años sesenta para expresarse en las calles y formar sindicatos, fueron siendo subordinadas en muchos casos a cúpulas burocráticas. El último decenio presenta frecuentes caricaturas de ese movimiento: los liderazgos populistas sin crecimiento económico, sin excedente para distribuir, acaban desbordados por una mezcla perversa de reconversión y recesión, firmando

---

[2] Norbert Lechner, *Notas sobre la vida cotidiana: habitar, trabajar, consumir/I-1*, FLACSO, Santiago de Chile, 1982, p.

[3] *Idem*, fascículo II, pp. 73-74.

[4] Leandro H. Gutiérrez y Luis Alberto Romero, "La cultura de los sectores populares porteños", *Espacios*, núm 2, Universidad de Buenos Aires, 1985.

pactos trágicos con los especuladores de la economía (Alan García en Perú, Carlos Andrés Pérez en Venezuela, Carlos Menem en la Argentina). El uso masivo de la ciudad para la teatralización política se reduce; las medidas económicas y los pedidos de colaboración al pueblo se anuncian por televisión. Las marchas, los actos en calles y plazas, son ocasionales o tienen menor eficacia. En los tres países citados, como en otros, las manifestaciones públicas generadas por el empobrecimiento de las mayorías adoptan a veces la forma de explosiones desarticuladas, asaltos a tiendas y supermercados, al margen de las vías orgánicas de representación política.

La pérdida del sentido de la ciudad está en relación directa con las dificultades de los partidos políticos y sindicatos para convocar a tareas colectivas, no rentadas o de dudosa ganancia económica. La menor visibilidad de las estructuras macrosociales, su subordinación a circuitos no materiales y diferidos de comunicación, que mediatizan las interacciones personales y grupales, es una de las causas por las que cayó la credibilidad de los movimientos sociales omnicomprensivos, como los partidos que concentraban el conjunto de las demandas laborales y de representación cívica. La emergencia de múltiples reivindicaciones, ampliada en parte por el crecimiento de reclamos culturales y referidos a la calidad de vida, suscita un espectro diversificado de organismos voceros: movimientos urbanos, étnicos, juveniles, feministas, de consumidores, ecológicos, etcétera. La movilización social, del mismo modo que la estructura de la ciudad, se fragmenta en procesos cada vez más difíciles de totalizar.

La eficacia de estos movimientos depende, a su vez, de la reorganización del espacio público. Sus acciones son de baja resonancia cuando se limitan a usar formas tradicionales de comunicación (orales, de producción artesanal o en textos escritos que circulan de mano en mano). Su poder crece si actúan en las redes masivas: no sólo la presencia urbana de una manifestación de cien o doscientas mil personas, sino —más aún— su capacidad de interferir el funcionamiento habitual de una ciudad y encontrar eco, por eso mismo, en los medios electrónicos de información. Entonces, a veces, el sentido de lo urbano se restituye, y lo masivo deja de ser un sistema vertical de difusión para convertirse en expresión amplificada de poderes locales, complementación de los fragmentos.

En un tiempo en que la ciudad, la esfera pública, es ocupada por actores que calculan técnicamente sus decisiones y organizan tecnoburocráticamente la atención a las demandas, según criterios de rentabilidad y eficiencia, la subjetividad polémica, o simplemente la subjetividad, se repliega al ámbito privado. El mercado reordena el mundo público como escenario del consumo y dramatización de los signos de estatus. Las calles se saturan de coches, de personas apresuradas hacia el cumplimiento de obligaciones laborales o hacia el disfrute de una recreación programada, casi siempre, según el rendimiento económico.

Una organización distinta del "tiempo libre", que lo convierte en prolongación del trabajo y el lucro, contribuye a esta reformulación de lo público. De los desayunos de trabajo al trabajo, a los almuerzos de negocios, al trabajo, a ver qué nos ofrece la televisión en la casa, y algunos días a las cenas de sociabilidad redituable. El tiempo libre de los sectores populares, coaccionados por el subempleo y el deterioro salarial, es aún menos libre al tener que ocuparse en el segundo, el tercer trabajo, o en buscarlos.

Las identidades colectivas encuentran cada vez menos en la ciudad y en su historia, lejana o reciente, su escenario constitutivo. La información sobre las peripecias sociales se recibe en la casa, se comenta en familia o con amigos cercanos. Casi toda la sociabilidad, y la reflexión sobre ella, se concentra en intercambios íntimos. Como la información de los aumentos de precios, lo que hizo el gobernante y hasta los accidentes del día anterior en nuestra propia ciudad nos llegan por los medios, éstos se vuelven los constituyentes dominantes del sentido "público" de la ciudad, los que simulan integrar un imaginario urbano disgregado.

Si bien ésta es la tendencia, sería injusto no señalar que a veces los medios masivos también contribuyen a superar la fragmentación. En la medida en que informan sobre las experiencias comunes de la vida urbana —los conflictos sociales, la contaminación, qué calles están embotelladas a ciertas horas— establecen redes de comunicación y hacen posible aprehender el sentido social, colectivo, de lo que ocurre en la ciudad. En una escala más amplia, puede afirmarse que la radio y la televisión, al colocar en relación patrimonios históricos, étnicos y regionales diversos, y difundirlos masivamente, coordina las múltiples temporalidades de espectadores diferentes.

Las investigaciones de estos procesos debieran articular los efectos integradores y disolventes de la televisión, con otros procesos de unificación y atomización generados por los cambios recientes del desarrollo urbano y de la crisis económica. Los grupos que se reúnen de tanto en tanto para analizar cuestiones colectivas —los padres en la escuela, los trabajadores en su centro ocupacional, los organismos barriales— suelen actuar y pensar como grupos autorreferidos, a menudo sectarizados porque la presión económica sobre lo inmediato les hace descender el horizonte de lo social. Esto ha sido estudiado preferentemente por sociólogos del cono sur, donde las dictaduras militares suspendieron los partidos, sindicatos y otros mecanismos de agrupamiento, movilizacion y coopera-cion colectiva. La represion intentó remodelar el espacio público reduciendo la participacion social a la inserción de cada individuo en los beneficios del consumo y la especulación financiera.[5] Los medios se convirtieron hasta cierto punto en los grandes mediadores y mediatizadores, y por tanto en sustitutos de otras interacciones colectivas.

Las dictaduras volvieron más radical esta transformación. Pero en la última década, al compartir otros gobiernos latinoamericanos esta política neoconservadora en la economía y la cultura, sus efectos se generalizan. "Aparecer en publico" es hoy ser visto por mucha gente dispersa ante el televisor familiar o leyendo el diario en su casa. Los líderes políticos o intclectuales acentúan su condición de actores teatrales, sus mensajes se divulgan si son "noticia", la "opinión pública" es algo medible por encuestas de opinión. El ciudadano se vuelve cliente, "público consumidor".

La "cultura urbana" es reestructurada al ceder el protagonismo del espacio público a las tecnologías electrónicas. Al "pasar" casi todo en la ciudad gracias a que los medios lo dicen, y al parecer que ocurre como los medios quieren, se acentúa la mediatización social, el peso de las escenificaciones, las acciones políticas se constituyen en tanto imágenes de lo político. De ahí que Eliseo Varón afirme, extremando las cosas, que participar es hoy relacionarse con una "democracia audiovisual", en la que lo real es producido por las imágenes gestadas en los medios.

Lo pondría en términos algo distintos. Más que una susti-

[5] Veanse en relación con Chile el texto recién citado de Lechner, y el de José Joaquín Brunner, *Un espejo trizado. Ensayos sobre cultura y políticas culturales,* especialmente la primera parte. Respecto de la Argentina, el artículo de Oscar Landi, "Cultura y política en la transición democrática", en O. Oszlak y otros. *Proceso, crisis y transición democrática/1,* Centro Editor de América Latina, Buenos Aires, 1984.

[6] Eliseo Verón, "Discurso político y estrategia de la imagen. Entrevista de Rodolfo

tución absoluta de la vida urbana por los medios audiovisuales, percibo un *juego de ecos*. La publicidad comercial y las consignas políticas que vemos en la televisión son las que reencontramos en las calles, y a la inversa: unas resuenan en las otras. A esta circularidad de lo comunicacional y lo urbano se subordinan los testimonios de la historia, el sentido público construido en experiencias de larga duración.

MEMORIA HISTÓRICA Y CONFLICTOS URBANOS

De la cultura masiva a la tecnocultura, del espacio urbano a la teleparticipación. Al marcar esta tendencia, corremos el riesgo de reincidir en la perspectiva histórica lineal, sugerir que las tecnologías comunicativas *sustituyen* la herencia del pasado y las interacciones públicas.

Es preciso reintroducir la cuestión de los usos modernos y posmodernos de la historia. Voy a hacerlo con la referencia más desafiante y en apariencia más solemne: los monumentos. ¿Qué sentido conservan o renuevan, en medio de las transformaciones de la ciudad, en competencia con fenómenos transitorios como la publicidad, los grafitis y las manifestaciones políticas?

Hubo una época en que los monumentos eran, junto a las escuelas y los museos, un escenario legitimador de lo culto tradicional. Su tamaño gigantesco o su emplazamiento destacado contribuían a enaltecerlos. "¿Por qué no hay estatuas en manga corta?", le preguntaron en *La noticia rebelde*, un programa televisivo argentino, al arquitecto Osvaldo Giesso, director del Centro Cultural de la ciudad de Buenos Aires. Para dar una respuesta prolija habría que considerar a las estatuas junto a la retórica de los libros de texto, la ritualidad de las ceremonias cívicas y las demás liturgias autoconsagratorias del poder. Debería analizarse cómo la estética monumentalista que rige la mayoría de los espacios históricos en América Latina se inició como expresión de sistemas sociales autoritarios en el mundo precolombino. A ellos se superpuso el expansionismo colonial español y portugués, su necesidad de competir con la grandilocuencia de la arquitectura indígena mediante el gigantismo neoclásico y la exuberancia barroca. Habría que analizar,

Fogwill", *Espacios*, Universidad de Buenos Aires, Facultad de Filosofía y Letras, núm. 3, diciembre de 1985, pp. 59-65.

en fin, de qué modo los procesos de independencia y construcción de nuestras naciones engendraron enormes edificios y murales, retratos de próceres y calendarios de efemérides, destinados a instaurar una iconografía representativa del tamaño de las utopías.

¿Qué pretenden decir los monumentos dentro de la simbólica urbana contemporánea? En procesos revolucionarios con amplia participación popular, los ritos multitudinarios y las construcciones monumentales expresan el impulso histórico de movimientos masivos. Son parte de la disputa por una nueva cultura visual en medio de la terca persistencia de signos del viejo orden, tal como ocurrió con el primer muralismo posrevolucionario mexicano, con el arte gráfico ruso de los años veinte y cubano de los sesenta. Pero cuando el nuevo movimiento se vuelve sistema, los proyectos de cambio siguen más la ruta de la planificación burocrática que el de la movilización participativa. Cuando la organización social se estabiliza, la ritualidad se esclerosa.

Para mostrar el tipo de tensiones que se establecen entre la memoria histórica y la trama visual de las ciudades modernas, analizaré un grupo de monumentos. Es una selección pequeña de la abundante documentación sobre monumentos de México efectuada por Paolo Gori y Helen Escobedo.[7] Voy a comenzar con un conjunto escultórico que representa la fundación de Tenochtitlan y se halla ubicado a unos pasos del Zócalo de la ciudad de México.

[7] Las fotos de esta serie sobre monumentos fueron tomadas por Paolo Gori. El libro que elaboró con Helen Escobedo se titula *Mexican Monuments: Strange Encounters*, Abbeville Press, Nueva York, 1989. Puede verse un análisis más extenso de los problemas tratados aquí en mi artículo "Monuments, Billboards, and Graffiti", incluido en ese volumen. Agradezco al Instituto de Investigaciones Estéticas de la UNAM haberme facilitado el acceso a fotos de Paolo Gori no incorporadas a dicho libro, que fueron donadas por al autor a esa institución.

La evocación de la escena originaria de la ciudad se mezcla con imágenes de la vida urbana actual. El monumento de piedra, apenas elevado sobre la calle y construido con materiales y texturas semejantes a los utilizados en los edificios que lo rodean, parece indicar una relación de continuidad entre los pobladores precolombinos y los actuales. Pero, al mismo tiempo, el cruce de la iconografía histórica con la señalización contemporánea sugiere combinaciones que pueden resultar contradictorias o paródicas: ¿son los indios peatones?; ¿sus manos están señalando la propaganda política de hoy?

¿Contra qué lucha ahora Emiliano Zapata, a la entrada de la ciudad de Cuernavaca? ¿Contra la publicidad de hoteles, bebidas y otros mensajes urbanos? ¿Contra el denso tránsito de vehículos que sugiere los conflictos en que hoy se reubicaría su enérgica figura?

El mismo Zapata, pero también otro, hecho por los campesinos de un pueblo próximo a Cuetzalan, en el estado de Puebla. Sin caballo, sin la retórica monumental de la lucha, sencillamente enojado, una cabeza del tamaño de la de cualquier hombre, sobre un pedestal rústico, como las viviendas.

El Monumento al Minero, en Guanajuato, demuestra que no siempre la identificación horizontal con el entorno logra que el propósito exaltatorio se cumpla. El naturalismo de la representación y el emplazamiento llano de la obra no permiten que el monumento, confundido con el contexto, consagre lo que muestra. ¿No es indispensable que el monumento se separe de lo real, que marque la irrealidad de la imagen para que su significado se vuelva verosímil?

La severidad orgullosa de la madre con su hijo, acentuada por el hierático tratamiento de la piedra, contrasta con la manifestación en favor del aborto, que ofrece otras dos variantes del tema: carteles con el rostro sufriente, las sonrisas y la fluidez gestual de las manifestantes.

El Hémiciclo a Juárez, en la Alameda de la Ciudad de México, es base de usos múltiples, que corresponden a las diversas interpretaciones de la figura del prócer. Primero, una manifestación de padres que reclaman por sus hijos desaparecidos. Luego, las feministas que luchan en favor del aborto eligen al padre del laicismo para respaldar su defensa de la maternidad voluntaria. La manta central oculta parcialmente las imágenes colocadas antes, y entre todas proponen varios niveles de resignificación del monumento.

La enorme cabeza de Juárez diseñada por Siqueiros, ubicada en la Calzada Zaragoza, en la salida de México hacia Puebla, es monumento y ventana, muro que se impone y encuadra la escena actual. La vemos reescrita por quienes se adhieren al sindicato Solidaridad de Polonia. El reformador del siglo XIX mexicano asociado a una lucha social europea del XX. La evocación del líder de la Reforma, diseñada por un plástico posrevolucionario que mezcla en su imagen la cabeza gigantesca y cortada, al modo de los olmecas, y las líneas quebradas, de inspiración futurista.

Bastan estos ejemplos de los cambios que sufren las rememoraciones más sólidas del patrimonio. Los monumentos contienen a menudo varios estilos y referencias a diversos periodos históricos y artísticos. Otra hibridación se agrega luego al interactuar con el crecimiento urbano, la publicidad, los grafitis y los movimientos sociales modernos. La iconografía de las tradiciones nacionales (Juárez) es utilizada como recurso para luchar contra quienes, en nombre de otras tradiciones (las del catolicismo que condena el aborto) se oponen a la modernidad.

Estas imágenes sugieren modos diversos en que hoy son reutilizadas las tradiciones y los monumentos que las consagran. Ciertos héroes del pasado sobreviven en medio de los conflictos que se desenvuelven en cualquier ciudad moderna entre sistemas de signos políticos y comerciales, señales de tránsito y movimientos sociales.

El desarrollo moderno intentó distribuir los objetos y los signos en lugares específicos: las mercancías de uso actual en las tiendas, los objetos del pasado en museos de historia, los que pretenden valer por su sentido estético en museos de arte. Al mismo tiempo, los mensajes que emiten las mercancías, las obras históricas y las artísticas, y que indican como usarlas, circulan por las escuelas y los medios masivos de comunicación. Una clasificación rigurosa de las *cosas*, y de los *lenguajes* que hablan de ellas, sostiene la organización sistemática de los *espacios* sociales en que deben ser consumidos. Este orden estructura la vida de los consumidores, y prescribe comportamientos y modos de percibir adecuados a cada situación. Ser culto en una ciudad moderna consiste en saber distinguir entre lo que se compra para usar, lo que se rememora y lo que se goza simbólicamente. Requiere vivir en forma compartimentada el sistema social.

Sin embargo, la vida urbana transgrede a cada momento este orden. En el movimiento de la ciudad los intereses mercantiles se cruzan con los históricos, los estéticos y los comunicacionales. Las luchas semánticas por neutralizarse, perturbar el mensaje de los otros o cambiar su significado, y subordinar a los demás a la propia lógica, son puestas en escena de los conflictos entre las fuerzas sociales: entre el mercado, la historia, el Estado, la publicidad, y la lucha popular por sobrevivir.

Mientras en los museos los objetos históricos son sustraídos de la historia, y su sentido intrínseco es congelado en una eternidad donde ya nunca pasará nada, los monumentos abiertos a la dinámica urbana facilitan que la memoria interactúe con el cambio, que los próceres se revitalicen gracias a la propaganda o el tránsito: siguen luchando con los movimientos sociales que los sobreviven. En los museos de México, los héroes de la independencia se significan por su relación con los de la reforma y la revolución; en la calle, su sentido se renueva al dialogar con las contradicciones presentes. Sin vitrinas ni guardianes que los protejan, los monumentos urbanos están felizmente expuestos a que un grafiti o una manifestación popular los inserten en la vida contemporánea. Aunque los escultores se resistan a abandonar las fórmulas del realismo clásico al representar el pasado, a hacer héroes en manga corta, los monumentos se actualizan por medio de las "irreverencias" de los ciudadanos.

Grafitis, carteles comerciales, manifestaciones sociales y políticas, monumentos: lenguajes que representan a las principales fuerzas que actúan en la ciudad. Los monumentos son casi siempre las obras con que el poder político consagra a las personas y los acontecimientos fundadores del Estado. Los carteles comerciales buscan sincronizar la vida cotidiana con los intereses del poder económico. Los grafitis (como los carteles y los actos políticos de la oposición) expresan la crítica popular al orden impuesto. Por eso, son tan significativos los anuncios publicitarios que ocultan a los monumentos o los contradicen, los grafitis inscritos sobre unos y otros. A veces, la proliferación de anuncios ahoga la identidad histórica, disuelve la memoria en la percepción ansiosa de las novedades incesantemente renovadas por la publicidad. Por otro lado, los autores de leyendas espontáneas están diciendo que los monumentos son insuficientes para expresar cómo se mueve la sociedad. ¿No es una evidencia de la distancia entre un Estado y un pueblo, o entre la historia y el presente, la necesidad de reescribir políticamente los monumentos?

DESCOLECCIONAR

Esta dificultad para abarcar lo que antes totalizábamos bajo la fórmula "cultura urbana", o con las nociones de culto, popular y masivo, plantea el problema de si la organización de la cultura puede ser explicada por referencia a *colecciones* de bienes simbólicos. También la desarticulación de lo urbano pone en duda que los sistemas culturales encuentren su clave en las relaciones de la población con cierto tipo de *territorio* y de historia que prefigurarían en un sentido peculiar los comportamientos de cada grupo. El paso siguiente de este análisis debe ser trabajar los procesos (combinados) de *descoleccionamiento* y *desterritorialización*.

La formación de colecciones especializadas de arte culto y folclor fue en la Europa moderna, y más tarde en América Latina, un dispositivo para ordenar los bienes simbólicos en grupos separados y jerarquizarlos. A quienes eran cultos les pertenecían cierto tipo de cuadros, músicas y libros, aunque no los tuvieran en su casa, aunque fuera mediante el acceso a museos, salas de concierto y bibliotecas. Conocer su orden era ya una forma de poseerlos, que distinguía de los que no sabían relacionarse con él.

La historia del arte y la literatura se formó sobre la base de colecciones que alojaban los museos y las bibliotecas cuando éstos eran edificios para guardar, exhibir y consultar colecciones. Hoy los museos de arte exponen a Rembrandt y Bacon en una sala, en las siguientes objetos populares y diseño industrial, más allá ambientaciones, performances, instalaciones y arte corporal de artistas que ya no creen en las obras y rehúsan producir objetos coleccionables. Las bibliotecas públicas siguen existiendo de un modo más tradicional, pero cualquier intelectual o estudiante trabaja mucho más en su biblioteca privada, donde los libros se mezclan con revistas, recortes de periódicos, informaciones fragmentarias que moverá a cada rato de un estante a otro, que el uso obliga a dispersar en varias mesas y en el suelo. La situación del trabajador cultural es hoy la que entrevió Benjamin en aquel texto precursor en el que describía las sensaciones del que se muda y desembala su biblioteca, entre el desorden de las cajas, "el piso sembrado de papeles regados", la pérdida del orden que conectaba esos objetos con una historia de los saberes, haciéndole sentir que la manía de coleccionar "ya no es de nuestro tiempo".[8]

Por otro lado, había un repertorio del folclor, de los objetos de pueblos o clases que tenían otras costumbres y por eso otras colecciones. El folclor nació del coleccionismo, según se vio en un capítulo anterior. Fue formándose cuando los coleccionistas y folcloristas se trasladaban a sociedades arcaicas, investigaban y preservaban las vasijas usadas en la comida, los

---

[8] Walter Benjamin, "Desembalo mi biblioteca. Discurso sobre la bibliomanía", *Punto de vista*, año IX, núm. 26, abril de 1986, pp. 23-27.

vestidos y las máscaras con que se danzaba en los rituales, y los reunían luego en los museos. Las vasijas, las máscaras y los tejidos se hallan igualados ahora bajo el nombre de "artesanías" en los mercados urbanos. Si queremos comprar los mejores diseños ya no vamos a las sierras o las selvas donde viven los indios que los producen, porque las piezas de diversos grupos étnicos se mezclan en las tiendas de las ciudades.

También en el espacio urbano el conjunto de obras y mensajes que estructuraban la cultura visual y daban la gramática de lectura de la ciudad, disminuyeron su eficacia. No hay un sistema arquitectónico homogéneo y se van perdiendo los perfiles diferenciales de lós barrios. La falta de regulación urbanística, la hibridez cultural de constructores y usuarios, entremezclan en una misma calle estilos de varias épocas. La interacción de los monumentos con mensajes publicitarios y políticos sitúa en redes heteróclitas la organización de la memoria y el orden visual.

La agonía de las colecciones es el síntoma más claro de cómo se desvanecen las clasificaciones que distinguían lo culto de lo popular y a ambos de lo masivo. Las culturas ya no se agrupan en conjuntos fijos y estables, y por tanto desaparece la posibilidad de ser culto conociendo el repertorio de "las grandes obras", o ser popular porque se maneja el sentido de los objetos y mensajes producidos por una comunidad más o menos cerrada (una etnia, un barrio, una clase). Ahora esas colecciones renuevan su composición y su jerarquía con las modas, se cruzan todo el tiempo, y, para colmo, cada usuario puede hacer su propia colección. Las tecnologías de reproducción permiten a cada uno armar en su casa un repertorio de discos y casetes que combinan lo culto con lo popular, incluyendo a quienes ya lo hacen en la estructura de las obras: Piazzola que mezcla el tango con el jazz y la música clásica, Caetano Veloso y Chico Buarque que se apropian a la vez de la experimentación de los poetas concretos, de las tradiciones afrobrasileñas y la experimentación musical posweberniana.

Proliferan, además, los dispositivos de reproducción que no podemos definir como cultos ni populares. En ellos se pierden las colecciones, se desestructuran las imágenes y los contextos, las referencias semánticas e históricas que amarraban. sus sentidos.

Fotocopiadoras. Los libros se desencuadernan, las antologías acercan a autores incapaces de tratarse en los simposios, nuevas encuadernaciones agrupan capítulos de diversos volúmenes siguiendo no la lógica de la producción intelectual sino la de los usos: preparar un examen, seguirle los gustos a un profesor, perseguir itinerarios sinuosos ausentes en las clasificaciones rutinarias de las librerías y las bibliotecas. Esta relación fragmentaria con los libros lleva a perder la estructura en que se insertan los capítulos: descendemos, escribió alguna vez Monsiváis, al "grado xerox de la lectura". También es verdad que el manejo más libre de los Textos, su reducción a apuntes, tan desacralizados como la clase grabada —que a veces ni pasa por la hoja escrita, porque se la desgraba en la pantalla de la computadora— induce vínculos más fluidos entre los textos, entre los estudiantes y el Saber.

Videocasetera. Uno forma su colección personal mezclando partidos de futbol y películas de Fassbinder, series norteamericanas, telenovelas brasileñas y una polémica sobre la deuda externa, lo que los canales pasan cuando estamos viéndolos, cuando trabajamos o dormimos. La grabación puede ser inmediata o diferida, con posibilidad de borrar, regrabar y verificar cómo quedó. La videocasetera asemeja la televisión a la biblioteca, dice Jean Franco: "permite la yuxtaposición de tópicos muy diferentes a partir de un sistema arbitrario, dirigido a comunidades que trascienden los límites entre razas, clases y sexos".[9] En verdad, la videocasetera va más lejos que la biblioteca. Reordena una serie de oposiciones tradicionales o modernas: entre lo nacional y lo extranjero, el ocio y el trabajo, las noticias y el esparcimiento, la política y la ficción. Interviene también en la sociabilidad al permitir que no perdamos una reunión social o familiar por ver un programa, al fomentar redes de préstamo e intercambio de casetes.

Videoclips. Es el género más intrínsecamente posmoderno. Intergénero: mezcla de música, imagen y texto. Transtemporal: reúne melodías e imágenes de varias épocas, cita despreocupadamente hechos fuera de contexto; retoma lo que habían hecho Magritte y Duchamp, pero para públicos masivos. Algunos trabajos aprovechan la versatilidad del video para engendrar obras breves, aunque densas y sistemáticas: *Fotoromanza*, de Antonioni, *Thriller*, de John Landis, *All Night Long*, de Bob Rafelson, por ejemplo. Pero en la mayoría de los casos toda acción es dada en fragmentos, no pide que nos concentremos, que busquemos una continuidad. No hay historia de la cual

---

[9] Jean Franco, "Recibir a los bárbaros: ética y cultura de masas", *Nexos*, núm. 115, México, julio de 1987, p. 56.

hablar. Ni siquiera importa la historia del arte o de los medios; se saquean imágenes de todas partes, en cualquier orden. El cantante alemán Falco resume en un videoclip de dos minutos la narración de *El vampiro negro*, de Fritz Lang; Madonna se traviste de Marilyn copiando la coreografía de *Los caballeros las prefieren rubias* y mohínes de Betty Boop: "A los que se acuerdan les encanta el homenaje, la nostalgia. A los que no tienen memoria o no habían nacido, igual se les van los ojos tras de la golosina que les venden por flamante."[10] Ningún interés por señalar qué es nuevo, qué viene de antes. Para ser un buen espectador hay que abandonarse al ritmo, gozar las visiones efímeras. Aun los videoclips que presentan un relato lo subestiman o ironizan mediante montajes paródicos y aceleraciones intempestivas. Este entrenamiento en una percepción fugaz de lo real ha tenido tanto éxito que no se limita a las discotecas o algunos programas televisivos de entretenimiento; en los Estados Unidos y en Europa existen canales que los pasan veinticuatro horas por día. Hay videoclips empresariales, políticos, musicales, publicitarios, didácticos, que reemplazan el manual de negocios, el panfleto, el espectáculo teatral, la teatralización más o menos razonada de la política en los mítines electorales. Son dramatizaciones frías, indirectas, que no requieren la presencia personal de los interlocutores. El mundo es visto como efervescencia discontinua de imágenes, el arte como *fast-food*. Esta cultura *pret-à-penser* permite des-pensar los acontecimientos históricos sin preocuparse por entenderlos. Woody Allen se burlaba en alguna película de lo que había captado leyendo *La guerra y la paz* con el método de lectura rápida: "Habla de Rusia", concluía. *Le Nouvel Observateur* dice en serio que encuentra en esta estética una vía para reinterpretar las revueltas estudiantiles de 1968: fueron una "revuelta clip: montaje caliente de imágenes-choque, ruptura del ritmo, final cortado".[11]

Videojuegos. Son como la variante participativa del videoclip. Cuando sustituyen a las películas, no sólo en el tiempo libre del público sino en el espacio de los cines que cierran por falta de espectadores, la operación de desplazamiento cultural es evidente. Del cine contemporáneo toman las vertientes más violentas: escenas bélicas, carreras de autos y motos, luchas

[10] Ricardo McAllister, "Videoclips. La estética del parpadeo", *Crisis*, Buenos Aires, núm. 67, enero-febrero de 1989, pp. 21-23.

[11] *Le Nouvel Observateur*, 9-15 de enero de 1987, p. 43.

de karate y boxeo. Familiarizan directamente con la sensualidad y la eficacia de la tecnología; dan una pantalla-espejo
donde se escenifica el propio poder, la fascinación de luchar
con las grandes fuerzas del mundo aprovechando las últimas técnicas y sin el riesgo de las confrontaciones directas.
Desmaterializan, descorporalizan el peligro, dándonos únicamente el placer de ganar sobre los otros, o la posibilidad, al
ser derrotados, de que todo quede en la pérdida de monedas
en una máquina.

Como se estableció hace tiempo en los estudios sobre efectos
de la televisión, estos nuevos recursos tecnológicos no son neutra-
les, ni tampoco omnipotentes. Su simple innovación formal
implica cambios culturales, pero el signo final depende de los
usos que les asignan diversos actores. Los citamos en este lugar
porque agrietan los órdenes que clasificaban y distinguían las
tradiciones culturales, debilitan el sentido histórico y las concepciones macroestructurales en beneficio de relaciones intensas
y esporádicas con objetos aislados, con sus signos e imágenes.
Algunos teóricos posmodernos sostienen que este predominio
de las relaciones puntuales y deshistorizadas es coherente con
el derrumbe de los grandes relatos metafísicos.

Efectivamente, no hay razones para lamentar la descompo-
sición de las colecciones rígidas que, al separar lo culto, lo
popular y lo masivo, promovían las desigualdades. Tampoco
creemos que haya perspectivas de restaurar ese orden clásico
de la modernidad. Vemos en los cruces irreverentes ocasiones de
relativizar los fundamentalismos religiosos, políticos, nacionales,
étnicos, artísticos, que absolutizan ciertos patrimonios y discri-
minan a los demás. Pero nos preguntamos si la discontinuidad
extrema como hábito perceptivo, la disminución de oportunidades para comprender la reelaboración de los significados subsistentes de algunas tradiciones, para intervenir en su
cambio, no refuerza el poder inconsulto de quienes si continúan preocupados por entender y manejar las grandes redes
de objetos y sentidos: las transnacionales y los Estados.

Hay que incluir en las estrategias descoleccionadoras y
desjerarquizadoras de las tecnologías culturales la asimetría
existente, en su producción y su uso, entre los países centrales
y los dependientes, entre consumidores de diferentes clases
dentro de una misma sociedad. Las posibilidades de aprovechar las innovaciones tecnológicas y adecuarlas a las propias
necesidades productivas y comunicacionales, son desiguales en
los países centrales —generadores de inventos, con altas inver-

siones para renovar sus industrias, bienes y servicios— y en América Latina, donde las inversiones están congeladas por la carga de la deuda y las políticas de austeridad, donde los científicos y técnicos trabajan con presupuestos ridículos o deben emigrar, el control de los medios culturales más modernos está altamente concentrado y depende mucho de programación exógena.

No se trata, por supuesto, de retornar a las denuncias paranoicas, a las concepciones conspirativas de la historia, que acusaban a la modernización de la cultura masiva y cotidiana de ser un instrumento de los poderosos para explotar mejor. La cuestión es entender cómo la dinámica propia del desarrollo tecnológico remodela la sociedad, coincide con movimientos sociales o los contradice. Hay tecnologías de distinto signo, cada una con varias posibilidades de desarrollo y articulación con las otras. Hay sectores sociales con capitales culturales y disposiciones diversas para apropiárselas con sentidos diferentes: la descolección y la hibridación no son iguales para los adolescentes populares que van a los negocios públicos de videojuegos y para los de clase media y alta que los tienen en sus casas. Los sentidos de las tecnologías se construyen según los modos en que se institucionalizan y se socializan.

La remodelación tecnológica de las prácticas sociales no siempre contradice las culturas tradicionales y las artes modernas. Ha extendido, por ejemplo, el uso de bienes patrimoniales y el campo de la creatividad. Así como los videojuegos trivializan batallas históricas y algunos videoclips las tendencias experimentales del arte, las computadoras y otros usos del video facilitan obtener datos, visualizar gráficas e innovarlas, simular el uso de piezas e informaciones, reducir la distancia entre concepción y ejecución, conocimiento y aplicación, información y decisión. Esta apropiación múltiple de patrimonios culturales abre posibilidades originales de experimentación y comunicación, con usos democratizadores, como se aprecia en la utilización del video hecho por algunos movimientos populares.

Pero las nuevas tecnologías no sólo promueven la creatividad y la innovación. También reproducen estructuras conocidas. Los tres usos más frecuentes del video —el consumo de películas comerciales, espectáculos porno, y la grabación de acontecimientos familiares— repiten prácticas audiovisuales iniciadas por la fotografía y el super 8. Por otro lado, el videoarte, explorado principalmente por pintores, músicos y poetas, reafirma la diferencia y el hermetismo de un modo semejante a las galerías artísticas y los cineclubes.

La coexistencia de estos usos contradictorios revela que las interacciones de las nuevas tecnologías con la cultura anterior las vuelve parte de un proceso mucho mayor del que ellas desencadenaron o del que manejan. Uno de esos cambios de larga data, que la intervención tecnológica vuelve más patente, es la reorganización de los vínculos entre grupos y sistemas simbólicos; los descoleccionamientos y las hibridaciones no permiten ya vincular rígidamente las clases sociales con los estratos culturales. Si bien muchas obras permanecen dentro de los circuitos minoritarios o populares para los que fueron hechas, la tendencia prevaleciente es que todos los sectores mezclen en sus gustos objetos de procedencias antes separadas. No quiero decir que esta circulación más fluida y compleja haya evaporado las diferencias entre las clases. Sólo afirmo que la reorganización de los escenarios culturales y los cruces constantes de las identidades exigen preguntarse de otro modo por los órdenes que sistematizan las relaciones materiales y simbólicas entre los grupos.

DESTERRITORIALIZAR

Las búsquedas más radicales acerca de lo que significa estar entrando y saliendo de la modernidad son las de quienes asumen las tensiones entre desterritorialización y reterritorialización. Con esto me refiero a dos procesos: la pérdida de la relación "natural" de la cultura con los territorios geográficos y sociales, y, al mismo tiempo, ciertas relocalizaciones territoriales relativas, parciales, de las viejas y nuevas producciones simbólicas.

Para documentar esta transformación de las culturas contemporáneas analizaré primero la transnacionalización de los mercados simbólicos y las migraciones. Luego, me propongo explorar el sentido estético de este cambio siguiendo las estrategias de algunas artes impuras.

1. Hubo un modo de asociar lo popular con lo nacional que nutrió, según anotamos en capítulos anteriores, la modernización de las culturas latinoamericanas. Realizada primero bajo la forma de dominación colonial, luego como industrialización y urbanización bajo modelos metropolitanos, la modernidad pareció organizarse en antagonismos económico-

políticos y culturales: colonizadores vs. colonizados, cosmopolitismo vs. nacionalismo. La última pareja de opuestos fue
la manejada por la teoría de la dependencia, según la cual todo
se explicaba por el enfrentamiento entre el imperialismo y las
culturas nacional populares.

Los estudios sobre el imperialismo económico y cultural sirvieron para conocer algunos dispositivos usados por los centros
internacionales de producción científica, artística y comunicacional que condicionaban, y aún condicionan, nuestro desarrollo. Pero ese modelo es insuficiente para entender las
actuales relaciones de poder. No explica el funcionamiento
planetario de un sistema industrial, tecnológico, financiero y
cultural, cuya sede no está en una sola nación sino en una
densa red de estructuras económicas e ideológicas. Tampoco
da cuenta de la necesidad de las naciones metropolitanas de
flexibilizar sus fronteras e integrar sus economías, sistemas
educativos, tecnológicos y culturales, como está ocurriendo en
Europa y Norteamérica.

La desigualdad persistente entre lo que los dependentistas
llamaban el primer y el tercer mundo mantiene con relativa
vigencia algunos de sus postulados. Pero aunque las decisiones
y beneficios de los intercambios se concentren en la burguesía
de las metrópolis, nuevos procesos vuelven más compleja la
asimetría: la descentralización de las empresas, la simultanei-
dad planetaria de la información, y la adecuación de ciertos
saberes e imágenes internacionales a los conocimientos y
hábitos de cada pueblo. La deslocalización de los productos
simbólicos por la electrónica y la telemática, el uso de satélites
y computadoras en la difusión cultural, también impiden seguir
viendo los enfrentamientos de los países periféricos como com-
bates frontales con naciones geográficamente definidas.

El maniqueísmo de aquellas oposiciones se vuelve aún menos
verosímil en los ochenta y noventa cuando varios países dependientes registran un ascenso notable de sus exportaciones
culturales. En Brasil, el avance de la masificación e industrialización de la cultura no implicó, contrariamente a lo que solía
decirse, una mayor dependencia de la producción extranjera. Las
estadísticas revelan que en los últimos años creció su cinema-
tografía y la proporción de películas nacionales en las panta-
llas: de 13.9 por ciento en 1971 a 35 en 1982. Los libros de
autores brasileños, que ocupaban el 54 por ciento de la
producción editorial en 1973, subieron a 70 por ciento en 1981.
También se escuchan más discos y casetes nacionales, mientras

descienden los importados. En 1972, un 60 por ciento de la programación televisiva era extranjera; en 1983, bajó al 30. Al mismo tiempo que se da esta tendencia a la nacionalización y autonomía de la producción cultural, Brasil se convierte en un agente muy activo del mercado latinoamericano de bienes simbólicos exportando telenovelas. Como también logra penetrar ampliamente en los países centrales, llegó a convertirse en el séptimo productor mundial de televisión y publicidad, y el sexto en discos. Renato Ortiz, de quien tomo estos datos, concluye que pasaron "de la defensa de lo nacional-popular a la exportación de lo internacional-popular".[12]

Si bien esta tendencia no se da del mismo modo en todos los países latinoamericanos, hay aspectos semejantes en los de desarrollo cultural más moderno que replantean las articulaciones entre lo nacional y lo extranjero. Tales cambios no eliminan la cuestión de cómo distintas clases se benefician y son representadas con la cultura producida en cada país, pero la radical alteración de los escenarios de producción y consumo, así como el carácter de los bienes que se presentan, cuestiona la asociación "natural" de lo popular con lo nacional y la oposición igualmente apriorística con lo internacional.

2. Las migraciones multidireccionales son el otro factor que relativiza el paradigma binario y polar en el análisis de las relaciones interculturales. La internacionalización latinoamericana se acentúa en las últimas décadas cuando las migraciones no abarcan sólo a escritores, artistas y políticos exiliados, como ocurrió desde el siglo pasado, sino a pobladores de todos los estratos. ¿Cómo incluir en el esquema unidireccional de la dominación imperialista los nuevos flujos de circulación cultural suscitados por los trasplantes de latinoamericanos hacia los Estados Unidos y Europa, de los países menos desarrollados hacia los más prósperos de nuestro continente, de las regiones pobres a los centros urbanos? ¿Son dos millones, según las cifras más tímidas, los sudamericanos que por persecución ideológica y ahogo económico abandonaron en los setenta la Argentina, Chile, Brasil y Uruguay? No es casual que la reflexión más innovadora sobre la desterritorialización se esté desplegando en la principal área de migraciones del continente, la frontera de México con los Estados Unidos.

De los dos lados de esa frontera, los movimientos interculturales muestran su rostro doloroso: el subempleo y el desa-

---

[12] Renato Ortiz, *A moderna tradiçao brasileira*, pp. 182-206.

rraigo de campesinos e indígenas que debieron salir de sus tierras para sobrevivir. Pero también está creciendo allí una producción cultural muy dinámica Si en los Estados Unidos existen más de 250 estaciones de radio y televisión en castellano, más de 1500 publicaciones en nuestra lengua y un alto interés por la literatura y la música latinoamericanas, no es sólo porque hay un mercado de 20 millones de "hispanos", o sea el 8 por ciento de la población estadunidense (38 por ciento en Nuevo México, 25 en Texas y 23 en California). También se debe a que la llamada cultura latina produce películas como *Zoot suit* y *La bamba*, las canciones de Rubén Blades y Los Lobos, teatros de avanzada estética y cultural como el de Luis Valdez, artistas plásticos cuya calidad y aptitud para hacer interactuar la cultura popular con la simbólica moderna y posmoderna los incorpora al *mainstream* norteamericano.[13]

Quien conozca estos movimientos artísticos sabe que muchos están arraigados en las experiencias cotidianas de los sectores populares. Para que no queden dudas de la extensión transclasista del fenómeno de desterritorialización es útil referirse a las investigaciones antropológicas sobre migrantes. Roger Rouse estudió a los pobladores de Aguililla, un municipio rural del suroeste de Michoacán, aparentemente sólo comunicado por un camino de tierra. Sus dos principales actividades siguen siendo la agricultura y la cría de ganado para autosubsistencia, pero la emigración iniciada en los cuarenta se incentivó a tal punto que casi todas las familias tienen ahora miembros que viven o vivieron en el extranjero. La declinante economía local se sostiene por el flujo de dólares enviados desde California, especialmente de Redwood City, ese núcleo de la microelectrónica y la cultura postindustrial norteamericana en el valle de Silicon, donde los michoacanos trabajan como obreros y en servicios. La mayoría permanece periodos breves en los Estados Unidos, y quienes duran más tiempo conservan relaciones constantes con su pueblo de origen. Son tantos los que están fuera de Aguililla, tan frecuentes sus vínculos con los que permanecen allí, que ya no puede concebirse ambos conjuntos

---

[13] Dos historiadores del arte chicano, Shifra M. Goldman y Tomás Ybarra-Frausto, han documentado esta producción cultural y reflexionado originalmente sobre ella. Véanse, por ejemplo, las introducciones a su libro *Arte Chicano. A Comprehensive Annotated Bibliography of Chicano Art, 1965-1981*, Chicano Studies Library y Publications Unit-University of California, Berkeley, 1985; también los artículos de ambos en Ida Rodríguez Prampolini (coord.), *A través de la frontera*, UNAM-CEESTEM, México, 1983.

como comunidades separadas:

> Mediante la constante migración de ida y vuelta, y el uso creciente de teléfonos, los aguilillenses suelen estar reproduciendo sus lazos con gente que está a 2 mil millas de distancia tan activamente como mantienen sus relaciones con los vecinos inmediatos. Más aún, y más en general, por medio de la circulación continua de personas, dinero, mercancías e información, los diversos asentamientos se han entreverado con tal fuerza que probablemente se comprendan mejor como formando una sola comunidad dispersa en una variedad de lugares.[14]

Dos nociones convencionales de la teoría social caen ante estas "economías cruzadas, sistemas de significados que se intersectan y personalidades fragmentadas". Una es la de la "comunidad", empleada tanto para poblaciones campesinas aisladas como para expresar la cohesión abstracta de un Estado nacional compacto, en ambos casos definibles por su relación con un territorio específico. Se suponía que los vínculos entre los miembros de esas comunidades serían más intensos dentro que fuera de su espacio, y que los miembros tratan la comunidad como el medio principal al que ajustan sus acciones. La segunda imagen es la que opone centro y periferia, también "expresión abstracta de un sistema imperial idealizado", en el que las gradaciones de poder y riqueza estarían distribuidas concéntricamente: lo mayor en el centro y una disminución creciente a medida que nos movemos hacia zonas circundantes. El mundo funciona cada vez menos de este modo, dice Rouse; necesitamos "una cartografía alternativa del espacio social", basada más bien sobre las nociones de "circuito" y "frontera".

Tampoco debe suponerse, agrega, que este reordenamiento sólo abarca a los marginales. Se advierte una desarticulación semejante en la economía estadunidense, dominada antes por capitales autónomos. En el área central de Los Ángeles, el 75 por ciento de los edificios pertenece ahora a capitales extranjeros; en el conjunto de centros urbanos, el 40 por ciento de la población está compuesto por minorías étnicas procedentes de Asia y América Latina, y "se calcula que la cifra se aproximará al 60 por ciento en el año 2010".[15] Hay una "implosión del tercer

---

[14] Roger Rouse, "Mexicano, Chicano, Pocho. La migración mexicana y el espacio social del posmodernismo", *Página Uno*, suplemento de *Unomásuno*, 31 de diciembre de 1988, pp. 1-2.

[15] *Idem*, p. 2.

mundo en el primero—,[8] según Renato Rosaldo; "la noción de una cultura auténtica como un universo autónomo internamente coherente no es mas sostenible" en ninguno de los dos mundos, "excepto quizá como una 'ficcion útil o una distorsión reveladora".[17]

Cuando en los últimos años de su vida Michel de Certeau enseñaba en San Diego, dacía que en California la mezcla de inmigrantes mexicanos, colombianos, noruegos, rusos, italianos y del este de los Estados Unidos hacía pensar que "la vida consiste en pasar constantemente fronteras". Los oficios se toman y se cambian con la misma versatilidad que los coches y las casas.

> Esta movilidad descansa sobre el postulado de que uno no es identificado ni por el nacimiento, ni por ia familia, ni por el estatulo profesional, ni por las relaciones amistosas o amorosas, ni por la propiedad. Parece que toda identidad definida por el estatuto y por el lugar (de origen, de trabajo, de hábitat, etc.) fuera reducida, si no barrida, por la velocidad de todos los movimientos. Se sabe que no hay documento de identidad en los EU; se lo reemplaza por la licencia para conducir y la tarjeta de crédito, es decir por la capacidad de atravesar el espacio y por la participación en un juego de contratos fiduciarios entre ciudadanos norteamericanos.[18]

Durante los dos periodos en que estudié los conflictos interculturales del lado mexicano de la frontera, en Tijuana, en 1985 y 1988, varias veces pensé que esta ciudad es, junto a Nueva York, uno de los mayores laboratorios de la posmodernidad.[19] No tenía en 1950 más de 60 000 habitantes, hoy supera el millón con los migrantes de casi todas las regiones de México (principalmente Oaxaca, Puebla, Michoacán y el Distrito Federal) que se instalaron en estos años. Algunos pasan diariamente a los Estados Unidos para trabajar, otros cruzan la frontera en

---

[16] Renato Rosaldo, *Ideology, Place and People Without Culture*, Universidad de Stanford, Dpto. de Antropología, p. 9.

[17] R. Rosaldo, *Culture and Truth. The Remaking of Social Analysis*, Beacon Press, Boston, 1989, p. 217.

[18] Michel de Certeau, "Californie, un téâthre de passants", *Autrement*, núm. 31 abril de l981, pp. 10-18. Cabe aclarar que la concepción de la vida como paso constante de fronteras, aunque no deja de ser adecuada, no es tan fácil como la enuncia Michel de Certeau cuando se trata de ciudadanos norteamericanos "de segunda", por ejemplo los negros, los puertirriqueños y los chicanos.

[19] El informe de la investigación puede leerse en N. García Canclini y Patricia Safa, *Tijuana: la causa de toda la gente*, INAH-ENAH-UNAM, Programa Cultural de las Fronteras, México, 1989. Fotos de Lourdes Grobet. Colaboraron en el estudio Jennifer Metcalfe, Federico Rosas y Ernesto Bermejillo.

los meses de la siembra y la cosecha. Aun los que se quedan
en Tijuana están vinculados a intercambios comereiales entre
los dos países, a maquiladoras norteamericanas ubicadas en la
frontera de México o a servicios turísticos para los 3 o 4 millones de estadunidenses que llegan por año a esta ciudad.

Desde principio del siglo xx hasta hace unos quince años,
Tijuana había sido conocida por un casino (abolido en el gobierno de Cárdenas), cabarets, *dancing, halls, liquor stores,* a
donde los norteamericanos llegaban para eludir las prohibi-
ciones sexuales, de juegos de azar y bebidas alcohólicas de su
país. La instalación reciente de fábricas, hoteles modernos,
centros culturales y el acceso a una amplia información internacional la volvieron una ciudad moderna y contradictoria,
cosmopolita y con una fuerte definición propia.

En las entrevistas que hicimos a alumnos de escuelas primarias, secundarias y universitarios, a artistas y promotores culturales de todos los estratos, no había tema más central para la autodefinición que la vida fronteriza y los contactos interculturales. Una de las técnicas de investigación fue pedirles que nombraran los lugares más representativos de la vida y la cultura de Tijuana, para luego fotografiarlos; tomamos también imágenes de otros escenarios que parecían condensar el sentido de la ciudad (carteles publicitarios, encuentros ocasionales, grafitis) y seleccionamos cincuenta fotos para mostrárselas a catorce grupos de diversos niveles económicos y culturales. Dos tercios de las imágenes que juzgaron más representativas de la ciudad, de las que hablaban con más énfasis, eran de lugares que vinculan a Tijuana con lo que está más allá de ella: la avenida Revolución, sus tiendas y centros de diversión para turistas, el minarete que testimonia dónde estuvo el casino, las antenas parabólicas, los pasos legales e ilegales en la frontera, los barrios donde se concentran los que vienen de distintas zonas del país, la tumba de Juan Soldado, "señor de los emigrados", al que van a pedir que les arregle "los papeles" o a agradecerle que no los haya agarrado "la migra".

El carácter multicultural de la ciudad se expresa en el uso
del español, el inglés, y también en las lenguas indígenas
habladas en los barrios y las maquiladoras, o entre quienes
venden artesanías en el centro. Esa pluralidad se reduce cuando
pasamos de las interacciones privadas a los lenguajes públicos,
los de la radio, la televisión y la publicidad urbana, donde el
inglés y el español predominan y coexisten "naturalmente".

Junto al cartel que recomienda el club-discoteca y la radio donde se escucha "rock en tu idioma", otro anuncia un licor mexicano en inglés. La música y la bebida alcohólica, dos símbolos de Tijuana, conviven bajo esta dualidad lingüística. "The other choice" es explícitamente el licor, pero la contigüidad de los mensajes vuelve posible que sea también el rock en español. La ambivalencia de la imagen, que los entrevistados consideraron analógica de la vida en la ciudad, también permite concluir, según el orden de lectura, que la otra elección sea el inglés.

La incertidumbre generada por las oscilaciones bilingüísticas, biculturales y binacionales tiene su equivalencia en las relaciones con la propia historia. Algunas de las fotos fueron elegidas precisamente por aludir el carácter simulado de buena parte de la cultura tijuanense. La Torre de Agua Caliente, quemada en la década de los sesenta, con la pretensión de olvidar el casino que representaba, fue reconstruida hace pocos años y ahora se la exhibe con orgullo en portadas de revistas y propagandas; pero los entrevistados, al hacer notar que la torre actual está en un sitio distinto, argumentan que el cambio es un modo de desplazar y reubicar el pasado.

En varias esquinas de la avenida Revolución hay cebras. En
realidad, son burros pintados. Sirven para que los turistas
norteamericanos se fotografíen con un paisaje detrás, en el
que se aglomeran imágenes de varias regiones de México:
volcanes, figuras aztecas, nopales, el águila con la serpiente.
"Ante la falta de otro tipo de cosas, como en el sur, que hay
pirámides, aquí no hay nada de eso... como que algo hay que
inventarle a los gringos", dijeron en uno de los grupos. En
otro, señalaban que "también remite a este mito que traen los
norteamericanos, que tiene que ver con cruzar la frontera hacia
el pasado, hacia lo salvaje, hacia la onda de poder montar".

    Nos dijo un entrevistado: "El alambre que separa a México
de los Estados Unidos podría ser el principal monumento de
la cultura en la frontera."

Al llegar a la playa "la línea" se cae y deja una zona de tránsito, usada a veces por los migrantes indocumentados. Todos los domingos las familias fragmentadas a ambos lados de la frontera se encuentran en los picnics.

Donde las fronteras se mueven, pueden estar rígidas o caídas, donde los edificios son evocados en otro lugar que el que representan, todos los días se renueva y amplía la invención espectacular de la propia ciudad. El simulacro pasa a ser una categoría central de la cultura. No sólo se relativiza lo "auténtico". La ilusión evidente, ostentosa, como las cebras que todos saben falsas o los juegos de ocultamiento de migrantes ilegales "tolerados" por la policía norteamericana, se vuelve un recurso para definir la identidad y comunicarse con los otros.

A estos productos híbridos, simulados, los artistas y escritores de la frontera agregan su propio laboratorio intercultural. En una entrevista radial se le preguntó a Guillermo Gómez-Peña, editor de la revista bilingüe *La línea quebrada/The broken line*, con sede en Tijuana y San Diego:

Reportero: Si ama tanto a nuestro país, como usted dice, ¿por qué vive en California
Gómez-Peña: Me estoy desmexicanizando para mexicomprenderme...
Reportero: ¿Qué se considera usted, pues?

Gómez-Peña: Posmexica, prechicano, panlatino, transterrado, arteameri-
cano... depende del día de la semana o del proyecto en cuestión.

Varias revistas de Tijuana están dedicadas a reelaborar las
definiciones de identidad y cultura a partir de la experiencia
fronteriza. *La línea quebrada*, que es la más radical, dice expresar
a una generación que creció "viendo películas de charros y de
ciencia ficción, escuchando cumbias y rolas del Moody Blues,
construyendo altares y filmando en super 8, leyendo *El Corno
Emplumado* y *Art Forum*". Ya que viven en lo intermedio, "en
la grieta entre dos mundos", ya que son "los que no fuimos
porque no cabíamos, los que aún no llegamos o no sabemos a
dónde llegar", deciden asumir todas las identidades disponibles:

> Cuando me preguntan por mi nacionalidad o identidad étnica, no puedo
> responder con una palabra, pues mi "identidad" ya posee repertorios
> múltiples: soy mexicano pero también soy chicano y latinoamericano. En
> la frontera me dicen "chilango" o "mexiquillo"; en la capital "pocho" o
> "norteño", y en Europa "sudaca". Los anglosajones me llaman "hispanic"
> o "latinou" y los alemanes me han confundido en más de una ocasión con
> turco o italiano.

Con una frase que le queda bien a un migrante lo mismo que
a un joven rockero, Gómez-Peña explica que "nuestro sentimiento generacional más hondo es el de la pérdida que surge de la
partida". Pero también son lo que han ganado: "Una visión
de la cultura más experimental, es decir multifocal y tolerante."[20]

Otros artistas y escritores de Tijuana cuestionan la visión
eufemizada de las contradicciones y el desarraigo que perciben
en el grupo de *La línea quebrada*. Rechazan la celebración de
las migraciones causadas muchas veces por la pobreza en el
lugar originario, que se repite en el nuevo destino. No faltan
los que, pese a no haber nacido en Tijuana, en nombre de sus
quince o veinte años en la ciudad, impugnan la insolencia
paródica y desapegada: "Gente que recién llega y quiere descu-
brirnos y decirnos quiénes somos."

---

[20] Guillermo Gómez-Peña, "Wacha ese border, son", *La Jornada Semanal*, núm.
162, 25 de octubre de 1987, pp. 3-5. Respecto de la hibridación intercultural en los
rockeros, los cholos y los punks —que editan revistas, discos y casetes con información
y música de varios continentes— véase el libro de José Manuel Valenzuela, *¡A la brava
ese! Cholos, punks, chavos banda*, Colegio de la Frontera Norte, Tijuana, 1988.

Tanto en esta polémica como en otras manifestaciones de fuerte afectividad al referirse a las fotos de Tijuana, vimos un movimiento complejo que llamaríamos de *reterritorialización*. Los mismos que elogian a la ciudad por ser abierta y cosmopolita quieren fijar signos de identificación, rituales que los diferencien de los que sólo están de paso, son turistas o... antropólogos curiosos por entender los cruces interculturales.

Los editores de otra revista tijuanense, *Esquina baja*, dedicaron un largo rato a explicarnos por qué querían, además de tener un órgano para expresarse,

> generar un público de lectores, una revista local de calidad en todos los aspectos, de diseño, de presentación... para contrarrestar un poco esa tendencia centrista que existe en el país, porque lo que hay en la provincia no logra trascender, se ve minimizado, si no pasa primero por el tamiz del Distrito Federal.

Algo semejante encontramos en la vehemencia con que todos rechazaron los criterios "misioneros" de actividades culturales propiciadas por el gobierno central. Ante los programas nacionales destinados a "afirmar la identidad mexicana" en la frontera norte, los bajacalifornianos argumentan que ellos son tan mexicanos como los demás, aunque de un modo diferente. Sobre la "amenaza de penetración cultural norteamericana" dicen que, pese a la cercanía geográfica y comunicacional con los Estados Unidos, los intercambios comerciales y culturales diarios les hacen vivir intensamente la desigualdad y por lo tanto tener una imagen menos idealizada que quienes reciben una influencia parecida en la capital mediante mensajes televisivos y bienes de consumo importados.

Desterritorialización y re-territorialización. En los intercambios de la simbólica tradicional con los circuitos internacionales de comunicación, con las industrias culturales y las migraciones, no desaparecen las preguntas por la identidad y lo nacional, por la defensa de la soberanía, la desigual apropiación del saber y el arte. No se borran los conflictos, como pretende el posmodernismo neoconservador. Se colocan en otro registro, multifocal y más tolerante, se repiensa la autonomía de cada cultura —a veces— con menores riesgos fundamentalistas. No obstante, las críticas chovinistas a "los del centro", engendran a veces conflictos violentos: agresiones a los migrantes recién llegados, discriminación en las escuelas y los trabajos.

Los cruces intensos y la inestabilidad de las tradiciones, bases de la apertura valorativa, pueden ser también —en condiciones de competencia laboral— fuente de prejuicios y enfrentamientos. Por eso, el análisis de las ventajas o inconvenientes de la desterritorialización no debe reducirse a los movimientos de ideas o códigos culturales, como es frecuente en la bibliografía sobre posmodernidad. Su sentido se construye también en conexión con las prácticas sociales y económicas, en las disputas por el poder local, en la competencia por aprovechar las alianzas con poderes externos.

INTERSECCIONES: DE LO MODERNO A LO POSMODERNO

La hibridez tiene un largo trayecto en las culturas latinoamericanas. Recordamos antes las formas sincréticas creadas por las matrices españolas y portuguesas con la figuración indígena. En los proyectos de independencia y desarrollo nacional vimos la lucha por compatibilizar el modernismo cultural con la semimodernización económica, y ambos con las tradiciones persistentes.

La descolección y la desterritorialización tienen antecedentes en las reflexiones utópicas y en las prácticas de artistas e intelectuales. Dos ejemplos: las proclamas estéticas de los "antropófagos" brasileños y del grupo Martín Fierro en los años veinte. El Manifiesto Antropofágico, publicado en 1928-1929, dice:

> Sólo me interesa lo que no es mío [...]. Fue porque nunca tuvimos gramática ni colecciones de viejos vegetales. Y nunca supimos lo que era urbano, suburbano, fronterizo y continental [...] (que) nunca fuimos catequizados. Vivimos a través de un derecho sonámbulo.

Los escritores del grupo Martín Fierro afirmaban en 1924 creer "en la importancia del aporte intelectual de América... el movimiento de independencia iniciado por Rubén Darío". Agregaban que eso "no significa, empero, que habremos de renunciar, ni mucho menos finjamos desconocer, que todas las mañanas nos servimos de un dentífrico sueco, de unas toallas de Francia y de un jabón inglés"

Las referencias incesantes a la cultura de la frontera que hallamos en los entrevistados de Tijuana recuerdan las descripciones del puerto, de los cruces entre nativos y migrantes, "la exacerbación de lo heterogéneo" y el cosmopolitismo "obsesivo" que Beatriz Sarlo detecta en escritores liberales y socialistas entre los veinte y los cuarenta en Buenos Aires: Borges lo mismo que González Tuñón, Nicolás Olivari tanto como Arlt y Oliverio Girondo. Cultivan "la sabiduría de la partida, del extrañamiento, de la lejanía y del choque cultural, que puede enriquecer y complicar el saber sobre el margen social y las transgresiones". Arlt escribía en sus *Aguafuertes porteñas*: "Fulería poética, encanto misho, el estudio de Bach o de Beethoven junto a un tango de Filiberto o de Mattos Rodríguez." Esa "cultura de mezcla" hace coexistir "la formación criolla" con "un proceso descomunal de importación de bienes, discursos y prácticas simbólicas".[21]

Es sabido cuántas obras del arte y la literatura latinoamericanos, valoradas como interpretaciones paradigmáticas de nuestra identidad, se realizaron fuera del continente, o al menos de los países natales de sus autores. Desde Sarmiento, Alfonso Reyes y Oswaldo de Andrade hasta Cortázar, Botero y Glauber Rocha. El lugar desde donde escriben, pintan o componen música varios miles de artistas latinoamericanos ya no es la ciudad en la que anudaron su infancia, ni tampoco ésta en la que viven desde hace unos años, sino un lugar híbrido, en el que se cruzan los sitios realmente vividos. Onetti lo llama Santa María; García Márquez, Macondo; Soriano, Colonia Vela. Pero en verdad esos pueblos, aunque se parezcan a otros tradicionales de Uruguay, Colombia y la Argentina, están rediseñados por patrones cognoscitivos y estéticos adquiribles en Madrid, México o París.

No se trata apenas de un proceso de transnacionalización del arte culto. Casi lo mismo ocurre con la música de Roberto Carlos tan parecida a la de José José, y ambas a las de cualquier cantante de estadios llenos y programa televisivo de domingo en cualquier país del continente. Hay quienes creen explicar este aire de familia por las coacciones que la industria cultural ejerce sobre los creadores creados por ella. Pero algo equivalente, aunque más complejo, sucede con los cantautores más experimentales de la música urbana. Si bien los perfiles personales de Caetano Veloso, Raymundo Fagner, Mercedes Sosa, Fito Páez, Eugenia León o Los Lobos se diferencian más que los de Roberto-José, cada uno de ellos abrió su repertorio

[21] Beatriz Sarlo, *Una modernidad periférica: Buenos Aires 1920 y 1930*, Nueva Visión, Buenos Aires, 1988, pp. 160, 167 y 28.

nacional al de los otros, algunos hasta hicieron discos y recitales juntos.

¿En qué reside, entonces, la novedad de la descolección, la desterritorialización y la hibridez posmodernos? En que las prácticas artísticas carecen ahora de paradigmas consistentes. Los artistas y escritores modernos innovaban, alteraban los modelos o los sustituían por otros, pero teniendo siempre *referentes de legitimidad*. Las transgresiones de los pintores modernos se han hecho hablando del arte de otros. Una línea pensó que la pintura estaba en las metrópolis: por eso, las imágenes de Jacobo Borges, de José Gamarra, de Gironella, rehacen con ironía o irreverencia lo que de Velázquez al Aduanero Rousseau se había concebido como legítimo en la visualidad europea. Otras corrientes abrieron la mirada culta al imaginario popular, convencidos de que el arte latinoamericano se justificaría recogiendo la iconografía de los oprimidos: Viteri llena sus obras de muñecas de trapo; Berni trenzaba alambres con cajas de huevos, tapas de botellas y chatarra de coches, pelucas y fragmentos de cortinas para hablar paródicamente de la modernidad, del *Mundo ofrecido a Juanito Laguna*. Arte de citas europeas o arte de citas populares: siempre arte mestizo, impuro, que existe a fuerza de colocarse en el cruce de los caminos que nos han ido componiendo y descomponiendo. Pero creían que había caminos, paradigmas de modernidad tan respetables como para merecer que se los discutiera.

La visualidad posmoderna, en cambio, es la escenificación de una doble pérdida: del libreto y del autor. La desaparición del libreto quiere decir que ya no existen los grandes relatos que ordenaban y jerarquizaban los periodos del patrimonio, la vegetación de obras cultas y populares en las que las sociedades y las clases se reconocían y consagraban sus virtudes. Por eso en la pintura reciente un mismo cuadro puede ser a la vez hiperrealista, impresionista y pop; un retablo o una máscara combinan iconos tradicionales con lo que vemos en la televisión. El posmodernismo no es un estilo sino la copresencia tumultuosa de todos, el lugar donde los capítulos de la historia del arte y del folclor se cruzan entre sí y con las nuevas tecnologías culturales.

El otro intento moderno de refundar la historia fue la subjetividad del autor. Hoy pensamos que la exaltación narcisista del pintor o el cineasta que quieren hacer de su gestualidad el acto fundador del mundo es la parodia seudolaica de Dios. No le creemos al artista que quiere erigirse en gramático ilustre, dispuesto a legislar la nueva sintaxis. Con la ayuda de los historiadores del arte, quiso convencernos de que el periodo rosa sucede al azul, que habría una progresión del impresionismo al futurismo, al cubismo, al surrealismo. En América Latina, suponíamos que las vanguardias de posguerra eran la superación del realismo socialista, de la escuela muralista mexicana y los variados telurismos de otros países; luego, nos pareció que las vanguardias experimentales eran reemplazadas por la visualidad heroica, comprometida, de los sesenta y los setenta.

El vértigo frenético de las vanguardias estéticas y el juego de sustituciones del mercado, en que todo es intercambiable, quitó verosimilitud a las pretensiones fundadoras de la gestualidad. El arte moderno, que ya no podía ser representación literal de un orden mundano deshecho, tampoco puede ser hoy lo que Baudrillard sostenía en uno de sus primeros textos: "Literalidad del gestual de la creación" (manchas, chorreados), repetición incesante del comienzo, como Rauschenberg, entregado a la obsesión de reiniciar muchas veces la misma tela, rasgo por rasgo.[22] Ni tampoco metáfora de la gestualidad política que soñaba con cambios totales e inmediatos. El mercado artístico, la reorganización de la visualidad urbana generada por las industrias culturales y la fatiga del voluntarismo político se combinan para volver inverosímil todo intento de hacer del arte culto o del folclor la proclamación del poder inaugural del artista o de actores sociales prominentes.

Los mercados de arte y artesanías, aunque mantengan diferencias, coinciden en cierto tratamiento de las obras. Tanto el artista que al colgar los cuadros propone un orden de lectura como el artesano que compagina sus piezas siguiendo una matriz mítica, descubren que el mercado los dispersa y resemantiza al venderlos en países distintos, a consumidores heterogéneos. Al artista le quedan a veces las copias, o las diapositivas, y algún día un museo tal vez reúna esos cuadros, según la revaloración que experimentaron, en una muestra donde un orden nuevo borrará la enunciación "original" del pintor. Al artesano le queda la posibilidad de repetir piezas semejantes, o ir a verlas —seriadas en un orden y un discurso que no son los suyos— en el museo de arte popular o en libros para turistas.

Algo equivalente ocurre en el mercado político. Los bienes

---

[22] Jean Baudrillard, *Critica de la economía política del signo*, Siglo XXI, México, 1974, pp. 108-120.

ideológicos que se intercambian, las posiciones desde las cuales se los apropia y defiende, se parecen cada vez más en todos los países. Los antiguos perfiles nacionalistas, o al menos nacionales, de las fuerzas políticas se han ido diluyendo en alineamientos generados por desafíos comunes (deuda externa, recesión, reconversión industrial) y por las "salidas" propuestas por las grandes corrientes internacionales: neoconservadurismo, socialdemocracia, socialcomunismo.

Sin libreto ni autor, la cultura visual y la cultura política posmodernas son testimonios de la discontinuidad del mundo y de los sujetos, la copresencia —melancólica o paródica, según el ánimo— de variaciones que el mercado auspicia para renovar las ventas, y que las tendencias políticas ensayan... ¿para qué?

No hay una sola respuesta. Baudrillard decía que

> en una civilización técnica de abstracción operatoria, donde ni las máquinas ni los objetos domésticos requieren apenas otra cosa que un gestual de control [el arte moderno], tiene ante todo como función salvar el momento gestual, la intervención del sujeto entero. Es la parte de nosotros deshecha por el hábito técnico lo que el arte conjura en lo gestual puro del arte de pintar y en su aparente libertad.[23]

Encuentro a muchos artistas latinoamericanos, críticos de la modernidad, que rehúsan, por motivos estéticos o socioculturales o políticos, este manierismo de la inauguración inacabable. Aunque no vinculen ya su trabajo a la lucha por un nuevo orden total impracticable, quieren repensar en las obras fragmentos del patrimonio de su grupo. Pienso en Toledo reelaborando el bestiario erótico mazateco, con un estilo que junta su saber indígena y su participación en el arte contemporáneo. Cité antes a Paternosto y Puente, que reorganizan su austero geometrismo para experimentar con los diseños precolombinos otras imágenes, ni repetitivas ni folclorizantes. O pintores consagrados a explorar la policromía exasperada de nuestras culturas, como Antonio Henrique Amaral, Jacobo Borges, Luis Felipe Noé y Nicolás Amoroso, preocupados por reconstruir las relaciones entre los colores, el tiempo subjetivo y la memoria histórica.

Todos ellos se oponen a la función social más extendida de los medios masivos, que sería, según Lyotard, fortalecer un

[23] *Idem*, p. 116.

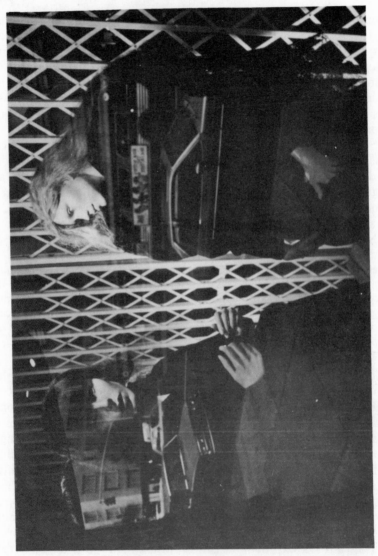

En varios artistas reconocer la hibridación cultural, y trabajar experimentalmente sobre ella, sirve para desconstruir las percepciones de lo social y los lenguajes que lo representan.

Dos maniquíes que podrían ser mujeres que podrían ser maniquíes. Reflejan en sus cuerpos fingidos la calle, los coches, un autobús que exhibe una publicidad con cuatro mujeres-modelos. Quizá un hombre las mira, otro va a entrar en la escena. ¿Quién está dentro y quién está fuera de las rejas?

Vemos el mundo a través de duplicaciones y apariencias. No es extraño que esta foto, tomada por Paolo Gasparini en Nueva York, en 1981, se titule *Detrás*.

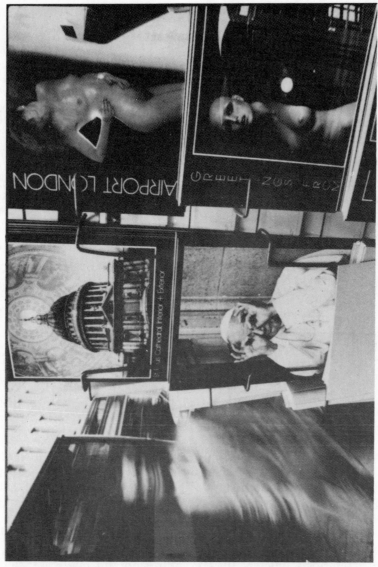

La mirada (Londres, 1982). Las imágenes claramente visibles son las fotografías de las mujeres, la catedral y el Papa. La "real", del hombre que camina por la calle, es móvil e incierta. El Papa, que parece mirar desde su inerte foto, es mirado por nosotros, que somos vigilados por él mientras observamos los desnudos. ¿Quién es más real, quién controla, en una sociedad donde la iconografía eclesiástica convive tan fluidamente con la erótica? Fotos que comentan otras fotos, vitrinas que multiplican la ficción: son recursos para "tomar conciencia" de que vivimos en un mundo de metalenguajes, de poderes oblicuos.

León Ferrari, *Ascensión*.

cierto orden reconocible del mundo, revitalizar el realismo y
"preservar a las conciencias de la duda". Convergen con el
teórico del posmodernismo al pensar que la tarea del arte
consiste, en medio de esas fáciles certezas, en interrogarse
sobre las condiciones en que construimos lo real.[24]

No veo en esos pintores, escultores y artistas gráficos la
voluntad teológica de inventar o imponer un sentido al mundo.
Pero tampoco hay en ellos el nihilismo abismado de Andy
Warhol, Rauschenberg y tantos practicantes del *bad painting*
y la transvanguardia. Su crítica al genio artístico, y en algunos
al subjetivismo elitista, no les impide advertir que están surgiendo
otras formas de subjetividad a cargo de nuevos actores sociales

[24] Jean-François Lyotard, *La posmodernidad (explicada a los niños)*, GEDISA,
Barcelona, 1987.

León Ferrari, *El Sermón de la Montaña de Doré, 1865 + Cruz del Ku Klux Klan* (p. 94 de *Biblia*).

(o no tan nuevos), que ya no son exclusivamente blancos, occidentales y varones. Despojados de cualquier ilusión totalizadora o mesiánica, estos artistas mantienen una tensa relación interrogativa con sociedades, o fragmentos de ellas, donde creen ver movimientos socioculturales vivos y utopías practicables.

Sé qué angosto es el uso de estas palabras entre los precipicios dejados por el derrumbe de tantas tradiciones y modernidades. Pero ciertos trabajos de artistas y de productores populares nos permiten pensar que el tema de las utopías y de los proyectos históricos no está clausurado. Algunos entendemos que la caída de los relatos totalizadores no elimina la búsqueda crítica del sentido —mejor: de los sentidos— en la articulación de las tradiciones y la modernidad. Con la condición de reconocer la inestabilidad de lo social y la pluralidad semántica, tal vez sea posible seguir preguntándose cómo construyen sentidos el arte culto y el popular en sus mezclas inevitables y su interacción con la simbólica masiva.

GÉNEROS IMPUROS: GRAFITIS E HISTORIETAS

Hablamos de artistas y escritores que abren el territorio de la pintura o el texto para que su lenguaje migre y se cruce con otros. Pero hay géneros constitucionalmente híbridos, por ejemplo el grafiti y la historieta. Son prácticas que desde su nacimiento se desentendieron del concepto de colección patrimonial. Lugares de intersección entre lo visual y lo literario, lo culto y lo popular, acercan lo artesanal a la producción industrial y la circulación masiva.

1. El grafiti es para los cholos de la frontera, los chavos banda de la ciudad de México, para grupos equivalentes de Buenos Aires o Caracas, una escritura territorial de la ciudad, destinada a afirmar la presencia y hasta la posesión sobre un barrio. Las luchas por el control del espacio se establecen a través de marcas propias y modificaciones de los grafitis de otros. Sus referencias sexuales, políticas o estéticas son maneras de enunciar el modo de vida y de pensamiento de un grupo que no dispone de circuitos comerciales, políticos o massmediáticos para expresarse, pero que a través del grafiti afirma su estilo. Su trazo manual, espontáneo, se opone estructuralmente a las leyendas políticas o publicitarias "bien" pintadas o impresas, y desafía esos lenguajes institucionalizados cuando los altera. El grafiti afirma el territorio pero desestructura las colecciones de bienes materiales y simbólicos.

La relación de propiedad con territorios se relativiza en prácticas recientes que parecen expresar la desarticulación de las ciudades y de la cultura política. Armando Silva registra tres etapas principales en la evolución del grafiti, que asocia a tres ciudades.[25] El de mayo del 68 en París (también en

---

[25] Armando Silva, *Punto de vista ciudadano. Focalización visual y puesta en escena del grafiti*, Instituto Caro y Cuervo, Bogotá, 1987, pp. 22-24.

Berlín, Roma, México, Berkeley) se hizo con consignas antiautoritarias, utópicas, y fines macropolíticos. El grafiti de Nueva York, escrito en barrios marginales y en el metro, expresó referencias de ghetto con propósitos micropolíticos; incomprensible a veces para los que no manejaban ese código hermético, fue el que más típicamente quiso delimitar espacios en una ciudad en desintegración y recuperar territorios.

En América Latina existieron ambas modalidades, pero en los últimos años, como manifestación simultánea del desorden urbano, la pérdida de credibilidad en las instituciones políticas y el desencanto utópico, se desarrolla un grafiti burlón y cínico. Silva da ejemplos colombianos. Cuando la visita del Papa en 1986 agobió las calles bogotanas con procesiones y propaganda, los muros respondían: "Pronto viene Cristo Jesús. Vámonos", "Dios no cumple. Ni años." La crítica al gobierno adopta el insulto abierto, la ironía poética —"Cedo nube en sector presidencial"—, o la desesperanza: "No le crea a nadie. Salga a caminar."

Algunos artistas ven en las fusiones interculturales e intertemporales del posmodernismo sólo la oportunidad para deshacerse de los relatos solemnes de la modernidad. León Ferrari exacerba la desintegración de las colecciones religiosas y políticas en sus collages para afirmar los impulsos liberadores del pensamiento moderno. Sus montajes de iconos sacros con imágenes nazis o bélicas, de los ángeles amenazantes de Rafael y Durero con escenas eróticas, buscan renovar la ironía crítica sobre la historia.

La relectura de la iconografía religiosa lleva a Ferrari a encontrar en el fundamentalismo cristiano bases del terror institucionalizado por las dictaduras modernas. El dios que separa a los que le temen de los otros, y envía a éstos a esa especie de "campo de concentración" que es el infierno, no por casualidad sirve de justificación a doctrinas políticas totalitarias. Ese infierno exaltado por Giotto y Miguel Ángel, en obras admiradas como muestras supremas de la sensibilidad y el progreso, es asociado por Ferrari con la tortura y el Ku Klux Klan.

En la crisis de hiperinflación e ingobernabilidad de la economía argentina de 1989 encontramos una multiplicación de leyendas. Mientras los lenguajes políticos partidarios se volvían inverosímiles (el 36 por ciento de los votantes permanecía indeciso una semana antes de las elecciones presidenciales), los muros se cargaban de indignación y escepticismo: "Haga trabajar a su diputado; no lo reelija"; "La patria no está en venta; ya está vendida", "Yankis go home, y llévenos con ustedes." Como suele ocurrir con los grafitis, promueven diálogos anónimos: "Argentina será dentro de poco el paraíso: vamos a andar todos desnudos." Alguien responde: "¿Habrá manzanas?" Se retoman sarcásticamente las idealizaciones románticas y políticas difundidas por los medios masivos: "Silvio Rodríguez era el único que tenía un unicornio... y el muy tonto va y lo pierde."

El grafiti es un medio sincrético y transcultural. Algunos fusionan la palabra y la imagen con un estilo discontinuo: la aglomeración de signos de diversos autores en una misma pared es como una versión artesanal del ritmo fragmentado y heteróclito del videoclip. En otros se permutan las estrategias del lenguaje popular y del universitario, observa Armando Silva. Hay también "síntesis de la topografía urbana" en muchos grafitis recientes que eliminan la frontera entre lo que se escribía en los baños o en los muros.[26] Es un modo marginal, desinstitucionalizado, efímero, de asumir las nuevas relaciones entre lo privado y lo público, entre la vida cotidiana y la política.

2. Las historietas se han vuelto a tal punto un componente central de la cultura contemporánea, con una bibliografía tan extensa, que sería trivial insistir en lo que todos sabemos de su alianza novedosa, desde fines del siglo XIX , entre la cultura icónica y la literaria. Participan del arte y el periodismo, son la literatura más leída, la rama de la industria editorial que produce mayores ganancias. En México, por ejemplo, se publican cada mes 70 millones de ejemplares y sus réditos son superiores a los de libros y revistas juntos.

Podríamos recordar que la historieta, al generar nuevos órdenes y técnicas narrativos, mediante la combinación original de tiempo e imágenes en un relato de cuadros discontinuos, contribuyó a mostrar la potencialidad visual de la escritura y el dramatismo que puede condensarse en imágenes estáticas. Ya se ha analizado cómo la fascinación de sus técnicas hibridantes llevó a Bourroughs, a Cortázar y otros escritores cultos, a emplear sus hallazgos. También se estudió la correspondencia entre su síntesis de varios géneros, su "lenguaje heteróclito" y la atracción que suscita en públicos de diversas clases, en todos los miembros de la familia.[27]

---

[26] Armando Silva, *Graffiti. Una ciudad imaginada*, Tercer Mundo Editores, Bogotá, 1988, p. 192.

[27] Román Gubern, *La mirada opulenta. Exploración de la iconosfera contemporánea*, G. Gili, Barcelona, 1987, pp. 213-cap.

Me interesa explorar aquí a un autor de historietas que incorpora a su trabajo sobre el género varias de las preocupaciones que atraviesan este libro. Me refiero a Fontanarrosa. Uno de sus principales personajes, *Boogie, el aceitoso,* surge de una reelaboración del *thriller* literario y cinematográfico, la novela de aventura y el discurso político de la derecha norteamericana. El otro, *Inodoro Pereyra,* retoma el lenguaje folclórico de canciones y leyendas gauchescas, del radioteatro y los programas televisivos sobre "la identidad nacional". Cuando aparece en 1972, parodia la exuberancia kitsch de la temática folclórica en los medios de esa época.[28] ¿Cómo lo logra? Por un lado, exagerando los giros lingüísticos y los estereotipos visuales de "lo gaucho". Por otro, haciendo más evidente que esa exaltación telúrica era desmedida cuando aparecía junto a la difusión de la cultura moderna de élites y la masiva por los mismos medios electrónicos que promovían el folclor. En la historieta de Fontanarrosa, Inodoro se encuentra, entre otros, con Borges, El Zorro, Antonio das Mortes, *ET*, Supermán, El Quijote, Darwin. Atraviesa las artes, los géneros y las épocas.

Se ha señalado que la remisión asidua a fuentes literarias hace de estos relatos un espacio intertextual: "Inodoro Pereyra es un gaucho que no nace de la pampa sino de la literatura gauchesca".[29] Agregaría que sale del cruce de la literatura y de los medios. Es significativo el episodio inicial del primer tomo de las historietas: Inodoro se halla en una situación semejante a la de Martín Fierro al encontrarse con un grupo de soldados, de la que lo salva un equivalente de Cruz y lo invita a huir juntos "a las tolderías". Inodoro rechaza el ofrecimiento argumentando: "A esto ya me parece que lo leí en otra parte y yo quiero ser original". La historieta del autor introduce la preocupación del arte por la innovación en la cultura masiva y, al mismo tiempo, la réplica de Inodoro sugiere que la historia cambió y no es posible repetir a Martín Fierro.

Al pasar esta historieta de las revistas de humor a publicarse semanal o quincenalmente en el diario de mayor venta de la Argentina, *Clarín,* aumentan sus referencias a hechos contemporáneos: "No estoy obligado a hacer algo de actualidad, pero tampoco me puedo poner a contar historias anacrónicas en un

---

[28] Ésta, como otras afirmaciones que cito de Fontanarrosa, las obtuve en una entrevista personal realizada en Rosario, Argentina, el 18 de marzo de 1988.
[29] Rosalba Campra, América Latina: *L'identita e la maschera*, Riuniti, Roma, 1982, p. 40.

diario." Si bien Fontanarrosa dice que por razones de eficacia narrativa conserva "cierto clima gauchesco" —"no aparece un auto último modelo"—, la historieta trasciende todo folclorismo. Trabaja sobre "las complicidades de la gente", y por eso —a diferencia de Boogie, publicado en varios países— no prosperaron los intentos de editar a Inodoro fuera de la Argentina. Pero esa complicidad implica para el autor aceptar que para la gente las tradiciones forman parte de procesos modernos. En este sentido, diría que Inodoro es, a lo largo de los diecisiete años de publicación, de los trece volúmenes que recogen sus tiras, un ensayo —con la sobriedad irónica que corresponde al humor— de replantear la oposición entre unitarios y federales.

Desde hace un siglo los argentinos discutimos si la política cultural debe optar por la civilización de las metrópolis, rechazando la barbarie de lo autóctono, o por una reivindicación enérgica de lo nacional-popular. Al llegar al borde del siglo XXI, cuando las industrias culturales como la historieta y las telenovelas nos hacen habitar un espacio internacional, ante la pregunta de si preferimos a Sarmiento o a Rosas más vale acercarnos a Inodoro Pereyra.

Hay una historieta en que Fontanarrosa tematiza la situación incierta de las fronteras territoriales.

El relato parte con una oposición entre Inodoro y otro personaje que llamaremos el Perseguido. Inodoro está sentado, tomando mate; a su situación de descanso y serenidad, se oponen la carrera y la desesperación del que huye. También se confrontan lo trágico ("Me persiguen policías de quince países") y la respuesta humorística del gaucho ("¿Y por qué tanto éxito?").

En la segunda escena, el humor surge cuando el Perseguido aclara que lo buscan por hacer algo que podríamos llamar metacontrabando. No contrabandea a través de las fronteras, sino que contrabandea fronteras: "Mojones, barreras, hitos, alambres de púa, líneas de puntos." Inodoro representa en la mitología del gaucho al que no reconoce fronteras, el habitante de "la inmensidad de la pampa"; el Perseguido es el que transgrede las fronteras al punto de distribuir nuevas y venderlas con fallas. Antes era un contrabandista común —pasaba pieles—; ahora fronteras: de la práctica ilegal en el comercio a la acción ilegal en la política.

Al promediar la historia, se caricaturizan los mecanismos artificiosos usados por el mercado para expandirse, con independencia de las necesidades "naturales". Pasar tapados de piel de sapo al Paraguay, a una zona tropical, y argumentar que es la piel más fría es una justificación semejante a las inventadas por la publicidad en sus tácticas persuasivas. También la diseminación mercantil de los productos aparece burlando los límites entre lo que los territorios y los climas establecen como razonable.

Luego, la persecución interrumpe el diálogo. Pero ya no es la policía sino la Interpol, los defensores internacionales del orden. Inodoro, frente a la transgresión especuladora, se declara defensor de una ética basada en la preservación de la naturaleza: "Como ecologista, no protejo a naides que haya cuereau animalitos e Dios."

Por fin, Inodoro se solidariza con el Perseguido, le indica que se disimule entre una procesión. Mendieta descubre que no es una procesión, sino una manifestación. Y en el último cuadro Inodoro da una nueva sorpresa: es una manifestación, pero de policías en huelga, que reclaman aumento. Una cadena de disfraces: el Perseguido se convierte en peregrino de una procesión que es una manifestación, que es de huelguistas, pero formada con quienes habitualmente los reprimen.

Mendieta da la moraleja: "Uno nunca sabe ande va a estar metido el día de mañana." La misma conclusión, en su anfibología, contiene la incertidumbre. Puede entenderse como que no sabemos dónde va a estar situado el día de mañana o como que ignoramos dónde va a estar uno, de qué lado, de qué frontera el día de mañana.

El humor se construye y renueva en esta serie de desplazamientos. En todas las historietas de Fontanarrosa, la hilaridad
nace de que las fronteras son móviles, y de que los personajes
y los temas se confunden. En ésta la indeterminación de los
límites, además de ser la técnica humorística, se convierte en
núcleo significante. El humorista, profesional de la reseman-
tización, especialista en deslizamientos de sentidos, señala
aquí que la incertidumbre o la continuidad imprevista entre
territorios no es un invento de los autores de cómics; ellos no
hacen más que poner en evidencia a una sociedad en la que
las fronteras pueden estar en cualquier parte. Si la historieta
mezcla géneros artísticos previos, si logra que interactúen
personajes representativos de la parte más estable del mundo
—el folclor— con figuras literarias y de los medios masivos,
si los introduce en épocas diversas, no hace más que reproducir
lo real, mejor dicho no hace sino reproducir las teatralizaciones de la publicidad que nos convencen de comprar lo que no
necesitamos, las "manifestaciones" de la religión, las "procesiones" de la política.

PODERES OBLICUOS

Esta travesía por algunas transformaciones posmodernas del
mercado simbólico y de la cultura cotidiana, contribuye a

entender por qué fracasan ciertos modos de hacer política básados en dos principios de la modernidad: la autonomía de los procesos simbólicos, la renovación democrática de lo culto y lo popular. Puede ayudarnos a explicar, asimismo, el éxito generalizado de las políticas neoconservadoras y la falta de alternativas socializantes o más democráticas adecuadas al grado de desarrollo tecnológico y la complejidad de la crisis social. Además de las ventajas económicas de los grupos neoconservadores, su acción se facilita por haber captado mejor el sentido sociocultural de las nuevas estructuras de poder.

A partir de lo que venimos analizando, una cuestión se vuelve clave: la reorganización cultural del poder. Se trata de analizar *qué consecuencias políticas tiene pasar de una concepción vertical y bipolar a otra descentrada, multideterminada, de las relaciones sociopolíticas.*

Es comprensible que haya resistencias a este desplazamiento. Las representaciones maniqueas y conspirativas del poder encuentran parcial justificación en algunos procesos contemporáneos. Los países centrales usan las innovaciones tecnológicas para acentuar la asimetría y la desigualdad con los dependientes. Las clases hegemónicas aprovechan la reconversión industrial para reducir la ocupación de los obreros, recortar el poder de los sindicatos, mercantilizar bienes —entre ellos los educativos y culturales— que luego de luchas históricas se había llegado a convenir que eran servicios públicos. Pareciera que los grandes grupos concentradores de poder son los que subordinan el arte y la cultura al mercado, los que disciplinan el trabajo y la vida cotidiana.

Una mirada más amplia permite ver otras transformaciones económicas y políticas, apoyadas en cambios culturales de larga duración, que están dando una estructura distinta a los conflictos. Los cruces entre lo culto y lo popular vuelven obsoleta la representación polar entre ambas modalidades de desarrollo simbólico, y relativizan por tanto la oposición política entre hegemónicos y subalternos, concebida como si se tratara de conjuntos totalmente distintos y siempre enfrentados. Lo que hoy sabemos sobre las operaciones interculturales de los medios masivos y las nuevas tecnologías, sobre la reapropiación que hacen de ellos diversos receptores, nos aleja de las tesis sobre la manipulación omnipotente de los grandes consorcios metropolitanos. Los paradigmas clásicos con que se explicó la dominación son incapaces de dar cuenta de la diseminación de los centros, la multipolaridad de las iniciativas sociales, la pluralidad de referencias —tomadas de diversos territorios— con que arman sus obras los artistas, los artesanos y los medios masivos.

El incremento de procesos de hibridación vuelve evidente que captamos muy poco del poder si sólo registramos los enfrentamientos y las acciones verticales. El poder no funcionaría si se ejerciera únicamente de burgueses a proletarios, de blancos a indígenas, de padres a hijos, de los medios a los receptores. Porque todas estas relaciones se *entretejen* unas con otras, cada una logra una eficacia que sola nunca alcanzaría. Pero no se trata simplemente de que al superponerse unas formas de dominación a otras se potencien. Lo que les da su eficacia es la oblicuidad que se establece en el tejido. ¿Cómo discernir dónde acaba el poder étnico y dónde empieza el familiar, o las fronteras entre el poder político y el económico? A veces es posible, pero lo que más cuenta es la astucia con que los cables se mezclan, se pasan órdenes secretas y son respondidas afirmativamente.

Hegemónico, subalterno: palabras pesadas, que nos ayudaron a nombrar las divisiones entre los hombres, pero no para incluir los movimientos del afecto, la participación en actividades solidarias o cómplices, en que hegemónicos y subalternos se necesitan. Quienes trabajan en la frontera en relación constante con el turismo, las fábricas y la lengua de Estados Unidos ven con extrañeza a quienes los consideran absorbidos por el imperio. Para los protagonistas de esas relaciones las interferencias del inglés en su habla (hasta cierto punto equivalente a la infiltración del español en el sur de Estados Unidos) expresan las transacciones indispensables donde ocurren intercambios cotidianos.

No hay que mirar esas transacciones como fenómenos exclusivos de zonas de densa interculturalidad. La dramatización ideológica de las relaciones sociales tiende a exaltar tanto las oposiciones que acaba por no ver los ritos que unen y comunican; es una sociología de las rejas, no de lo que se dice a través de ellas, o cuando no están. Los sectores populares más rebeldes, los líderes más combativos, satisfacen sus necesidades básicas participando de un sistema de consumo que ellos no eligen. No pueden inventar el lugar en que trabajan, ni el transporte que los lleva, ni la escuela en que educan a sus hijos, ni la comida, ni la ropa, ni los medios que les proporcionan información cotidiana. Aun las protestas contra ese orden se hacen usando una lengua que no elegimos, manifestando en calles o plazas que otros diseñaron. Por más usos transgresores que se hagan de la lengua, las calles y las plazas, la resignificación es temporal, no anula el peso de los hábitos con que reproducimos el orden sociocultural, fuera y dentro de nosotros.

Estas evidencias tan obvias, pero omitidas habitualmente en la dramatización ideológica de los conflictos, resultan más claras cuando se observan comportamientos no políticos. ¿Por qué los sectores populares apoyan a quienes los oprimen? Los antropólogos médicos observan que, ante los problemas de salud, la conducta habitual de los grupos subalternos no es impugnar la explotación que les dificulta atenderse en forma adecuada, sino acomodarse al usufructo de la enfermedad por la medicina privada o aprovechar como se pueda los deficientes servicios estatales. No se debe a falta de conciencia sobre sus necesidades de salud, ni sobre la opresión que las agrava, ni sobre la insuficiencia o el costo especulativo de los servicios. Aun cuando disponen de medios radicales de acción para enfrentar la desigualdad, optan por soluciones intermedias. Lo mismo ocurre en otros escenarios. Ante la crisis económica, reclaman mejoras salariales y a la vez autolimitan su consumo. Frente a la hegemonía política, la transacción consiste, por ejemplo, en aceptar las relaciones personales para obtener beneficios de tipo individual. En lo ideológico, incorporar y valorar positivamente elementos producidos fuera del propio grupo (criterios de prestigio, jerarquías, diseños y funciones de-los objetos). La misma combinación de prácticas científicas y tradicionales —ir al médico y al curandero— es una manera transaccional de aprovechar los recursos de ambas medicinas, con lo cual los usuarios revelan una concepción más flexible que el sistema médico moderno sectarizado en la alopatía, y que muchos folcloristas o antropólogos que idealizan la autonomía de las prácticas tradicionales. Desde la perspectiva de los usuarios, ambas modalidades terapéuticas son complementarias, funcionan como repertorios de recursos a partir de los cuales efectúan transacciones entre el saber hegemónico y el popular.[30]

Las hibridaciones descritas a lo largo de este libro nos hacen concluir que hoy todas las culturas son de frontera. Todas las

---

[30] Utilizo aquí las investigaciones realizadas por Eduardo Menéndez, *Poder, estratificación y salud* (Ediciones de la Casa Chata, México, 1981), y María Eugenia Módena, *Madres, médicos y curanderos: diferencia cultural e identidad ideológica* (CIESAS, México 1990), quienes analizan extensamente las prácticas de transacción.

artes se desarrollan en relación con otras artes: las artesanías migran del campo a la ciudad; las películas, los videos y canciones que narran acontecimientos de un pueblo son intercambiados con otros. Así las culturas pierden la relación exclusiva con su territorio, pero ganan en comunicación y conocimiento.

Hay aún otro modo en que la oblicuidad de los circuitos simbólicos permite repensar los vínculos entre cultura y poder. La búsqueda de mediaciones, de vías diagonales para gestionar los conflictos, da a las relaciones culturales un lugar prominente en el desenvolvimiento político. Cuando no logramos cambiar al gobernante, lo satirizamos en las danzas del carnaval, en el humor periodístico, en los grafitis. Ante la imposibilidad de construir un orden distinto, erigimos en los mitos, la literatura y las historietas desafíos enmascarados. La lucha entre clases o entre etnias es, la mayor parte de los días, una lucha metafórica. A veces, a partir de las metáforas, irrumpen, lenta o inesperadamente, prácticas transformadoras inéditas.

En toda frontera hay alambres rígidos y alambres caídos. Las acciones ejemplares, los rodeos culturales, los ritos, son maneras de trasponer los límites por donde se puede. Pienso en las astucias de los migrantes indocumentados a Estados Unidos; en la rebeldía paródica de los grafitis colombianos y argentinos. Me acuerdo de las Madres de la Plaza de Mayo dando vueltas todos los jueves en una ritualidad cíclica, con las fotos de sus hijos desaparecidos como iconos, hasta lograr, después de años, que algunos de los culpables sean condenados a prisión.

Pero las frustraciones de los organismos de derechos humanos hacen reflexionar también sobre el papel de la cultura como expresión simbólica para sostener una demanda cuando las vías políticas se clausuran. El día en que el Congreso argentino aprobó la Ley de Punto Final, que absolvió a centenares de torturadores y asesinos, dos ex desaparecidos se colocaron en estrechas casillas, esposados y con los ojos vendados, frente al palacio legislativo, con carteles que decían "el punto final significa volver a esto". La repetición ritual de la desaparición y el encierro, como único modo de preservar su memoria cuando el fracaso político pareciera eliminarlos del horizonte social.

Esta eficacia simbólica limitada conduce a esa distinción fundamental para definir las relaciones entre el campo cultural y el político, que analizamos en el capítulo anterior: la diferencia entre *acción* y *actuación*. Una dificultad crónica en la valora-

ción política de las prácticas culturales es entender a éstas
como acciones, o sea como intervenciones efectivas en las
estructuras materiales de la sociedad. Ciertas lecturas sociolo-
gizantes también miden la utilidad de un mural o una película
por su capacidad performativa, de generar modificaciones
inmediatas y verificables. Se espera que los espectadores respon-
dan a las supuestas acciones "concientizadoras" con "tomas de
conciencia" y "cambios reales" en sus conductas. Como esto no
ocurre casi nunca, se llega a conclusiones pesimistas sobre la
eficacia de los mensajes artísticos.

Las prácticas culturales son, más que acciones, actuaciones.
Representan, simulan las acciones sociales, pero sólo a veces
operan como una acción. Esto ocurre no sólo en las actividades
culturales expresamente organizadas y reconocidas como tales;
también los comportamientos ordinarios, se agrupen o no en
instituciones, emplean la acción simulada, la actuación simbólica. Los discursos presidenciales ante un conflicto irresoluble con
los recursos que se tienen, la crítica a la actuación gubernamental
de organizaciones políticas sin poder para revertirla, y, por
supuesto, las rebeliones verbales del ciudadano común, son
actuaciones más comprensibles para la mirada teatral que para
la del político "puro". La antropología nos informa que esto
no se debe a la distancia que las crisis ponen entre los ideales
y los actos, sino a la estructura constitutiva de la articulación
entre lo político y lo cultural en cualquier sociedad. Quizás el
mayor interés para la política de tomar en cuenta la problemática
simbólica no reside en la eficacia puntual de ciertos bienes o
mensajes, sino en que los aspectos teatrales y rituales de lo
social vuelven evidente lo que en cualquier interacción hay de
oblicuo, simulado y diferido.

SALIDA

No quise dejar las conclusiones para este momento, y por eso mantuve una interacción constante entre lo teórico y lo empírico. En parte, fueron expuestas en cada capítulo. Pero aunque intenté esbozar un movimiento general, la crisis de la noción de totalidad y la desigual realización empírica de los cambios descritos en los países latinoamericanos, y dentro de cada uno, impone evitar generalizaciones rotundas.

Quizá podríamos aspirar a conclusiones en el sentido en que lo hace el Consejo de Ministros de Cultura de la Comunidad Europea cuando intenta unificar la administración y la circulación de bienes culturales en ese continente para 1992. Conscientes de la tensión entre la convergencia de los sistemas simbólicos y la afirmación de las identidades regionales, distingue entre conclusiones y resoluciones. Estas últimas obligan a los países a reorganizar su gestión para sintonizarse con los demás; en cambio las conclusiones, como la de buscar un precio unificado para los libros o suprimirles el IVA, son recomendaciones, aplicables en algunos lugares, desconocidas en otros. Es en este sentido que podríamos aproximarnos a ellas aquí.

La perspectiva pluralista, que acepta la fragmentación y las combinaciones múltiples entre tradición, modernidad y posmodernidad, es indispensable para considerar la coyuntura latinoamericana de fin de siglo. Así se comprueba con el balance ensayado en este libro de cómo se desenvolvieron en nuestro continente los cuatro rasgos o movimientos definitorios de la modernidad: emancipación, expansión, renovación y democratización. Todos se han manifestado en América Latina. El problema no reside en que no nos hayamos modernizado, sino en la manera contradictoria y desigual en que esos componentes se han venido articulando.

Ha habido *emancipación* en la medida en que nuestras sociedades alcanzaron una secularización de los campos culturales, menos extendida e integrada que en las metrópolis pero notablemente mayor que en los otros continentes subdesarrollados. Hubo una liberalización temprana de las estructuras políticas, desde el siglo XIX, y una racionalización de la vida social, aunque coexistiendo hasta hoy con comportamientos y creencias tradicionales, no modernos.

La *renovación* se comprueba en el crecimiento acelerado de la educación media y superior, en la experimentación artística y artesanal, en el dinamismo con que los campos culturales se adaptan a las innovaciones tecnológicas y sociales. También en este punto se advierte una distribución desigual de los beneficios, una apropiación asincrónica de las novedades en la producción y en el consumo por parte de diversos países, regiones, clases y etnias.

La *democratización* se ha logrado con sobresaltos, con demasiadas interrupciones y con un sentido distinto del imaginado por el liberalismo clásico. Se produjo en parte, como esa tendencia previó, por la expansión educativa, la difusión del arte y la ciencia, la participación en partidos políticos y sindicatos. Pero la democratización de la cultura cotidiana y de la cultura política ocurrida en la segunda mitad del siglo XX fue propiciada, sobre todo, por los medios electrónicos de comunicación y por organizaciones no tradicionales —juveniles, urbanas, ecológicas, feministas— que intervienen en las contradicciones generadas por la modernización, donde los antiguos actores son menos eficaces o carecen de credibilidad.

¿En qué medida puede atribuirse a estas contradicciones que la *expansión*, particularmente la económica, sea el aspecto más estancado de nuestro desarrollo? Al finalizar la década de los ochenta, cuando la tasa de crecimiento mundial era del 4 por ciento, América Latina presentaba los efectos recesivos del estancamiento de todo el decenio; los países más dinámicos de otro tiempo —Argentina, Brasil, México— mostraban índices negativos de crecimiento y en casos como Perú una caída de cerca del 10 por ciento en la producción real. La consiguiente disminución de las exportaciones e importaciones acarrea una participación decreciente en las innovaciones tecnológicas y en las nuevas estrategias internacionales de acumulación de capital.[1] Por lo tanto, también es deficiente la posibilidad de modernización cultural en los países dependientes, debido a la baja capacidad de renovarse apropiando las nuevas tecnologías, insertándose en nuevas reglas de circulación y gestión de los bienes simbólicos.

No obstante, el análisis expuesto en este libro no permite establecer relaciones mecánicas entre modernización económica y cultural. Ni tampoco leer este proceso como un simple atraso, aunque en parte lo es respecto de las condiciones internacionales de desarrollo. Esta modernización insatisfactoria debe interpretarse en interacción con las tradiciones persistentes.

En síntesis, la crisis conjunta de la modernidad y de las tradiciones, de su combinación histórica, conduce a una problemática (no una etapa) posmoderna, en el sentido de que lo moderno estalla y se mezcla con lo que no lo es, es afirmado y discutido al mismo tiempo. Se analizó a lo largo de este libro por qué los artesanos siguen haciendo alfarería y tejidos manuales en la sociedad industrial; los artistas practican las tecnologías avanzadas y al mismo tiempo miran al pasado en el que buscan cierta densidad histórica o estímulos para imaginar. En un campo y en el otro se descree que la cultura se mueva en un proceso ascendente, o que ciertos modos de pintar, simbolizar o razonar sean superiores. Aunque el mercado necesite reinventar muchas veces las jerarquías para renovar la distinción entre los grupos.

Hay quienes siguen afirmando su identidad territorial, desde los indígenas hasta los ecologistas. Hay sectores de élite y populares que restablecen la especificidad de sus patrimonios o buscan nuevos signos para diferenciarse. Las luchas por defender la autonomía regional o nacional en la administración de la cultura continúan siendo necesarias frente a la subordinación que buscan las empresas transnacionales. Pero en general todos reformulan sus capitales simbólicos en medio de cruces

---

[1] Manuel Castells y Roberto Laserna, "La nueva dependencia. Cambio tecnológico y reestructuración socioeconómica en Latinoamérica", *David y Goliath*, núm. 55, julio de 1989, pp. 2-16.

e intercambios. La sociabilidad híbrida que inducen las ciudades contemporáneas nos lleva a participar en forma intermitente de grupos cultos y populares, tradicionales y modernos. La afirmación de lo regional o nacional no tiene sentido ni eficacia como condena general de lo exógeno: debe concebirse ahora como la capacidad de interactuar con las múltiples ofertas simbólicas internacionales desde posiciones propias.

En este tiempo en que la historia se mueve en muchas direcciones, toda conclusión está atravesada por la incertidumbre. Conocimientos más refinados desembocan en decisiones más precarias acerca de cómo entrar o salir de la modernidad, dónde invertir, cómo investir, cómo relacionar la cultura con el poder.

ENTRAR O SALIR

El arco que seguimos al estudiar conjuntamente la formación de patrimonios históricos, su reconversión culta, popular y masiva, en las migraciones y transferencias interculturales, pone a la vista lo que el impulso modernizador impidió pensar sobre lo que significa ser moderno. La versión compacta de lo social que dan los museos nacionales de historia y antropología, armados mediante una alianza fija entre tradición y modernidad, resulta por eso mismo la perspectiva más adversa a la descolección y la desterritorialización. Al dramatizar sólo los mitos de origen y la formación de colecciones apodícticamente constitutivas de la nacionalidad, no permiten que emerjan las preguntas por la actual recomposición de la cultura.

El Museo de Antropología de México concibe el patrimonio originario como algo consustancial de la nación. A partir de la llegada de migrantes y su sedentarización, la construcción de pesadas evidencias de su asentamiento definitivo —pirámides, templos, ciudades— en territorios que mantendrían hasta hoy, configura un patrimonio estático, ratificado por la etnografía deshistorizada. La dramatización de este patrimonio por el Museo se logra garantizando su solidez con un discurso nacionalista, centralizado en la sala mexica —que simboliza la sede del poder— y con un discurso científico que ordena las etnias según los testimonios de sus colecciones de piezas antiguas.

¿Puede hoy un museo de antropología hablar del ingreso al territorio por el estrecho de Bering, de su ocupación, y no mencionar la salida de los descendientes por el cañón Zapata hacia los Estados Unidos? ¿Cómo entender lo que ahora es México si se omite cualquiera de estos movimientos: las migraciones originarias, la domesticación de territorios, la formación de colecciones de objetos, y, a la vez, la reconstitución de esos patrimonios fundantes por los conflictos interétnicos, las migraciones, las identidades cambiantes de los que vienen del campo a la ciudad, o salen de México hacia otros países?

Cabe afirmar entonces que el análisis cultural de la modernidad requiere poner juntos los modos de entrar y salir de ella. Pero dicho así es equívoco, porque sugiere que la modernidad sería un periodo histórico o un tipo de prácticas con el que uno podría vincularse eligiendo estar o no estar. A menudo se plantea en estos términos, y toda la discusión se reduce a lo que debe hacerse para entrar o salir. El artesano que *debería* convertirse en obrero, el migrante que quiere mejorar *yendo* a la ciudad o a un país desarrollado, el intelectual o el artista que se *incorpora* al avance tecnológico. Son situaciones de pasaje que sugieren un cambio de estado.

Algo semejante ocurre con los que quieren salir. Huir de las megalópolis y *regresar* a la naturaleza, buscar en un patrimonio histórico sacralizado la *di-solución* de los conflictos modernos, liberar al conocimiento o al arte de la compulsión del progreso.

Las reconversiones culturales que analizamos revelan que la modernidad no es sólo un espacio o un estado al que se entre o del que se emigre. Es una condición que nos envuelve, en las ciudades y en el campo, en las metrópolis y en los países subdesarrollados. Con todas las contradicciones que existen entre modernismo y modernización, y precisamente por ellas, es una situación de tránsito interminable en la que nunca se clausura la incertidumbre de lo que significa ser moderno. Radicalizar el proyecto de la modernidad es agudizar y renovar esta incertidumbre, crear nuevas posibilidades para que la modernidad pueda ser siempre otra cosa y otra más.

En este sentido, el movimiento modernizador, que tiene entre sus contradicciones el haber contribuido a engendrar nuevos fundamentalismos, potenciarlos y volverlos más amenazantes, es lo adversario de todo fundamentalismo. Es la (incierta) certeza de que no hay dogma, no hay fundamento absoluto, que proscriba la duda y la innovación.

¿No es esto lo que descubre el migrante que cambia del campo a la ciudad, de un país a otro, y debe renovar sus tradiciones?

¿No es también lo que le pasa al arte contemporáneo entremezclado con lo popular y lo primitivo? Y más claramente que a nadie, a los productores de los medios masivos, que al expandir sus programas a nuevos países, donde imperan otros gustos y sistemas cognoscitivos, deben reconvertir sus códigos para comunicarse con receptores distintos.

A esta altura se percibe cuánto tiene de equívoco la noción de posmodernidad si queremos evitar que el *pos* designe una superación de lo moderno. ¿Puede hablarse críticamente de la modernidad y buscarla al mismo tiempo que estamos pasando por ella? Si no fuera tan incómodo, habría que decir algo así como pos-intra-moderno.

DÓNDE INVERTIR

La reconversión es, en parte, una actualización del mercado. Una actualización del precepto bíblico según el cual son muchos los llamados y pocos los escogidos. A los jóvenes que ingresan al mercado de trabajo se les avisa que tienen que dejar su vida pasada, las elecciones erróneas de sus padres y dedicarse a otra cosa. Las viejas profesiones, al masificarse, ya no sirven para garantizar el porvenir de los individuos. Hasta se volvió dudoso que seguir una carrera universitaria sea un camino para el ascenso social. Las clases medias y populares comienzan a interiorizar este saber, como se advierte en el descenso de la matrícula para la educación superior, por primera vez en el siglo XX en la década de los ochenta.

Ante esta tendencia hegemónica, muchos grupos sociales —especialmente los profesionales de la cultura— creen posible resistir la devaluación de inversiones educativas laboriosamente trabajadas. Tanto en las élites como en las capas populares existen quienes intentan rehabilitar sus modos de producción y difusión simbólica, restaurar las diferencias entre lo culto y lo popular (o entre lo popular y lo culto), separar a ambos de lo masivo. Buscan nuevos procedimientos de inscripción de sus obras en contextos institucionales y circuitos de difusión aún sensibles a las maneras tradicionales. Es el conservadurismo que se opone al neoconservadurismo.

Otros piensan que no hay una reducción del acceso y los réditos, sino un cambio radical de los lugares donde conviene invertir. Ya no en artesanía, ni en arte, sino en las industrias culturales. Tendrán su lugar todos los que pasen de las

tradiciones a la modernidad, de las humanidades clásicas a las
ciencias sociales, o mejor de las ciencias blandas a las duras.
Los símbolos de prestigio se encuentran menos en la° cultura
clásica (libros, cuadros, conciertos), se desplazan a los saberes
tecnológicos (computación, sistemas), al equipamiento domés-
tico suntuario, a los lugares de ocio que consagran la alianza
de las tecnologías avanzadas con el entretenimiento.

Una tercera vía es la de quienes sostienen que en la crisis
posmoderna de los vínculos entre tradiciones y modernidad ha
dejado de ser excluyente ser pintor o diseñador publicitario,
coleccionar arte o artesanía, seducir a las élites en las galerías y
salas de concierto o a las masas en la televisión. Puesto que
un rasgo de las estructuras simbólicas contemporáneas es el
deslizamiento constante entre lo culto, lo popular y lo masivo,
para ser eficaz, para invertir bien, hay que actuar en distintos
escenarios a la vez, en sus intersticios e inestabilidades.

Estas tres interpretaciones de cómo adaptarse a la reconversión tienen parcial vigencia, según se advierte en el hecho de
que cada una tiene representantes en las polémicas sobre la
educación superior, la difusión de la cultura y la administración
de los bienes simbólicos. Distintos sectores sociales, varias tendencias estéticas, construyen y renuevan sus posiciones en la relación
triangular que se establece entre estas opciones. Por supuesto,
no es una mera coexistencia; compiten por la legitimidad de
las prácticas culturales, por apoyos financieros y reconocimiento simbólico.

La vieja contradicción entre el desarrollo cultural exuberante
y la escasez de recursos económicos, acentuada por las políticas
neoconservadoras, vuelve esta competencia central en muchos países latinoamericanos. Los campos artísticos e intelectuales tienden a reforzar sus perfiles distintivos y sus
exigencias de fidelidad. Si un profesor universitario tiene éxito
en los medios masivos o un artesano es reconocido en el
mercado de arte, ambos encuentran dificultades para permanecer en sus campos de origen. Del mismo modo, se rechaza
la intromisión de periodistas en la universidad o de artesanos
en las galerías de arte.

El ascenso de legitimidad de las artes populares suele ser mal
digerido por los artistas. Son conocidas las polémicas ocurridas en Perú en 1975, cuando el Premio Nacional de Arte fue
ganado por el retablista Joaquín López Antay, en competencia
con famosos pintores; la Asociación Profesional de Artistas
Plásticos declaró que no podía admitir "la tesis de que la

artesanía tiene para nuestro proceso cultural una significación mayor que la pintura".[2] En la misma época, el plástico Fernando de Szyslo renunció a una comisión estatal como protesta porque el gobierno peruano envió a la Bienal de Sao Paulo una muestra artesanal en representación del arte de ese país.

La necesidad de proteger el campo de élite marcando la diferencia con otros se observa también ante el mayor reconocimiento cultural de los artistas masivos. En 1985 dos debates ocuparon durante semanas muchas páginas de los periódicos mexicanos. Uno fue originado por el intento de los organizadores de la Copa Mundial de Fútbol de realizar en el Palacio de Bellas Artes el sorteo para distribuir las fechas y los lugares de juego. El otro "escándalo" fue la realización en el mismo Palacio del recital de una de las principales representantes del Canto Nuevo, ampliamente difundida por televisión: Guadalupe Pineda. Varios artistas e intelectuales impugnaron que "nuestro primer teatro", que "representa a la cultura en su más alta jerarquía", sea destinado a "eventos de carácter comercial" o a una tendencia musical de la que dudaban que tenga suficiente "excelencia en la forma". Uno de ellos resumió el carácter incestuoso de la estética culta: "Bellas Artes es para las bellas artes." Los cantantes de la corriente objetada replicaron que el Palacio no debía ser sólo para exposiciones de arte culto y ópera, sino "extenderse a otras formas de expresión popular que también son parte de la historia de la música".[3]

El poder universitario y profesional de los historiadores del arte y los artistas suele defenderse exaltando la singularidad del propio campo y desmereciendo los productos de los competidores (artesanías y medios masivos). A la inversa, los especialistas en las culturas "ilegítimas" —folcloristas, comunicadores masivos— buscan legitimar sus espacios atacando las posiciones elitistas de quienes se ocupan del arte culto y el saber universitario.

La frontera entre estos campos se ha vuelto más flexible. Se considera cada vez más legítimo que los universitarios reconviertan su capital simbólico en espacios de la cultura masiva y de la popular, sobre todo si tienen rasgos equivalentes con el mundo intelectual. Por ejemplo, la escritura. Es preferible que un intelectual escriba en un diario —no como periodista

---

[2] Citado por Mirko Lauer, *Crítica de la artesanía*, p. 136.
[3] Quien desee ilustrarse sobre la polémica, consulte *La Jornada*, 8, 15 y 26 de noviembre de 1985, y *Unomásuno*, 30 de noviembre de 1985.

común, sino como columnista de opinión— que su actuación en un programa televisivo. A la vez, en la televisión, es más aceptable que participe como panelista o entrevistado, es decir como especialista, que como profesional permanente de un canal. Para la academia, la intervención de los intelectuales en los medios es más legítima cuando menos se comparte la lógica de los medios.

En casos excepcionales, se consiente que un intelectual participe en la comunicación masiva, o en campos "extrauniversitarios" como la política pública, pero con la condición de que no transfiera al campo intelectual —digamos a sus libros— el estilo espectacular de los medios ni el apasionamiento de la lucha política. Se comprueba la validez internacional de esta regla en sociedades tan diferentes como los Estados Unidos e Italia. A intelectuales de alto reconocimiento, les retacean la valoración los sectores más ortodoxos de sus disciplinas porque hacen política (Chomsky) o porque intervienen continuamente en los medios y alcanzan resonancia masiva (Umberto Eco).

De todos modos, la interacción creciente entre lo culto, lo popular y lo masivo ablanda las fronteras entre sus practicantes y sus estilos. Pero esta tendencia lucha con el movimiento centrípeto de cada campo, donde quienes detentan el poder basado en retóricas y formas específicas de dramatización del prestigio suponen que su fuerza depende de preservar las diferencias. La disolución de los tabiques que los separan es vivida por quienes hegemonizan cada campo como amenaza a su poder. Por eso, la reorganización actual de la cultura no es un proceso lineal. Por un lado, la necesidad de expansión de los mercados culturales populariza los bienes de élite e introduce los mensajes masivos en la esfera ilustrada. Sin embargo, la lucha por el control de lo culto y lo popular sigue haciéndose, en parte, mediante esfuerzos por defender los capitales simbólicos específicos y marcar la distinción respecto de los otros.

Esta dinámica conflictiva es una de las causas de la obsolescencia frecuente de los bienes culturales. El artista que logra resonancia popular, pero quiere mantener el reconocimiento de minorías especializadas debe renovar su repertorio, introducir variaciones temáticas, y sobre todo formales, que permitan a sus seguidores más exclusivos volver a encontrar en su persona y sus productos el signo de la última distinción. Dicha exigencia es por lo menos tan influyente en los cambios como las necesidades intrínsecas de la creación. Pienso en el pasaje colectivo de los plásticos conceptuales o hiperrealistas de los setenta al neoexpresionismo y la transvanguardia de los ochenta (aun quienes no tenían condiciones para ese giro) en Nueva York, Sao Paulo y Buenos Aires.

Pero también existen artistas representativos de lo que denominamos el tercer tipo de respuesta a las exigencias de reconversión. Son los que prosiguen su carrera simultáneamente, sin demasiados conflictos, en el campo culto y en el popular-masivo. Caetano Veloso y Astor Piazzola actúan alternadamente en estadios y en conciertos de cámara, desarrollan líneas espectaculares y experimentales en su lenguaje, producen obras donde ambas intenciones coexisten, y pueden ser entendidas y gozadas, en niveles diversos, por públicos distintos. Su éxito en un espacio no los inhabilita para seguir siendo reconocidos en el otro.

Ya me referí en la literatura al caso paradigmático de Borges, quien incorporó a su práctica de escritor la imagen que le forjaron los medios, creando el género de declaraciones a los periodistas, donde parodió la relación ficcional de ellos con lo real. En el cine, hallamos esa ductilidad en realizadores europeos que pasaron a filmar en los Estados Unidos, por ejemplo Roman Polansky, Milos Forman, Louis Malle y Win Wenders, o en cineastas norteamericanos culturalmente no hollywoodenses, como Woody Allen y Coppola. En América Latina, el cine brasileño logró en los setenta y la primera mitad de los ochenta esta duplicidad: recordemos la complejidad estética y la popularidad orgiástica que se combinan en las películas de Glauber Rocha, los divertimentos que proponen reflexiones sobre la hibridez de la cultura brasileña, como *Macunaíma*, de Joaquín Pedro de Andrade, *Doña Flor y sus dos maridos*, de Bruno Barreto, y *Xica da Silva*, de Cacá Diegues.

Son sólo unos ejemplos de artistas anfibios, capaces de articular movimientos y códigos culturales de distinta procedencia. Como ciertos productores teatrales, como gran parte de los músicos de rock, muestran que es posible fusionar las herencias culturales de una sociedad, la reflexión crítica sobre su sentido contemporáneo y los requisitos comunicacionales de la difusión masiva.

Cómo investir

Lo culto y lo popular, lo nacional y lo extranjero, se presentan al final de este recorrido como construcciones *culturales*. No tienen ninguna consistencia como estructuras "naturales", inherentes a la vida colectiva. Su verosimilitud se logró *históricamente* mediante operaciones de ritualización de patrimonios esencializados. La dificultad de definir qué es lo culto y qué es lo popular, deriva de la contradicción de que ambas modalidades son organizaciones de lo simbólico engendradas por la modernidad, pero a la vez la modernidad —por su relativismo y antisustancialismo— las erosiona todo el tiempo.

Fue necesario que el movimiento moderno llevara al extremo, casi al agotamiento, estas contradicciones entre esencialización y relativismo para que se descubriera en qué medida la oposición entre lo culto y lo popular es insostenible. La reorganización masiva de la cultura lo hizo patente. No obstante, la diferencia académica de espacios separados para ocuparse de lo culto, lo popular y lo masivo, así como la existencia de organismos diversos para trazar sus políticas, reproduce la escisión. La pérdida de eficacia prescriptiva de estas instituciones, que ya no logran que los grupos hegemónicos se comporten como cultos y los subalternos como populares, fue desprestigiando la clasificación.

Cuando se trata de entender los entrecruzamientos en las fronteras entre países, en las redes fluidas que intercomunican a pueblos, etnias y clases, entonces lo popular y lo culto, lo nacional y lo extranjero, aparecen no como entidades sino como escenarios. Un escenario —según vimos a propósito de los monumentos, los museos y la cultura popular— es un lugar donde un relato se pone en escena. Es preciso incluir en la reconversión la re-escenificación, los procedimientos de hibridación mediante los cuales las representaciones de lo social son elaboradas con un sentido dramático.

El estudio de la reconversión cultural conduce así a descubrir en ella mucho más que una reestructuración económica o tecnológica. En el mundo de los símbolos, como sabemos desde el psicoanálisis, aparte de invertir, investimos: depositamos energía psíquica en cuerpos, objetos, procesos sociales, y en las representaciones de ellos. ¿Cómo se reinviste en los procesos de reconversión cultural?

Cuando una tradición o un saber ya no dan réditos, no se puede cambiar a otro como quien desplaza un depósito de un banco a una financiera, de una rama de la producción a la siguiente. Hay una carga afectiva investida, un duelo que hacer cuando se la pierde. La "investición" nos coloca ante el drama de la temporalidad y da una clave más para entender la persistencia y la obsolescencia simultáneas de las formas tradicionales de lo culto y lo popular.

La cultura industrial masiva ofrece a los habitantes de las sociedades posmodernas una matriz de desorganización-organización de las experiencias temporales más compatible con las desestructuraciones que suponen la migración, la relación fragmentada y heteróclita con lo social. En tanto, la cultura de élite y las culturas populares tradicionales siguen comprometidas con la concepción moderna de la temporalidad, según la cual las culturas serían acumulaciones incesantemente enriquecidas por prácticas transformadoras. Aun en las rupturas más abruptas de las vanguardias artísticas e intelectuales acabó predominando el supuesto de que esos cortes eran regresos a un comienzo o a la renovación de una herencia que se continuaba. (Por eso, se ha creído posible escribir historias de las vanguardias.)

En cambio, la televisión, los videojuegos, los videoclips, los bienes descartables, proponen relaciones instantáneas, temporalmente plenas y rápidamente desechadas o sustituidas. Por esto, las experiencias simbólicas propiciadas por las culturas industriales se oponen a las estudiadas por folcloristas, antropólogos e historiadores. A los medios y a las nuevas tecnologías recreativas no les interesan las tradiciones, sino como referencia para reforzar el contacto simultáneo entre emisores y receptores; no les importa la mejoría histórica, sino la posibilidad de participación plena y fugaz en lo que está ocurriendo.

José Jorge de Carvalho lo dice más radicalmente:

Todas esas promesas de felicidad de la industria cultural [...] son básicamente la experiencia de lo transitorio: ayuda a las personas, en una vida cada vez más acelerada y cambiante, como ocurre en la moderna urbe industrial, a liberarse del peso y de la responsabilidad de la memoria.

Concluye entonces que una de las razones de la permanencia de los otros campos culturales —lo culto y lo popular— es que

trabajan siempre dentro de una tradición, comentándose y autorrefiriéndose constantemente, eso es, estableciendo una práctica hermenéutica básica para su dinámica de existencia, contribuyendo justamente a la construcción de una memoria colectiva.[4]

[4] José Jorge de Carvalho, *O lugar da cultura tradicional na sociedade moderna*, p. 22.

Si sigue habiendo folclor, aunque sea reformulado por las industrias culturales, es porque aún funciona como núcleo simbólico para expresar formas de convivencia, visiones del mundo, que implican una continuidad de las relaciones sociales. Como esas relaciones compactas ya casi no existen, ¿será el folclor entonces un modelo, una utopía, entre otros modelos accesibles a los hombres posmodernos?

Para elaborar esta vivencia desgarrada del cambio temporal todas las culturas han empleado rituales. Por su capacidad para recoger el sentido afectivo de las transformaciones sociales, la polarización, discrepancia y condensación entre sentidos, la ritualidad, según Turner, es más propicia que otras prácticas: sirve para vivir —y para observar— los procesos de conflicto y transición.[5] El pensamiento simbólico y ritual tiene una "función nodal respecto a series de clasificaciones que se entrecruzan".[6]

Según las diversas respuestas a la reconversión analizadas en este libro, los rituales son diferentes. En gran parte de los conflictos, se acude a rituales funerarios. De las muchas semejanzas señaladas entre el arte culto y el popular —que descalifican su tajante separación— una es particularmente asombrosa: la que existe entre los llamados de auxilio de los folcloristas para salvar las artesanías a punto de extinguirse y las declaraciones de artistas e historiadores sobre la muerte del arte. Una reacción frecuente de los artistas y críticos frente a la muerte del arte culto ha sido la celebración de sus exequias. La primera respuesta de muchos artesanos e investigadores del arte popular fue y sigue siendo ritualizar, describir, analizar su aparente extinción. Creo que aún no se estudió comparativamente esta coincidencia por la cual los representantes de lo culto y lo popular tradicionales, al hablar de la muerte de sus objetos, encuentran un recurso para que sigan existiendo en el mercado simbólico.

Quizá nada haya sido enterrado tantas veces como el arte. Su fin, anunciado por casi todas las vanguardias, favorecido por la crítica desmitificadora de políticos, moralistas y psicólogos, nunca termina de ocurrir. Al contrario, sigue siendo "tema artístico de obras bellamente suicidas", escribió Jean Galard.[7] También la estética y la historia del arte fueron declaradas

---

[5] Víctor Turner, *La selva de los símbolos*, Siglo XXI, Madrid, 1980, cap. 1.
[6] Víctor Turner, *El proceso ritual*, Taurus, Madrid, 1988, p. 52.
[7] Jean Galard, *La muerte de las bellas artes*, Fundamentos, Madrid, 1973, p. 9.

caducas. Una de las últimas ceremonias funerarias se realizó el 15 de febrero de 1979 en el Centro Pompidou de París. Luego de la inauguración de las Jornadas de Arte Corporal y Performance, organizadas por el Centro de Arte y Comunicación de Buenos Aires, Hervé Fischer anunció el fin de la historia del arte, siendo depositado su cadáver, en una caja metálica, en la Oficina de Objetos Perdidos del Centro Pompidou. Cuatro años después, el 14 de abril de 1983, a las 15 horas, seguía habiendo deudos, sobrevivientes y herederos: el artista Fischer, el crítico Pierre Restany y el "muy suboficial" Denys Tremblay, procedieron a la recuperación, traslado e inhumación definitiva de los restos mortales de la Historia del Arte en una galería anónima.[8]

Las declaraciones fúnebres del arte en América Latina suelen tener la forma de crítica social. El arte habría muerto al extraviar su significado y su función ante las injusticias actuales. Esa fue, al menos, la interpretación prevaleciente en los años sesenta y principios de los setenta, cuando los artistas dejan de pintar, agreden a los museos y galerías, sobre todo los que representan la modernidad: el Instituto di Tella en Buenos Aires, la Bienal de Sao Paulo, los rituales de selección y consagración que actualizaban el arte periférico con el de las metrópolis. La crítica a las instituciones cosmopolitas cuestionaba la imposición de patrones visuales ajenos a "nuestra identidad". Algunos de esos artistas fueron a buscarla a sindicatos y organizaciones populares, otros se convirtieron en diseñadores de carteles e historietas donde intentaban expresar los hábitos sensibles e imaginarios de las masas.

Si veinte años después muchos de esos artistas volvieron a pintar y exponer obras, si se sigue escribiendo sobre lo que se produce y expone, las insistentes muertes del arte y de sus instituciones no han extinguido sus funciones sociales. Algunas de ellas sobreviven, nacen otras en los laboratorios irónicos de la posmodernidad y aparecen vías inéditas de circulación al interactuar con nuevos públicos en la publicidad comercial y la propaganda política, en la visualidad urbana y televisiva. Muerte del arte, resurrección de las culturas visuales híbridas.

También comprobamos al analizar el arte popular que su anunciada muerte no es tal cuando admitimos que se ha desarrollado transformándose. Una parte de ese cambio consiste en que

---

[8] Para conocer la reflexión de Hervé Fischer sobre este ritual, véase su libro *L'historie de l'art est terminé*, Balland, Mayenne, 1981.

las artesanías, las músicas folclóricas y las tradiciones ya no configuran bloques compactos, con contornos definitivos. Los alfareros que hacen diablos en Ocumicho, los pintores de amates en Ameyaltepec, los danzantes de tantos carnavales y fiestas, se apropian de lenguajes modernos, llevan sus imágenes antiguas a las ciudades, multiplican su difusión en grupos que hace sólo unos años las descubren y las compran. Como el arte que circula por galerías y museos, el que recorre mercados y ferias urbanas se va reformulando interdiscursivamente.

Por eso, los ritos funerarios no son los únicos con los que las culturas contemporáneas dramatizan las transiciones. Artistas y artesanos reconvierten sus saberes en ceremonias que buscan nuevos significados para las intersecciones de lo culto y lo popular, lo nacional y lo extranjero. Son oficiantes posmodernos, *"personae* liminales", "gentes de umbral", según llama Turner a los que actúan en ritos de transición desde la antigüedad, porque "eluden o se escapan del sistema de clasificaciones que normalmente establecen las situaciones y posiciones en el espacio cultural".[9]

Son artistas liminales los artesanos de Ocumicho y Ameyaltepec, los escritores de la frontera norte de México, Zabala y Borges, Fontanarrosa y gran parte de los autores de grafitis. No es casual que algunos de ellos hayan llevado el impulso secularizante y transgresor de las vanguardias hasta la fusión con rituales de arraigo popular. Alfredo Portillos y Regina Vater reconstruyeron ceremonias del norte argentino en Buenos Aires, del Mato Grosso brasileño en Sao Paulo. Felipe Ehrenberg y Antonio Martorell reinvierten su estética experimental en la capital de México y en ciudades de Estados Unidos para reconstruir los altares tradicionales que los mexicanos hacen para el día de muertos. Los pintores jóvenes cubanos reformulan la iconografía revolucionaria mezclándola con imágenes de la santería.

Los artistas liminales son artistas de la ubicuidad. Sus trabajos renuevan la función sociocultural del arte y logran representar la heterogeneidad multitemporal de América Latina al utilizar simultáneamente imágenes de la historia social y de la historia del arte, de la artesanía, de los medios masivos y del abigarramiento urbano.

---

[9] Víctor Turner, *El proceso ritual*, p. 102.

MEDIACIONES Y DEMOCRATIZACIÓN

Este proyecto ubicuo, multidimensional, de los artistas choca
con las tendencias a la reproducción estable de los mercados
simbólicos. La contradicción se produce con las franjas conservadoras de cada campo culto, popular o masivo que se niegan a
perder su especificidad. Pero también ocurre con los sectores más
"avanzados" de la reconversión que buscan fortalecerse mediante
el control centralizado de las decisiones culturales.

La pretensión de los artistas, los periodistas o cualquier
trabajador cultural de operar como mediador entre los campos
simbólicos, en las relaciones entre diversos grupos, contradice
el movimiento del mercado hacia la concentración y monopo-
lización. Las tecnologías de alta inversión y la dinámica económica neoconservadora, tienden a transferir las iniciativas
sociales de los productores individuales y los movimientos de
base a las grandes empresas. Su concepción de la ruptura de las
fronteras —entre campos culturales, entre naciones— equivale
a subordinar las formas locales a las cadenas transnacionales
de producción y circulación de bienes simbólicos. Quienes
controlan el mercado, demandan a los artistas que pasen del
ejercicio disperso de vocaciones individuales a la profesionalización programada empresarial o institucionalmente.

Uno de los escasos estudios sobre el retiro de organismos
estatales y el auge de fundaciones privadas en el financiamiento
del arte, el realizado por Lourdes Yero en Venezuela, demuestra
que las concepciones democratizadoras del desarrollo y la
promoción cultural son sustituidas por la "gerencia flexible y
eficiente del sector". A diferencia de las formas anteriores de
mecenazgo, en que los administradores y los artistas se concebían
como aficionados, las recientes modalidades de organización
privada modifican el ethos de los actores culturales. Los empresarios culturales, apoyados en generaciones más jóvenes, que
se hallan familiarizadas con las nuevas tecnologías, exigen que
los productores artísticos y comunicacionales se rijan por
criterios de eficacia y rendimiento en el diseño de sus productos, en el uso del tiempo y los materiales, que cumplan los
plazos en la ejecución de los trabajos, estimen los precios
tomando en cuenta la lógica económica y no sólo las necesidades
intrínsecas de la creación. No es extraño que los productores
culturales ligados a los medios masivos, con una visión corpora-
tiva y sectorizada de los campos simbólicos, sean los que mejor

se adapten a esta dinámica, los escogidos por las empresas para ser promocionados. La ubicuidad y la flexibilidad son valoradas, más que en los individuos, en las organizaciones empresariales, no en relación con la democratización de la cultura sino con la habilidad para insertar su acción en circuitos diversos a fin de multiplicar las ganancias.[10]

Existen dos obstáculos principales para que en la cultura se desarrollen políticas alternativas a esta reconversión empresarial. Uno es la inercia de las ideologías románticas e individualistas entre los productores culturales. Los artistas suelen organizarse colectivamente ante amenazas a la autonomía de su creación o del funcionamiento del campo (para cuestionar la censura, rechazar injerencias políticas o religiosas); en algunos casos, también para tareas de solidaridad (un mural o carteles para una huelga). Pero es difícil, sobre todo en las disciplinas donde pesa el trabajo individual —plástica, literatura—, que se agrupen en forma permanente para intervenir en el establecimiento de las condiciones laborales o la defensa constante de sus derechos. Menos aún para sistematizar su función de mediadores críticos. El avance de sindicatos y otros tipos de organización ocurre más bien en el teatro, la música y las artes ligadas a la comunicación masiva.

El otro obstáculo es que casi todos los partidos, los sindicatos y agrupaciones dedicadas a hacer política cultural, también manejan criterios centralizados e instrumentales de la experimentación y las prácticas simbólicas. Su concepción de los procesos históricos y de las necesidades populares llega a ser aun más rígida y unidimensional que la de los empresarios. Sus exigencias a los artistas, escritores y comunicadores son más estrechas y menos actualizadas respecto de la conformación industrial de los mercados culturales.

Sin embargo, todo esto es reconsiderado desde los ochenta, como parte del debate posmoderno. Se critican, por ejemplo, las obras de arte político que confían en un sentido único de la Historia y se relacionan con lo social "bajo el modo corroborativo de la suscripción ideológica o bajo el modo ilustrativo de la tematización literaria". Se cuestionan sus tácticas organizativas predilectas: los "llamados y convocatorias a eventos" donde el arte sería nada más que un instrumento para la movilización;

[10] Lourdes Yero, *Cambios en el campo cultural en Venezuela. Privatización y pluralidad*, documento elaborado para el proyecto "Ciencias sociales, crisis y requerimientos de nuevos paradigmas en la relación Estado/Sociedad/Economía", CLACSO-UNESCO-PNUD, Caracas, 1988.

también se objeta que sus géneros dominantes sean la representación figurativa o narrativa, "la sobredramatización de la huella" de la acción popular, de su sentido heroico. Las prácticas artísticas subordinadas a los ritos de la izquierda son vistas como simples dispositivos de autoafirmación:

> Todas las manifestaciones planeadas por dichos frentes y alianzas de recuperación democrática (como es el caso —paradigmático— de "Chile crea") recurren al poder condensador de los símbolos antidictatoriales para consolidar la emblematicidad de figuras (referentes, personas, instituciones, etc.) encargadas de solventar el llamado político desde sus historiales militantes o bien de decorarlo con la fuerza ilustrativa de motivos archifijados en el "sentido común" de públicos solidarios. De estos llamados festivos o pactos ceremoniales, han sido sistemáticamente excluidos el debate intelectual y la reflexión crítica: todo lo que amenaza con trastocar el orden ritualizado de las frases hechas sometiendo dogmas y sentencias a la energía liberadora de una disputa de sentidos y competitividad de lecturas.[11]

Los artistas que asumen las nuevas condiciones de comunicación y verosimilitud de la cultura sospechan de todo relato histórico "gobernado por una Verdad (de clase o nación) homogénea". Sus obras, fragmentarias o inacabadas, buscan "desenfatizar" los gestos sociales. Al elegir una relación interrogativa o dubitativa con lo social, producen una "contraépica". Si ya no hay *un* Orden coherente y estable, si la identidad de cada grupo no se relaciona con un solo territorio sino con múltiples escenarios, ni la historia se dirige hacia metas programables, las imágenes y los textos no pueden ser sino recolección de fragmentos, collages, "mezcla irregular de texturas y procedencias que se citan unas a otras diseminadamente."[12]

Nelly Richard explica que el arte antidictatorial chileno confronta el problema de cómo admitir el sentido fragmentario de lo social sin impedirse construir microestrategias resistentes adecuadas al carácter compacto del autoritarismo. Se pregunta cómo transformar "proyectos totalitarios (la dictadura) o matrices totalizantes (el marxismo ortodoxo)" sin que desaparezcan los sujetos capaces de movilizar fuerzas socialmente vinculantes e interpeladoras.[13]

Por mi parte, pienso que la visión fragmentaria y diseminada

[11] Nelly Richard, *La estratificación de los márgenes*, Francisco Zegers Editor, Santiago de Chile, 1989, pp. 31-32 y 34-35.

[12] *Idem*, p. 34.

[13] *Idem*, p. 35.

de los experimentalistas o posmodernos aparece con un doble sentido. Puede ser una apertura, una ocasión para re-sentir las incertidumbres cuando mantiene la preocupación crítica por los procesos sociales, por los lenguajes artísticos y por la relación que éstos traman con la sociedad. En cambio, si eso se pierde, la fragmentación posmoderna se convierte en remedo artístico de los simulacros de atomización que un mercado —en rigor monopólico, centralizado— juega con los consumidores dispersos.

Preguntas equivalentes podemos hacer a las concepciones dominantes en las nuevas tecnologías cuando presentan la reconversión como un simple proceso formal, de apertura de posibilidades informativas y comunicacionales. La apertura y la hibridación ¿suprimen las diferencias entre los estratos culturales que cruzan, produciendo un pluralismo generalizado, o engendran nuevas segmentaciones? Los tecnólogos y tecnócratas suelen idealizar la fluidez comunicacional y la descentralización, la multiplicación de servicios que ofrecen las videocaseteras, la televisión, las antenas parabólicas, las computadoras y las fibras ópticas, como si esas ofertas estuvieran disponibles para todos. La efectiva diseminación de oportunidades y transversalización del poder que generan coexisten con viejos y nuevos dispositivos de concentración de la hegemonía.

La *descentralización* comunicacional se traduce demasiado a menudo en *desregulación*, o sea el retiro del Estado como posible agente del interés público. Transferir la iniciativa a la sociedad civil quiere decir, para el discurso neoconservador, concentrar el poder en empresas privadas monopólicas. Que el Estado se desinterese de que la información, el arte y las comunicaciones sean servicios públicos significa que se conviertan preferentemente en mercancías y sólo resulten accesibles a sectores privilegiados. En este marco, la *fragmentación* de los públicos, fomentada por la diversificación de las ofertas, reduce la expansión de los bienes simbólicos. De hecho, lo que se produce es una *segmentación desigual* de los consumos (la suscripción particular a la televisión por cable, la conexión exclusiva a los bancos de datos mediante la fibra óptica). Miguel de Moragas señala la tendencia presente a acentuar y renovar la estratificación al separar "un modelo de información para la acción —reservado, secreto, documentado— y otro modelo informativo para las masas, en el que predominará el enfoque espectacular".[14]

[14] Miguel de Moragas, *Opinión pública y transformaciones en el uso de la*

Así como la fragmentación privatizada del espacio urbano permite a una minoría reducir su trato con "las masas", la organización segmentada y mercantil de las comunicaciones especializa los consumos y aleja a los estratos sociales. En la medida en que disminuye el papel del poder público como garantía de la democratización informativa, de la socialización de bienes científicos y artísticos de interés colectivo, estos bienes dejan de ser accesibles para la mayoría. Cuando la cultura deja de ser asunto público, se privatizan la información y los recursos intelectuales en los que se apoya parcialmente la administración del poder. Y si el poder deja de ser público, o deja de disputarse como algo público, puede restaurar parcialmente su verticalidad. Si bien en principio la expansión tecnológica y el pensamiento posmoderno contribuyen a diseminarlo, el desarrollo político lo concentra. Cuando estas transformaciones de fin de siglo no implican democratización política y cultural, la oblicuidad que propician en el poder urbano y tecnológico se vuelve, más que dispersión pluralista, hermetismo y discriminación.

Así, este libro no termina con una conclusión sino con una conjetura. Sospecho que el pensamiento sobre la democratización y la innovación se moverá en los años noventa en estos dos carriles que acabamos de atravesar: la reconstrucción no sustancialista de una crítica social y el cuestionamiento a las pretensiones del neoliberalismo tecnocrático de convertirse en dogma de la modernidad. Se trata de averiguar, en estas dos vertientes, cómo ser radical sin ser fundamentalista.

---

información, mimeo. Tomamos la referencia del artículo de Jesús Martín Barbero, "Renovación tecnológica y transformación cultural", p. 9.

BIBLIOGRAFÍA

AA.VV., *La dicotomía entre arte culto y arte popular (Coloquio internacional de Zacatecas)*, UNAM, México, 1979.

Acha, Juan, "El geometrismo reciente y Latinoamérica", en Jorge Alberto Manrique y otros, *El geometrismo mexicano*, Instituto de Investigaciones Estéticas, UNAM, México, 1977.

Aguilar Camín, Héctor, *Saldos de la revolución. Cultura y política de México, 1910-1980*, Nueva Imagen, México, 1982.

——, *Después del milagro*, Cal y Arena, México, 1988.

Altamirano, Carlos y Beatriz Sarlo, *Literatura/Sociedad*, Hachette, Buenos Aires, 1983.

Amaral, Aracy A, "Brasil: del modernismo a la abstracción, 1910-1950", en Damián Bayón (ed.), *Arte moderno en América Latina*, Taurus, Madrid, 1985.

Anderson, Perry, "Modernity and Revolution", en *New Left Review*, núm. 144, marzo-abril de 1984.

Appadurai, Arjun, *Modernity at large: cultural dimensions of globalization*, Minneapolis, University of Minnesota Press, 1996.

350 CULTURAS HÍBRIDAS

Arantes, Antonio Augusto, *Produzindo o passado. Estrategias de construçao do patrimonio cultural,* Brasiliense, Sao Paulo, 1984.

Archetti, Eduardo P., "Hibridación, pertenencia y localidad en la construcción de una cocina nacional", en Carlos Altamirano (ed.), *La Argentina en el siglo XX,* Argentina, Ariel y Universidad de Quilmes, 1999, pp. 217-237.

Arvatov, Boris, *Arte y producción,* Alberto Corazón, Madrid, 1973.

Avellaneda, Andrés, *Censura, autoritarismo y cultura. Argentina 1960-1983,* tomos I y 2, Centro Editor de América Latina, Buenos Aires, 1986.

Bartra, Roger, *La jaula de la melancolía. Identidad y metamorfosis del mexicano,* Grijalbo, México, 1987.

Batallán, Graciela y Raúl Díaz, *Salvajes, bárbaros y niños. La definición del patrimonio en la escuela primaria,* mimeo.

Baudrillard, Jean, *Crítica de la economía política del signo,* Siglo XXI, 1974.

Becerril Straffon, Rodolfo, "Las artesanías: la necesidad de una perspectiva económica", en varios, *Textos sobre arte popular,* Fonart-Fonapas, México, 1982.

Beck, Ulrich, *Qué es la globalización,* Barcelona, Paidós, 1998.

Becker, Howard S., *Art Worlds,* Universidad de California Press, Berkeley-Los Ángeles-Londres, 1982.

Bellasi, Pietro, "Lilliput et Brobdingnag. Métaphores de l'imaginaire miniaturisant et mégalisant", en *Communications,* núm. 42, 1985.

Belmont, Nicole, "Le folklore refoulé ou les séductions de l'archaisme", *L'Homme,* 97-98, París, 1986.

Benjamin, Walter, *Discursos interrumpidos 1,* Taurus, Barcelona, 1973.

——, "Desembalo mi biblioteca. Discurso sobre la bibliomanía", en *Punto de vista,* año IX, núm. 26, abril de 1986.

Berger, John, *Modos de ver,* Gustavo Gili, Barcelona, 1980.

Berman, Marshall, *Todo lo sólido se desvanece en el aire. La experiencia de la modernidad,* Siglo XXI, Madrid, 1988.

Bernand, Carmen, "Altérités et métissages hispanoaméricains", en Christian Descamps (dir.), *Amériques latines: une altérité,* París, Editions du Centre Pompidou, 1993.

Bhabha, Homi K., *The location of culture,* Londres y Nueva York, Routledge, 1994.

Binni, L. y G. Pinna, *Museo,* Garzanti, Milán, 1980.

Blache, Martha, "Folklore y cultura popular", en *Revista de Investigaciones Folklóricas,* Instituto de Ciencias Antropológicas, Universidad de Buenos Aires, núm. 3, diciembre de 1988.

Bollème, Geneviève, *Le peuple par écrit,* Senil, París, 1986 *(El pueblo por escrito,* Grijalbo, México, 1990).

Bonfil Batalla, Guillermo (comp.), *Utopia y revolución—El pensamiento político contemporáneo de los indios en América Latina,* Nueva Imagen, México, 1981.

——, "Los conceptos de diferencia y subordinación en el estudio de las culturas populares", en varios, *Teoría e investigación en la antropología social mexicana,* CIESAS-UAM, México, 1988. pp., 97-108.

——, *México profundo,* Grijalbo, México, 1990.

Bordieu, Pierre, "Campo intelectual y proyecto creador", en Jean Pouillon, *Problemas del estructuralismo,* Siglo XXI, México, 1967.

——, *La distinction—Critique social du jugement,* Minuit, París, 1979.

—— y Alan Darbel, *L'amour de l'art; Les musées d'art europés et leur public,* Minuit, París, 1969.

——, *Le marché des biens simboliques,* Centro de Sociología Europea, París, 1970.

——, "Disposition esthétique et compétence artistique", en *Les Temps Modernes,* núm. 295, febrero de 1971.

—— y Jean Calude Passeron, *La reproducción—Elementos para una teoría del sistema de enseñanza,* Laia, Barcelona, 1977.

——, "La production de la croyance: contribution à une économie des biens symboliques", en *Actes de la Recherche en Sciences Sociales,* núm. 13, febrero de 1977.

——, *Le sens pratique,* Minuit, París, 1980.

——, "Les rites comme actas d'institution", en *Actes de la Recherche en Sciences Sociales,* núm. 43, junio de 1982.

——, *Sociología y cultura,* Grijalbo, México, 1990.

——, "Vous avez dit populaire?" en *Actes de la Recherche en Sciences Sociales,* núm. 46, marzo de 1983.

Brecht, Bertolt, *Escritos sobre teatro,* tomo 2, Nueva Visión, Buenos Aires, 1973.

Brunner, José Joaquín, *Vida cotidiana, sociedad y cultura: Chile, 1973-1982,* FLACSO, Santiago, 1982.

——, "Cultura y crisis de hegemonías", en J. J. Brunner y G. Catalán, *Cinco estudios sobre cultura y sociedad,* FLACSO, Santiago de Chile, 1985.

——, *Un espejo trizado, Ensayos sobre cultura y políticas culturales*, FLACSO, Santiago, 1988.

Cabrujas, José, "El Estado del disimulo", en *Heterodoxia y Estado. 5 respuestas, Estado y Reforma*, Caracas, 1987.

Callender, L. A., "Gregor Mendel: an opponent of descent with modification", en *History of Science*, XVI, 1988.

Calvino, Italo, *Punto y aparte. Ensayos sobre literatura y sociedad*, Bruguera, Barcelona, 1983.

Campra, Rosalba, *América Latina: L'identità e la maschera*, Riuniti, Roma, 1982 (*América Latina: La identidad y la máscara*, Siglo XXI México).

Canevacci, Massimo, *Sincretismos. Uma exploraçao das hibridaçoes culturais*, Brasil, Instituto Italiano di Cultura, Instituto Cultural Italo-Brasileiro, Studio Nobel, 1995.

Cardoso, Ruth (org.), *A aventura antropologica*, Paz e Terra, Sao Paulo, 1986.

Carvalho, José Jorge de, *O lugar da cultura tradicional na sociedade moderna*, Fundación Universidade de Brasilia, Brasilia, serie Antropología, núm. 77, 1989.

Casar, Jose I., "La modernización económica y el mercado", en R. Cordera Campos, R. Trejo Delarbre y Juan Enrique Vega (coords.), *México: el reclamo democrático*, Siglo XXI-ILET, México, 1988.

Castells, Manuel, *La cuestión urbana*, Siglo XXI, México, 2a. ed., 1973.

Castrillón, Alfonso, "Encuesta: pobres y tristes museos del Perú", en *Utópicos*, núm. 2-3, Lima, enero de 1983.

Celant, Germano, "El arte de la performance", en *Teoría y crítica*, núm. 2, Buenos Aires, Asociación Internacional de Críticos de Arte, diciembre de 1979.

Certeau, Michel de, "Californie, un théatre de passants", en *Autrement*, núm. 31, abril de 1981.

Chanady, Amaryll, "La hibridez como significación imaginaria", en *Revista de Crítica Literaria Latinoamericana*, Año XXIV, N° 49, Lima-Hanover, 1er. semestre de 1999, pp. 265-279.

Cimet, E., M. Dujovne, N. García Canclini, J. Gullco, C. Mendoza, F. Reyes Palma y G. Soltero, *El público como propuesta. Cuatro estudios sociológicos en museos de arte*, INBA, México, 1987.

Cirese, Alberto, *Ensayos sobre las culturas subalternas*, Cuadernos de la Casa Chata, núm. 24, México, 1979.

Clifford, James, *Itinerarios transculturales*, Barcelona, Gedisa, 1999.

—— y G. Marcus (orgs.), *Writing Culture: The Poetics and Politics of Etnography,* The University of California Press, Berkeley, 1986.

Corbiere, Emilio J., *Centros de cultura populares,* Centro Editor de América Latina, Buenos Aires, 1982.

Cornejo Polar, Antonio, "Una heterogeneidad no dialéctica: sujeto y discurso migrantes en el Perú moderno", en *Revista Iberoamericana,* vol. LXII, núm. 176-177, University of Pittsburgh, julio-diciembre de 1996.

——, "Mestizaje e hibridez: los riesgos de las metáforas", en *Revista Iberoamericana,* vol. LXIII, núm. 180, julio-septiembre 1997.

Coutinho, Wilson, "Esse teu olhar quando encontra o meu", *Gerschman,* Salamandra, Río de Janeiro, 1989.

De Grandis, Rita, "Processos de hibridaçao cultural", en Zilá Berdn y Rita de Grandis (coords.), *Imprevisíveis Américas: questoes de hibridaçao cultural nas Américas,* Porto Alegre, Sagra-DC Luzzatto/Associaçao Brasilera de Estudos Canadenses, 1995.

——, "Incursiones en torno a hibridación: una propuesta para discusión de la mediación lingüística de Bajtin a la mediación simbólica de García Canclini", en *Revista de Crítica Literaria Latinoamericana,* año XXIII, núm. 46, Lima-Berkeley, Latinoamericana Editores, 2° semestre de 1997, pp. 19-35.

Del Conde, Teresa, "Censura" y "La Virgen, una madona del Apocalipsis", en *La Jornada,* México, 28 y 29 de enero de 1988.

De la Campa, Román, "Transculturación y posmodernidad: ¿destinos de la producción cultural latinoamericana?", en *Memorias: Jornadas Andinas de Literatura Latinoamericana,* La Paz, Plural, Facultad de Humanidades y Ciencias de la Educación, UMSA, 1995.

Duncan, Carol y Alan Wallach, "Le musée d'art moderna de New York: un rite du capitalism tardif", en *Histoire et critique des arts,* núm. 7-8, diciembre de 1978.

——, "The Universal Survey Museum", en *Art History,* vol. 3, núm. 4, diciembre de 1980.

Durand, José Carlos, *Arte, privilégio e distinçao,* Perspectiva, Sao Paulo, 1989.

Durham, Eunice Ribeiro, "A pesquisa antropologica com populaçoes urbanas: problemas e perspectivas", en Ruth Cardoso (org.), *A aventura antropologica,* Paz e Terra, Sao Paulo, 1986.

——, "A sociedade vista da periferia", en *Revista Brasileira de Ciencias Sociais* núm. 1, junio de 1986.

Eco, Umberto, *Lector in fabula* Lumen, Barcelona, 1981.

——, "Viaje a la hiperrealidad", en *La estrategia de la ilusión,* Lumen, Barcelona, 1986.

Eder, Rita, "El público de arte en México: los espectadores de la exposición Hammer", en *Plural,* vol. IV, núm. 70, julio de 1977.

——, *Gironella,* UNAM, México, 1981.

Fischer, Hervé, *L'historie de l'art est terminé,* Balland, 1982.

Ford, Aníbal, *Ramos generales,* Catálogos, Buenos Aires, 1986.

——, *Desde de la orilla de la ciencia. Ensayos sobre identidad, cultura y territorio,* Punto Sur, Buenos Aires, 1987.

——, *Los diferentes ruidos del agua,* Punto Sur, Buenos Aires, 1987.

——, "Las fisuras de la industria cultural", en *Alternativa latinoamericana,* 1988.

Foucault, Michael, "Fantasia on the Library", en *Language, Cointer-Memory Practice,* Cornwell University Press, Ithaca.

——, *Historia de la sexualidad 1: La voluntad de saber,* Siglo XXI, México, 1977.

Franco, Jean, "Border patrol", en *Travesía,* Journal of Latin American Cultural Studies, vol. 1, núm. 2, Londres, Short Run Press Ltd, 1992, pp. 134-142.

——, *La cultura moderna en América Latina,* Grijalbo, México, 1986.

——, "La política cultural en la época de Reagan", en Néstor García Canclini (ed.), *Políticas culturales en América Latina,* Grijalbo, México, 1987.

——, "Recibir a los bárbaros: ética y cultura de masas", en *Nexos,* núm. 115, México, julio de 1987.

Gabaldón, Iván y Elizabeth Fuentes, "Receta para un mito", en el magazine de *El Nacional,* Caracas, 24 de abril de 1988.

Galard, Jean, *La muerte de las bellas artes,* Fundamentos, Madrid, 1973.

García, Luz, M., M. Elena Crespo y M. Cristina López, CAYC, Escuela de Bellas Artes, Facultad de Humanidades y Arte de la Universidad Nacional de Rosario, 1987.

García Canclini, Néstor, *Arte popular y sociedad en América Latina,* Grijalbo, México, 1977.

——, *Culturas híbridas. Estrategias para entrar y salir de la modernidad,* México, Grijalbo, 1989.

——, *La globalización imaginada*, México, Paidós, 1999.

——, "Las artes en la época de la industria cultural", en *México Indígena,* año III, núm. 19, noviembre-diciembre de 1987.

—— y Rafael Roncagliolo (ed.), *Cultura transnacional y culturas populares,* IPAL, Lima, 1988.

——, *La producción simbólica. Teoría y método en sociología del arte,* Siglo XXI, México, 4a. ed., 1988.

——, "Monuments, Billboards and Graffiti", en Helen Escobedo y Paolo Gori, *Mexican Monuments: Strange Encounters,* Abbeville Press, Nueva York, 1989.

—— y Patricia Safa, *Tijuana: la casa de toda la gente,* ENAH-UAM, Programa Cultural de las Fronteras, México, 1989.

——, *Las culturas populares en el capitalismo,* Nueva Imagen, México, 4a. ed., 1989.

Geertz, Clifford, *Local Knowledge. Further Essays in Interpretative Anthropology,* Basic Books, Nueva York, 1983.

Gilly, Adolfo, *Nuestra caída en la modernidad,* Joan Boldó i Climent Editores, México, 1988.

Goldberg, David Theo, "Introduction: Multicultural Conditions", en D.T. Goldberg (ed.), *Multiculturalisim: A Critical Reader,* Cambridge, Mass. y Oxford, Basil Blackwell, 1994.

Goldman, Shifra M., *Contemporary Mexican Painting in a Time of Change,* Universidad de Texas, Austin y Londres, 1977.

—— y Tomás Ybarra-Frausto, *Arte Chicano. A Comprehensive Annotated Bibliography of Chicano Art,* 1965-1981, Chicano Studies Library Publications Unit-University of California, Berkeley, 1985.

Gombrich, E. H., *Ideales e ídolos,* Gustavo Gili, Barcelona, 1981.

Gómez-Peña, Guillermo, "Wacha ese border, son", en *La Jornada Semanal,* núm. 162, 25 de octubre de 1987.

González Casanova, Pablo, "La cultura política en México", en *Nexos,* núm. 39.

Good Eshelman, Catherine, *Haciendo la lucha. Arte y Comercio nahuas de Guerrero,* Fondo de Cultura Económica, México, 1988.

Gouy-Gilbert, Cecile, *Ocumicho y Patamban. Dos maneras de ser artesano,* Centre d'Etudes Mexicaines et Centramericaines, México, 1987.

Granillo Vázquez, Silvia, "Nuestros antepasados nos atrapan. Arquitectura del Museo Nacional de Antropología", en *Información científica y tecnológica,* vol. 8, núm. 121.

Grignon, Claude y Jean Claude Passeron, *Sociologie de la culture et sociologie des cultures populaires,* Gides, París, 1982.

Grimpen, Douglas, "Sobre las ruinas del museo", en Hal Foster y otros, *La posmodernidad,* Kairós, Barcelona, 1985.

Gruzinski, Serge, *La pensée métisse,* Fayard, París, 1999.

Gubern, Román, *La mirada opulenta. Exploración de la iconosfera contemporánea,* Gustavo Gili, Barcelona, 1987.

Gullar Ferreira, "Cultura posta en questao", en *Arte en Revista,* año 2, núm. 3, marzo de 1980.

Gutiérrez, Leandro H. y Luis Alberto Romero, "La cultura de los sectores populares porteños", en *Espacios,* núm 2, Universidad de Buenos Aires, 1985.

Habermas, Jürgen, "Walter Benjamin", en *Perfiles filosófico-políticos,* Taurus, Madrid, 1975.

———, "La modernidad, un proyecto incompleto", en Hal Foster y otros, *La posmodernidad,* Kairós, Barcelona, 1985.

———, *El discurso filosófico de la modernidad,* Taurus, Madrid, 1988.

Hadjinicolaou, Nicos, *La producción artística frente a sus significados,* Siglo XXI, México, 1981.

Hannerz, Ulf, *Transnational connections,* Londres, Routledge, 1996.

———, "Fluxos, fronteiras, híbridos: palavras-chave da antropología transnacional", en *Maná* 3(1): 7-39, 1997.

Harvey, Penelope, *Hybrids of Modernity. Anthropology, the Nation State and the Universal Exhibition,* Londres, Routledge, 1996.

Hudson, Kenneth, *Museums for the 1980's,* MacMillan/UNESCO, Londres-París, 1975.

Hughes, Robert, "Art and Money", en *Time,* 27 de noviembre de 1989, pp. 60-68.

Huntington, Samuel P., *El choque de las civilizaciones y la reconfiguración del orden mundial,* México, Paidós, 1998.

Huyssen, Andreas, "Guía del posmodernismo", en *Punto de Vista,* año X, núm. 29, abril-julio de 1987, separata.

———, "En busca de la tradición: vanguardia y posmodernismo en los años 70", en Josep Picó, *Modernidad y posmodernidad* Alianza, Madrid, 1988, p. 154.

Iser, Wolfgang, *The Act of Reading: a Theory of Aesthetic Response,* Routledge & Kegan y The John Hopkins University Press, Londres, 1978.

Jameson, Fredric, "Marxism and Posmodernism", en *New Left Review,* núm. 176, julio-agosto de 1989.

Janine Ribeiro, Renato, *A sociedade contra o social. O alto custo da vida pública no Brasil*, Sao Paulo, Companhia Das Letras, 2000.

Jauss, Hans Robert, *Pour une esthétique de la réception*, Gallimard, París, 1978.

Jelin, Elizabeth y Pablo Vila, *Podría ser yo. Los sectores populares urbanos en imagen y palabra*, CEDES-Ediciones de la Flor, Buenos Aires, 1987.

Kerriou, Miriam A. de, *Los visitantes y el funcionamiento del Museo Nacional de Antropología de México*, mimeo, México, febrero de 1981.

Kraniauskas, John, "Hybridity in a Transnational Frame: Latinamericanist and Postcolonial Perspectives on Cultural Studies", en Avtar Brah & Annie E. Coombes (eds.), *From Miscegenation to Hybridity?: Rethinking the Syncretic, the Cross-Cultural and the Cosmopolitan in Culture, Science and Politics*, Routledge, 1998.

Ladislao, Ulises, "Evolución de la museografía en México", en *Información científica y tecnológica*, vol. 8, núm. 21, México, octubre de 1986.

Landi, Oscar, "Cultura y política en la transición democrática", en O. Oszlak y otros, *Proceso, crisis y transición democrática/1*, Centro Editor de América Latina, Buenos Aires, 1984.

Laplantine, Francois y Alexis Nouss, *Le métissage*, Dominos, París, 1997.

Lauer, Mirko, *Crítica de la artesanía Plástica y sociedad en los Andes peruanos*, DESCO, Lima, 1982.

———, *Introducción a la pintura peruana del siglo XX*, Mosca Azul, Lima, 1976.

———, *La producción artesanal en América Latina*, Fundación Friedrich Ebert, Lima, 1984.

Lechner, Norbert, *Notas sobre la vida cotidiana: habitar, trabajar, consumir*, FLACSO, Santiago de Chile, 1982.

León, Aurora, *El museo. Teoría, praxis y utopía*, Cátedra, Madrid, 1978.

Lévi-Strauss, Claude, *El pensamiento salvaje*, Fondo de Cultura Económica, México, 1964.

Lyotard, Jean-François, *La posmodernidad (explicada a los niños)*, Gedisa, Barcelona, 1987.

Martín Barbero, Jesús, *De los medios a las mediaciones*, Gustavo Gili, México, 1987.

———, "Innovación tecnológica y transformación cultural", en *Telos*, núm. 9, Madrid, 1987.

Martínez Luna, Jaime, "Resistencia comunitaria y organización popular", en G. Bonfil Batalla y otros, *Culturas populares y política cultural*, Museo Nacional de Culturas Populares/SEP, México, 1982.

Matamoro, Blas, *Diccionario de Jorge ·Luis Borges*, Altalena, Madrid, 1979.

Matta, Roberto da, *Carnovais, malandros e hérois*, Zahar, Río de Janeiro, 1980.

McAllister, Ricardo, "Videoclips. La estética del parpadeo", en *Crisis*, núm. 67, Buenos Aires, enero-febrero de 1989.

Menéndez, Eduardo, *Poder, estratificación y salud*, Ediciones de la Casa Chata, México, 1981.

Miceli, Sergio, *Estado e cultura no Brasil*, DIFEL, Sao Paulo, 1984.

——, *Intelectuais e classe dirigente no Brasil (1920-1945)*, DIFEL, Sao Paulo-Río de Janeiro, 1979.

Mier, Raymundo, "Posmodernidad: la frase y su finitud", en *Sociológica*, año 3, núm 7-8, mayo-diciembre de 1988.

Módena, María Eugenia, *Madres, médicos y curanderos: diferencia cultural e identidad ideológica*, CIESAS, México, 1990.

Monsiváis, Carlos, "De las finuras del arte rascuache", en *Graffiti*, núm. 2, Jalapa, Veracruz, julio-agosto de 1989.

——, "Notas sobre el Estado, la cultura nacional y las culturas populares", en *Cuadernos políticos*, núm. 30, 1984.

Monzón, Arturo, " Bases para incrementar el público que visita el Museo Nacional de Antropología", en *Anales del Instituto Nacional de Antropología e Historia*, tomo VI, 2a. parte, 1952.

Moragas, Miguel de, *Opinión pública y transformaciones en el uso de la información*, mimeo.

Morais, Federico, *Artes plásticas na América Latina: do transe ao transitorio*, Civilizaçao Brasileira, Río de Janeiro, 1979.

Morley, David and Kuan-Hsung Chen (eds.), *Stuart Hall, Critical Dialogues in Cultural Studies*, Londres/Nueva York, Routledge, 1999.

Mosquera, Gerardo, *El diseño se definió en octubre*, Editorial Arte y Literatura, La Habana, 1989.

Moulin, Raymonde, "Le marché et le musée. La constitution des valeurs artistiques contemporaines", en *Revue Française de Sociologie*, XXVII, 1985.

Nieto, Raúl, "¿Reconversión industrial = reconversión cultural obrera?, en *Iztapalapa*, año 8, núm. 15, enero-junio de 1988.

Ochoa Gautier, Ana María, "El desplazamiento de los espacios de la autenticidad: una mirada desde la música", en *Antropología*, núm. 15-16, Madrid, marzo-octubre 1998.

Olby, Robert C., "Historiographical Problems in the History of Genetics", en *Origins of Mendelism*, Chicago, The University of Chicago Press, 1985.

Ortiz, Fernando, *Contrapunto cubano*, Caracas, Biblioteca Ayacucho, 1978.

Ortiz, Renato, *A Moderna tradiçao brasileira*, Brasiliense, Sao Paulo, 1988.

——, "Cultura popular: romanticos e folcloristas", en *Textos 3*, Programa de Pos-graduaçao en Ciencias Sociais, PUC-SP, 1985.

Papastergiadis, Nikos, "Tracing Hibridity in Theory", en Pnina Webner and Tariq Modood, *Debating Cultural Hibridity*, Zed Books, Nueva Jersey, 1997, pp. 257-284.

Papastergiadis, Nikos, "Tracing Hibridity in Theory", en Pnina Webner and Tariq Modood, *Debating Cultural Hibridity*, Zed Books, Nueva Jersey, 1997, pp. 257-284.

Paternosto, César, *Piedra abstracta. La escultura inca, una visión contemporánea*, Fondo de Cultura Económica, México-Buenos Aires, 1989.

Paz, Octavio, *El ogro filantrópico*, Joaquín Mortiz, México, 1979.

——, *Los hijos del limo*, 3a. reimp., Joaquín Mortiz (también publicado por Seix Barral), México, 1987.

Pease García, Henry, "La izquierda y la cultura de la posmodernidad", en *Proyectos de cambio. La izquierda demacrática en América Latina*, Editorial Nueva Sociedad, Caracas, 1988.

Piccini, Mabel, "Industrias culturales: transversalidades y regímenes interdiscursivos", en *Diá-logos*, núm. 17, Lima, junio de 1987.

Piglia, Ricardo, *Critica y ficción*, Universidad Nacional del Litoral, Santa Fe, 1986.

——, *Políticas culturales en Europa*, Ministerio de Cultura de España, s/f.

——, *Respiración artificial*, Sudamericana, Buenos Aires, 1988.

Portantiero, Juan Carlos y Emilio de Ipola, " Lo nacional popular y los populismos realmente existentes", en *Nueva Sociedad*, mayo-junio de 1987.

Poulot, Dominique, "L'avenir du passé. Les musées en mouvement", en *Le débat*, núm. 12, París, mayo de 1981.

Ragon, Michael, "L'art en pluriel", en *Les singuliers de l'art*, Museo de Arte Moderno, París, 1978.

Ramírez, Juan Antonio, "Una relación impúdica", en *Lápiz*, núm. 57, Madrid, marzo de 1989.

Ratcliff, C., "Could Leonardo da Vinci make it in New York Today? Not, Unless he played by the Rules", en *New York Magazine*, noviembre de 1978.

Reifler Bricker, Victoria, *Humor ritual en la altiplanicie de Chiapas,* Fondo de Cultura Económica, México, 1986.

Ribeiro, Berta G. y otros, *0 artesao tradicional e seu papel na sociedade contemporanea,* FUNARTE/Instituto Nacional do Folclore, Río de Janeiro, 1983.

Richard, Nelly, *La estratificación de los márgenes,* Francisco Zegers Editor, Santiago de Chile, 1989.

Rockwell, Elsie, "De huellas, bandas y veredas: una historia cotidiana en la escuela", en E. Rockwell y Ruth Mercado, *La escuela, lugar del trabajo docente,* Departamento de Investigaciones Educativas, IPN, México, 1986.

Rodríguez Prampolini, Ida (coord.), *A través de la frontera,* UNAM-CEESTEM, México, 1983.

Romero, Luis Alberto, *Libros baratos y cultura de los sectores populares,* CISEA, Buenos Aires, 1986.

——, *Los sectores populares urbanos como sujetos históricos,* CISEA-PEHESA, Buenos Aires, 1987.

Rosaldo, Renato, *Culture and Truth. The Remaking of Social Analysis,* Beacon Press, Boston, 1989.

——, "Foreword" en Néstor García Canclini, *Hybrid Cultures. Strategies for Entering and Leaving Modernity,* EU, University of Minnesota Press, 1995, pp. xi-xvii.

——, *Ideology, Place, and People Without Culture,* Universidad de Stanford, Dpto. de Antropología, s/f.

Rouse, Roger, "Mexicano, Chicano, Pocho. La migración mexicana y el espacio social del posmodernismo", en *Página Uno,* suplemento de *Unomásuno,* 31 de diciembre de 1988.

Rowe, William y Vivian Schelling, *Memory and Modernity,* Verso, Inglaterra, 1991.

Rubin, William (ed.), "Primitivism", en *20th. Century Art,* vol. 1, Museo de Arte Moderno, Nueva York, 1984.

Safa, Patricia, *Socialización infantil e identidad popular,* tesis de Maestría en Antropología Social, Escuela Nacional de Abtropología e Historia, México, 1986.

Sariego Rodríguez, Juan Luis, "La cultura minera en crisis. Aproximación a algunos elementos de la identidad de un grupo obrero", ponencia al coloquio sobre cultura obrera realizado por el Museo Nacional de Culturas Populares, México, septiembre de 1984.

Sarlo, Beatriz, "Políticas culturales: democracia e innovación", en *Punto de vista,* año XI, núm. 32, abril-junio de 1988.

——, *Una modernidad periférica: Buenos Aires 1920 y 1930,* Nueva Visión, Buenos Aires, 1988.

Sazbón, José, "Borges declara", en *Espacios,* núm. 6, Buenos Aires, octubre-noviembre de 1987.

Schlesinger, Philip y Nancy Morris, "Fronteras culturales: identidad y comunicación en América Latina", en *Estudios sobre las culturas contemporáneas,* Época II, vol. III, núm. 5, junio 1997, Centro Universitario de Investigaciones Sociales, Universidad de Colima y Programa de Cultura, pp. 49-66.

Schmilchuk, Graciela (org.), *Museos: comunicación y educación,* Instituto Nacional de Bellas Artes, México, 1987.

Schwarz, Roberto, *Ao Vencedor as Batatas,* Duas Cidades, Sao Paulo, 1977.

Signorelli, Amalia, "Cultura popolare e modernizzazione", en *Lo ricerca folklorica,* núm. 1, Milán, abril de 1980.

——, "Prefazione", en Néstor García Canclini, *Culture ibride. Strategie per entrare e uscire dalla modernitá,* Italia, Guerini Studio, Biblioteca Contemporánea, 1998, pp. 7-10.

Silva, Armando, *Punto de vista ciudadano. Focalización visual y puesta en escena del grafiti,* Instituto Caro y Cuervo, Bogotá, 1987.

——, *Graffiti. Una ciudad imaginada,* Tercer Mundo Editores, Bogotá, 1988.

Slemenson, Marta F. de y Germán Kratochwill, "Un arte de difusores. Apuntes para la comprensión de un movimiento plástico de vanguardia en Buenos Aires, de sus creadores, sus difusores y su público", en J. F. Marsal y otros, *El intelectual latinoamericano,* Edit. del Instituto, Buenos Aires, 1970.

Solanas, Fernando y Octavio Getino, *Cine, cultura y descolonización,* Siglo XXI, México, 1979.

Stavans, Ilan, *The Sounds of Spanglish: an Illustrated Lexicon,* New York, Basic Books, en prensa.

Stromberg, Gobi, *El juego del coyote. Platería y arte en Taxco,* Fondo de Cultura Económica, México, 1985.

Stross, Brian, "The Hybrid Metaphor. From Biology to Culture", en *Journal of American Folklore,* Theorizing the Hybrid, vol. 112, núm. 445, American Folklore Society, Estados Unidos, verano de 1999, pp. 254-267.

Tibol, Raquel, *Historia general del arte mexicano. Época moderna y contemporánea,* Hermes, México, 1969.

Traba, Marta, "Preferimos los museos", *Sábado,* suplemento de *Unomásano,* núm. 247, México, 31 de julio de 1982.

Turner, Víctor, *La selva de los símbolos,* Siglo XXI, Madrid, 1980.

——, *El proceso ritual,* Taurus, Madrid, 1988.

Ulanovsky, Carlos, "El alma del país está en el interior. Conversación con Félix Coluccio", en *Clarín*, Buenos Aires, 22 de noviembre de 1987.

Valenzuela, José Manuel, *¡A la brava ése! Cholos, punks, chavos banda*, El Colegio de la Frontera Norte, Tijuana, 1988.

Vasantkumar, N. J. C., *Sycretism and Globalization*, Paper for Theory, Culture and Society 10th Conference, 1992.

Vega Centeno, Imelda, *Agrarismo popular: mito, cultura e historia*, Tarea, Lima, 1985.

Verger, Annie "L'art d'estimer l'art. Comment classer l'incomparable?", en *Actes de la Recherche en Sciences Sociales*, núm. 66-67, marzo de 1987.

Verón, Eliseo, "Discurso político y estrategia de la imagen. Entrevista de Rodolfo Fogwill", en *Espacios*, Universidad de Buenos Aires, Facultad de Filosofía y Letras, núm. 3, diciembre de 1985.

——, *La semiosis social*, GEDISA, Buenos Aires, 1987.

Walter, Lyn, "Otavaleño Development, Ethnicity, and National Integration", en *América Indígena*, año XLI, núm. 2, abril-junio de 1981.

Warman, Arturo, "Modernizarse ¿para qué?", en *Nexos*, núm. 50, febrero de 1982.

Webner, Pnina y Tariq Modood, *Debating Cultural Hibridity*, Zed Books, Nueva Jersey, 1997.

Williams, Raymond, *Marxismo y literatura*, Península, Barcelona, 1980.

——, "Plaisantes perspectivas. Invention du paysage et abolition du paysan", en *Actes de la Recherche en Sciences Sociales*, núm. 17-18, noviembre de 1977.

Yero, Lourdes, *Combios en el campo cultural en Venezuela. Privatización y pluralidad*, documento elaborado para el proyecto "Ciencias sociales, crisis y requerimientos de nuevos paradigmas en la relación Estado/Sociedad/Economia", CLACSO-UNESCO-PNUD, Caracas, 1988.

Yúdice, George, "La industria de la música en la integración América Latina-Estados Unidos", en Néstor García Canclini y Carlos Juan Moneta (coordinadores), *Las industrias culturales en la integración latinoamericana*, México, Grijalbo-SELA-UNESCO, 1999.

Yurkievich, Saúl, "El arte de una sociedad en transformación", en Damián Bayón (relator), *América Latina en sus artes*, UNESCO-Siglo XXI, 5a. ed., México, 1984.

Zabala, Horacio, "Oggi, l'arte é una carcere", en Luigi Russo (ed.), *Oggi l'arte é una carcere?*, Il Mulino, Boloña, 1982.

ÍNDICE ANALÍTICO

Esta obra se terminó de imprimir
en abril de 2001, en
Impresora Carbayón, S.A. de C.V.
Calz. de la Viga 590
Col. Sta. Anita
México, D.F.